诂经精舍与学海堂
两书院的
文学教育研究

GU JING JING SHE YU XUE HAI TANG
LIANG SHU YUAN DE
WEN XUE JIAO YU YAN JIU

齊魯書社

漳州师范学院学术专著出版基金资助出版
本书属于宋巧燕主持的教育部人文社会科学研究规划
基金项目《清代书院文学教育研究》
（项目批准号：10YJA751064）的研究成果

序：十年磨一剑

——宋巧燕《诂经精舍与学海堂两书院的文学教育研究》

郭英德

近日，宋巧燕博士从福建漳州师范学院中文系，将书稿《诂经精舍与学海堂两书院的文学教育研究》寄给我，说是即将杀青，很快就能见书，嘱我作序。

捧读书稿，我不禁想起唐代诗人贾岛的《剑客》诗："十年磨一剑，霜刃未曾试。今日把示君，谁有不平事？"诗中洋溢着一股豪侠之气，读后让人怦然心动。"十年磨一剑"，这需要有多大的耐心，何等的毅力！从2000年仲秋选定博士学位论文题目，到2012年仲冬这部书稿问世，整整十二个春秋，宋巧燕从北京辗转到漳州，从学生成长为教师，有顺利也有坎坷，有悲叹也有欢辛。诚如韦庄《关河道中》诗颔、颈二联所说的："往来千里路长在，聚散十年人不同。但见时光流似箭，岂知天道曲如弓。"光阴似箭，天道酬勤，今天，宋巧燕终于盼到收获的季节——这部三十多万字的书稿，凝聚着她几多汗水，几多心血，几多思考，几多感动。

在宋巧燕涉足这一领域之前，已经有不少学者进行中国古代书院研究，尤其对书院与政治、书院与学术的关系，进行了相当广泛而深刻的思考。除了诸多中国教育史著作以外，专论书院的著作就有刘伯骥《广东书院制度》(台北“国立”编译馆，1978)，陈元晖、尹德新、王炳照编《中国古代的书院制度》(上海教育出版社，1981)，丁钢、刘琪《书院与中国文化》(上海教育出版社，1992)，李国钧主编《中国书院史》(湖南教育出版社，1994)，白新良《中国古代书院发展史》(天津大学出版社，1995)，陈谷嘉、邓洪波《中国书院制度研究》(浙江教育出版社，1997)等。而陈谷嘉、邓洪波主编的《中国书院史资料》(浙江教育出版社，1998)，季啸风主编的《中国书院辞典》(浙江教育出版社，1996)，赵所生、薛正兴主编的《中国历代书院志》(江苏教育出版社，1995)，也给研究者提供了极大的方便。

在宋巧燕伏案苦读，撰写、增补、修订博士学位论文的过程中，又有一些书院研究的重要论著陆续出版，如邓洪波《中国书院史》(东方出版中心，2004)、李兵《书院与科举关系研究》(华中师范大学出版社，2005)、徐雁平《清代东南书院与学术及文学》(安徽教育出版社，2007)、刘玉才《清代书院与学术变迁研究》(北京大学出版社，2008)、王建梁《清代书院与汉学的互动研究》(武汉出版社，2009)、张欣《诂经精舍与晚清浙江学术文化研究——以俞樾为中心》(中国文联出版社，2009)等。

从上述两份书目清单，我们一方面可以看到，中国古代书院研究已经成为学术界的一个热点，并且取得了许多令人可喜的研究成果；另一方面我们也看到，书院与文学教育、文学活动、文学发展之间的关系，却一直未能引起学术界的足够重视，相关的研究成果还比较薄弱。

其实，教育无疑是历代书院最为基本的职能，而文学教育又是书院教育最为基本的内容。无论从书院的沿革、建制、运作、演变过程来看，还是从书院的文化功能、社会影响来看，文学教育、文学活动在历代书院都是不可或缺的重要组成部分。一所书院里的文学教育,制定哪些主要制度?设置哪些主要课程?如何展开教学过程?采取什么教学方式?取得哪些教育实效?与特定时代的文学思潮如何互动,有何关联?如此等等,都是饶有趣味的学术课题,值得我们深入细致地研讨。因此,对历代书院文学教育的研究,无疑是中国文学史、中国教育史、中国文化史研究不应回避的学术课题,不仅有助于我们全面地了解书院教育的基本状况和书院文化的整体风貌,而且有助于我们从一个重要的角度透视中国古代历史文化的内在特质。

正是有鉴于此,2000 年金秋时节,宋巧燕入学不久,便选择了《诂经精舍和学海堂两书院的文学教学研究》作为博士学位论文题目,集中以阮元在清代嘉庆、道光年间所创建的诂经精舍和学海堂两书院作为研究对象,重点考察两书院丰富多彩的文学教学活动。我一直觉得,我在北京师范大学文学院读书、教书数十年,展开历代文学教育的研究理应是我分内之事。宋巧燕的论文选题正好遂了我的一番心愿,也为 2005 年我申请获得国家哲学社会科学基金重点研究项目“中国古代文学教育与文学的生成、发展及传播”,做了一次“投石问路”的尝试。

清嘉庆六年(1801),阮元在浙江杭州孤山之阳创建诂经精舍。道光五年(1825),阮元又在广东广州城北粤秀山创办学海堂。这两所书院是乾嘉考据学研究成果在书院教育领域的延伸。两书院绵延近百年,培养了一大批学术人才和文学人才,建立起具有地域人文教育中心的重要地位,在清后期文化史上产生了深远的影响。清代书院分为四种类型,即科举考课类书院、博习经史词章类书院、义理类书院和晚清西学书院。诂经精舍和学海堂两书院是博习经史词章类书院正式确立的标志,并代表了这类书院文学教学的突出成就,在清代书院文学教学史上具有划时代的意义。因此,宋巧燕选择两书院作为展开书院文学教育研究的主要对象,可谓慧眼独具。

2003 年初夏,宋巧燕完成了十余万字的博士学位论文。论文主要从三个方面考察了两书院的文学教学:第一,两书院明确提出以经史辞赋为主要教学内容,体现出如下文学教学特色:延请教师,多为负有文名的学者;注重学问,有明显的考据学特色;时常雅集,营造文学创作的氛围。第二,两书院教学受到阮元"文笔论"的巨大影响,在明辨"文笔之别"的前提下,非常重视骈文的教学和写作。第三,在俞樾掌教时期,诂经精舍形成以下独特的文学教学特点:遍涉众体,尤重诗赋;坚持考据学教学宗旨,以学为诗,以学为赋,将考据学成功地渗透到文学教学领域;对时局和外来文化有一定程度的关注。

这篇博士学位论文,因其选题新颖,资料翔实,论述细致,得到答辩委员会委员的一致赞赏和高度评价。但是,由于写作时间有限,有关两书院文学教育还有一些重要论题,宋巧燕未能在论文中充分展开。因此,在博士毕业后,宋巧燕又花费了近十年的工夫,不仅大幅度地修订博士学位论文原有的篇章,而且还开拓了一些新论题的研究。例如,她认识到,两书院从创立到废止,经历了清王朝由盛转衰的历史时期,外部社会环境的动荡和变化在两书院文学教育中有所体现,因此在两书院文学教育中可以反映出诸多的社会现实内容,如时政时事、边局忧患、国计民生、外来文化等,这些内容有效地提升了两书院文学教育的现实精神。再如,从两书院的文学教育中,还可以考察清代书院与科举的关系、与学术的关系以及与时代发展的关系。又如,两书院师生名家辈出,著述丰富。从教师来看,无论是创建者阮元,还是诂经精舍掌教王昶、孙星衍、俞樾等,学海堂学长吴兰修、黄体芳、梁廷枏、林伯桐、陈澧等,他们在学术和文学上皆各有建树。而两书院的肄业生更是一个庞大的群体，其中不乏成就突出者，如章太炎和梁启超这两位著名的思想家、学术家、文学家，就分别出自诂经精舍和学海堂，成为近代历史和学坛、文坛的风云人物。他们的成长与两书院的文学教育有着千丝万缕的联系。对以上这些问题的深入探讨，不仅可以大大丰富对两书院文学教育状貌的描述，而且可以藉以描绘出生动的时代人文图景。

宋巧燕上大学时修习地理学专业，硕士研究生和博士研究生阶段学习中国古典文献学专业。地理学和文献学这两门似乎“风马牛不相及”的学问，在她那里实现了一种思维方式和研究方式的融通，即脚踏实地，从基本文献的搜集整理和阅读理解入手，细致入微地梳理相关的史料，从中发现有趣的学术问题，进而经过细致的分析，得出稳妥的结论。这种“稳扎稳打”、“步步为营”的思维方式和研究方式，赋予宋巧燕的学术论著以厚实稳重的鲜明特色。不仅这部书稿是这样，她发表的十数篇学术论文也体现出同样的学术品格。

有言道：“板凳十年甘坐冷，文章半句忌言空。”（人们常说的是“板凳甘做十年冷，文章不写半句空。”两句平仄都不对，所以我擅自改了改。）我想，这两句话可以书赠宋巧燕。我曾经当着宋巧燕的面说过，她是从事中国古典文献学专业的极佳人选，因为这门专业首先需要的就是她这种专心致志、埋头苦干、不慕名利、甘于寂寞的精神。这种精神，在当下举世浮躁、急功近利的社会风气、学术风气中，尤其难能可贵。我衷心地希望宋巧燕持之以恒地坚守学术园地，勉力耕耘，为弘扬中华传统文化，奉献更为丰厚的硕果。

是为序。

2012 年 12 月 1 日草于京师园

content

目　录

绪　论

一、选题意义

对历史上产生过巨大影响的书院进行专题研究，这是书院史研究中常出现的论题，如对岳麓书院、白鹿洞书院、东林书院、莲池书院、上海格致书院等的研究。对某个书院的专题研究，在还原书院的历史本来面貌的同时，也可以反映出与书院相关的一些学术文化现象。自宋元以后书院承担着学术文化的构建、学术派别的产生、学术成果的形成以及学术思想的传播等诸多任务，书院与学术的关系研究，已有不少的研究成果，如吴万居《宋代书院与宋代学术之关系》①，朱汉民《湖湘学派与岳麓书院》②，王建梁《清代书院与汉学的互动研究》③。另外，丁钢、刘琪《书院与中国文化》中也论述了宋代书院和理学、明代书院和陆王心学的关系。④ 宋代书院与理学，明代书院与心学，清代书院与乾嘉考据学，都是学术与书院互动影响的时代表现。可见一代有一代之学术，一代也有一代之书院。

虽然已经有较多的学者对书院与学术的关系进行了思考和

---

① 吴万居:《宋代书院与宋代学术之关系》，文史哲出版社 1991 年版。

② 朱汉民:《湖湘学派与岳麓书院》，教育科学出版社 1991 年版。

③ 王建梁:《清代书院与汉学的互动研究》，武汉出版社 2009 年版。

④ 丁钢、刘琪:《书院与中国文化》，上海教育出版社 1992 年版。

研究,但是书院与文学、书院与文学史的关系,却并未引起学界的足够重视,相关的研究成果尚显寥落。笔者认为,文学课程的教育与教学是历代书院办学过程中客观的事实存在,应该有着时代的特色,时代的文学思潮在书院中也应该有所体现。基于目前对于书院文学教育与教学研究的不足和缺乏,笔者拟就历史上书院的文学教育作些初步的尝试研究。为了使论题更为集中,论述也更能深入,笔者仅选择了两所书院作为书院文学教育研究的审视对象,它们是清代阮元创办的诂经精舍和学海堂。这两所书院的办学能够代表有清一代的学术主流,是乾嘉考据学在书院的回响。从文学教育的角度考察两书院,可以使书院与学术的关系之研究更为深入,为清代书院教育史研究提供一个独特的视角,也可以为书院与文学关系之研究提供借鉴。

选择诂经精舍和学海堂两所书院的文学教育作为本论题的研究对象,出于以下几个方面的考虑:

首先,两书院均为阮元所建,在办学宗旨、教学目的、教学内容和性质上基本相似,两书院的建立是阮元努力将乾嘉考据学的影响延伸到书院领域的结果,两书院是能够代表清代主流学术的书院类型。在百年历史中,两书院培养了大量的学术和文学人才,确立了具有地域人文教育中心色彩的重要地位,具有多方面的影响力。所以,以两书院为研究对象具有重要的学术研究价值。

其次,两书院明确提出以经史辞赋为主要教学内容,以经训考据学和文学内容的教学与研究为办学宗旨。文学内容在两书院总体教学中占据了重要的比例。时代的文学思潮在两书院文学教育中留下了明显的痕迹。乾嘉考据学的兴盛在文学领域促进了骈文的中兴,阮元倡导"文笔论"为骈文张目,争取文坛正统地位,这对两书院的文学教育导向也产生了明显影响。所以,以两书院文学教育为研究论题具有现实依据和可行性。

第三，两书院从创立到废止绵延百年左右的时间，经历了清王朝由盛转衰的历史时期，外部社会环境的动荡和变化在两书院文学教育中有所体现。从两书院文学教育中可以反映出诸多的社会现实内容，如时政时事、边疆忧患、国计民生、外来文化等。从两书院的文学教育中也可以考察出两书院与科举的关系、与学术的关系以及与时代发展的关系，等等。所以说，两书院的文学教育不但是考察两书院内部办学状况的窗口，也折射出外部环境的诸多历史光点。

第四，两书院师生名家辈出，著述丰富，对时代文化版图构建有明显影响者比比皆是。创建者阮元是清代著名的学者和官僚，也是著名的文学家，诂经精舍掌教王昶、孙星衍、俞樾等，学海堂学长吴兰修、张维屏、梁廷枏、林伯桐、谭莹、陈澧等，他们在学术和文学上皆各有建树。两书院肄业生是个庞大的群体，不乏成就突出者，如章太炎和梁启超是近代历史上政坛、文坛的风云人物，二人分别出自诂经精舍和学海堂。考察两书院师生的文学活动及成就与两书院文学教育关系这样的论题，虽然有些难度，但可以为梳理展现书院及其时的人文图景提供有价值的研究成果。

清代书院类型多样，数量庞大，对诂经精舍、学海堂两书院的文学教育研究，可以为清代其他书院类型和个体研究提供一些可以参考的研究成果。总而言之，本课题的研究意义概述如下：

（一）可以一定程度上还原书院文学教育的历史本来面貌；

（二）有助于加强书院史和文学史的交流研究；

（三）有助于加强书院史和学术史的对话研究；

（四）可以为文学史、教育史、学术史的跨学科研究提供可借鉴的案例。

二、相关研究成果综述

书院在我国有着足够悠久的发展历史，对教育、学术、文化等诸方面产生了重大的社会影响和不可替代的作用。当新时代的步伐迈进20世纪，1901年清政府下诏废止书院。书院作为历史存在，有关书院的历史及文化犹如丰厚的文化宝藏吸引着众多的学者探究其中，20世纪以来书院一直是极受瞩目的学术研究对象，相关的研究成果不胜枚举，难以一一罗列。对于本课题的相关研究成果综述，笔者准备从以下两个方面来展开：诂经精舍与学海堂的相关研究成果综述；书院与文学相关研究成果综述。

（一）诂经精舍与学海堂的相关研究成果综述

1. 遗存的书院志考、课艺文集等历史文献资料以及新中国成立前的学术研究成果

清代书院研究最有价值和最直接的文献资料是书院志和课艺文集，其次是清人文集、笔记、日记等。两书院遗存的历史文献资料最宝贵的是课艺文集和学海堂的书院志，还有以两书院师生为主的著述文献，如阮元《揅经室集》，孙星衍《孙渊如先生文集》，俞樾《春在堂尺牍》、《春在堂随笔》、《春在堂杂文》，陈澧《东塾集》、《东塾读书记》等。

两书院在办学过程中刊刻的课艺文集，是我们考察两书院教育教学等各方面的宝贵的资料依据，其中诂经精舍课艺文集共8集，90卷，共收文2300余篇；学海堂课艺文集共4集，90卷，共收文2500余篇。道光年间学海堂学长林伯桐修、陈澧续

补《学海堂志》①,较详备地记述了学海堂的文檄、建置、事宜、经费、题名、课业、经板、藏书、石刻、雅集、草木、典守等内部教学及建制运行情况,由于是当时人、当事人所记,所载资料较为真实可靠,是我们考察学海堂办学情况的最重要的资料依据。

书院废止二十余年后,1923 年毛泽东、胡适相继发表论文肯定了历史上书院的优良传统。② 胡适说:"书院之废,实在是吾中国一大不幸事。一千年来学者自动的研究精神,将不复现于今日。"③越来越多的学者开始进行书院研究,诂经精舍和学海堂两书院也受到了关注。1934 年容肇祖作《学海堂考》④,这是目前所见关于学海堂的最早的资料成果,该文征引丰富,资料翔实,考证了学海堂七个方面的问题:一、学海堂创建人考;二、学海堂建制考;三、学海堂规制考;四、学海堂学长考;五、学海堂专课肄业生考;六、学海堂集所选人名考;七、学海堂所刻书考。该文最突出的成就在于对学海堂师生的人物传记考辨,是林伯桐、陈澧《学海堂志》的延续和补充,为学海堂研究提供了最为丰富的人物传记资料。第一部分《学海堂创建人考》,考述阮元、阮福、钱仪吉、何南钰四人的生平事迹;第四部分《学海堂学长考》,考述学长 55 人的生平资料;第五部分《学海堂专课肄业生考》记述 260 名专科肄业生;第六部分《学海堂集所选人名考》共记人物 327 人,附记 4 人,共 331 人。本文所录传记人物共 595 人,为我们保存了学海堂

---

① 林伯桐修,陈澧续补:《学海堂志》,清光绪九年(1883)续刊本。见赵所生、薛正兴主编《中国历代书院志》,江苏教育出版社 1995 年版,第 3 册。

② 毛泽东:《湖南自修大学创立宣言》,《新时代》1923 年 4 月 1 卷 1 期。胡适:《书院制的历史与精神》,《教育与人生》1923 年 9 期。

③ 胡适:《书院制史略》,《东方杂志》1924 年 21 卷 3 期。

④ 容肇祖:《学海堂考》,《岭南学报》3 卷 3 ~ 4 期抽印本,1934 年。

最为详备的人物历史资料。学海堂办学前后近百年，活跃于其中的人物难以确数，更多的人淹没于历史长河暗失无名，许多资料碾没于历史的车轮难以寻踪。容肇祖此文为后来的研究者保存了最宝贵的文献资料，历史研究因之有了承上启下的链条，这就是此文的非一般的意义所在。

新中国成立前关于学海堂的研究论文还有古公愚①《学海堂述略》②和瞿弥《学海堂沿革》③二文，内容多源自林伯桐修、陈澧续补《学海堂志》。古公愚《学海堂述略》一文对学海堂的介绍比较细致详备，按下列八个标题介绍了学海堂办学较为全面的状况："次一，开学海堂之阮文达公"、"次二，学海堂始末"、"次三，学海堂之办法"、"次四，学海堂之学科"、"次五，学海堂之学风"、"次六，学海堂之雅集"、"次七，学海堂之成绩"、"次八，学海堂大师陈东塾先生"。瞿弥《学海堂沿革》一文只是简略性的介绍文字。

诂经精舍在办学期间，没有留下介绍精舍办学情况的专门书院志，1935 年张崟发表《诂经精舍史征》一文，1936 年张崟所作《诂经精舍志初稿》④，文首所表目录分为：弁言、沿革、规制、学风、人物、艺文、流衍、附录八章，但是现今只见弁言、沿革、规制三章。本文对诂经精舍沿革和规制的论述比较详备，作者为文态度极严谨，查阅了大量的历史资料，对问题的论述大部分都标明了资料来源，做到所论必有所依，可谓秉承了乾嘉考据学的为学风

---

① 古公愚(1885～1959)，名直，广东梅县人，南社社友。著有《汪容甫文笺》、《汉诗辨证》、《曹子建诗笺》等。

② 古公愚：《学海堂述略》，《新民月刊》1935 年 12 月 1 卷 7、8 期。

③ 瞿宣颖：《学海堂沿革》，《中和月刊》1940 年 12 月 1 卷 4 期。

④ 张崟：《诂经精舍志初稿》，《文澜学报》2 卷 1 期，1936 年。见赵所生、薛正兴主编《中国历代书院志》，江苏教育出版社 1995 年版，第 8 册。

格,对诂经精舍历史的考察比较真实可信。这两种书院志考的重点在于揭示关于两书院的历史资料的收集和整理,力图重现两书院曾经的办学状况。

因为时代接近,去时未远,新中国成立前的这些研究成果在资料的掌握与保存,研究方法的传承和运用上可靠可信,为后来的学者继续考察和研究两书院提供了有价值的资料依据。

2. 新中国成立后专门针对诂经精舍、学海堂两书院的专著和研究论文

新中国成立以后专门针对诂经精舍、学海堂的研究成果出现在20世纪80年代以后。随着时代的发展,学术环境的逐渐改善,有关诂经精舍和学海堂两书院的研究成果愈益增多,为两书院研究提供了非常重要的可供借鉴的学术参考。专门针对两书院的研究专著目前还非常有限,有关诂经精舍的专著笔者所见唯一一部为张欣《诂经精舍与晚清浙江学术文化研究——以俞樾为中心》①。本专著以俞樾为中心,以诂经精舍学术文化发展与传播为重点,探讨和考察俞樾掌教下的诂经精舍与晚清浙江学术文化的密切联系和重要影响,认为俞樾在诂经精舍的学术教育实践,引领了一代学术风气,无论对晚清浙江学术风格的形成,还是他与弟子间的学术传承,均对清末民初的学术界产生了重大影响。本著作是目前关于诂经精舍学术文化研究最为系统深入的研究成果。

关于两书院的硕士论文有於梅舫《从"诂经精舍"到"学海堂"——以汉宋关系的区域嬗递为中心》②,仍然以学术为关注点,以诂经精舍和学海堂为考察对象,探讨汉学与宋学地域嬗递

① 张欣:《诂经精舍与晚清浙江学术文化研究——以俞樾为中心》,中国文联出版社2009年版。

② 於梅舫:《从"诂经精舍"到"学海堂"》,硕士论文,中国人民大学,2006年。

趋势。

专门针对学海堂的研究专著笔者还没有看到，所见有三篇相关硕士研究论文，郑连聪《阮元与学海堂研究》①，朱琳《学海堂研究》②，任珺《中国书院审美文化研究：清代广州学海堂案例》③。前两篇论文虽然并没有很重要的突破性成果，视野上却有些独到之处，如朱琳注意到学海堂与地方政治具有密切的关系，学海堂对广东政治文化产生了一定的影响。任珺的论文从五个方面考查了学海堂的审美文化：书院制度与审美教育；学术涵养与审美熏陶；书院礼仪与审美理念；政治意识形态与书院审美；晚清书院制度及其审美教育的变迁。本篇论文占有资料丰富，论述多有独到之处，是关于学海堂研究比较成功的一篇硕士论文。

20 世纪 80 年代以来，随着学术研究环境的不断改善，书院研究取得了多方面的成就，关于诂经精舍、学海堂两书院的专题研究论文也陆陆续续地出现，反映了学术研究从宏博向专精的发展趋势。笔者在学术刊物上查阅到的专题论文，诂经精舍 15 篇左右，学海堂 20 余篇，总共接近 40 篇，其中 80 年代据笔者所见有 6 篇，90 年代不到 10 篇，2000 年以后至今达 20 余篇。21 世纪后两书院研究步入了最好的发展时期，论题精深，视野开阔，涉及面广，关注学者最多。

20 世纪 80 年代关于两书院的研究论文介绍下列几篇：李国钧《清代考据学派的最高学府——诂经精舍与学海堂》④一文，声

① 郑连聪：《阮元与学海堂研究》，硕士论文，华中师范大学，2003 年。

② 朱琳：《学海堂研究》，硕士论文，厦门大学，2009 年。

③ 任珺：《中国书院审美文化研究：清代广州学海堂案例》，硕士论文，深圳大学，2003 年。

④ 李国钧：《清代考据学派的最高学府——诂经精舍与学海堂》，《岳麓书院通讯》1983 年 1 期，第 57 ~ 60 页。

称两书院是清代考据学的最高学府，是清中叶以后最有影响的一类书院。黄克武《诂经精舍与十九世纪中国教育、学术的变迁》①，考察了诂经精舍在十九世纪中国教育与学术变迁中的重要影响。刘琪《诂经精舍创建年份考》②一文通过对史料的考证分析，断定诂经精舍创建于嘉庆五年(1800)。杨荣春、王建军《广州学海堂考略》③一文，肯定了学海堂在中国书院史上的重要地位，认为“学海堂的创办，为古代书院的改革闯开了一条路子。它不仅在办学宗旨上另立一帜，而且在办学制度及教学方法上，也锐意创新，别开生面，为当时许多书院所效法”。该文论述了学海堂的办学宗旨、制度改革、教学特色，特别是关于学海堂的教学特色论述，作者以“实、博、活”三字概括，非常准确到位。马迅《广东学海堂始末记》，记述了学海堂的创办过程。④

20世纪90年代两书院引起了越来越多学者的关注，笔者所见专题研究论文有6篇。程禹文《从诂经精舍和学海堂看阮元的办学特色》⑤一文，通过对两书院内在教学状况的研究，探讨阮元在两书院办学的特色，主要表现在以下几个方面：进步的办学指导思想；实行学长责任制的教学管理；以经史为主，教学内容广泛；良好的教法和学风；教学与研究密切结合；考试方法上的创新。陈东辉的《阮元与诂经精舍》和《阮元创设诂经精舍考略》两

---

① 黄克武:《诂经精舍与十九世纪中国教育、学术的变迁》，台湾《食货月刊》1983年13卷5、6期。

② 刘琪:《诂经精舍创建年份考》，《岳麓书院通讯》1986年1期。

③ 杨荣春、王建军:《广州学海堂考略》，载于湖南大学岳麓书院文化研究所编《岳麓书院一千零一十周年纪念文集》(第一辑)，湖南人民出版社1986年版，第326～337页。

④ 马迅:《广东学海堂始末记》，《教育导刊》1983年第2期。

⑤ 程禹文:《从诂经精舍和学海堂看阮元的办学特色》，《教育史研究》1998年第1期，第27～32页。

篇文章①,论述了诂经精舍的创设和精舍内部如师生、教学等教学状况,以及阮元创设精舍之始末。关于学海堂的研究论文有李稚甫《学海堂培育人才之盛》②,何国华《清代岭南的高等学府——广东学海堂》③,刘成禺《曾钊与学海堂》④等。

20 世纪 80 年代起到 90 年代末的这十余篇论文,主要以介绍两书院的内部历史状况为主,虽然在论题上没有大的突破和新颖的见解,但作为较冷僻的书院研究专题来说,确有筚路蓝缕之功。

21 世纪以来关于两书院的专题研究取得了突破性的进展,取得了多方面的成绩,呈现出了新时代的新气息,随着时间的推移成果愈加突出,如上面提到的 2009 年出版的张欣的专著《诂经精舍与晚清浙江学术文化研究——以俞樾为中心》,本书虽然以俞樾为中心,确是目前所能见到的关于诂经精舍的最难得的一部专著。这个时期两书院的学术研究仍是一个观照点,如陈东辉《诂经精舍对 19 世纪浙江学术发展之重要影响》⑤,於梅舫《〈诂经精舍文集〉与诂经精舍早期学风》⑥,宋巧燕《诂经精舍和学海堂的朴学教学》⑦,艾尔曼、车行健《学海堂与今文经学在广

---

① 陈东辉:《阮元与诂经精舍》,《浙江学刊》1991 年第 4 期;《阮元创设诂经精舍考略》,《中国文化研究》1997 年冬之卷,第 49 ~ 52 页。

② 李稚甫:《学海堂培育人才之盛》,《岭南文史》1993 年第 2 期,第 88 页。

③ 何国华:《清代岭南的高等学府——广东学海堂》,《广东史志》1994 年第 2 期,第 51 ~ 52 页。

④ 刘成禺:《曾钊与学海堂》,《中国典籍与文化》1997 年第 3 期,第 118 页。

⑤ 陈东辉:《诂经精舍对 19 世纪浙江学术发展之重要影响》,《杭州师范学院学报》(社会科学版)2006 年第 6 期,第 36 ~ 41 页。

⑥ 於梅舫:《〈诂经精舍文集〉与诂经精舍早期学风》,《湖南大学学报》(社会科学版)2008 年第 5 期,第 28 ~ 32 页。

⑦ 宋巧燕:《诂经精舍和学海堂的朴学教学》,《南京晓庄学院学报》2008 年第 1 期,第 107 ~ 111 页。

州的兴起》①。

可喜的是，有学者开始将眼光投入到学术以外的其他方面，如文学。笔者于此期间开始关注两书院的文学教育研究，并发表了相关的一些论文，如《诂经精舍的文学教学》②、《岭南学海堂书院的文学教学》③、《清代书院文学教育制度述论——以诂经精舍、学海堂为考察对象》④，认为词章之学（文学）在两书院教育教学中占据了非常重要的地位。刘玉才《从学海堂策问看文笔之辨》⑤一文探讨了魏晋南北朝时期的"文笔之辨"及阮元在两书院的倡导之功。翁筱曼《苏轼与岭南文学——由清代学海堂之文学教学谈起》⑥一文是目前关于学海堂文学教学研究难得而且非常有独到见解的论文，作者认为清代岭南著名书院学海堂的文学教学对岭南文学有重要意义，作者结合相关的著述和史料，分析其文学教学的课题课卷中所呈现出来的师法苏轼的主要内容和特点，并进一步探讨苏轼谪粤对岭南文学的丰富和拓展。卢康华《俞樾与诂经精舍》⑦一文开始关注文学和科举在诂经精舍的表

---

① 艾尔曼、车行健：《学海堂与今文经学在广州的兴起》，《湖南大学学报》（社会科学版）2006 年第 2 期，第 13 ~ 20 页。

② 宋巧燕：《诂经精舍的文学教学》，《湖南大学学报》（社会科学版）2003 年第 3 期，第 18 ~ 21 页。

③ 宋巧燕：《岭南学海堂书院的文学教学》，《学术研究》2003 年第 4 期，第 101 ~ 105 页。

④ 宋巧燕：《清代书院文学教育制度述论——以诂经精舍、学海堂为考察对象》，《学术研究》2008 年第 7 期，第 145 ~ 149 页。

⑤ 刘玉才：《从学海堂策问看文笔之辨》，《清华大学学报》（哲学社会科学版）2008 年第 2 期，第 71 ~ 75 页。

⑥ 翁筱曼：《苏轼与岭南文学——由清代学海堂之文学教学谈起》，《汕头大学学报》（人文社会科学版）2009 年第 6 期，第 50 ~ 55、92 页。

⑦ 卢康华：《俞樾与诂经精舍》，《南京晓庄学院学报》2005 年第 6 期，第 116 ~ 121 页。

现和影响,作者认为俞樾时代的诂经精舍在延续朴学传统、造就学术人才方面的功绩是不可否认的,但其内部发生着种种衍变。一方面书院与科举之间的联系日渐紧密,另一方面则加重了其文学色彩,词章与学术渐趋分途,二者都在一定程度上削弱了传统的教学与研究。前者可以从社会思想变迁史的角度来理解,后者应归因于俞樾本人对文学、对才情的一贯喜好与重视。

对两书院其他方面的关注愈益多样化,可谓新奇独特,如张立《杭州诂经精舍的科学教育》一文,关注书院的科学教育情况,认为阮元在其创建的诂经精舍中进行了重要的教育改革:在教学和研究中引入天文、算学、地理、军事等许多科技内容,甚至还有一些西方的科技知识。① 还有如对学海堂课卷中透露的岭南风土人情的考察②,鸦片战争前学海堂学长对当时泛滥社会造成很严重社会问题的鸦片的讨论③,以及学海堂的刻书、与科举的关系等等研究论题④。由此可见,21世纪以来对诂经精舍、学海堂的关注和研究视野开阔,内部研究更加深入、细致、具体,并逐渐向外部研究过渡。

3. 关于书院、清代学术和阮元研究专著中常论及两书院

书院史与清代学术史研究专著中,诂经精舍、学海堂两书院常是绕不过的论题。如刘玉才《清代书院与学术变迁研究》⑤第

---

① 张立:《杭州诂经精舍的科学教育》,《浙江大学学报》(人文社会科学版)2005年第5期,第68~75页。

② 翁筱曼:《清代学海堂课卷中的岭南风情画》,《岭南文史》2009年第1期,第21~25页。

③ 黄健敏:《鸦片战争前广东学海堂学长关于鸦片问题的讨论》,《广东史志》2003年1期,第42~45页。

④ 罗焕好、徐泳:《阮元与学海堂及其刻书》,《广东史志》2003年第2期,第59~63、76页;朱瑜瑜:《清末学海堂与科举的关系新解》,《教育与考试》2009年第6期,第49~52、78页。

⑤ 刘玉才:《清代书院与学术变迁研究》,北京大学出版社2008年版。

五章《诂经精舍、学海堂的学术示范》，论述了两书院的学术影响。刘伯骥著《广东书院制度沿革》①一书，论述了广东历代书院的起源与变迁、分布的形态、院舍、行政及组织、经费、师生、课程与训导、书院制度在社会的地位、书院制度之兴替等问题。该书中虽然没有设专门章节论述学海堂，但在关于清代书院的研究中，对学海堂的内部教学状况，诸如制度建设、师生、课程设置、刊刻书籍等都有较详备的记述，收集保存了许多有价值的内部资料，如该书第七章《师生》中有《清代书院山长表》，该表中列有学海堂52位学长的简况；第八章《课程与训导》，列《学海堂刻书表目》，共36种书籍，1254册，3334卷。该书关于学海堂的论述，为学海堂研究提供了宝贵的资料依据。作者初版该书时为1939年，距离学海堂1903年关闭，仅30多年，去时未远，与容肇祖《学海堂考》一样，书中所论述有真实可靠的优点。在关于清代书院史、书院制度等研究专著中，也大多涉及两书院。如李国钧主编《中国书院史》②第21章《乾嘉学派与诂经精舍、学海堂》，着重论述了两书院的兴起和乾嘉学派的关系，作者认为两书院的创办推动了乾嘉学派的学术研究活动，“自这两所书院出现后，乾嘉学派才在教育界站住了脚，有了自己学派进行讲学和研究的场所，有了扩大自己影响和培养本学派后起之人的机构。”此外，白新良《中国古代书院发展史》③，张正藩《中国书院制度考略》④，陈元晖、尹德新、王炳照《中国古代的书院制度》⑤，陈谷嘉、邓洪波《中国书院

---

① 刘伯骥：《广东书院制度》，“国立”编译馆1978年版。

② 李国钧主编：《中国书院史》，湖南教育出版社1994年版。

③ 白新良：《中国古代书院发展史》，天津大学出版社1995年版。

④ 张正藩：《中国书院制度考略》，江苏教育出版社1995年版。

⑤ 陈元晖、尹德新、王炳照编著：《中国古代的书院制度》，上海教育出版社1981年版。

制度研究》①等，这些关于书院史、书院制度研究的专著中，对于清代书院分类，一般都将诂经精舍和学海堂两书院作为学术研究型书院或者以博习经史词章为主的书院类型的典型代表。

对清代学术文化的研究，特别是清代考据学的研究，常常涉及两书院。如王建梁博士论文《清代书院与汉学的互动研究》②第三部分《诂经精舍与浙江汉学之风》，第四部分第一节《学海堂与广东汉学的传播》，论述了诂经精舍、学海堂两书院对浙江和广东汉学研究的辐射影响，除了论述两书院师生内在的汉学渊源影响外，并特别考察了两书院肄业生毕业后执教其他书院，对弘扬两书院优良学风、扩大两书院汉学影响所作的贡献。杨念群著《儒家地域化的近代形态——三大知识群体互动的比较研究》一书③，对考据学进入书院作了比较详尽的研究，涉及论题有：江浙朴学书院与官学化书院所构成的对峙格局；岭南受考据学南下发展的影响，出现了如学海堂一类以研习经史考据学为主的书院；诂经精舍之后江浙朴学书院网络的形成。对这三大知识群体的研究，强调了两书院对浙江、广东学术的重要影响。关于浙江、广东考据学研究，所论不能完全避开两书院。李绪柏《清代广东朴学研究》一书中④，学海堂以及学海堂师生的朴学研究历史成为论述重点和线索。学海堂是广东朴学研究的先河与领袖，研究清代朴学无法绕开学海堂而论。是书绪论中，作者说："清代广东学术文化，以阮元督粤为界，可分为前后两期：前期守白沙、甘泉之旧，

---

① 陈谷嘉、邓洪波：《中国书院制度研究》，浙江教育出版社 1997 年版。

② 王建梁：《清代书院与汉学的互动研究》，武汉出版社 2009 年版。

③ 杨念群：《儒家地域化的近代形态——三大知识群体互动的比较研究》，生活·读书·新知三联书店 1997 年版。

④ 李绪柏：《清代广东朴学研究》，广东省地图出版社 2001 年版。

多尚理学;后期则因阮元提倡,多崇实学、朴学。”作者认为学海堂是阮元督粤期间遗留给广东人民和学术界最大的一笔文化遗产和精神财富,长期以来发挥了不可估量的重要作用。艾尔曼(Benjamin A. Elman)著、赵刚译《从理学到朴学——中华帝国晚期思想与社会变化面面观》①第三章第四节《江南学界与书院》,认为“17、18世纪在相对独立、致力于考据训诂的学术共同体的发展过程中,书院对清代学者超越传统学术发挥了重要作用”②。本部分论述了官学和考证学派的发展和书院的关系,也论及诂经精舍和学海堂两书院,作者说:“诂经精舍和学海堂尽管试图推进18、19世纪之际儒学教育的发展,但仍然是乾隆时期江南各地书院接受的汉学教育的代表和发展产物。”③

研究阮元的教育文化活动时,两书院也是重要的考察依据。学者们常常通过两书院的研究,论证阮元在推广教育、弘扬民族文化方面所取得的独特成就。李成良《阮元思想研究》一书第四章第三节④,专节论述诂经精舍和学海堂,通过阮元创建两书院时在教师、教学方法、学风等方面的改革,反映阮元在教育事业上所取得的成就以及他独特的教育思想。在阮元研究论文中也多有关于两书院的论述,一般都是通过阮元创办的诂经精舍和学海堂两书院,考察阮元在教育、文化发展上所取得的成就。关于

---

① 艾尔曼(Benjamin A. Elman)著,赵刚译:《从理学到朴学——中华帝国晚期思想与社会变化面面观》,江苏人民出版社1997年版。

② 艾尔曼(Benjamin A. Elman)著,赵刚译:《从理学到朴学——中华帝国晚期思想与社会变化面面观》,第80页。

③ 艾尔曼(Benjamin A. Elman)著,赵刚译:《从理学到朴学——中华帝国晚期思想与社会变化面面观》,第91页。

④ 李成良:《阮元思想研究》,四川人民出版社1997年版,第152~163页。

阮元教育成就的研究论文有:张学成《阮元的教育活动和教育思想初探》①、郭明道《清代教育改革家阮元》二文②,认为“阮元创办书院,改革弊端,培养出大批真才实学之士,转变了当时的不良学风。阮元的教育改革活动,在清代教育史上是一个重要的转折点,对近代教育也产生了积极的影响”。尹旦侯《阮元——清中叶的教育实干家》③一文,论述了阮元在培养人才、进行教育改革方面所取得的成就。刘琪《阮元教育实践述评》④一文,附《诂经精舍题名录》,主要以诂经精舍独特的教学实践活动,论证了阮元的教育实践成就。关于阮元发展地方文化和民族文化方面的研究论文有:关汉华《试论阮元对广东文化发展的贡献》⑤一文中,通过阮元所创办的学海堂、主持编修的《广东通志》以及编刻的大量书籍,肯定了阮元对广东文化发展所作出的贡献。郭明道、田汉云《清代传播民族文化的巨擘——阮元》⑥一文,论述了阮元在编纂、刻印书籍以及振兴文教、扶掖后学上所作出的成就。上述关于阮元教育文化活动的研究文章,都是通过两书院来论证阮元的教育文化成就,重点虽不在两书院,对两书院的研究挖掘也不够

---

① 张学成:《阮元的教育活动和教育思想初探》,《山东教育学院学报》1993 年第 2 期,第 15 ~ 19 页。

② 郭明道:《清代教育改革家阮元》,《扬州师院学报》(社科版)1990 年第 4 期,第 125 ~ 129 页。

③ 尹旦侯:《阮元——清中叶的教育实干家》,《湖南师范大学社会科学学报》1986 年第 2 期,第 101 ~ 106 页。

④ 刘琪:《阮元教育实践述评》,《华东师范大学学报》(教育科学版)1986 年第 1 期,第 67 ~ 76 页。

⑤ 关汉华:《试论阮元对广东文化发展的贡献》,《广东社会科学》1996 年第 6 期,第 97 ~ 104 页。

⑥ 郭明道、田汉云:《清代传播民族文化的巨擘——阮元》,《扬州师院学报》(社科版)1988 年第 3 期,第 143 ~ 147、153 页。

深入,但毕竟有益于我们从另一个角度了解两书院。

随着书院研究大环境的不断开阔和改善,整理出版历代书院史料的工作取得了很好的成绩。赵所生、薛正兴主编《中国历代书院志》①选收中国历代的书院志等115种,包括书院志、书院章程、课艺、书田志等,其中包括诂经精舍和学海堂的相关历史资料,如第8册收录有张鋆《诂经精舍志初稿》,第3册收有林伯桐修、陈澧续补《学海堂志》,第14、15册收有阮元编订《诂经精舍文集》、罗文俊编订《诂经精舍文续集》、俞樾编订《诂经精舍三集》。第13、14册收有学海堂的课艺文集《学海堂集》、《学海堂二集》、《学海堂三集》和《学海堂四集》,将学海堂所出的四种课艺文集全部影印出版。对两书院相关资料的整理出版,方便了学者们从事有关两书院的学术研究。

关于诂经精舍、学海堂两书院的研究渐趋精深开阔,已取得了很好的成绩,但研究成果还欠厚重深入,还存在着很大的可挖掘空间。内部研究中对两书院各种课程如经学、文学、史学等科目的教育教学研究期待着有较系统的、有分量的新成果出现,两书院课艺文集中肄业生的课作有待进一步挖掘研究,课作中各种文体的教育与教学、写作及评审标准等都是值得去深入研究的方面;另外以两书院为中心的师生群体也是有价值的可关注点。外部研究中如两书院与社会、政治、经济、文学、教育文化的关联都是值得去深入系统探索的论题。

(二)关于书院与文学相关研究成果综述

20世纪以来书院研究一直受到学者关注,成果丰硕,但全面

① 赵所生、薛正兴主编:《中国历代书院志》,江苏教育出版社1995年版。

考察可发现这些成果还是更多地呈现在教育史研究者的内部学术视野中，书院与文化，书院与学术的关系研究也获得了一定的关注，而书院与文学、书院与文学史的关系研究，尚未引起学术界的足够重视；对于书院的各种课程的具体的教育与教学研究从广度和深度上都很不足，特别是书院文学教育与教学研究，是21世纪以来才开始受到一些学者关注的研究领域。

随着较多学者对书院与学术关系研究不断地关注和深入，书院与文学的关系研究也开始引起相关研究者的关注。刘玉才《清代书院与学术变迁研究》①一书的第三章第四节《清代书院与桐城文派的传衍》，对桐城派在书院中的传衍有非常明晰的叙述和罗列整理，足见文献功底的深厚和为学的严谨，第五章附《从学海堂策问看文笔之辨》②一文认为，阮元文笔之辨不仅关乎古今文学流变，而且可以挑战自唐韩愈倡导的所谓古文的垄断地位。所以阮元在其主持创建的杭州诂经精舍和广州学海堂，均以文笔之辨为题，让肄业诸生属对。阮元把文笔之辨作为一个重要的学术问题提出来，甚至提升到重拾千年坠绪的高度，是基于其汉学家的学术背景，而对崇尚道学的桐城古文的反动。

徐雁平博士《清代东南书院与学术及文学》③一书，在关注书院与学术关系的同时，已开始较多地关注书院与文学的命题。这是笔者所见唯一的一部以书院与文学命名的著作，虽然此书的重点仍是书院与学术，但确实是难得的相关书院与文学的著作。此书对书院与桐城文派的传衍、李兆洛主讲暨阳书院时对学术

---

① 刘玉才：《清代书院与学术变迁研究》，北京大学出版社2008年版。

② 另见刘玉才《从学海堂策问看文笔之辨》，《清华大学学报》（哲学社会科学版）2008年第2期。

③ 徐雁平：《清代东南书院与学术及文学》，安徽教育出版社2007年版。

和文学的见解、东南书院的文人雅集以及诗社文社活动等方面有很多独到精辟的陈述。在此之前,徐雁平已经撰写并发表了一些关于书院与文学的文章,如《清代东南书院与文士之风气》①,《清代东南书院与地方诗坛》②,《书院与桐城文派传衍考论》③,《图景的重现:道光以来金陵书院文人活动考论》④,对书院的文学活动、书院与文学流派、书院与文学研究取得了具有重要意义的研究成果。

《南京晓庄学院学报》2006 年第 1 期发表了三篇有关"桐城派与书院"的专题论文,说明书院与文学的命题已引起关注。这三篇文章分别为徐雁平《书院与桐城文派传衍考论》、张维《"岭西五大家"与书院》、汪小角《清代晚期书院教育的范例——戴均衡创办桐乡书院探析》,对书院与桐城派的密切关系有非常清晰的展示。徐雁平在此文中认为,书院对清代学术影响极大,对文学的发展亦有推助之力。桐城文派能绵延二百余年,有诸多原因,其中较为重要的一条是靠书院讲学来传衍。包括姚鼐在内的众多名家都曾主持书院讲席,且历时较长,培养出众多弟子,几乎代有传人。依此传衍途径,桐城文派在广西形成包括吕璜、朱琦、彭昱尧、龙启瑞、王拯在内的"岭西五家";在河北,经过张裕钊、吴汝纶、王树枏等人的努力也形成风气。桐城文派因此以东南一隅为

---

① 徐雁平:《清代东南书院与文士之风气》,香港浸会大学《人文中国学报》第 13 辑,上海古籍出版社 2007 年版。

② 徐雁平:《清代东南书院与地方诗坛》,《中国诗学》第 12 期,2007 年版。

③ 徐雁平:《书院与桐城文派传衍考论》,台北《汉学研究》第 22 卷第 2 期;《南京晓庄学院学报》2006 年第 1 期。

④ 徐雁平:《图景的重现:道光以来金陵书院文人活动考论》,北京大学《国学研究》第 17 卷,2006 年。

中心扩展开来,在地域上获得一种平衡,形成既有时间长度又有空间广度的全国性文派。文学流派的传衍方式有多种多样,然而像桐城文派这样以书院为媒介颇有规模地传衍,则前所未有,从中亦可稍见书院与文学之间的密切关系。

关于书院与文学的论题2009年出现了两篇很有见地的论文,它们是曹虹《清代常州书院与骈文流衍》和许结《论清代书院与辞赋创作》。曹虹文中认为:在影响文人集群或文学流派形成的诸因素中,书院起到的人才背景与文学舞台的作用是不容忽略的。与桐城派凭借书院造就传人相映成趣,清代常州派骈文的兴盛也颇得益于地方书院的教育氛围。龙城、暨阳等书院虽属于科举化的体制,但因邵齐焘、卢文弨、李兆洛等山长的引领,适时地对学术与文学加以开拓,直接或间接地诱发了陶成骈文英才的气氛,从而使常州文风得以推激变动,对清代中后期文坛的发展贡献卓著。书院内师生或学子间的同游共处,也有助于催生群体性的风格成就,从而促使文学门派的成立。① 许结《论清代书院与辞赋创作》一文认为:清代书院课赋制度的形成,与书院山长、地方学政多翰林出身有关。因为翰林院有馆试诗赋制度,书院课赋与翰林院赋有着逻辑的联系。书院的文学活动之于辞赋,又在辞赋创作与赋集编纂两端,其中课艺赋的创作与编纂,尤为突出。考察书院赋的创作特征,一在题材的扩大,其中包括经义、咏史、景物、记事、拟古、唐诗诸题的创制;二在特有的艺术形式,如同题、摹拟、和韵、评点等。而从赋史看清代书院赋艺术,其对词章之学的促进、清代学术的含容、律赋鉴赏体系的构建以及清赋由宗唐到自立的变化,均有一定的积极

---

① 曹虹:《清代常州书院与骈文流衍》,《南京大学学报》(哲学人文社科版)2009年第5期。

作用。①

一直以来,对我国古代书院的课程设置、教育内容及教学方法研究取得了不少研究成果。但对我国各个历史时期书院的文学课程教育的研究还处于初始阶段,研究成果还比较薄弱,存在着大片无人涉及的研究领域。有一些学者以一两个书院或者数个书院作为研究对象,来考察我国古代某一时期某些书院的文学教育状况,或者由书院文学教育教学状况发掘相关的文学文化现象。如翁筱曼《苏轼与岭南文学——由清代学海堂之文学教学谈起》一文中认为学海堂的文学教学对岭南文学有重要意义,学海堂文学教学的课题课卷中呈现出了师法苏轼的主要内容和特点,并进一步探讨了苏轼谪粤对岭南文学的丰富和拓展。② 其他如宋巧燕发表的一些论文,如《清代书院文学教育制度述论——以诂经精舍、学海堂为考察对象》、《诂经精舍的文学教学》、《岭南学海堂书院的文学教学》、《诂经精舍与学海堂的骈文教学》、《清代各类型书院文学教育的地位》等。

近年来对中国古代书院文学教育的专题研究成果比较突出的还有程嫩生等学者,他们发表了一系列关于书院文学教育的研究论文。如程嫩生、孙彦《课试禁忌与清代书院文学教育》一文认为,课试为清代很多书院的文学教育手段,清代书院课试禁忌包括课试作弊、课卷内容、交卷时间等诸多方面;清代书院课试禁忌虽有呆板、僵化的一面,但它在净化学风以及保障课试的公平性等方面成效卓著;在课试禁忌的约束下,不少生徒能潜心

---

① 许结:《论清代书院与辞赋创作》,《湖北大学学报》(哲学社会科学版)2009 年第 5 期。

② 翁筱曼:《苏轼与岭南文学——由清代学海堂之文学教学谈起》,《汕头大学学报》(人文社会科学版)2009 年第 6 期。

研习,这对于提高生徒的文学素养以及增强生徒的应举能力大有裨益。① 程嫩生、陈海燕《奖惩措施与清代书院文学教育酵母》一文认为课试为清代很多书院的文学教育手段,清代书院课试时主要采取发放膏火、刊刻佳作、传看课卷、正附课(或内外课)升降等一系列奖惩措施,这些措施成为鞭策生徒的酵母,大大激发生徒的研习积极性,在实现书院文学教育的基本功能即提高生徒的文学素养等方面功不可没,而一些专门从事科举之文教育的书院又可借此来提高科举命中率从而扩大自身影响。由于奖惩措施优越性明显,因此它不仅存在于清代诸多书院的课试教育中,而且也被中国当今的一些学校教育所接受。② 程嫩生、陈海燕《课艺评点:清代书院文学教育侧记——以钟山书院、经古精舍的课艺评点为例》一文以清代钟山书院、经古精舍为例,分析书院中重要的文学教育手段——课艺评点的方法与效果,认为钟山书院与经古精舍的课艺评点都重视文学创作的承嗣与求新,重视因材施教,重视对生徒习作的褒扬。这些课艺评点对于提高生徒的文学创作水准、拓宽生徒的文学创作视阈以及增强生徒的文学创作自信心等方面大有裨益。③ 其他相关书院文学教育的论文有程嫩生、陈海燕《石鼓书院雅集活动与文学创作》④,程嫩生《朱阳书院

---

① 程嫩生、孙彦:《课试禁忌与清代书院文学教育》,《青海社会科学》2009 年第 2 期。

② 程嫩生、陈海燕:《奖惩措施与清代书院文学教育酵母》,《宁夏社会科学》2008 年第 6 期。

③ 程嫩生、陈海燕:《课艺评点:清代书院文学教育侧记——以钟山书院、经古精舍的课艺评点为例》,《湖南大学学报》2008 年第 5 期,第 33 ~ 36 页。

④ 程嫩生、陈海燕:《石鼓书院雅集活动与文学创作》,《宁夏社会科学》2010 年第 5 期,第 147 ~ 151 页。

雅集活动与文学创作》①,程嫩生、王丽《信江书院雅集活动与文学创作》②,程嫩生《清代书院科举文教育》③,程嫩生、张西焱《清代书院词学教育》④。

上述程嫩生等人的8篇论文对清代书院的文学教育从不同方面作了独到的考察和研究,是目前关于书院文学教育论题很有见解的研究论文。

由以上对书院与文学以及书院文学教育的研究成果的论述可知,虽然目前已取得了一些成绩,但显而易见这些研究成果还很零星,既不全面也不系统,也欠深入,不但没有专门的著作出现,就是研究论文的数量也非常有限,这是一个完全有价值进行深入开拓与系统研究的学术领域。目前还没有从宏观的角度对其进行系统研究,在对具体书院的个案研究中,也没有达到细密、深入、具体和全面的研究目标。针对具有时代代表性的书院,如诂经精舍、学海堂等的文学教育进行深入研究,从课艺、教育教学的具体细微之处体悟和挖掘,是非常有价值、有意义的研究课题。

本书论题就是在原有的研究成果的基础上,专力于考察清代阮元创建的诂经精舍与学海堂两书院的文学教育状况,努力为中国古代书院文学教育研究提供有借鉴意义的阶段性研究成果。

---

① 程嫩生:《朱阳书院雅集活动与文学创作》,《大学教育科学》2010年第5期,第74~77页。

② 程嫩生、王丽:《信江书院雅集活动与文学创作》,《江西社会科学》2010年第10期,第125~128页。

③ 程嫩生:《清代书院科举文教育》,《内蒙古社会科学》(汉文版)2011年第2期,第144~148页。

④ 程嫩生、张西焱:《清代书院词学教育》,《海南大学学报》(人文社会科学版)2012年第1期,第29~34页。

第一章

诂经精舍与学海堂的创建、沿革和建制

诂经精舍、学海堂两书院的创建是阮元书院教育革新的现实成果表现,也是乾嘉考据学研究成果的回响。考察两书院的创建目的和宗旨,时代背景,历史沿革,制度建设以及藏书、编撰和刊刻等各方面的历史信息,是我们了解和还原两书院真实面貌的基本途径。两书院近百年的历史沿革留下了时代发展的清晰印迹,两书院的制度建设在清代书院史中占有重要地位,具有可借鉴的示范性意义,继两书院之后广泛出现的博习经史词章类书院就是历史的见证。两书院的藏书、编撰和刊刻反映了书院文化活动的昌盛。

第一节　阮元创建两书院的目的和宗旨

阮元(1764 ~ 1849)是清王朝的重臣,又是历史上著名的学者。他少年早达,身居显宦,历仕乾隆、嘉庆、道光三朝。他的一生经历了清王朝由盛转衰、中国社会逐渐沦为半殖民地半封建社会的痛苦过程。《清史稿》称他"身历乾嘉文物鼎盛之时,主持风会数十年，海内学者奉为山斗焉”①。他被誉为乾嘉学派强有力的殿军和总结者。阮元学识渊博，成就卓著，在经学、史学、文字学、音韵、训诂、校勘、金石、书画、天文、历算、舆地、文学、哲学等领域都有精深的造诣。

阮元身具学者、高官的双重身份，他凭借自己的地位和能力，积极倡导学术研究，热心于编书、校书、刻书、印书和兴办学校各种文化活动，著述、辑录、编刻的书籍达三千多卷，其中他主持编纂的《经籍纂诂》、《皇清经解》、《十三经注疏》(及校勘记)对学界贡献尤大。梁启超评述阮元“学问不如(戴)东原，而推广力过之”②。侯外庐评价阮元“是在汇刻编撰上结束乾嘉汉学的成绩”③。阮元一生仕历山东、浙江、江西、湖广、两广、云贵等地，所到之处，必以振兴文教、扶掖后学为务，且“造士有家法，人才蔚起”④，他在我国教育史上具有重要的历史地位。他所创建的诂经精舍和学海堂两所书院，以提倡朴学教育为宗旨，增强了乾嘉学术的流播和影响，成为代表有清一代学风和学术思想特色的书院类型，在清代教育史上意义重大，影响深远。刘毓崧(1818～1867)评价阮元道：

> 生平持躬清慎，属吏不敢干以私，为政崇大体，所至必以兴学教士为急。在浙江则立诂经精舍，在广州则立学海堂，选诸生知务实学者肄业其中，士习蒸蒸日上。至今官两省者，皆奉为矩矱。⑤

---

① 《清史稿》卷364《阮元传》，中华书局1977年版，第11424页。

② 梁启超：《儒家哲学》第五章《二千五百年儒学变迁概略(下)》，见其《饮冰室合集·专集》第24册，上海中华书局1936年版，第67页。

③ 侯外庐：《中国思想通史》第5卷，人民出版社1956年版，第577页。

④ 《清史稿》卷364《阮元传》，中华书局1977年版，第11424页。

⑤ 刘毓崧：《阮文达公传》，收入缪荃孙纂录《碑传集续集》卷3。见《清代碑传全集》，上海古籍出版社1987年版，第809页。

著名的清史专家萧一山(1902～1978)也说:

惟阮元之有功于清代学术界者,尚不尽在于本人之作品,而在其能提倡文化,奖励经学,在浙则立诂经精舍,在粤则立学海堂,延名流以课士子,其影响于当时学风甚巨。①

阮元创办的诂经精舍和学海堂是中国教育史上两所别具特色的书院。两书院明确提出了与一般书院不同的办学目的,主张书院教育"以励品学,非以弋科名"②,以其"不课举业"、"许各搜讨书传条对,不用扃试糊名法"③,也就是不考八股文,不进行闭卷考试,而有别于当时的其他书院。两书院首次明确标出以经史辞赋为书院主要的教学内容。黄以周(1828～1899)在《南菁讲舍文集序》中说:

有明以来,专尚制艺,主讲师长,复以四书文、八韵诗为圭臬,并宋人建书院意而失之。近时贤大夫之崇古学者,又思矫其失(按:指专尚制艺),而习非成是,积重难返,不得已别筑讲舍,选高才生充其中,专肄经史辞赋,一洗旧习,若吾浙江之诂经精舍,广东之学海堂,其较著者也。④

两书院教学内容虽然多样,但以从事朴学研究为宗旨,经史考据学研究为首要的教学目的,其次是辞赋,即文学。诂经精舍奉祀汉代文字学大师许慎(30～124)、经学大师郑玄(127～200)二人,后来学海堂也仿其例,奉祀许慎、郑玄二位大师。自朱熹兴

---

① 萧一山:《清代通史》,中华书局1986年版,卷中第13章,第718页。

② 阮亨:《瀛舟笔谈》,嘉庆二十五年(1820)刻本,卷4,第3页。

③ 孙星衍:《诂经精舍题名碑记》,《诂经精舍文集》卷首。见赵所生、薛正兴主编《中国历代书院志》,江苏教育出版社1995年版,第15册。

④ 黄以周:《南菁讲舍文集序》,见其编订《南菁讲舍文集》,光绪十五年(1889)刻本。

复白鹿洞书院，奉祀周、程以来，宋末及元、明、清初的书院，奉祀的都是周、程、朱、张、陆、王等理学家。诂经精舍、学海堂改祀汉儒许慎和郑玄，表明两书院已由讲求性理转变为专重经史考据，申明了崇尚考据学的学术宗旨。诂经精舍，顾名思义，乃讲经之所也。阮元说："'精舍'者，汉学生徒所居之名。'诂经'者，不忘旧业且勖新知也。"①学海堂之名便是阮元推崇今文经学家何休（129 ~ 182）而来。阮元在《学海堂集序》中说："昔者何邵公（休），学无不通，进退忠直，聿有学海之誉，与康成并举，惟此山堂，吞吐潮汐，近取于海，乃见主名。"②两书院皆挂有阮元自撰楹联："公羊传经司马记史，白虎论德雕龙文心。"在这副楹联中，"其实事求是，崇尚汉学之初心，又于是寓焉"③。因此美国学者艾尔曼（Benjamin A. Elman）说："诂经精舍和学海堂尽管试图推进18、19世纪之际儒学教育的发展，但仍然是乾隆时期江南各地书院接受的汉学教育的代表和发展产物。"④

两书院是阮元顺应时代的潮流，对积习已久的书院教育制度的大胆改革，为乾嘉考据学在书院领域建立了属于自己的学术研究和教育活动基地，是乾嘉考据学研究成果和历史影响在书院领域的扩展和渗透。

---

① 阮元：《西湖诂经精舍记》，见其《揅经室集》二集卷7，中华书局1993年版，第547页。

② 阮元编：《学海堂集》卷首，道光五年（1825）启秀山房刻本。见赵所生、薛正兴主编《中国历代书院志》，江苏教育出版社1995年版，第13册。

③ 张鋆：《诂经精舍志初稿》，《文澜学报》（1936）第2卷第1期，第7页。见赵所生、薛正兴主编《中国历代书院志》，江苏教育出版社1995年版，第8册。

④ 艾尔曼（Benjamin A. Elman）著，赵刚译：《从理学到朴学——中华帝国晚期思想与社会变化面面观》，江苏人民出版社1997年版，第91页。

第二节　阮元创建两书院的时代背景

两书院的建立是乾嘉考据学兴盛的产物,是在乾嘉考据学空前高涨后、趋于回落的历史发展大势下应运而生的。清朝政权巩固以后,以科举取士,教育制度弊端丛生,远离学术,亟须改革。阮元作为乾嘉学派的著名学者和清代重要官员,集名望、地位、权力和学问于一身,凭借自己的特殊身份,将乾嘉考据学的影响扩展到书院领域,通过书院教育又进一步扩大和加深乾嘉考据学的影响,承担了清代书院改革倡导和实施的任务。

梁启超说:"清学(考据学)之出发点,在对于宋明理学一大反动。"①明末清初,中国早期启蒙思潮在对宋明理学的否定性批判中崛起。中国古代社会的学术研究,一直围绕经学这个核心而展开。自从汉代将《易》、《诗》、《书》、《礼》、《春秋》确定为儒家经典之后,后来的学者几乎都从中汲取营养,依据经典,阐发自己的思想和学术观点,对儒家经典的诠释方式反映出中国古代学术史的发展轨迹。历史上对儒家经典的诠释可以划分为三个大的时期:第一个大时期为汉唐训诂之学。它起源于汉武帝设立五经博士,至唐太宗令孔颖达等考订五经,《易》主于王弼,《书》主于孔安国,《诗》主于毛苌、郑玄,《三礼》主于郑玄,杜预《左传》、何休《公羊》、范宁《穀梁》成为官方定本。在对经典的诠释上以语言的训诂、名物制度的考订为主。第二个大时期是宋明理学时期。它起源于中唐韩愈的道统说,至宋代邵雍、张载、周敦颐、程颐、程颢、朱熹而极盛,到明初颁布《四书五经大全》而定型。宋明理学与汉唐训诂之学迥异,理学家们摆脱汉唐旧注,而注重阐发经典的思

---

① 梁启超:《清代学术概论》,东方出版社 1996 年版,第 8 页。

想内容。第三个大时期是清代考据学时期。它起源于明代中后期，经清初顾炎武、黄宗羲、阎若璩、毛奇龄等诸大家，到乾嘉时期发展到极致。清代考据学的治学方式又回归到汉唐时期以训诂语言文字、考订名物制度为主，故清代考据学又被称为“汉学”。清代考据学是对宋明理学的否定。吾师郭康松教授认为：“中国古代的经典注释方式正好走了一条否定之否定的道路。但第三时期不是对第一时期简单的回归，而是一种呈螺旋式的上升。”①用梁启超的话说就是：

学派上之“主智”与“主意”，“唯物”与“唯心”，“实验”与“冥证”，每迭为循环，大抵甲派至全盛时必有流弊，有流弊斯有反动，而乙派与之代兴，乙派之由盛而弊，而反动亦然。然每经一度之反动再兴，则其派之内容，必革新焉而有以异乎其前。②

明清易代，汉族政权沦亡，社会动荡，经济凋敝。在总结明亡的历史教训时，许多亲身经历这场巨变的士大夫，如顾炎武、黄宗羲等对宋明理学进行了反思和批判，他们认识到理学的陈腐和危害，认为理学的蹈空荒诞，背叛儒学真谛，最终导致了明朝的灭亡。顾炎武倡言“经学即理学”，“凡国家典制、郡邑掌故、天文仪象、河漕兵农之属，莫不穷原究委，考证得失”③，并提出了一套比较完整的考据方法，开辟了一代重实际、重实证、重实践的新学风。对宋明理学的怀疑和批判，从理学回归原始儒学，寻求新的经世良方，便成为清初许多士大夫的时代要求。只不过明清之际的启蒙思潮的思想内涵由经世致用逐渐演变为通经致用，再演变

---

① 郭康松：《清代考据学研究》，湖北辞书出版社 2001 年版，第 6 页。

② 梁启超：《清代学术概论》，东方出版社 1996 年版，第 8 页。

③ 《清史稿》卷 481《顾炎武传》，中华书局 1977 年版，第 13167 页。

为乾嘉学派纯学术的考据学研究。康熙年间，一度沉寂的程朱理学得到清政府的支持和提倡，再度高踞庙堂，但理学的式微成为一种必然，没能做到和日趋兴盛的考据学相抗衡。纵观我国学术发展大势，概而言之为："自汉京以后，垂二千年……要其归宿，则不过汉学、宋学两家互为胜负。"①

乾嘉学术的发展，需要在教育领域有自己的阵地，而将考据学研究渗透到书院中，是许多考据学家的愿望。作为封建社会中后期兴起的新型教育机构，书院在振兴教育、活跃与推进学术、普及社会文化等方面，发挥着巨大的作用。综括其特色，主要有三：一是在教育内容上，不同于官学为应科举专重时艺帖括，而讲究学问的探讨与文化知识的普及；二是在教学方法上，不同于官学中的强制性训导，而是开展自由讲学，师生互相讨论、切磋学问，并实行开门办学；三是在教育体制上，不同于官学有严格的官方统制，设置灵活，人事上不受官府约束。这些特色使得书院在科举日盛、官学凋敝的形势下，日益成为封建社会后期教育的重要支柱。但是，书院的发展却日益受到官方干预，逐步发生了官学化和科举化的蜕变。清代书院的发展也是如此，书院受制于官府，官府掌握书院的经费供给，控制掌教聘任权；书院教育成为科举的附庸，教学内容主要是用于科举考试的时文制艺。清代的地方官学陷入停滞和瘫痪状态，书院取代了地方官学行使教育的职能，但是书院已经失去了自由讲学的传统，雍正年间后，虽然书院遍布于各地，但是抨击、批判之声却大大超过了赞誉之声，原因就在于它们"专习时文制艺"②。

---

① 《四库全书总目》卷首《经部总叙》，中华书局 1965 年版，第 1 页。

② 参见丁钢、刘琪《书院与中国文化》，上海教育出版社 1992 年版，第 94 ~ 95 页。

乾隆年间以来，考据学的发展如日中天，对书院教育却影响甚微。士子们对功名利禄的追求和向往，使书院只热衷于科举教育。虽然一些有学问的山长不愿意以科举时文作为书院教学的主要内容，但因积习难返，不得不为之。经学家卢文弨乾隆间主讲南京钟山书院时，肄业者数百人，只有"一二同志信而从焉"，"至于渐染俗学已深者，殆终不能变也"，数百人的课卷，"必卷卷而评校之"①。章学诚主讲河北清漳等书院的时候，在和学生们切磋研究经史诸子百家时，也教学生们揣摩举业文字。乾隆以后，考据学盛行，一些书院在重文教的大吏和著名学者的主持下，学风有所改变，如乾隆二十四年(1759)江苏巡抚陈宏谋亲自为苏州紫阳书院制定了新学规，其中有"每月课文两次，讲书六次，或四书，或经或史，不拘长短"；乾隆五十四年(1789)，钱大昕主紫阳书院，"论文不主一格，大要以能自得者为贵，其平居提命，则务欲进之于理学事功气节之途。一时学者皆知通经致用之为，而从事于博文道古，而不敢以苟且"②。乾隆初南京钟山书院山长杨绳武所定书院规约中有"穷经学"、"通史学"的条目③，但在书院的实际教学中，重心仍然在于应付科举考试的八股时文。更不提一般以考课为主的书院了。

乾嘉考据学的发展，需要在教育领域有真正属于自己的领地；书院教育的凋敝，亟须从体制上进行改革。学识渊博、居于高位、热衷振兴文教的考据学家阮元承担了这一历史重任，嘉庆五

---

① 卢文弨:《寄孙楚池书》，见其《抱经堂文集》，《续修四库全书》第1432册，第12页。

② 转引自李国钧主编《中国书院史》，湖南教育出版社1994年版，第887页。

③ 杨绳武:《钟山书院规约》，《昭代丛书》辛集卷16。见邓洪波编著《中国书院学规》，湖南大学出版社2000年版，第24～29页。

年(1800)阮元抚浙时在杭州建立诂经精舍,嘉庆二十五年(1820)阮元督粤时于广州建立学海堂,完成了清代书院以学术研究为重心的书院改革。

第三节　两书院的沿革

一、诂经精舍的沿革

嘉庆五年(1800)①,阮元抚浙时就昔日编纂《经籍纂诂》之所50间,加以修葺改造,建成诂经精舍。诂经精舍位于杭州西湖之畔,孤山之麓,三忠祠之东,照胆台之西,景色优美,环境宜人,是读书为学的好地方。诂经精舍自嘉庆五年(1800)开讲,光绪三十年(1904)废止,首尾共104年,历经嘉庆、道光、咸丰、同治、光绪五朝。嘉庆十四年(1809),阮元因事被革职后,诂经精舍停办达20年之久。道光十年(1830),富海帆(1789~1845)抚浙,重开诂经精

---

① 关于诂经精舍的创办年份,历来众说不一。阮元本人亦有嘉庆五年和嘉庆六年两种说法。阮元《西湖诂经精舍记》曰:"(阮元)于督学浙江时,聚诸生于西湖孤山之麓,成《经籍纂诂》百有八卷。及抚浙,遂以昔日修书之屋五十间,选两浙诸生学古者读书其中,题曰'诂经精舍'。……乃于嘉庆五年五月己丑,奉许、郑木主于舍中,群拜祀焉。"阮元于嘉庆四年(1799)抚浙,此处记载说明嘉庆五年精舍已经建成。阮元《山东粮道渊如孙君传》中曰:"(嘉庆)六年四月,元抚浙,建诂经精舍于西湖之滨。"张鉴《雷塘庵主弟子记》卷2"嘉庆六年正月十七日"记载于是年月"立诂经精舍"。按:嘉庆六年,《诂经精舍文集》刻成,许宗彦于是年所作序中有"阅二年,得文集若干卷"之句,可以判定精舍建于嘉庆五年。因是序为文集刊刻时所作,不存在记忆模糊不清的问题。《诂经精舍文集》中收入精舍生陆尧春《诂经精舍崇祀许郑两先师记》一文,此文中有"岁庚申(嘉庆五年),中丞仪征阮公,于湖滨建诂经精舍"的记载。此文为陆尧春在诂经精舍肄业期间的作品,所记应比较可信。笔者认为"嘉庆五年(1800)"当为诂经精舍建立的确切时间。

舍。咸丰十年(1860)、十一年(1861),太平天国起义军两次占领杭州,诂经精舍课业至此又停止不开。同治五年(1866)社会稳定,诂经精舍才又重新开课,自此而后直到1904年废止,一直没有中断。可见诂经精舍实际办学时间可达80年之久。1904年诂经精舍停办后,其大部分旧址改建为浙江省国立艺术专门学校。①

诂经精舍的发展可以分为三个时期:

第一时期,阮元主持时期(1800~1809)。

诂经精舍自嘉庆五年(1800)创办至嘉庆十四年(1809)阮元离浙这10年间,是它的第一个兴盛期。在这10年里,阮元聘请孙星衍(1753~1818)、王昶(1725~1806)、陈寿祺(1771~1834)等大师主讲,通选浙江十一郡诸生中"经学修明,通于一艺者习业其中"②,"十一郡之士,就舍谈经,执卷请业者,几忘公名位之尊,而亲若师弟。盖教士之法,不特他省所稀,抑亦历代明臣所缺焉未讲者也"③。嘉庆六年(1801)主讲孙星衍作《诂经精舍题名碑记》,所记精舍讲学(肄业)之士就达92人,被举荐为孝廉方正及古学识拔之士达63人,诂经精舍成了大师、人才荟萃之地,盛极一时。这期间诂经精舍所出人才极盛,以学闻名者不计其数,如洪颐煊、洪震煊、朱为弼、周中孚、张鉴、严杰、金鹗、李富孙、李遇孙、沈涛、钱林、施国祁、严元照、徐养原、赵坦、朱一新等,都是名垂后世的著名学者。

嘉庆十四年(1809),阮元因袒护刘凤诰案被革职,也祸及诂经精舍。内阁大学士刘凤诰,江西萍乡人,和阮元是同科进士,刘

① 见张崟《诂经精舍志初稿》,第4页。

② 钱泳:《履园丛话》卷23,清光绪九年(1883)常熟写经堂刻本,第19页。

③ 邹至初:《海帆中丞通选浙省诸生肄业诂经精舍诗以纪事并序》。见胡敬编《敬修堂词赋课钞》卷9,同治十一年(1872)重刻本,第18页。

凤诰任浙江学政时，阮元任浙江巡抚，两人同在异地做官，关系很密切，时有"刘阮"之称。刘凤诰在代办临监乡试时，听受人情，为应试生员徐步鳌作弊，事出后，朝廷派人查询。阮元为刘遮掩，结果以"袒庇同年"，"止知友谊，罔顾君恩，轻重倒置，不可不严行惩处"①，于嘉庆十四年九月五日被革职。诂经精舍是阮元捐俸维持，阮元被革职，事出突然，阮元无法及时安排诂经精舍后来的运行事宜，仓促离浙后，诂经精舍即因经费短缺、无人主持被迫关闭。不过幸运的是，阮元的政治生命并没有因此而结束，嘉庆二十一年(1816)十一月十三日阮元复出，补授湖广总督，一年后(1817)出任两广总督。阮元所到之处，一如既往，振兴文教，奖掖后学，于是有了道光初年广州学海堂的建立。

第二时期，沉寂后的复兴期(1830～1860)。

阮元离浙(1809)后，诂经精舍一直课业不举，精舍荒芜。道光五年(1825)正月原诂经精舍肄业生胡敬，时任杭州崇文书院主讲，请于浙江巡抚帅承瀛(1767～1841)，将杭州钱塘门外旧有正气、先觉、遗爱三祠木主移至诂经精舍。帅承瀛修葺精舍，工毕将三祠木主奉入精舍。② 不过由于经费问题，诂经精舍仍没有开课复业。道光十年(1830)，满洲镶红旗人富呢扬阿(1789～1845)③

---

① 张鉴等撰，黄爱平点校：《阮元年谱》，中华书局1995年版，卷3，第92页。

② 参见胡珵《书农府君年谱》乙酉(道光五年)五十七岁，清道光间刻本。见北京图书馆编《北京图书馆藏珍本年谱丛刊》，北京图书馆出版社2000年版，第131册，第422页。

③ 富呢扬阿(1789～1845)，字海帆，盛京(清留都，今辽宁沈阳)长白人。道光九年(1829)任盛京工部侍郎，兼管顺天府尹事。道光十年(1830)调任浙江巡抚。十四年(1834)再授盛京工部侍郎，兼管顺天府尹事。十五年(1835)改任盛京刑部侍郎，不久调任科布多参赞大臣，再调乌鲁木齐都统。十六年九月十二日(1836年10月21日)调任陕西巡抚。二十二年(1842)升任陕甘总督。资料来源于陕西省地情网 http://lib. sxsdq. cn/bin/mse. exe? seac hword = &K = a&A = 1&rec = 605&run = 13。

任浙江巡抚，赴任后即对诂经精舍重加修葺，诂经精舍停办20余年后，终于重新开课，逐渐复兴，又持续了30年的办学历史，迎来了又一段的辉煌。至太平天国之乱，诂经精舍被迫关闭。肄业生邹志初记述精舍重开课业之状道：

既公（阮元）移节以去，代公后者，皆欲踵而行之；顾一切供用之费有不足，则取给于商，会浙商困，因废不举。今皇上御极之九年（道光九年，1829），大中丞富公以文武伟才，膺节钺东南之命，旌麾莅止，甫及一载（道光十年，1830），政通人和，百废具举。维时旬宣两浙者，为江夏陈公（陈銮，浙江按察使、盐运使），建议复阮公之旧，公曰然，则饬有司就旧舍而加新焉。工既毕，榜于门曰：吾闻之士不通经果不足用，诸生有能畅晓经义，上绍汉儒之传者乎；其次有能洽闻殚见，通达时务，堪备异日朝廷著作之选者乎，予将亲试焉。于是府得几人，县得几人，各署其名与其籍。试之日，公亲临发题，首经义一道，次史论，次词赋，又次文艺。初试公主之，继布政使司，继按察使司，都转运使，巡道，督粮道，凡六阅月而试遍，则公复主之。日皆用十八。列上选者，额皆十八人。凡有所需，皆公与大吏分俸以给之，勿复取于商，期久远也。①

由上所载，可知富海帆重建诂经精舍在道光十年（1830）。道光二十二年（1842）阮元高足、学海堂肄业生罗文俊（1789～1850）任浙江学政，委托崇文书院主讲胡敬（1769～1845，原诂经精舍肄业生）将诂经精舍十年来的课艺作品，择优编订刊刻，成《诂经精

① 邹至初：《海帆中丞通选浙省诸生肄业诂经精舍诗以纪事并序》。见胡敬编《敬修堂词赋课钞》卷9，同治十一年（1872）重刻本，第18页。张崟《诂经精舍志初稿》第28～29页转载此序文。

舍文续集》，所收文是壬辰（1832）到壬寅（1842）年十年间的课艺文集。可能富海帆重开诂经精舍课业的确切时间在道光十二年（1832）。道光十年至十二年，应是诂经精舍修理、运转的准备阶段。由上述邹志初所记可知，这期间诂经精舍的考课皆由各官员轮流主持，由布政使、按察使、都转运使、巡道、督粮道这些官员轮番主持考课。《诂经精舍文续集》卷首记载有“诂经精舍课试之官（以课试先后为次，壬辰年至壬寅年”，并没有提及掌教、主讲之人，只在“诂经精舍课试之官”后列入“监课、诂经精舍学长二人：高锡蕃、陈其泰。高锡蕃，字已生，乌程人，癸酉拔贡，辛巳、乙未副贡，丁酉举人。陈其泰，字琴斋，海盐人，己亥举人”。这时期诂经精舍的教学工作应该主要由当政官员主持，监课、学长辅助进行。虽然没有如前期的阮元、王昶、孙星衍、陈寿祺，后期的俞樾这样的学术大师坐镇书院，但幸运的是诂经精舍的教学工作没有因富海帆道光十四年（1834）的离浙而中断。

这时期的诂经精舍因没有学术大师的主讲和教导，经古之学的教学效果并不突出，并没有出现在学术上有重大建树、特别颖异有影响力的肄业生。文集卷首记载有“诂经精舍肄业之士”183 人的名单，以及“岁科试录送诂经精舍肄业之士”151 人的名单。

诂经精舍从富海帆开课直到太平天国运动造成社会动乱的30 年间，办学比较顺利，没有什么间断。咸丰十年（1860）、十一年（1861），太平天国起义军两次占领杭州，诂经精舍课业至此又停止不开。从富海帆重开诂经精舍到太平天国起义因乱停开前后共近 30 年的时期。这一时期诂经精舍秉承了阮元的最初办学宗旨，教学内容和阮元时期相符，如上述邹志初所述：“试之日，公亲临发题，首经义一道，次史论，次词赋。”主要是经史考据词章，但又有一些偏离，“又次文艺”，此“文艺”乃制艺之文，即八股时文。

另外,“经义”之题有时候也用八股文形式来做。可见,这段时期诂经精舍没有完全摒弃八股文,和阮元最初绝意科举八股的办学宗旨还是有了偏离。但从《诂经精舍文续集》来看,这期间诂经精舍还是取得了不小的学术成就。

富海帆重建诂经精舍,在诂经精舍百年历史上起到了承上启下的作用,对浙江教育文化事业的发展贡献巨大。阮元创办诂经精舍和学海堂,是“捐俸”维持,而富海帆重建诂经精舍是依靠官员“分俸”维持。在书院办学方面没有制度性的稳定经费来源非常不利于教育的持续发展。这些官员的奉献精神很让今天的我们感动和感慨。

因为此段时期后二十年没有编刻相关的课艺文集,也就没有了可以参考依据的史料。这很可惜。

第三时期,俞樾掌教前后的繁荣期(1866～1904)。

同治三年(1864)曾国藩镇压了太平天国起义军,社会开始走向稳定,有识之士视重振文教为当务之急。同治五年(1866),浙江布政使蒋益澧(1833～1874)拨款重建诂经精舍,原精舍肄业生丁丙林督工重建诂经精舍,历时五个月完工。至此,诂经精舍又走向了繁荣兴盛期,至1904年废止的近40年的时期里,课业从无间断。考课也由以前的每月一课,改为每月朔、望两课,朔课为官课,望课为师课。精舍设监院二到三人,管理日常事务。同治五年(1866)掌教是颜宗仪,同治六年(1867)是沈丙莹。从同治七年(1868)至光绪二十四年(1898)31年的时间里,为朴学大师俞樾(1821～1907)掌教时期。俞樾于光绪二十四年(1898)辞去精舍掌教职位后,继之者有黄体芳(1832～1899)、谭献(1832～1901)、汪鸣鸾(1839～1907)三人,只不过诂经精舍受社会形势和外来文化的影响,这时已举步维艰。黄体芳曾在江苏江阴仿诂经精舍创建南菁书院,也是以经史词章为主要教学内容。谭献曾为诂经精舍的监院①。这期间的诂经精舍教学有着显著的俞樾个人特色，也是精舍名家辈出时期，如章太炎、黄以周、戴望、崔适等学术名家皆出自俞樾门下。章太炎等在民国期间的学术活动，又将精舍治学遗风发扬光大。

二、学海堂的历史沿革

嘉庆二十二年(1817)十月二十二日阮元出任两广总督，道光六年(1826)六月离任奉调云贵总督，前后督粤九年。阮元《学海堂集序》中曰："余本经生，来总百粤，政事之暇，乐观士业。"②阮元担任两广总督后，积极振兴地方文教。到任第二年积极着手重修《广东通志》，后来又建三水行台书院，修贡院，尤其是阮元创办学海堂，对广东文教事业贡献尤大。

学海堂是诂经精舍生命的一种延续，其创办是阮元对诂经精舍抱有的深厚感情的转移和投射，是阮元因其落职被迫关闭诂经精舍留下的莫大遗憾的一种补偿，是热衷于人才培养的清醒官员的明智之举。学海堂是诂经精舍教育事业在广州的位移和发展；学海堂是诂经精舍的凤凰涅槃，是诂经精舍的重生。让人感到欣慰的是，学海堂创建十年后，诂经精舍在杭州西子湖畔原址弦歌重诵，获得新生。以后两书院坐镇华南、东南地区，互相呼应，在教育改革、学术风气、人才培养等诸方面产生了重大的影响。考察学海堂的历史沿革，有必要辨析它的创办时间。

(一)学海堂初创时间辨析

关于学海堂的初创时间有多种说法，以嘉庆二十五年

---

① 谭献任诂经精舍监院自同治五年(1866)正月开始，见谭献《复堂日记》，河北教育出版社2001年版，第35页。

② 阮元：《学海堂集序》，《学海堂集》卷首。

(1820)、道光元年(1821)、道光四年(1824)三种说法最常见。①根据历史文献的记载,以嘉庆二十五年和道光元年二说法为合理可信。道光四年为学海堂堂址建成时间,常被误为学海堂初创时间。

学海堂首创时间和学海堂堂址建成时间是两回事。阮元首开学海堂课业时,并没有一个具体实在的学海堂书院院属建筑的存在,“所课之堂尚未有其地”②,仅手书“学海堂”三字匾悬于城西文澜书院,作为书院临时课士场所。阮元弟子、门生、诸子所著《雷塘庵主弟子记》(即《阮元年谱》)载:道光四年九月“福侍大人亲至粤秀山觇地,欲建学海堂,遂在山半古木丛中定地开工。盖因连年以经古课士,士人之好古者日多,而学海堂惟在文澜书院虚悬一扁,并无实地,是以建堂于此,实有其地而垂永久焉”③。“十二月,建学海堂成。堂为三楹,前为平台,瞻望狮洋景象,甚为雄阔”④。随着办学状况日盛,规模益大,考课学生日多,专为学海堂建一个名副其实的书院就很有必要了。道光四年秋阮元在粤秀山精心择一幽雅宜读书讲学之地,当年年底建成学海堂堂址,学海堂始名实俱存。

关于学海堂堂址建成于道光四年,历史资料记载比较一致。因为学海堂堂址建成之后,当时很多文人撰文记述此事,阮元课

---

① 关于学海堂创建时间,陈泽泓《学海堂考略》(《广东史志》2000年第1期,第33~38页)一文有很好的论述。

② 吴岳:《新建粤秀山学海堂碑》,见《学海堂集》卷16,道光五年(1825)刊本,第4页。

③ 张鉴等撰,黄爱平点校:《阮元年谱》,中华书局1995年版,卷6,第146页。

④ 张鉴等撰,黄爱平点校:《阮元年谱》,中华书局1995年版,卷6,第147页。

试很可能依此为题了，有数文被收进《学海堂集》卷16。时主讲粤秀书院的何南钰还受阮元之托评阅这些文章，他在《学海堂集》卷16开篇记述此事曰："道光四年（1824）冬，云台座师建学海堂于粤秀山，粤士于斯堂各有所述，积一百余卷。师授南钰阅之，时南钰主讲粤秀书院也，因录尤佳者若干篇共为一卷，续于初集之末，纪事详明，各体兼备矣。"①当时纪念学海堂堂址建成所撰成之文就达到一百多篇，数量可观，可见这是当时广州文化教育事业中受到关注的一件大事。

道光四年是学海堂堂址建成时间，而非学海堂初创时间，我们在阅读历史文献的时候如果断章取义，不弄清作文背景，立论于孤篇单论，是很容易出错的。如上述《学海堂集》卷16中何南钰所述"道光四年（1824）冬，云台座师建学海堂于粤秀山"，再如樊封《新建粤秀山学海堂题名记》："粤人皆曰制府能造士。岁甲申（1824）秋乃造学海堂于郡城粤秀山之半，为诸书院稽古士讲业之公所。粤人皆曰制府能养士，并述公前抚浙时构诂经精舍于西湖以课士。"②如果不联系当时的作文背景，仅从一般常理释读上述字面意义，确实很容易误认为学海堂创建时间是道光四年。

那么阮元首开学海堂课业的确切时间是哪一年呢？根据《阮元年谱》和《学海堂集》、《学海堂志》相关文献记载，嘉庆二十五年（1820）和道光元年（1821）两种说法皆有可信之处。认为首开课于道光元年（1821）的史料有：

《学海堂集》卷16吴岳《新建粤秀山学海堂碑》："道光元年（1821）春，倡学海堂课。凡经义子史，前贤诸集，下及选赋诗歌古

---

① 《学海堂集》卷16，第1页。

② 《学海堂集》卷16，第10页。

文辞,莫不思与诸生求其程,归于是,而示以从违取舍之途。然所课之堂,尚未有其地。”①

《学海堂集》卷 16 赵均《新建粤秀山学海堂记》:“嘉庆戊寅(嘉庆二十三年,1818)公自两湖移督两粤(阮元是嘉庆二十二年即 1817 年督粤,作者记忆有误),宽猛互济,鲸浪全消,年登丰稔,人民安恬,遂设学海堂课以造士,拔其尤者加以奖励,人才已蒸蒸日上矣。而堂尚未建。今上嗣统之元年(指道光元年),举行恩科,公兼抚院印为监临,悯试舍湫隘,撤棘即捐俸倡修,均与其役。壬午(道光二年,1822)落成,广厦之庇,一时颂之。今岁甲申(道光四年,1824),复议建学海堂。”②根据此段记述,可知阮元督粤后数年间将广州内外亟须解决的政事处理得平妥了,始开学海堂课。道光元年阮元倡修贡院,道光二年贡院建成,四年建学海堂堂址。根据行文次序和逻辑推断,以及时隔多年记忆偏差等原因,学海堂开课时间当在道光元年以前,也很可能是道光元年。

林伯桐修,陈澧续补《学海堂志》中有曰:“仪征公于嘉庆丁丑(1817)持节督粤,迨辛巳(1821)政通人和久矣,始设经古之课。不专一题,俾得所近,不速其期,俾近所长,既以粤士为可教,遂辟学海堂。”③

容肇祖《学海堂考》曰:“道光元年(公元 1821)春,始倡学海堂课,于经义子史前贤诸集,下及选赋诗歌古文词,示诸生以取舍之途,如诂经精舍例。……四年(公元 1824)九月,复建学海堂于粤秀山半,十一月,堂成。复选刻《学海堂初集》十六卷。六年(公

① 《学海堂集》卷 16,第 4 页。

② 《学海堂集》卷 16,第 1 页。

③ 林伯桐修,陈澧续补:《学海堂志》,清光绪九年(1883)续刊本,第 6 页。见赵所生、薛正兴主编《中国历代书院志》,江苏教育出版社 1995 年版,第 3 册。

元 1826),颁定学海堂章程。"①

认为学海堂首开课于"嘉庆二十五年春"的史料中,笔者认为可信度比较高的是《雷塘庵主弟子记》中的记载。该年谱是阮元的弟子、门生及诸子合撰而成,是了解阮元生平最可靠的历史资料。该年谱卷五、卷六记载了阮元在嘉庆十九年至道光九年(1814~1829)的活动,由跟随在阮元身边的次子阮福所撰述。该年谱卷五嘉庆二十五年(1820)条下载:"三月初二日,开学海堂,以经古之学课士子。手书'学海堂'三字扁,悬于城西文澜书院。"是处加按:"学海堂加课仿抚浙时所立诂经精舍之例,专课经史诗文。"本年各事件活动的时间记载都非常细致具体,都精确到日期。而且学海堂开课时间在皇帝恩赏和阮福弟弟阮祜、妹阮安成婚之间,"二月十五日,恩赏御书'福'字并鹿肉、麅肉、山鸡一分";"(三月)二十一日,命弟祜娶妇嘉兴钱氏";"四月二十四日,妹安适妹婿张熙,婚于节署别馆"。② 皇帝恩赏的时间是断不能记错的,从年谱中可见对皇帝的各种赏赐不管大小多少都是津津乐道,感到无比荣耀,而结婚的日子在古代也是重要的记忆标志,一般不会记错。在两个重要日子之间的学海堂开课时间,根据常理应该属实。这样看来,我认为年谱中所载学海堂首开课于嘉庆二十五年三月初二日比较合情合理,更为可信。而上述《学海堂集》、《学海堂志》等文献中的记载,都是后来的记述,对时间只是大致笼统的回忆,不够准确非常有可能。

故笔者认为学海堂当首创于嘉庆二十五年(1820)。

(二)学海堂的历史沿革

学海堂于嘉庆二十五年(1820)春创建,光绪二十九年(1903)

---

① 容肇祖:《学海堂考》,《岭南学报》3 卷 3~4 期抽印本,1934 年广州版,第 14 页。

② 张鉴等撰,黄爱平点校:《阮元年谱》卷 5,第 132~133 页。

废止，前后办学时间80余年。期间，学海堂受太平天国之乱、第二次鸦片战争影响曾停办，战乱一过，即行开课。学海堂停办后，其旧址改建为广州市立一中。学海堂的历史沿革更多地表现为继承性和延续性，即使是遭受战乱停课，复课后也是萧规曹随，秉承阮元创建时的基本办学制度。

阮元直接管理学海堂的时间并不长，嘉庆二十五年（1820）开课，道光六年（1826）阮元就已移督云贵，前后算起只有六七年的时间。阮元移督云贵时，在学海堂设立八学长管理制度，一直延续，八学长各用所长，学生可以择师请教问业，也形成了学海堂肄业生通博的学养特色，这也导致了学长的个性特色在学海堂表现得不够明显、突出。而阮元以后的官员、学长，在学海堂管理、教学上遵循了阮元最初的办学宗旨和办学方法，除了后来专课肄业生的设立，进一步完善了教学制度外，其他方面更多地具有继承和延续性。学海堂除了后来设立的专课肄业生外，其他学生都不住院，只是定期到书院参加考课和听课。这和诂经精舍一直都设立住院生不同。

三、两书院历史命运的相存和相依

阮元在广州建立的学海堂是被迫关闭的诂经精舍的涅槃重生。后阮元时代诂经精舍、学海堂两书院历经时代的变迁、纷飞的战火，依然能够弦歌不绝，课业不辍，成为清代最有影响力的书院类型，这不但在于阮元的创建之功，更重要的是得力于后来继任各政府要员的鼎力相助，也有诂经精舍、学海堂肄业生，阮元门生弟子的努力和不懈的相承坚持，才使得两书院薪火相传，人文荟萃，绵延近百年。阮元的开山之功固然值得我们铭记，在动荡飘摇的岁月中无数人的坚持更为可贵感人。我国历史上的著名书院能够享誉海内外，几乎都有一个重要的条件就是办学历史悠久，如湖南长沙岳麓书院、湖南衡阳石鼓书院、河南登封嵩阳书院、江西庐山白鹿洞书院等，都有千年的历史。诂经精舍、学海堂两书院能够在清代书院教育史中大放异彩，它们近百年的历史传承为之增加了厚度和力度。

阮元于嘉庆十四年(1809)离浙后，诂经精舍课业不举，院舍荒芜。道光五年(1825)正月，正是原诂经精舍肄业生胡敬，请于浙江巡抚帅承瀛，将杭州钱塘门外旧有正气、先觉、遗爱三祠木主移至诂经精舍，并修葺精舍，工毕将三祠木主奉入精舍，为后来的浙江巡抚富呢扬阿重开诂经精舍课业作了有益的准备。罗文俊乃“仪征相国师高弟，师督两粤时仿在浙课士，开学海堂，学使为师所最赏”①。可见罗文俊乃深受阮元欣赏的学海堂肄业生。1842 年罗文俊出任浙江学政，委托原诂经精舍肄业生胡敬择优编订刊刻十几年来的课艺作品，所成《诂经精舍文续集》，保存了重要的教学史料，在诂经精舍课艺文集刊刻工作中具有承上启下的作用。罗文俊刊刻诂经精舍课艺文集之功，是他受教受益于学海堂的感情回报。同治五年(1866)，浙江布政使蒋益澧拨款重建诂经精舍，督工重建者为诂经精舍肄业生丁丙林。

阮元创建的学海堂，在教学内容、办学宗旨、办学模式等很多方面是诂经精舍的复制，但也结合时代发展和广州的地方特色作了适当的调整完善，如学术上兼容今文经学，汉宋兼采，管理上变山长负责制为八学长管理制。阮元督粤时，跟随他的有不少诂经精舍肄业生，如阮元组织人力在学海堂辑刻的《学海堂经解》，总编辑严杰就是诂经精舍肄业生。原诂经精舍肄业生戴熙(1801～

① 胡敬:《诂经精舍文续集序》,《诂经精舍文续集》,道光二十二年(1842)刻本,同治十二年(1873)重刻本。

1860）督学广州，对学海堂建设也尤为用心。① 精于科学的邹伯奇就是由戴熙选补为学海堂学长。汪鸣銮曾任广东学政，对学海堂肄业生如张其翽等多有提携。他被革职罢归后，做了诂经精舍最后一任山长，直至诂经精舍关闭。诂经精舍肄业生俞樾之高足徐琪曾任广东学政。可见，诂经精舍、学海堂在创建和发展过程中具有割舍不断的联系。梅启照在《诂经精舍四集》序中曰："粤东有学海堂，西湖有诂经精舍，兹二院者皆阮文达公所创也，其程试之法以经训为先，而诗歌骈俪之文同时并课。盖韵语天籁，鼻祖牺经，偶对妍词，发源帝典，名为词章，无非经术也。余曩官粤中，久亲见学海得人之盛，及承命抚浙，则又亲课诂经之士。两邦人物俱归衡量，岂非翰墨之缘，有独深者乎！"②诂经精舍和学海堂相存相依的关系，两书院师生有很恰当的评述，赵均《新建粤秀山学海堂记》中曰："公（指阮元）前抚两浙，造诂经精舍于西湖之麓。兹则登山临海，一览兼收。两地英才，如相绾合焉。"③崔弼《新建粤秀山学海堂记》："即谓此堂与西湖诂经精舍相并，亦无不可。"④

甲午中日战争以后，中华民族危机日益加深，救亡图存成了时代的残酷现实目标，学习西方，变法图强成为时代的迫切要求。清醒有识之士认为，只有教育改革才能救国图强，书院改革尤受重视。熊希龄等在光绪二十四年（1898）给陈宝箴的上书中道："时局日急，只有兴学育才为救危之法。……整顿书院，尤刻不容缓。"⑤书院改

---

① 戴熙为诂经精舍肄业生的记载，见梅启照《诂经精舍四集序》，俞樾编订《诂经精舍四集》卷首。

② 梅启照：《诂经精舍四集序》，俞樾编订《诂经精舍四集》卷首，光绪五年（1879）刻本。

③ 《学海堂集》卷16，第2页。

④ 《学海堂集》卷16，第19页。

⑤ 《熊希龄集》（上册），湖南人民出版社1985年版，第49页。

革的声音愈益强大,促进了书院改制的步伐。光绪二十七年八月初二日(1901 年 9 月 14 日),清政府正式下达书院改制上谕:"著各省所有书院,于省城均改设大学堂,各府及直隶州均改设中学堂,各州县均改设小学堂,并多设蒙养学堂。"①在这样的社会大潮流之下,经学、考据学早已和这个时代的主旋律不再和谐,专攻经学训诂词章的诂经精舍、学海堂两书院完成了历史赋予它们的使命,分别于 1904、1903 年废止。

第四节　两书院的建制

本节对两书院的建制将简略地从两书院之办学章程、考课、助学养士三个方面论之。书院所订章程最能反映出其教学运行状况,故应论之;而诂经精舍和学海堂两书院教学活动以考课为主,次辅以其他,故考课应特别论述;两书院办学中膏火奖励制度更是大慰士人之心。

一、两书院之办学章程

阮元在建立诂经精舍时,就制定了精舍管理运转的规章制度,如道光间督浙使者刘韵珂为《诂经精舍文续集》所作序中有富海帆"提倡风雅,整饬轨条"之语②,说明诂经精舍有严密的规制,可惜没有流传下来,使得很多方面无法考究。而学海堂在教学宗旨、教学内容和教学方式等诸方面,大体上依循诂经精舍,从学海堂所存的规制上,可以窥见诂经精舍当初的原貌。阮元吸取了诂

---

① 见陈谷嘉、邓洪波《中国书院史资料》(下册),浙江教育出版社 1998 年版,第 2489 页。

② 罗文俊编订:《诂经精舍文续集》,同治十二年(1873)重刻本,卷首。

经精舍因他革职而停办的教训，加强了学海堂运行的制度建设，特别是维持书院正常运转的经费制度，其他如教学制度、学长制度等方面都有完备的制度建设，是对以往书院的成功革新。比起诂经精舍来，学海堂的制度建设更为完备，具有长远的发展计划。道光六年(1826)，阮元移督云贵，临行前，思及“本部堂建学海堂为课通省举贡生监经解诗古之所，其堂内事宜，应行酌定，以垂久远”，乃定《学海堂章程》，对学海堂的学长、考课、学生膏火、经费等制度化，以求学海堂能长久地办下去。道光六年六月十四日，阮元拟定《学海堂章程》如下：

1. 管理学海堂：本部堂酌派出学长吴兰修、赵均、林伯桐、曾钊、徐荣、熊景星、马福安、吴应逵八人同司课事。其有出仕等事，再由七人公举补额。永不设立山长，亦不允荐山长。

2. 每岁分为四课，由学长出经解文笔古今诗题，限日截卷，评定甲乙，分别散给膏火。学长如有拟程，可以刻集，但不给膏火。

3. 向来发榜，不分等第。今由学长办理，应酌定等第及膏火数目。

4. 收卷编列字号，给与发票。发榜之日，每名下注明取经解、取赋、取诗字样。

5. 课卷可备选刻者，另钞一册，由学长收存。俟可以成集之日，照《学海堂初集》例，选改发刻。

6. 学海堂数年膏火，皆本部堂给发。但无经费难以垂久，现有番禺县八塘海心沙坦23顷40亩，又镇涌海心沙坦2顷37亩，贷人租种，每年共租银575两，俱归入堂中作为经费。

7. 前曾发银300两交文澜书院生息，以为司堂工食。现在本部堂又发银3700两，并前300为4000两，仍按月生息以增经费。

8. 堂侧添建小阁，庋藏书板，及将来刻集工价，均在经费节存内动支。①

道光六年六月十七日，阮元又对章程作了一些补充说明：

照得堂中经费，先经本部堂发银生息，并据藩司议拨沙坦铺地佃租为膏火费用在案。该司仍不时严催该县，随时解司，毋得少有拖欠。至学海堂前，经议定每季支银，此时经费较前为多，所有八学长润笔银，每年每人加为三十六两，共二百八十八两；堂中膏火每季加为二百两。②

《学海堂章程》将关系到书院长期发展的学长、考课、经费等事宜明确制度化，阮元用心可谓良苦。《学海堂章程》的独特之处有二：

（一）八学长管理制度

阮元在学海堂设立八学长管理制度，是对书院制度的成功改革，是中国书院制度史上的一项创举，也是和诂经精舍最大的不同。学海堂设立八学长管理制度，八学长各展所长，学生可以择师请教问业，也形成了学海堂肄业生通博的特色。阮元说："学长责任与山长无异，惟此课既劝通经，兼该众体，非可独理。而山长不能多设，且课举业者，各书院已大备，士子皆知讲习。此堂专勉实学，必须八学长各用所长，协力启导，庶望人才日起。永不设立山长，与各书院事体不同也。"③学海堂所设课业"首劝经史，而诗赋备具，应课者各有所长"，设立八学长共同管理学海堂事务，可以使"八学长各用所长"④，教师和学生能够更好地研习学业。学

---

① 林伯桐修，陈澧续补：《学海堂志》，第1～2页。

② 林伯桐修，陈澧续补：《学海堂志》，第2～3页。

③④ 林伯桐修，陈澧序补：《学海堂志》，第7页。

长有缺，其他学长公举补额，杜绝了地方官吏委派不学无术之辈滥竽充数的现象，保证了学海堂之师资力量。

阮元创立八学长管理制，是为了确保学海堂办学能够流传有继，薪火相传，弦歌永诵。阮元之所以在学海堂设立八学长管理制度，代替历代普遍通行的书院山长掌教制，是因为学海堂考课"既劝通经，兼该众体"，以经学为主，兼及其他丰富多样的考课内容和文体，教学难度和广度比科考类书院只习科举文体要大得多。阮元制定了这种独特的八学长教学管理制，笔者认为还有两个更重要的原因所致。

其一，学海堂季课，应课学生数量非常庞大，需要更多的学术管理双兼型教师参与。

诂经精舍是月课，每月朔、望两课，每年六月、十二月、一月休假，其他如故，故一年有九个月正常考课，一年课试次数达十八课。而学海堂是季课，一年只有春、夏、秋、冬四课。诂经精舍考课频度较之学海堂要大得多。但诂经精舍的应课生较之学海堂要少得多。《诂经精舍文集》卷首有孙星衍《诂经精舍题名碑记》，列出"诂经精舍讲学之士"92 人，"荐举孝廉方正及古学识拔之士"63 人，"纂述经诂之友"5 人，"己未会试总裁中式进士"22 人，所有的相关人士加起来共 182 人。《诂经精舍文续集》卷首列有诂经精舍肄业生名录："诂经精舍肄业之士"183 人（壬辰年至壬寅年，即 1832 ~ 1842），"岁科试录送诂经精舍肄业之士"151 人（内原肄业者十有五人，辛丑年二月至壬寅年七月，即 1841 ~ 1842）。可见，诂经精舍的肄业生数年间加起来也不到 200 人。

而学海堂的情况不同。学海堂在很长一段时间内没有住院的内课生，但每次应考的人数却比诂经精舍要多得多，考课频度低，一年只有四次，但规模大。根据翁心存收藏的《学海堂丁亥课士录》①(道光七年,即 1827)来看,获得奖励的学生数量比较大,而应课学生的总量更大。此年春课经解史笔上获得奖励的人数为 38 人,其中一等 4 人,二等 8 人,三等 26 人。春课经解史笔名单后还有这样的记载:“原拟备取十二本,今不取。原拟不取一百廿六本,八月八日先交出。”没有获得经解史笔奖励的学生课卷为 138 本。参加经解史笔课试的学生应该是 176 人。

诗赋上获得奖励的学生为 122 人,其中一等 6 人,二等 10 人,三等 106 人。春课诗赋名单后还有这样的记载:“原拟备取卷五十本(今不取);原拟再备取卷一百本(不取,九月先交出);原拟不取卷四百本(八月廿八日先交出)。”没有进入奖励名单之列的课卷有 550 本,那参与诗赋课试的学生总数应该是 672 人。

有少量学生既参加了经解史笔的课试,又参加了诗赋课试,这个可以从获奖名单中看出。保守计算,此年春课总的考课学生数不低于 800 人。为了完成如此庞大的应试群体的考课工作,当然八学长管理制比山长一人掌教制更适合。

阮元创办学海堂的目的就是要改变岭南学风,推进岭南地域性考据学的发展,所以扩大考课规模能够产生更好的效果。如此庞大的考课规模,更像是考据学和词章之学的普及教育,单是山长掌教制度难以承担这样的任务。这也导致学海堂很难像诂经精舍一样朝着学术精深型的方向发展。

其二,岭南地区缺乏学养深厚、知识淹博的师资力量,需要八学长各用所长,协力启导。

岭南地区缺乏像王昶、孙星衍、俞樾这样学养深厚、知识淹博的耆宿鸿儒,一二人即可承担起书院主要的教学指导及课卷评阅

① 翁心存:《学海堂丁亥课士录》不分卷,稿本,藏于国家图书馆。见本书附录三。

任务。清代广东教育文化水平相对落后,较之江浙地区,大师级别的学者还是比较少。所以为了确保教学任务能够延续性完成,八学长管理制确是因地制宜的好制度。诂经精舍山长学术修养深厚,科名也很发达,办学前后近百年的十余位主讲教师,几乎都是进士。而且是中了进士后有了深厚的学养沉淀和丰富的人生阅历后来到书院主讲,如陈寿祺、王昶、孙星衍、秦恩复、颜宗仪、沈丙莹、俞樾、黄体芳、汪鸣銮,皆是进士,而且有学问有声望,游历广泛。(见附录四《诂经精舍师生小传》)

本书附录五《学海堂学长小传》列有学海堂55位学长传记,首批八学长是阮元离粤时所选,皆是学海堂初建时的肄业生。后来学长中有20人是学海堂专课肄业生。可见,学海堂学长中有一半以上是学海堂自己培养的肄业生,进士只有寥寥数人,大部分是举人,而他们的主要活动范围多囿于岭南粤地。科举时代科举考试是笼络人才的主要途径,大部分官员都是由科举晋身步入仕途,他们辞官、被罢官、告老后一般都是回到家乡。这就促使科举和人才培养、地方文化积淀间形成了良性循环。明清时代浙江科名一向很盛,仅次于江苏。而广东经济发达,人文积养和科举成就难以和浙江相比。学海堂办学前期出现了不少学术上颇有建树的名师,如陈澧、侯康、林伯桐、谭莹、张维屏、梁廷枏等,但到了后期,有声望的教师已寥落无几。对于梁启超肄业学海堂期间的学长,已难以一一考证。某君《任公先生大事记》云:"学海堂不设山长,有学长八人,自阮文达时已然。宿儒如陈兰甫、侯君谟(侯康)、林伯桐、谭玉生(谭莹)均曾为学长。光绪十五六年间何人为学长则不得而知矣。"①

---

① 丁文江、赵丰田:《梁任公先生年谱长编》(初稿),中华书局2010年版,第12页。

(二)经费保障制度

经费是维持书院正常运转的经济支柱。阮元离浙,诂经精舍随即停办就是例子。诂经精舍办学前十年间,经费完全依赖于阮元的私人捐助,来源单一。阮元一被罢职,经费便没有了着落,精舍只能关闭。阮元在定《学海堂章程》时,吸取了诂经精舍停办的教训,他意识到"一无经费难以垂久"①的事实,非常重视经费建设。《学海堂章程》共列八条,其中第六、七两条就是关于经费的规定,第八条也涉及了经费问题,后面的补充说明也是关于经费收取、使用的拳拳交代。《章程》所定经费来源,一是拨田收租,二是拨款发商取息。这两项经费资源都具有可再生性,这说明阮元对学海堂的经费建设已具有长远的眼光和计划,并且将它制度化。除了阮元最初所确定的这两项经费来源外,后来的当政官员也常给学海堂拨置经费。

在以后的发展中,学海堂一直依循着《学海堂章程》的规定,直至关闭。郭嵩焘(1818~1891)对《学海堂章程》印象深刻,赞誉有加。他说:"阮文达设立《学海堂章程》,距今七八十年而规模无改,其意量远大,非近人所能窥见也。"②《学海堂章程》到光绪年间仍能"相与循守,无有变易,而叹阮文达公遗法之善,其故有二:一在不使人居之以为利;一在学长八人必择有学行者,缺则补之,不必皆劳以事,而名数必备,以能一脉相承,无稍间断"③。

阮元离粤后,学海堂保持了阮元时期的优良传统,后来的当政官员对学海堂的规章制度又有进一步的完善。学海堂和诂经

---

① 《学海堂章程》第6条。

② 《郭嵩焘日记》第3卷,湖南人民出版社1982年版,第962~963页。

③ 《郭嵩焘日记》第4卷,湖南人民出版社1983年版,第133页。

精舍相比有一大缺陷，就是学海堂没有专课肄业生，虽有固定院舍，但没有固定住院学生，只是每年进行四季考课。道光十四年(1834)六月，总督卢坤(1772～1835)进行了一次规制上的改革，设立专课肄业生，使学海堂的规制更加完善。总督卢坤订立的《学海堂专课章程》如下：

1. 学长等公举诸生，务取志在实学、不骛声气之士，尤宜心地淳良、品行端洁。

2. 课业诸生，各因性之所近，自择一书肄习，随课呈交学长考核甲乙。定以超等若干名，特等若干名。其功课惰废者，即行扣除。

3. 现议课业诸生，本部堂责成学长尽心教导，应令该生等于学长八人中择师而从，谒见请业，庶获先路之导。至诸生寒素居多，尽可无庸执贽。学长等身为乡里矜式，成就后进，教育英才，知其必乐于从事也。

4. 诸生等有喜为浮艳诲淫之词者，无庸举列；其曾攻刀笔者，亦勿列入。至鸦片烟久干例禁，凡在士林，谅俱自爱；万一有犯此者，亦勿列入。(谨按：向来共举学长，固推文学，尤重乡评。至专课肄业生，既设堂中公议，选定生徒已极严，拟补学长当倍慎。嗣后保举学长，先求素行无玷，然后论其人才，永不改更，以符旧约。附记。)

5. 课业诸生，每届季课，俱令各就所长，交出课卷，不许旷阙。

6. 向例每届季课，以学长二人承办，所以均劳逸也。至拟定题目，自应八人公商，以期尽善。向来史笔题，或题跋古书，或考核掌故，仍以经史为主，期为有用之文。赋，或拟古赋，或出新题，俱用汉魏六朝唐人诸体。诗题不用试帖，以场屋之文，士子无不肄习也。均应遵照旧章，以劝古学。此后每季出题，应令学长公集山堂会商。是日应备饭食，即于公项内支销。①

这个《专课章程》所定教学制度非常细致，对于学生遴选、学长推举，以及考课、命题、管理上皆有明确规定。该章程还难得地体现出周到体贴，富有人情味。对于学生拜师时要持的“执贽”之礼也明确取消，曰“至诸生寒素居多，尽可无庸执贽”。也就是说学生拜见请教学长时，不与社会习俗那样，要送礼、送钱、送束脩。诂经精舍、学海堂助学养士的办学目的由此可见。

学海堂设立专课肄业生，比起先前单纯考课，效果要好得多，肄业生可以“于学长八人中择师而从，谒见请业”，师生间有充裕的时间切磋交流。这是阮元以后学海堂在办学规制上的重大改革。首届专课肄业生 10 名，后来成为广东学坛的中坚力量。他们是：

陈澧（番禺，举人）
张其翻（嘉应，举人）
李能定（番禺，附生，已于乡试中式）
吴文起（鹤山，副贡）
侯度（番禺，附生，已于乡试中式）
朱次琦（南海，附生）
潘季李（南海，已补廪生）
吴俜（鹤山，廪生）
金锡龄（番禺，已由附生应乡试中式）
许玉彬（后改名许馥，番禺）②

其中陈澧和朱次琦号称“岭南两大儒”，成就卓著，成为广东学术的代表人物，不过朱次琦因为学风和学海堂崇尚的朴学研究迥异，事实上并没有赴就学海堂肄业，后被选为学海堂学长，也未赴职。但是他的学术却通过他的学生康有为以及曾在

---

① 林伯桐修，陈澧续补：《学海堂志》，第 3 ~ 4 页。

② 参见林伯桐修，陈澧续补《学海堂志》，第 26 页；容肇祖《学海堂考》，第 3 页。

学海堂肄业的梁启超发扬光大，成为广东能和朴学相抗衡的另一支重要学术力量。陈澧后来成为学海堂的学长，任职达 20 余年。可惜，后因卢坤去世，经费无着，膏火费没有了来源，专课肄业生仅举办一期便废止。同治四年（1865），时任广东巡抚的郭嵩焘认为，阮元《学海堂章程》遗法虽好，但缺乏"优游餍饫之功，涵濡讲习之益"①，是学海堂的一大不足，同年十月，郭嵩焘在学海堂重新设立专课肄业生，也以 10 人为定。受时代的潮流影响，所学课程，除了以前的经史诗赋外，加增一门数学，并规定每届专课肄业生以三年为期。郭嵩焘所补充专课肄业生制度如下：

> 1. 卢前部堂颁发日程，有句读、评校、钞录、著述四项工夫，应令肄业诸生每日读书，用红笔挨次点句，毋得漏略凌乱，以杜浮躁。至于评校、钞录、著述三项，视乎其人学问浅深；凡为句读工夫者，不限以兼三项；为三项工夫者，必限以兼句读，期使学问风气，益臻笃实。
>
> 2. 肄业诸生课程每年四季，由学长评定高下。
>
> 3. 肄业诸生定以三年为期，期满复行举报更换，以期后来之秀接踵相望。②

由上述第 1 项规定，可见学海堂朴学研究扎实的治学功夫。同治七年（1868），学海堂学长周寅清等因经费比较充足，将专课肄业生名额增为 20 人，又举附课生 20 人，以备充补。光绪十三年（1887），两广总督张之洞（1833～1909）、广东巡抚吴大澂再增专课童生 10 名。学海堂专课肄业生最后一次招生是在光绪二十三

---

① 郭嵩焘：《送朱肯甫学使还朝序》，见《郭嵩焘诗文集》文集卷 14，岳麓书社 1984 年版，第 256～257 页。

② 林伯桐修，陈澧续补：《学海堂志》，第 5 页。

年(1897),从道光十四年(1834)卢坤所办的专课肄业生算起,学海堂专课肄业生前后共办了16届,共达260名①。而学海堂普通课业生更是难以数计,由上面所述《学海堂丁亥课士录》(见附录三)中所录名单可知,考课人数数量庞大,达数百人之多。

二、两书院的考课制度

考课是两书院促进学生学习,考查学生学习效果的最有力方法。两书院的考课制度有别于当时及以前的其他书院,诂经精舍明确提出"各听搜讨书传条对,以观其识。不用扃试糊名等法"②。即不搞闭卷考试;为了考查学生的真正水平,可让学生自由查找资料,培养学生的独立思考能力。学海堂的考试制度又有进一步的改革,由学长拟题阅卷,每次考课由两学长负责,试题发放是开放式的,"发出题目,即行刊刷,粘贴学海堂及各学长寓所,随便分给,俾远近周知"③。每次将试题张榜于学海堂门外,并在广州城内广为张贴,向社会上的学子广泛征文。每次季课从放榜到截卷,为期一个月。这又有别于诂经精舍等书院封门发题,当日交卷的考试制度。相对于诂经精舍来说,这又是考课制度的一大改革。两书院主要从事经史考据学的学术研究,兼及词章之学(文学),经史考据学研究注重资料和证据,要求用分析、归纳等科学的研究方法来获得结果,完全不同于科举考试中有套路可依的八股文、试帖诗的写作,也不同于宋明理学的随意阐释。诂经精舍、学海堂的考课方式适应了考据学研究的需要,也有利于肄业生进行文学创作,写出高水平的诗词文赋来。两书院的考核制度

---

① 参见容肇祖《学海堂考》,第2~7页。

② 孙星衍:《诂经精舍题名碑记》,《诂经精舍文集》卷首。

③ 林伯桐修,陈澧续补:《学海堂志》,第9页。

非常细备。考课有日课、月课、季课、官课(朔课)、师(望课)、甄别课等种。

总督卢坤在学海堂有关于学习日程(即日课)的规定,给每位学生颁发一日程簿,"各因资性所宜,听择一书专习,或先句读,或加评校,或抄录精要,或著述发明"①;"即于所颁日程簿首行注明习某书,以后按日作课,填注簿内"②。学生将每日所做的句读、评校、抄录、著述作业,填入所颁日程簿中,届季课之内,"随课呈交学长考核甲乙"③,由学长"稽其密疏,正其归趣"④。日课中的日程簿相当于现代学校教育中学生每天用的作业本,肄业生们将做好的这种作业定期交给学长,由学长批改讲解。

同治四年(1865)广东巡抚郭嵩焘札学海堂应行事宜,又有关于日程的规定。札中说:

> 卢前部堂颁发日程,有句读、评校、钞录、著述四项工夫,应令肄业诸生每日读书,用红笔挨次点句,毋得漏略凌乱,以杜浮躁。至于评校、钞录、著述三项,视乎其人学问深浅,凡为句读功夫者,不限以兼三项;为三项工夫者,必限以兼句读,期使学问风气,益臻笃实。⑤

可见日课主要体现为肄业生们平时日积月累的学习,有利于养成良好勤勉的学习习惯,对肄业生打牢基本功、积累知识、增加学问非常有帮助。学海堂的制度大多秉承诂经精舍而来,关于日课安排,诂经精舍和学海堂应该没有多大差别。

诂经精舍考课,开始是每月一考,即月课,后来改成每月两

---

①④ 林伯桐修,陈澧续补:《学海堂志》,第25页。

② 林伯桐修,陈澧续补:《学海堂志》,第26页。

③ 林伯桐修,陈澧续补:《学海堂志》,第3页。

⑤ 林伯桐修,陈澧续补:《学海堂志》,第5页。

考，即朔课和望课，朔课是官课，每月月初举行，望课为师课，每月十五日前后举行。全年一般课试18次。每年二月至五月，七月至十一月，共9个月。六月、十二月、一月停试，为学生放暑寒假时期。如果有事耽搁，也可以两月做一次合考。如同治九年(1870)二、三两月和八、九两月就各作一次合考。① 学海堂考课是季课，每年四课。诂经精舍考课最初只有师课而无官课。道光十三年(1833)，巡抚富海帆乃举行会藩臬都转监司(即巡抚、布政使、按察使、盐运使、督粮道、学政)叠课之制，轮番出题，课试诂经精舍诸生，“虽命题稍变通，大旨悉循相国师之旧”②。体现出官课性质从官、师所出课题来看，官课偏重文学，师课经训考据类题目比重较大。学海堂课试似乎只有师课而无官课，其实学海堂学长出题须送抚、督、学三署裁定，试后学长分阅课卷，然后汇齐互阅，互阅后还要将能得到名次的试卷送宪署裁定，然后贴榜发给膏火(助学金、奖学金)，其实仍含有官试的成分。

诂经精舍每年二月还有甄别课。所谓甄别课，“于岁首二月朔举行之，所以借沙汰示限制也”③。就是每年岁首二月初举行的选取肄业生、具有淘汰性质的考试。参加考试人员无论内课、外课还是附课，只要能列高等，都有奖励。

学海堂的考课是季课，就是一年按季节春、夏、秋、冬组织四次考课，即春课、夏课、秋课、冬课。较之诂经精舍每月朔、望两课，学海堂的考课频率比较低，但是学海堂的考课规模比较大，每次应课的学生总数都达数百人。

可见，诂经精舍考课频率高，规模小，学海堂是频率低，规模大。

---

① 张崟:《诂经精舍志初稿》，第37页。另见本书附录一。

② 张崟:《诂经精舍志初稿》，第36页。

③ 张崟:《诂经精舍志初稿》，第39页。

两书院考课中,主考的教师和官员往往要作程作,即范文。俞樾有《诂经精舍自课文》2 卷,就是他在诂经精舍考课的范文集。两书院的课艺文集中收有不少程作,如《诂经精舍文集》中收有阮元程作《西湖诂经精舍记》、《北过降水至于大陆说》、《重修会稽大禹陵庙碑》、《南屏司马温公隶书家人卦考》、《浙江即岷江非浙江考》,段玉裁(1735~1815)《释能》,孙星衍《重修台州府松门山天后宫龙王堂碑记》,等等。课试题目经训考据文章难度大,教师多做此类的程作,如俞樾《诂经精舍自课文》中全是经训考据性文章,给学生起了非常好的模范学习作用。两书院每次考课文学题目占了相当大的比例,本书第二章有相关论述。考课对学生的文学水平的提高有很大的促进作用。而主讲的山长和学长都有自己的诗文集出版,对学生的文学熏陶在平时的学习和生活中能够给予潜移默化的影响。

关于两书院教师的考课阅卷工作,俞樾残存的日记中有零星记载,如下:

> (二月)二十一日……至俞楼。
>
> ……
>
> 二十九日……监院许子颂来,请期行望课,定于三月初四日,即以课题付之。尤麓孙莹来,诂经肄业士也,欲为余《全书》作目录。近来士子喜于博览,而又苦翻阅之难,故如《困学纪闻》及《学海堂经解》诸书,皆为编排目录,虽袭郑康成《三礼目录》之名,实参用温公《通鉴》目录之体者也。
>
> ……
>
> (三月)初四日,补二月诂经望课。
>
> ……
>
> 初九日,自俞楼迁右台仙馆。……是日阅诂经二月望课卷,有《皋陶谟》"九德"、《洪范》"三德"解题。《皋陶》孔疏

以九德即三德，此孔颖达之说，非郑康成之说。后人读书卤莽，因上文适引郑《论语注》说刚强两德，遂误以此说亦为郑义，本朝如王西庄、孙渊如皆沿此谬。有一卷能力破其蔀，正深欣赏，未几又得一卷，其说相同。诂经诸君，每得一佳意，辄衍为数卷，遂使珍珠船为之减色。鄙意深惜之。

……

十一日，阅定诂经望课卷。

……

二十五日……是日阅诂经精舍三月望课卷。①

俞樾是山长，掌教，他出题目，题目出好交给监院，由监院组织发卷、考试、收卷等工作。卷子收上来交给山长批阅。诂经精舍考课为开卷，可以查阅资料，也不禁止讨论，所以有些学生有独到的见解会被其他同学所借鉴，考卷中会出现“其说相同”的现象。关于这一点，俞樾深感为憾，“诂经诸君，每得一佳意，辄衍为数卷，遂使珍珠船为之减色”，就是这个意思了。由上述日记可见，俞樾和诂经精舍肄业生师生关系非常深厚，学生很乐于帮助老师做事，如孙莹帮助俞樾做图书文献编目工作。

三、两书院的助学奖励制度

清代书院，除了为士子提供读书研究的条件，如师资、图书资料以及良好的环境，还有一个重要的功能就是助学养士。诂经精舍和学海堂的考课实行膏火奖励制度，能够依据学习成绩，给贫寒的莘莘学子提供温暖的经济资助。

诂经精舍、学海堂肄业生的考课答卷，分发给主考、教师评

---

① 俞樾：《俞曲园先生日记残稿》，《春在堂全书》，凤凰出版社 2010 年版，第 7 册，第 775～790 页。

阅，评阅者要在卷面上加上评语，然后将所有考生的课卷汇总，评定甲乙，编排名次，从第一名依次排列到末名。与考课排名制度相对应的是奖励制度，根据课试排名成绩发放膏火。两书院学生有内课生、外课生和附课生之别。诂经精舍办学初期内外课各 18 人，后增至各 30 人，附课生人数不定，还曾设超等生班。道光十四年(1834)，学海堂首次设立专课肄业生 10 名，后来的名额在 10 名、20 名不等。附课生一般 20 名左右。其间名额常有变动，膏火发放也常有变化，这取决于办学资金充足与否。诂经精舍"膏火多由地方大吏佽助，故名次之多寡与奖额之丰约，亦视存赀之盈缩而定焉。附课无奖"①。一般来说，诂经精舍内课生、学海堂专课肄业生获得的资助力度要大一些，但膏火的获得主要还是要看考课成绩。诂经精舍外课考试中有学生一次得十五银元奖金者，也有学生一次仅得半元者，而第 24 名以后没有奖金。附课生一般没有奖金，但后来每年岁首二月的甄别试中，附课生也有奖金。②

嘉庆二十五年(1820)，"学海堂加课仿抚浙时所立诂经精舍之例，专课经史诗文，所有举贡生员奖给膏火一月者，折给银一两。佳卷渐多，学者奋兴，有佳文一卷而给膏火数月者"③。《学海堂章程》规定，对学生所作试题"评定甲乙，分别散给膏火。学长如有拟程，可以刻集，但不给膏火"④。

学海堂在助学养士这一点上做得比较好，因为受到地方政府的重视，膏火比较优厚。梁思成《致在君先生书》中云："学海堂历来学长有金纪堂、陈兰甫、黎大椿、陈梅坪、梁禹生诸先生。每月

---

①② 张崟：《诂经精舍志初稿》，第 39 页。

③ 张鉴等撰，黄爱平点校：《阮元年谱》卷 5，中华书局 1995 年版，第 133 页。

④ 林伯桐修，陈澧续补：《学海堂志》，第 1 页。

讲学两次。每月有膏火，优者银数两，为粤惟一之大学机关。”学海堂位列广东众书院之首，被大家看做广东惟一的“大学机关”，就是高等院校。在学海堂考课肄业，考课成绩好的能够获得可观的膏火。梁启超在学海堂是优等生。林慧儒、陈侣笙《任公大事记》中记载：“卓如十七岁从学海堂专科生季课大考，四季皆第一。自有学海堂以来，自文廷式外，卓如一人而已。”季课大考，四季都第一，很难得，历史上只有文廷式和梁启超两人。梁启超在学海堂肄业获得膏火银颇丰。

国家图书馆善本部藏有翁心存《学海堂丁亥课士录》（丁亥年，1827）稿本一册（不分卷）（见附录三），最后有膏火银分配情况的记载，如下：

经史上取七名：首名给膏火四个月，余给膏火三个月。次取八名，各给膏火两个月。又次取四十六名，各给膏火一个月。

诗赋上取六名：首名给膏火四个月，余给膏火三个月。次取十名，各给膏火两个月。又次取七十七名，各给膏火一个月。

以上共给膏火银二百两。

经过笔者推算，膏火银发放单位为每月一两。那经史、诗赋第一名各可以获得4两银子。梁启超季课大考都第一，按照历史上60年前膏火发放情况来算，这一项膏火收入至少应该有16两，如果“大考都第一”，包括经史和诗赋两个门类的话，那最多可以拿到32两。梁启超用获得的膏火银买了很多书，梁启勋《曼殊室戊辰笔记》有载：

广州有大书院五，最高之学府也，曰学海堂，曰菊坡精舍，曰粤秀书院，曰粤华书院，曰广雅书院。首席教授称山长，地位最尊，督抚到任必先往拜之，非宿儒不能当此席。月考有奖赏,名曰膏火,依等第以为厚薄,所以养寒士也。伯兄买书之费悉出于此。每届年假辄捆载而归,以余所见,如正续《皇清经解》、《四库提要》、《四史》、《二十二子》、《百字全书》、《粤雅堂丛书》、《知不足斋丛书》,皆当日之所购。①

容肇祖《学海堂考》中有关于专课肄业生根据日课札记所作情况奖励膏火的记载,可以补充《学海堂志》中所载《学海堂专课章程》的相关资料:

课业诸生,于《十三经注疏》,《史记》,《汉书》,《后汉书》,《三国志》,《文选》,《杜诗》,《昌黎先生集》,《朱子大全集》,以上诸书,各因性之所近,自择一书肄业。即于所颁日程簿首行注明习某书,以后按日作课,填注簿内。届季课之日,随课呈交学长,考核甲乙,以超等若干名,每名膏火银六两,特等若干名,每名膏火银四两。下季再为考核,呈定甲乙,分给膏火。其功课惰废,无可列等者,即行扣除。②

学海堂专课肄业生日课奖励和季课一样丰厚,超等六两,特等四两,对贫寒的读书人来说,这不是个小数字。这些膏火银为走在求学道路上的莘莘学子提供了温暖体面的资助,如雪中送炭,激励其前进,以昂扬斗志,攀登学术、科名、仕途的高峰。

另外,学海堂较之广州其他书院,如广雅书院,制度上去行政化倾向明显,成了士子们的首选。如梁思成记述道:"先严在学海堂不久,后与谭仲鸾及梁伯尹拟入广雅书院,因其制度于地方长官来院时,全体学生须在门前站班迎接,故不入。"③

---

① 梁启勋:《曼殊室戊辰笔记》,转引自丁文江、赵丰田编《梁任公先生年谱》(初编),中华书局2010年版,第11页。

② 容肇祖:《学海堂考》,第20页。

③ 梁思成:《致在君先生书》,转引自丁文江、赵丰田编《梁任公先生年谱》(初编),中华书局2010年版,第12页。

两书院在长期的办学过程中，在运转的各个方面都应该有缜密的规章制度，只不过大部分没有以书面形式保留下来，本节论文只能就两书院比较有特色的规制略加论述，以窥一斑。陈宝箴在《致用精舍学规》中说："国家学校之外，广建书院，纳群髦于经籍，因明制而加详焉。降及末流，考所为教，率不出经艺试帖。盖利禄之锢，蔽乎人心久矣。乾、嘉之际，士稍以为陋，一二巨人长德，相承为考证之学，仪征阮文达公遂创建诂经精含、学海堂于浙江、广东。余尝览其学规，盖亦勤密矣。……嗣是江苏、湖北、四川、陕西渐设精舍，而俱不出学海堂之制。"①"俱不出学海堂之制"，寥寥数语道出了学海堂在清代书院制度改革史上的重要地位和影响，对博习经史词章类的书院群体出现，功不可没。

第五节　两书院的藏书、编纂和刊刻

书院一词，始于唐代，初为修书之地，非士子肄业之所，如唐代的丽正书院、集贤书院，为官方的藏书、校书之处。具有后来意义的书院是由官方藏书、校书和私人读书治学发展为讲书或讲学之地的。从教育发展史来看，书院既是教育机关又是学术研究机构，很多书院除了具有教育功能以外，还承担着藏书、编纂和刊刻的功能。诂经精舍和学海堂就是将书籍收藏、编纂、刊刻和教学有机结合的书院教育典范。

诂经精舍和学海堂两书院的藏书比较丰富，方便了两书院师生的教学和研究。两书院的成长发展和当时大型朴学图书的编纂与刊刻有着割舍不断的联系，两书院师生以两书院为基地，编

① 陈宝箴：《致用精舍学规》，见《陈宝箴集》（下），中华书局 2005 年版，第 1872 ~ 1873 页。

纂、刊刻了大量有学术价值的图书，对清代后期学术文化的传承有显著贡献。两书院是阮元在从事图书编刻、总结乾嘉学术的过程中应运而生的，在后来的发展过程中，两书院在图书编刻上虽没有了阮元时代的恢弘大气，但也有可圈可点之处，特别是学海堂，图书刊刻成就斐然。本节内容将简略地论述两书院的藏书、图书编纂和刊刻，分为阮元时期及后阮元时期分别论之，将两书院刊刻的课艺文集单独论述。

一、两书院的藏书

关于书院教育的概念界定，有的学者概括为：书院教育是指以私人创建或主持为主，收藏一定数量图书，聚徒讲学或研讨，高于一般蒙学的特殊教育组织形式。其中广收图书、聚徒讲学为书院教育的本质特征。① 说明书院中一般都有一定数量的藏书。有学者将书院的藏书途径概括为四种：御赐，官吏向官书局征集，官吏捐置，私家捐置。诂经精舍和学海堂两书院的藏书来源主要是后面两种：官吏捐置和私家捐置，还应该加上两书院的自刻图书。其中学海堂刻书较多。两书院皆有专门的藏书之所，如学海堂启秀山房内有专门的藏书之室。

两书院建立初期，藏书应该比较丰富。林伯桐《学海堂志》记载了学海堂的藏书来源："藏书各种，有仪征公所授者，有大吏所颁者，有同人所贻者，有学长所购者。藏弆有籍，出入有规，以待堂中之士善读而有得焉，洵快事也。"②学海堂图书来源途径较广，虽总不外官吏捐置和私家捐置两大类，仍可判定所藏图书之丰富

---

① 参见李国钧主编《中国书院史》，湖南教育出版社 1994 年版，第 2 页。

② 林伯桐修，陈澧续补：《学海堂志》，第 32 页。

程度。关于诂经精舍的藏书,张鉴《诂经精舍志初稿·刻藏》中有所述及:“书院作为育菁莪棫朴之地,例有藏书,灵隐梵刹,阮文达且为建立书藏,曾谓精舍无之哉?”①阮元非常重视杭州的藏书建设,对他自己捐俸建立的诂经精舍,也应该是厚爱有加。诂经精舍是在阮元聚集众学者编辑《经籍纂诂》的旧址上建成,《经籍纂诂》是众学者汇集十三经和唐以前的史、子、集部中重要著作的旧注以及汉晋以来的各种字书共约一百余种而成,修书时,应该是购置了数量庞大而种类繁多的书籍。诂经精舍是阮元在修书原址上建成,精舍应该也继承了修书时所购置的这些图书。道光间黄鸣杰《诂经精舍移建三祠碑记》中曰:“颜曰诂经,庋置群籍,偕郡人士讲贯其中。”②据此,诂经精舍的藏书也应该比较丰富。

两书院的藏书,不仅仅表现在数量种类如何丰富,还表现在图书管理上有许多有价值、有意义、可供图书管理者借鉴的地方。学海堂首批学长之一林伯桐在《学海堂志》中记载了学海堂所立《藏书规条》六则,为我们留下了有历史价值的书院图书管理方案。内容如下:

一、堂中藏书册二本,其一流交,其一存堂,如续有所藏,随时著录。

二、藏书凡若干箱,常日封锁,其钥匙随课流交,管课学长随时省视。

三、藏书每本首尾两页,俱盖用“学海堂藏书”图记。

四、设借书册九本,其一存堂,八学长各分贮一本。

五、学长如借读藏书,先在分贮之借书册自注某时借读某书,凡若干本,约以某时交回,分送现管课两学长,各照钞

---

①② 张鉴:《诂经精舍志初稿》,第41页。

入分贮册内，仍于存堂之借书册照式注明，然后借出。遇公集之日，当众说之。后来交回，亦由现管课者核明书无缺少污损，方可收入于各册注销。倘届期未交，现管课者须问明何故，即详记于存堂之册，俾得周知。

六、借书如有遗失，系借者自行购补，如有点污损失，自行洗刷修好，方可交会。每逢公集，核实妥藏，庶可经久。①

由上可以看出，学海堂的图书管理和现代图书馆图书管理在基本程序上是相通的，其登记制度、图书管理制度和惩罚制度比较完善。其管理比较严格，且制度化，借阅程序完备，赔偿修补制度也规定得比较有实际操作性。总的来说，这些对永久保存图书，使更多的人享用图书资源定下了可操作、有实际价值的规章制度。

由于社会动乱等因素的影响，两书院的藏书随着两书院的兴废、时代的风云聚散不定。阮元离浙后，诂经精舍经费没了来源，书院被迫解散，所藏书籍不到二十年即散佚略尽。道光初年复学以后，书院藏书应该有所购置，但后来发生了太平天国起义，战火波及东南省份，广州和杭州两城市俱在其中，杭州两度被占，学海堂和诂经精舍皆未逃过其劫，拥有的藏书荡然无存。战后，两书院复建，也面临着重新建设藏书的问题。郭嵩焘拨款给学海堂购置图书。"同治五年(1866)，郭中丞(郭嵩焘)入都留赠百金，学长固让，不获命，乃购《通志堂经解》藏于山房，与好学之士共读之，异时增贮群书，此为嚆矢矣。"②同治五年，诂经精舍重建，布政使蒋益澧购四部书1300册藏于其中。谭献记载此事，曰："蒋芗泉布政买书弆精舍，凡千三百册。诸生能读，经史具在，欲为通

① 林伯桐修，陈澧续补：《学海堂志》，第32~33页。

② 林伯桐修，陈澧续补：《学海堂志》，第33页。

儒,何待搜奇访秘哉!”①蒋益澧不但为诂经精舍购置图书,还欲为这些图书雇用图书管理人员,“二月初二日,蒋方伯来。方伯买四部书存诂经精舍,欲予禀设工役典守”②。此为精舍官员捐置图书、管理图书的典型范例。此后,两书院在关闭前,未再遭受过摧毁性的社会动乱,两书院的藏书在学长、掌教的建设下也渐有规模。诂经精舍山长俞樾本人就是个著述不断的学术大师,每有学术著作,即赠送朋友和各大书院。建设诂经精舍的藏书事业,也是精舍肄业生的共同要求,他们寄希望于掌教俞樾。诂经精舍高材生冯一梅说:

> 先生主讲诂经精舍,迄今十有三年,浙人士渐知崇尚古训,共敦朴学,阮文达、孙渊如遗风借以不坠。而近日学者竞好读书,但苦于不易得书,苟先生更起而董理之,博搜古本,广为藏庋,并申明条约,许人借缮,俾好学之士,皆免向隅之叹,我浙文教之兴,必当自兹益盛。③

可知俞樾在掌教诂经精舍期间,存在着好学之士喜好读书而不易得书的困难,肄业生希望俞樾能够在诂经精舍“博搜古本,广为藏庋”,并如学海堂一样“申明条约,许人借缮”,这也成了师生们的藏书心愿。俞樾在诂经精舍期间,对精舍的藏书也定下了较周密的管理、借阅制度。俞樾虽然为诂经精舍定下了借阅书籍的规章制度,但这些规章制度的目的在于使好学之士得以从容读书,“俾好学之士,皆免向隅之叹”,所以书院借书规

---

① 谭献著,范旭仑等整理:《复堂日记》,河北教育出版社 2001 年版,第 35 页。

② 谭献著,范旭仑等整理:《复堂日记》补录卷 1,河北教育出版社 2001 年版,第 232 页。

③ 冯一梅:《文澜阁赋》,《诂经精舍五集》卷 7,光绪九年(1883)刻本,第 1 ~2 页。

章制度在执行过程中灵活而有人情味。俞樾《春在堂杂文》中记有《王研香传》:

> 往年余在西湖俞楼,有自诂经精舍来告者,曰:"一狂生日来精舍,索观所藏书,与之不即归,不与,则怒且詬,将奈若何?"余不测为何许人,漫应之曰:"喜观书,亦佳士,姑听之。"已而其人来见,则宁海王正春字研香者也。恂恂儒雅不类狂生,叩其所学,于经义颇得门径。……后为潘峄琴学使调入诂经精舍。①

后来入诂经精舍肄业的王研香,虽被人视为狂生,但因喜欢读书,虽于诂经精舍借书无礼,俞樾也宽容待之。诂经精舍的藏书可谓嘉惠士林,雅香久传。

诂经精舍师生不仅仅关注精舍自身的藏书,也很关注杭州城内其他地方的藏书,特别是诂经精舍附近的文澜阁。杭州文澜阁,为有名的藏书之所,原为御赐图书所存之所。俞樾在诂经精舍的考课中,多次以文澜阁为赋题,通过文学题目的考课形式,表现出对文澜阁藏书的重视与关注。《诂经精舍四集》卷 9 收有陈遹声课作一篇,《诂经精舍五集》卷 7 收有肄业生冯一梅、王廷爵二人的课试作品,《诂经精舍七集》卷 9 收有肄业生计德谨课试作品一篇。文澜阁起先为庋藏《四库全书》而建,为政府藏书之所,藏书比较丰富。可惜由于战争的缘故,文澜阁毁坏,所藏《四库全书》也残缺不全,残存图书藏于杭州府学的尊经阁。光绪六年(1880),浙江巡抚谭钟麟议筹资重建文澜阁,庋藏所购《御制图书集成》等图书,得到士林的响应。② 肄业生冯一梅对阁成之后必有

---

① 《春在堂杂文》六编卷 2。见《春在堂全书》,凤凰出版社 2010 年版,第 4 册,第 501 ~ 502 页。

② 参见冯一梅《文澜阁赋》,《诂经精舍五集》卷 7,第 1 页。

的缮补《四库全书》之举，提出了购补《四库全书》藏于文澜阁的中肯而经济的意见：

> 窃谓实事求是，缮本实不如刻本之佳；熟筹经费，缮补亦不如购补之省。且存目所弃，不无遗珠，名山所藏，尚多完璧。缮补则拘守成格，非能妄增；购补则经费稍充，或能并蓄。欲为斯文留一线于我浙，而不仅以粉饰华事。①

诂经精舍生徒，主要从事实学研究，在藏书这些实际的问题上，提出的观点讲求实效、有理有据。

阮元建立学海堂时，在学海堂也建立了一个同名的文澜阁，但此文澜阁非为学海堂的藏书之所，阁内所奉是文昌星和魁星神位，为庋藏学海堂经版之所在。此阁虽不用于藏书，但所负载的文化精神却更为庄重神圣。

书院藏书在古代藏书史上的地位并不特别显著，所藏图书往往并不珍贵，而且收藏量也不大，但它们对我国古代学术文化的传承发展意义巨大。书院藏书不同于收藏家的藏书，它的价值不在于其珍贵的收藏价值，而在于它们充分发挥了藏书的借阅功能和教育功能，在古代学术文化的传承上，书院藏书所惠，遍及求学的各位士子，所起的作用不能忽视。两书院藏书的意义也在于此。

二、阮元时期的图书编刻

诂经精舍、学海堂两书院是在阮元用编刻的方式总结乾嘉朴学研究成果的过程中应运而生的。阮元作为乾嘉学派强有力的殿军和总结者，扬州学派的中坚人物，除了自身卓越的学术成就外，最难能可贵的，是他凭借自己的地位和能力积极倡导学术，热

---

① 冯一梅：《文澜阁赋》，《诂经精舍五集》卷7，第1页。

心于编书、校书、刻书和印书工作。著名史学家侯外庐评价阮元说“阮元是扮演了总结十八世纪汉学思潮的角色”,“阮元是在汇刻编纂上结束乾嘉汉学的成绩”。① 从乾隆五十八年(1793)始,阮元编纂、刻印的书籍达3000多卷,如《经籍纂诂》106卷,《皇清经解》1400卷,《十三经注疏》(附《校勘记》)416卷,《畴人传》46卷,《诂经精舍文集》14卷,《学海堂集》(初集)16卷等非常有影响的书籍。此外他还编刻了《淮海英灵集》、《两浙𬨎轩录》、《江苏诗征》等江浙诗集,编录《十三经经郛》100余卷,重修《广东通志》150卷。此外,他还刊刻了当时众多学者的著作,如在浙江任职时,他先后刻印了钱大昕《三统术衍》、《地球图说》,张惠言《虞氏易》、《仪礼图》,汪中《述学》,刘台拱《刘氏遗书》,凌廷堪《礼经释例》,焦循《雕菰楼集》,孔广森《仪郑堂集》等数十位朴学家的考证作品。

阮元所刊刻的图书中,以《经籍纂诂》106卷,《皇清经解》1400卷,《十三经注疏》416卷这三种书籍规模最大,影响尤其深远,而且这三种图书的编纂、刊刻和两书院的发展、成长关系尤为密切。另外,阮元刊刻的《诂经精舍文集》和《学海堂集》(初集),不仅首开书院课艺文集刊刻之先河,也是两书院后来课艺文集刊刻之滥觞。

《经籍纂诂》是阮元任浙江学政时组织众多学者编纂的一部规模巨大的古汉语训诂资料汇编。清代朴学兴盛,文字音韵训诂的小学被学者们视为明经达道的重要途径,但文字训诂资料却散见于各种传注中,搜辑查阅非常不便,给学者们从事朴学研究造成了难度。早在阮元之前,戴震就曾倡议过汇纂诸书诂训,朱筠任安徽学政时也有此志,但都未能付诸行动。阮元供职内廷时,

① 侯外庐:《中国思想通史》第5卷,人民出版社1956年版,第577页。

曾"日与阳湖孙渊如、大兴朱少白、桐城马鲁陈相约分纂，钞撮群经，未及半而中辍"①。嘉庆二年(1797)阮元督学两浙，官事之暇，亲自拟定凡例，"择浙士之秀者若干人，分门编录"②。参与编纂工作的有臧镛堂、臧礼堂、宋咸熙、严杰、赵垣、洪颐煊、洪震煊、倪绶、陈鳣等40多位知名学者。将十三经和唐以前的史、子、集部中重要著作的旧注以及汉晋以来的各种字书共约一百余种，汇集在一起，以单字、单词为条目，依照《佩文韵府》的106个韵部，分平、上、去、入四声编成，每韵列一卷，每字列一条，"展一韵而众字毕备，检一字而诸训皆存，寻一训而原书可识"③，将唐以前的古注几乎都收全了。嘉庆四年(1799)，《经籍纂诂》刻印通行。嘉庆六年(1801)，在诂经精舍师生的努力下，《经籍纂诂》的《补遗》编成，附于原书每卷之末。

书成第二年(嘉庆五年，1800)，阮元"遂以昔日修书之屋五十间，选两浙诸生学古者读书其中，题曰诂经精舍"④。诂经精舍是超出一般书院的高等学府，所选学生往往是从其他书院优选而来。参与《经籍纂诂》编纂工作的很多学者被阮元收入诂经精舍肄业，如宋咸熙、何兰汀、朱为弼、孙凤起、丁授经、丁传经、诸嘉乐、吴文健、邵保初、施彬、周中孚、赵坦、王端履、丁子复、孙同元、梁祖恩、洪颐煊、洪震煊、徐鲲、陈鳣、倪绶、吴东发、杨凤苞、张鉴、顾廷纶、严杰、刘九华、陶定山、沉河斗、傅学灏、吴克勤、张立本、陆尧春、施彬、梁祖恩、金廷栋、赵春沂、潘学敏、王瑜、蒋遂登等40多位编纂者，后来皆入诂经精舍肄业。⑤ 总编纂臧镛堂、臧礼堂后

①② 钱大昕:《〈经籍纂诂〉序》，《经籍纂诂》卷首，中华书局1982年版。

③ 王引之:《〈经籍纂诂〉序》，《经籍纂诂》卷首，中华书局1982年版。

④ 阮元:《西湖诂经精舍记》，《揅经室集》二集卷7，第547页。

⑤ 参见《经籍纂诂》卷首《姓氏》;孙星衍《诂经精舍题名碑记》，《诂精经舍文集》卷首。

来也参与了诂经精舍的教学工作。概而言之，诂经精舍是阮元在编纂《经籍纂诂》的基础上发展起来的。

《经籍纂诂》修成后，针对经书流传过程中辗转翻刻、讹缪百出的弊病，为了给学人提供经学善本，阮元又利用诂经精舍原有组织班底校勘《十三经注疏》，诂经精舍肄业生严杰、孙同仁、徐养原、洪震煊等，分任各经的校勘工作。《十三经注疏》及《校勘记》是集古今经传校勘之大成的巨作。阮元"集诸名士，授简西湖诂经精舍中，令详其异同，钞撮会萃之，而以官事之暇，乙夜燃烛，定其是非"①，历时 5 年，在众学者和诂经精舍肄业生的共同协力下，完成校勘准备工作，撰成《十三经注疏校勘记》243 卷。经过这次大规模的详细校勘工作，《十三经》中沿袭已久的许多讹谬得到了纠正，质量大大提高。但是《十三经注疏》及《校勘记》当时并没有立即刊刻，嘉庆二十年(1815)，阮元出任江西巡抚，在原有的校勘基础上，再次组织精通经学、擅长校勘的学者，广泛搜集汉、唐、宋石经以及宋元以后各种十三经版本，历时 19 个月，于嘉庆二十一年(1816)秋，刻成《十三经注疏》416 卷，并附录《校勘记》。《十三经注疏》为学者们研究经学提供了比较好的校勘本，成为一些书院教学研究的重要教材，皮锡瑞称之为"经学之渊海"②。

《皇清经解》为阮元任两广总督时组织人力在学海堂辑刻而成，故又名《学海堂经解》。阮元于嘉庆二十二年(1817)底抵广东任两广总督，发现广东学术气氛、文化氛围并不浓厚，学界除制艺外，尚未受乾嘉汉学学风的浸染，"制举之外，求其

---

① 段玉裁:《十三经注疏释文校勘记》,《经韵楼集》,《续修四库全书》第 1434 册,第 2 页。

② 皮锡瑞:《经学历史》,光绪三十二年(1906)思贤书局刻本,第 63 页。

淹通诸经注疏及诸史传者屈指可数，其藏书至万卷者，更屈指可数”①，于是创办学海堂，力图在广东提倡乾嘉朴学学风。道光五年(1825)八月，学海堂堂址建成第二年，《皇清经解》开始辑刻，由诂经精舍肄业生严杰任总编辑，吴石华任监刻，学海堂诸生充任校对等工作。道光六年(1826)六月，《皇清经解》已成书千卷，阮元奉调改任云贵总督，辑刻之事托付给广东督粮道夏修恕，编辑重任则仍由严杰担任。至道光九年(1829)，全书编纂成功，凡183种，1400卷，后又续刻8卷。该书几为清代学术精华之总汇，囊括了明末清初至乾嘉时期著名汉学家的重要著作，内容除经学之外，尚涉及哲学、小学、校勘、史地、天算、金石诸方面。方东树说它“凡不关小学，不纯用汉儒古训者概不著录”②。《皇清经解》在编纂汇刻上总结了清代汉学家的成就。《皇清经解》编刻的过程，也是学海堂诸生朴学基本功日益扎实的过程，编刻实践促进了学海堂诸生学术水平的提高，也促进了学海堂后来其他图书的编纂和刊刻。

《皇清经解》刊刻版片存于学海堂中，由于卷帙浩大，为了妥善保管，特于学海堂旁文澜阁设架藏板，并立《藏板章程》九则：

一、经解板共一百零九架，每架编列字号，标明板片若干。

一、两架叠陈，两叠互倚，使房中仍有余地，以便通行，随时查核。

一、每架脚俱用厚瓷碗盛之，碗中贮石灰以防蚁蛀，碗下用厚红砖垫之，以避潮气。

一、藏板房门锁钥由值课学长收管，按季流交。

一、书坊有愿刷印者，先具领到堂交纳板租，然后定期开

① 崔弼:《新建粤秀山学海堂记》，《学海堂集》卷16，第18页。

② 方东树:《汉学商兑》卷上，《续修四库全书》第951册，第550页。

工，其板片甚多，不能搬远，该匠人等每早到文澜阁下刷印，薄暮散归，不作夜工，以昭慎重。

一、每次刷印《经解》，多则一纲（六十部）。少亦半纲（三十部）。每刷一部纳板租银壹两（以备每次修补板片及小修藏书房舍、随时整理书架各杂费）。另自交守阁、守堂茶资，每一部贰钱肆分（每次发板、收板及每日工匠往来，俱要守阁等照料一切也）。

一、每逢刷印，守阁等到学长处领出钥匙，每发板片不过十架，收回旧板，再发新板，每次照字号点明板数，不得有误。

一、印书之时，学长中偶欲印一部者，亦照纳板租，照给茶资，以归画一（即雇该书坊匠人刷印）。至堂中并无刷印《经解》发出外者，其守阁、守堂等，既得书坊茶资，不许私雇匠人与书坊并刷。

一、所收板租设立总簿，注明某年月日某书坊刷印《经解》若干部，纳板租若干，某学长收入存贮。每次印书毕，即要雇匠将各书板逐片洗刷晾干，然后收藏。每次俱有应修补之板片，即时修补，或房门、窗板、竹帘及各书架有当修理者，随时雇人修理。如有工费稍大不能即办者，必须存记，俟冬月公集商办。凡有关经板之费用及一切无着之款，俱于板租内支出。至年底通计支销之外，或偶有所存，亦要酌定买有用之书藏于山堂，其经手收支者，自列清款目，俾得周知可也。①

由《藏板章程》可以看出，学海堂对经解板片的管理非常谨慎用心，而且经解板片惠及学海堂内外，学海堂出租经板可以获得

---

① 林伯桐修，陈澧续补：《学海堂志》，第28～30页。

经济上的收益,所藏经解板片可以不断刷印,造福学界。咸丰七年(1857),英军占据粤秀山,学海堂遭到战火洗劫,经板损毁,失落大半,制府劳崇光捐银七百两补刻,官绅捐资共达七千两,费时两年补刻而成。①

阮元主持的《经籍纂诂》、《十三经注疏》(附校勘记)、《皇清经解》三部巨作的编纂和刊刻,对清代学术产生了巨大影响,也对两书院的产生和成长起着重要作用,并造就了两书院的诸多高才生。

另外,阮元时期两书院具有历史意义的书籍编撰刊刻,还有两书院课艺文集《诂经精舍文集》(初集)和《学海堂集》(初集)。两书院后来的掌教者都很重视课艺文集的刊刻了学海堂后来刊刻了另外三集,诂经精舍刊刻了另外七集的课艺文集。两书院课艺文集的刊刻,不仅仅对两书院后来的课艺文集的刊刻有重大影响,而且也给后来其他书院课艺文集的刊刻树立了榜样。关于两书院课艺文集的刊刻研究,下面将设专节简单论及。

三、后阮元时期的图书编刻

阮元离开后的诂经精舍和学海堂,图书编刻规模不再有阮元时期的恢弘气势,但也有一定的规模。特别是学海堂,刊刻了《四库全书总目提要》(附存《简明目录》)230 卷,《通典》200 卷、《续通典》144 卷、《清朝通典》100 卷等大型图书,继承了阮元时代的刻书传统,图书编纂和刊刻取得了很大的成就,扭转了广东的学术风气。诂经精舍自阮元离浙后停办,道光初年重建后,刻有《诂经精舍文续集》,不再有其他的刊刻成果。至俞樾掌教诂经精舍后,俞樾利用精舍内外的各种机会,尽可能地将诂经精舍编刻图

① 参见林伯桐修,陈澧续补《学海堂志》,第 30 ~ 31 页。

书的传统发扬光大。

据刘伯骥《广东书院制度沿革》中所考，学海堂编纂、刊刻的图书共达36种，1254册，3334卷。除了《皇清经解》和《学海堂集》（初集）外，皆是阮元以后刊刻而成。兹将它们罗列如下①：

1.《皇清经解》183种，360册，1400卷，续刻8卷。又名《学海堂经解》。

2.《揅经室集》14卷，《二集》8卷，《三集》5卷，《四集》2卷，《诗集》11卷，《续集》11卷，《再续集》6卷，《外集》5卷。共24册，62卷。阮元著，重刻文选楼本。咸丰七年（1857），英军占领广州，书板有缺，后亦补全。

3.《学海堂集》（初集）16卷，《二集》22卷，《三集》24卷，《四集》28卷。共40册，90卷。下面一节将有论述。

4.《学海堂丛刻》2函，共12种，14册，27卷。第一函6种，第二函6种。第一函刻于光绪三年（1877），其中有阮元《石画记》5卷，林伯桐《供翼小言》1卷，张维屏《听松庐诗略》2卷，黄子高《续三十五举》1卷，杨荣绪《读律提纲》1卷，吴兰修《桐花阁词钞》1卷。第二函刻于光绪十二年（1886），有曾钊《周礼注疏小笺》4卷，又《面城楼集钞》4卷，张杓《磨商瓦斋文存》1卷，马福安《止斋文钞》2卷，谭莹《乐志堂文略》4卷，朱次琦《是汝师斋遗诗》1卷。

5.《剑光楼集》4卷，词1卷，2册。仪克中著，题“学海堂藏版”。

6.《三国志裴注述》1册，2卷。林国赞著。下署云：学海堂丛刻之□，盖预备加入《学海堂丛刻》中者。

7.《国朝岭南文钞》6册，18卷。陈在谦评辑。

---

① 参见刘伯骥《广东书院制度沿革》，商务印书馆1939年版，第373～376页。容肇祖《学海堂考》，第140～144页。

8.《南海百咏》1 册,1 卷,宋方信孺著。

9.《南海百咏续编》4 卷,樊封著。光绪十九年(1893)学海堂重刊。

10.《史目表》1 册,1 卷。洪饴孙撰。光绪四年(1878)刊。

11.《广博物志》18 册,50 卷。明董斯张著。光绪五年(1879)刊。

12.《通典》40 册,200 卷。唐杜佑著。同治十年(1871)学海堂重刊殿本。

13.《续通典》40 册,144 卷。重刊乾隆三十二年(1767)殿本。

14.《皇朝通典》32 册,100 卷。重刊乾隆三十二年(1767)殿本。

15.《四库全书总目提要》200 卷,《四库全书简明目录》20 卷。光绪七年(1881)广州书局刻,学海堂藏板。《四库附存书目》10 卷。胡虔辑。光绪十年(1884)学海堂重刊。共 126 册,230 卷。

16.《前汉纪》7 册,30 卷。汉荀悦撰。

17.《后汉纪》7 册,30 卷。晋袁宏撰。

18.《西汉会要》18 册,70 卷。《东汉会要》40 卷。宋徐天麟撰。

19.《北溪字义》2 册,2 卷。宋陈淳撰。

20.《数学精详》(即《九数通考》)5 册,12 卷。屈曾发著。

21.《岭南集》2 册,8 卷。杭世骏著。

22.《纪文达遗集》12 册,32 卷。纪昀著。

23.《知足斋诗文集》14 册,32 卷。朱珪撰。

24.《广骈体文钞》5 册,17 卷。陈均编。

25.《经典释文》12 册,30 卷。唐陆德明著,卢文弨缀辑考证。同治十年(1871)重雕抱经堂本。

26.《史论一篇》4 卷。明张溥撰。光绪十八年(1892)刊。

27.《孙吴司马兵法》1 册,3 卷。

28.《顾亭林〈日知录〉集释》16 册,34 卷。

29.《广东图志》24 册。

30.《学海堂志》，林伯桐著，1 册，1 卷。道光十八年（1838）刻本。又陈澧续，同治五年（1866）补刊本。

31.《十三经注疏》120 册，416 卷。

32.《古经解汇函小学汇函》68 册，200 卷。

33.《春秋繁露》4 册，17 卷。汉董仲舒著。

34.《近思录》5 册，14 卷。宋朱熹著。

35.《韩昌黎集》8 册，40 卷。唐韩愈著。

36.《姜白石四种》，宋姜夔著，2 册。

由上述书目可知，学海堂自从阮元编刻了《皇清经解》以后，图书编刻一直持续不断，涉及经、史、子、集各个门类，纵古贯今，既有历代的各种著作，也有学海堂学长的作品。学海堂师生也积极参与书籍的编刻工作，如学海堂第一届专课肄业生陈澧，后留任学海堂学长，在书院教学期间参与校刻过《切韵考通论》、《经典释文》、《四库全书简明目录》、《九数通考》、《通典》、《续通典》、《皇朝通考》，以及他的老师张维屏《听松庐诗略》、洪饴孙《史目表》、董斯张《广博物志》等书籍。后来他被聘为菊坡精舍院长，带去了学海堂刻书的良好传统，菊坡精舍在清后期刊刻成就显著。

诂经精舍刊刻的书籍并不多，其实山长俞樾是非常重视图书编刻的，只不过刊刻图书需要经费，而经费来源主要靠官府拨置。《诂经精舍三集》至《八集》皆是俞樾编辑，当政官员拨款而成，俞樾在为课艺文集所写的序中，每次都要交代是谁拨款刊刻课艺文集的。课艺文集刊刻，书院学生往往要从事校对等工作，如《诂经精舍七集》，章太炎担任校字工作。俞樾掌教诂经精舍不久即总领浙江书局刊刻二十四史事宜，所刊刻的史籍，特别注重版本，诂经精舍肄业生黄以周、潘鸿等参与了刻书。俞樾还积极推荐诂经精舍肄业生参与刻书工作。

晚清官办书局与书院有着密切的关系。同治、光绪时期出现的地方官书局,是具有真正意义的地方官办出版机构,在古代出版史上堪称一次重要的出版制度改革。官书局中监督刊刻的重要职务,往往是聘请既有学术地位,又有办事能力的学者担任;校勘等职务,往往选当地候补官、无职儒生,省县学的训导、教谕、学正等充任。而书院是这些学者的聚集地,为刊刻书籍提供了重要的人力资源。俞樾从苏州紫阳书院刚刚赴任诂经精舍山长职位,兼任浙江书局刻书的总领事宜,就是地方官办书院和书院合作刊刻书籍的典型例子。

俞樾兼任总领浙江书局的刻书职务,也尽力使诂经精舍肄业生参与其中。同治八年(1869),江宁、苏州、杭州、武昌四书局有会刻二十四史之举,俞樾在诂经精舍,曾以《会刻二十四史章程》命题,就会刻二十四史拟定章程,各抒已见。肄业生潘鸿参与了浙江书局二十四史的刊刻。课试中,潘鸿拟定章程八条,得到俞樾的赏识。俞樾在所著《春在堂随笔》中录其四条:

一曰,二十四史总计三千二百九十四卷,四局分刻,当各得八百二十余卷。今拟以《史记》、《汉书》、《后汉书》、《三国志》、《晋书》、《宋书》、《南齐书》、《梁书》、《北齐书》为一分,共八百三十卷;《陈书》、《魏书》、《周书》、《南史》、《北史》、《旧唐书》、《新唐书》为一分,共八百三十五卷;《隋书》、《旧五代史》、《新五代史》、《宋史》为一分,共八百八卷;《辽史》、《金史》、《元史》、《明史》为一分,共八百二十一卷。二曰,二十四史除殿版外,有汲古阁十七史本,明南北监版二十一史本。其单行本之佳者:《史记》、两《汉书》、《新五代史》,有明汪氏本;《史记》、《汉书》,有凌氏评林本;《后汉书》,有元刻本;南北史、新旧《唐书》,各有合钞本;《旧唐书》,有明闻人诠本。其间异同不一,应作校勘记附末。三曰,备校各书,如吴仁杰《两汉刊误补遗》、潘眉《三国志考证》、梁玉绳《史记质疑》、王念孙《读书杂志》、钱大昕《廿二史考异》《三史拾遗》《诸史拾遗》、王鸣盛《十七史商榷》,皆足考订异同。其他如《通典》、《通考》、《通鉴》、《续通鉴》、《宏简录》、《宋史新编》、《东都事略》、李焘《长编》、《历代名臣奏议》、《宋元学案》、王鸿绪《明史稿》、吴任臣《十国春秋》、厉鹗《辽史拾遗》之类,凡足资考订者,皆宜购备。四曰,天文、律历等志,非平时所专习者不能订其讹夺,每局应延请精于历算星学者一二人,专校天文各志。①

上述四条刻书章程,条例清晰,抓住了刻书中的主要问题,可见作者对二十四史了然于胸,熟谙各种版本,有校勘经验,重视天文、律历等自然科学书籍的刊刻。所列章程对刊刻二十四史很有参考价值。书院学生参与编刻书籍和学术研究能够互相促进、教学相长。

浙江书局刊刻二十四史之后,俞樾积极倡议刊刻诸子书,给政府官员写信表达自己的观点和请求,并对刊刻中诸如版本选择等实际问题,提出了宝贵建议。在上巡抚杨昌浚信中,他说道:

前承示及唐宋三史刻成,将刻诸子,此诚经史后不可不刻之书,具见嘉惠来学之盛意。惟诸子之书讹脱较甚,议者或谓宜访求宋本影写而精刻之,然亦有难者,影写之功既非容易,雕刻之费亦必倍常。且宋本疏密大小每不一例,宜于单行,不宜于汇刻;又其存者今亦无多。局中既欲汇刻诸子,不精固不足言,善本不博,亦不足成巨编。窃谓宜博求周秦两汉之书,汰除其伪托者,尚可二十余种,如《管子》、《晏子》、《老子》、《列子》、《庄子》、《墨子》、《商子》、《韩非子》、《荀子》、《孙

---

① 俞樾:《春在堂随笔》,江苏人民出版社 1984 年版,第 39 ~ 40 页。

子》、《吴子》、《吕氏春秋》、陆贾《新语》、贾谊《新书》、董子《春秋繁露》、《淮南内篇》、桓宽《盐铁论》、刘向《新序》《说苑》、扬雄《法言》《太玄》、班固《白虎通义》、王充《论衡》、王符《潜夫论》、荀悦《申鉴》、应劭《风俗通义》、徐幹《中论》、蔡邕《独断》之类，购觅家藏旧本，写样校刊，亦艺林一盛举矣。①

除了史书和诸子书的刊刻外，俞樾还积极倡议刊刻有利民生日用的书籍，如医书、兵书等。在上巡抚杨昌浚的另一信中，他建议浙江书局刊刻《黄帝内经》，他说：

此书以王冰注为最古，而宋林亿、孙奇、高保衡等校正者为最善，鄂局未刻。窃思医学不明为日已久，江浙间往往执不服药为中医之说，以免于庸医之刃，亦无如何之下策也。若刊刻此书，使群士得以研求医理，或可出一二名医，补敝扶偏，销除疹疠，亦调爕之一助乎。兵家之书首推《孙子》，鄂局虽刻之而未刻其注。此书有魏武以下十家注，似宜刻之，以补鄂局所未及，使占毕之儒略窥兵法，庶知节制之师亦足制胜，不必规规焉以学于羿者杀羿，虽刻古书而未始不切于时用也。②

关于浙江书局诸子书的刊刻，俞樾说：

窃谓诸子之中其有益民生日用者，莫切于医家。宋元后，诸家师心自用，变更古义，立说愈多，流弊愈甚，宜多刻古本医书，如《难经》、《甲乙经》、《巢氏诸病源候论》、《圣济总录》等书。俾学者得以略闻周秦以上之绪言，推求黄炎以来之遗法，或有一二名医出于世间，于圣朝中和位育之功，未始

---

① 俞樾：《与杨石泉中丞》，见其《春在堂尺牍》卷4，第20～21页。《春在堂全书》，凤凰出版社2010年版，第5册，本章所引此书皆据本版本，下不再注明。

② 俞樾：《与杨石泉中丞》，《春在堂尺牍》卷5，第1～2页。

无小补也。至集部浩如烟海，且或不甚有裨实学，似可缓刊。惟道光中仁和有王君文诰者，曾注苏东坡先生诗集，远出旧注之上，不特诗中故实略无遗漏，且于坡公一生事迹考订详明。卷首载年谱数卷，几于为坡公作日记者。①

除了叮咛当局刊刻有益民生日用的医书等外，对他认为有价值、比较好的书籍，总不厌其烦地上书当权官员，苦口婆心，反复叮嘱，要求刊刻。如上文中他叮嘱刊刻王文诰注苏东坡诗集，认为他的注远出旧注之上。他还曾嘱托书局将王昶的《金石萃编》觅善本刻印。② 此类事情，不胜枚举。

俞樾掌教后，诂经精舍除了自身的课艺文集以外，没有刊刻其他书籍，但书院师生和浙江书局合作，却为我国的图书编刻事业贡献了自己的力量，特别是二十四史和诸子书的刊刻，诂经精舍师生功不可没。阮元以后的诂经精舍和学海堂一样，在图书编纂、刊刻上有着突出的建树。

四、两书院的课艺文集

书院刊刻课艺文集虽然自明代就已有之，但作为一项有意识、有目的的制度则源自于诂经精舍、学海堂。《诂经精舍文集》和《学海堂集》刊刻以后，不但促进了两书院课艺文集的继续刊刻，也对其他书院课艺文集的刊刻产生了很大影响。在两书院的影响下，其他书院课艺文集刊刻多达50余种，如：杭州紫阳书院刊《紫阳书院文集》，江苏惜阴书院刊《西斋课艺》、《东斋课艺》，苏州正谊书院刊《正谊书院课选》，江阴南菁书院刊《南菁讲舍文集》，广东菊坡精舍《菊坡精舍集》，上海求志书院刊《求志书院课

---

① 俞樾：《与刘仲良中丞》，《春在堂尺牍》卷6，第4页。

② 俞樾：《与丁雨生中丞》，《春在堂尺牍》卷3，第14页。

艺》,上海格致书院刊《格致书院课艺》、《致用书院文集》,湖北经心书院刊《经心书院集》,河北莲池书院刊《莲池书院肄业日记》,江西经训书院刊《经训书院自课文》,四川尊经书院刊《尊经书院集》,等等。下面来看看两书院刊刻的课艺文集:

学海堂课艺文集:

文集名称	卷　数	编订者	刊刻时间
学海堂集(初集)	16	阮　元	道光五年(1825)
学海堂二集	22	钱仪吉　吴兰修	道光十八年(1838)
学海堂三集	24	张维屏	咸丰九年(1859)
学海堂四集	28	陈　澧　金锡龄	光绪十二年(1886)

诂经精舍课艺文集:

<table>
<tr><th colspan="2">文集名称</th><th>卷　数</th><th>课艺起迄时间</th><th>编订者</th><th>刊刻时间</th></tr>
<tr><td colspan="2">诂经精舍文集</td><td>14</td><td>嘉庆五年至六年(1800～1801)</td><td>阮　元</td><td>嘉庆六年(1801)</td></tr>
<tr><td colspan="2">诂经精舍文续集</td><td>8</td><td>道光十二年至道光二十二年(1832～1842)</td><td>罗文俊</td><td>道光二十二年(1842)</td></tr>
<tr><td rowspan="5">诂经精舍三集</td><td>同治五年(1866)</td><td>辞赋2卷
经解1卷</td><td>同治五年(1866)</td><td>颜宗仪</td><td>同治五年(1866)</td></tr>
<tr><td>同治六年(1867)</td><td>辞赋1卷
经解1卷</td><td>同治六年(1867)</td><td>沈丙莹</td><td>同治六年(1867)</td></tr>
<tr><td>同治七年(1868)官师课题</td><td>不分卷</td><td>同治七年(1868)</td><td>俞　樾</td><td>同治七年(1868)</td></tr>
<tr><td>同治八年(1869)官师课题</td><td>不分卷</td><td>同治八年(1869)</td><td>俞　樾</td><td>同治八年(1869)</td></tr>
<tr><td>同治九年(1870)官师课题</td><td>不分卷</td><td>同治九年(1870)</td><td>俞　樾</td><td>同治九年(1870)</td></tr>
<tr><td colspan="2">诂经精舍四集</td><td>16</td><td>同治十年至光绪四年(1871～1878)</td><td>俞　樾</td><td>光绪五年(1879)</td></tr>
</table>

（续表）

文集名称	卷　数	课艺起迄时间	编订者	刊刻时间
诂经精舍五集	8	光绪五年至八年（1879～1882）	俞　樾	光绪九年（1883）
诂经精舍六集	12	光绪九年至十一年（1883～1885）	俞　樾	光绪十一年（1885）
诂经精舍七集	12	光绪十一年至二十年（1885～1894）	俞　樾	光绪二十一年（1895）
诂经精舍八集	12	光绪二十年至二十二年（1894～1896）	俞　樾	光绪二十三年（1897）

学海堂课艺文集共4集，90卷，刊刻时间跨越60余年，共收诗文2500余篇。诂经精舍课艺文集共8集，90卷，刊刻时间跨越将近百年，共收诗文2300余篇。这些文集不仅仅是学生课艺之佳作，也是具有较高学术价值的研究成果，一定审美价值的文学创作作品。这些文集既是师生学术成果和文学创作作品的汇编，又是极好的教学参考书。两书院课艺文集的刊刻是书院发展史上的一项创举。两书院课艺文集是宝贵的历史资料，反映出两书院的内部教学状况，也烙有时代的印记。张之洞将《诂经精舍文集》14卷、续集8卷、三集和《学海堂集》16卷、二集22卷、三集24卷归入《书目答问》集部。后来范希曾补入《学海堂四集》28卷。①

（一）课艺文集刊刻的经费来源

两书院课艺文集的刊刻，时间并不固定，受刊刻经费来源、社会环境变动等因素的影响。学海堂文集刊刻时间间隔十年到二十多年。《诂经精舍文续集》是初集刊刻41年后而成。《诂经精舍三集》收录了同治五年至同治九年五年间的课艺文集，每年一刻，确是盛况，反映了太平天国之乱后出现的短暂中兴社会气象，

---

① 参见张之洞撰，范希曾补：《书目答问补正》，上海古籍出版社2001年版，第219页。

对书院的发展产生了影响。精舍因乱被中断的文集刊刻得到了较快的复苏。《三集》、《四集》所收文篇幅较多,往后《六集》、《七集》、《八集》渐渐变少,乃是由于经费短缺、社会动乱、西学东渐等原因所致。诂经精舍的课艺文集,每集皆有山长、当政官员或其他学者所写的序,这些序对了解当时的书院教学等情况提供了有历史价值的资料依据。学海堂课艺文集除了《初集》外,皆没有序,没有交代经费来源等诸多的问题。在两书院正常的开支中,都没有设置刊刻课艺文集的款项。学海堂有刻书的传统,课艺文集的刊刻只是众多刊刻作品中的一部分而已,而且学海堂刊刻的很多书籍卷帙庞大,如《十三经注疏》等,相比之下,课艺文集只是小规模的刊刻而已。可见学海堂的刊刻经费相对来说比较充足,而且具备刊刻书籍的条件。两书院课艺文集初集刊刻经费来源于阮元的捐置。后来的刊刻经费,主要来自于当政官员,特别是学政的拨款,在诂经精舍表现得特别明显。

精舍课艺文集的刊刻经费来自于浙江杭州当政官员的拨款。有自觉拨款的,也有精舍师长请求拨款刊刻的。《诂经精舍文续集》是阮元的高足弟子、学海堂肄业生罗文俊视学两浙时拨款而刻。罗文俊"甫下车,即亲课诂经精舍诸生,第其高下。及按试诸郡,复遴选诸生之经术较优、词华兼茂者肄业其中","学使恪遵相国师之训,增课精舍,惜年来所课卷已散佚不全,饬所司,即其存者,汇为卷若干"。[①]《三集》所选最为齐备,从同治五年至同治九年,每年一刻,课卷没有散缺的遗憾,便于择优遴选,为诂经精舍又一兴盛期。这期间,俞樾及精舍肄业生黄以周、潘鸿等参与浙江书局刻二十四史事宜,当政官员杨昌浚等注重教育的发展和书籍的编纂、刊刻,能够拨出重金弘扬文化教育事业。这是诂经精

① 胡敬:《诂经精舍文续集序》,《诂经精舍文续集》卷首。

舍历史上文集刊刻的最佳时期。

《诂经精舍四集》由学使梅启照拨款刊刻，梅启照是一个热心播扬教育文化的学者型官员，他于序中说："惟院中课艺自庚午一刻后凡历九年未之续梓，余深以为惜，详询其由始，知绌于经费，久而遂浸，余因筹资付监院校官，举九年之未梓者，谋于院长，重加抉择而悉寿之梨枣，不数月间，裒然成帙。"序中并对诂经精舍肄业生的文章大加褒扬，认为"以诸生之文人自为集，俱可专家，余故亟为授梓，俾读是编者，知此中根柢深厚，浙之菁英荟萃。于此开卷之际，当作一选本之总集观，勿作一课艺观也。则诸生之造就正未有艾矣"①。

诂经精舍课艺文集自五集至八集，皆是精舍监院、师长向当政官员主动请求，拨款刊刻而成。俞樾《诂经精舍五集序》："监院官乃请于大中丞隽丞陈公发赀刻之，而余选择其佳者，经解诗赋得如干篇。"②俞樾《诂经精舍六集序》："癸未之秋刻《诂经精舍五集》成，余既序其端矣。至今岁而王同伯、许子原两监院又循故事，以请大中丞仲良刘公从之，于是复有《诂经精舍六集》之刻。"③《五集》、《六集》刊刻经费为诂经精舍监院王同伯、许子原向浙江当政官员申请而得。

社会的变革，使人们对古学的态度变得冷淡，西学受到人们的关注。诂经精舍虽有俞樾等在教学上竭力维持，有深厚朴学功底肄业生仍层出不穷，如章炳麟、崔适等，但刊刻经费的获得已不如昔。《七集》、《八集》的刊刻经费也是诂经精舍师长向当政官员廖寿丰申请而得，主动拨款用于课艺刊刻的官员不复再有。俞樾

① 梅启照：《诂经精舍四集序》，俞樾编订《诂经精舍四集》卷首。

② 《诂经精舍五集》卷首，光绪十一年(1885)刻本。

③ 《诂经精舍六集》卷首，光绪十一年(1885)刻本。

《诂经精舍七集序》曰:“自光绪乙酉刻诂经精舍第六集至于今十载矣,精舍课艺因循未刻,岁月浸久,散失遂多,及今不刻,将有沦玉沉珠之叹。会大中丞廖公新下车,勤求庶政。诂经精舍监院孙和叔、吴琎轩乃以刻课艺请,而仍以选政见属焉。惟此十年以来,监院更易,已非一人,课卷丛残,仅存大半。余即其中选得经解诗赋各如干篇,付两监院校而刊之。”①俞樾《诂经精舍八集序》:“吾浙书院课艺率三年一刻,前刻诂经第七集,以癸巳年为止。自甲至丙又历三年,监院乃请于中丞廖公,于是有八集之刻。”②

课艺文集的刊刻经费经申请也得到了,但当政官员对诂经精舍所学,却并不再如以往官员那样倾心赏悦,廖寿丰于《诂经精舍七集序》中先简略赞扬道:“集中经解诸作类能穿穴经义,爬罗剔抉,曲畅旁通。诗赋亦藻采彬蔚,斐然可观。”然后笔锋一转,对诂经精舍所学提出了质疑:

> 顾学所以御世变也。文达当日以经义故训提倡后学,士风为之一振,然其失也,以新奇饾饤为事,以钞撮剿袭为工,泥古而不能通今,即其所谓古者,亦陈言而无心得。由是言之,古学之弊,一前明之帖括也。夫道有穷而必通,势积重而思返。秦代燔书之后,一变而为汉室崇儒;五季扰攘之余,一变而为宋儒讲学;明季空疏之失,一变而为乾嘉考据。自兹以往,安知不有明体达用,务求实济,足以经世务而挽颓风者?其端倡于一二人,而其效乃著于百年数十年之后,学人苟毅然奋起,则纵观往辙必能克自树立,以期为有用之材。是又当为精舍诸生进一解也。③

---

① 俞樾编订:《诂经精舍七集》卷首,光绪二十一年(1895)刻本。

② 《诂经精舍八集》卷首,光绪二十三年(1897)刻本。

③ 廖寿丰:《诂经精舍七集序》,俞樾编订《诂经精舍七集》卷首。

社会的变革，对诂经精舍和学海堂的冲击成为一种必然，章太炎毅然离开精舍，投身革命，梁启超离开学海堂，投入康有为门下，就是最典型、最有代表性的例子了。

两书院课艺文集刊刻经费来源日趋窘迫，反映了国力和社会文化思潮的衰变趋势。

（二）课艺文集内容的选择

两书院的教学总旨是以经诂考据学为主要教学目的，兼及诗歌辞赋。文集的内容选择反映了两书院的教学宗旨。文章选择首重解经训诂文章，次及诗歌辞赋等文学作品。不管是考据学作品还是文学作品的选择，编选者都一致表明崇尚古体。考据重解经探史，文学重骈俪诗歌韵文。马新贻《诂经精舍三集序》："若夫文章之妙，固无逾于六经，而如屈原、贾谊、司马迁、扬雄，以至唐之杜、韩，宋之欧、曾，皆所谓沉博绝丽之文矣。"①俞樾《诂经精舍四集序》："余乃合辛未至戊寅八年中之课艺而简择之，得经解如干篇，诗赋杂作如干篇。""说经之文，多宗古义，即诗赋亦古体居多，非欲求异时流，盖不敢失许、郑两先师之家法，而鳌文达建立精舍之本心也。"②俞樾《诂经精舍六集序》："诂经精舍所课者，古学也。余所选经解诗赋，皆求合乎古，而不求合乎今。余于五集序已具言之，可不赘矣。"③

阮元的《学海堂集序》中说："道光四年，新堂既成。初集斯勒，四载以来，有笔有文，凡十五卷。"④笔者，经训之作；文者，诗词文赋等韵文。学海堂后来的文集风格也秉承了初集时的特色。

---

① 俞樾编订：《诂经精舍三集》卷首。

② 俞樾编订：《诂经精舍四集》卷首。

③ 俞樾编订：《诂经精舍六集》卷首。

④ 阮元编订：《学海堂集》卷首。

解经训诂文章,往往有教师的程作,如俞樾有《诂经精舍自课文》2 卷,就是他在诂经精舍考课的范文集。两书院的课艺文集中收有不少程作。如《诂经精舍文集》中收有阮元《西湖诂经精舍记》、《北过降水至于大陆说》、《重修会稽大禹陵庙碑》、《南屏司马温公隶书家人卦考》、《浙江即岷江非浙江考》,段玉裁(1735 ~ 1815)《释能》,孙星衍《重修台州府松门山天后宫龙王堂碑记》等等。《学海堂集》中收有阮元《易之彖解》,等等。

被选入课艺文集中的学生课作,当然是考课中的优秀答卷,同一个学生课作被选入的越多,当然表示他越优秀。如诂经精舍肄业生章太炎,《诂经精舍七集》收录了他解经训诂之作 18 篇,《八集》收入 22 篇,在学术课作的录选上,诂经精舍历史上无出其右者。他的学术成就和影响也是冠绝诂经精舍诸生。再如崔适,是晚清著名的学术大家,他的课作,《诂经精舍四集》收入赋作 1 篇,《六集》、《七集》、《八集》文集中收录其经训考据学之作 12 篇。其他如黄以周、冯一梅、孙瑛、戴望等人皆是如此。

阮元督粤时,发现广东人才缺乏,建立学海堂培养人才,也为学海堂自身储备了充足的教学骨干力量。《学海堂集》(初集)中课卷被收入数量较多的学生,其中很多人后来成为学海堂的学长。如学海堂首批八学长为吴兰修、赵均、林伯桐、曾钊、徐荣、熊景星、马福安、吴应逵,八人均为学海堂初建时的肄业生。《学海堂集》(初集)中收吴兰修的作品 12 篇,赵均 8 篇,林伯桐 11 篇,曾钊 6 篇,徐荣 23 篇,熊景星 15 篇,马福安 3 篇,吴应逵 12 篇,后来的学长如张杓 6 篇,张维屏 6 篇,仪克中 41 篇。可以说从课艺文集中所收学生课卷的数量,可以概观他们肄业期间的求学效果和影响。

两书院课艺文集中所收学术论文和词章之作,数量庞大,类型多样,具有重要的学术史料价值和文学审美价值,是最原始可靠的文献资料。张鉴认为阮文达公振兴文教“其影响于我浙以至于中国学术界之深远者,尤推西湖诂经精舍之创设”,“课艺梓行者八集,至今犹为世珍”。[①] 正如许宗彦(1768~1818)评《诂经精舍文集》说:“所载于古今学术,洞悉本原,折衷无偏,实事求是,足以发明坠义,辅翼经史。其余诗古文,或咀六代之腴,或挹三唐之秀,风标峻上,神韵超然。”[②]

① 张鉴:《诂经精舍志初稿》,第2页。

② 许宗彦:《诂经精舍文集序》,《诂经精舍文集》卷首。见赵所生、薛正兴主编《中国历代书院志》,江苏教育出版社1995年版,第15册。

第二章

诂经精舍与学海堂文学教学概述

第一节　两书院的教学内容

诂经精舍和学海堂两书院的主要教学内容是经训考据学和词章之学。两书院的办学宗旨是为了从事经训考据学的教学和研究;词章之学,指的是文学,内容包括诗词文赋等,是我国古代知识分子从蒙童时期就开始普遍学习的内容,是知识分子必备的修养。两书院的教学首重经训考据学,兼及文学。关于两书院具体的教学内容,相关史料中有一些记载。

诂经精舍办学之初,考课是每月一次,“只课经解史,策古今体诗,不用八比文、八韵诗”①。侧重经学、史学和文学,不习用于科举考试的八股文和试帖诗。主讲孙星衍(1753～1818)于《诂经精舍题名碑记》中谈到诂经精舍的教学,曰:“问以十三经、三史疑义,旁及小学、天部、地理、算法、词章。”②教学的内容主要包括经

---

①　张鉴等撰,黄爱平点校:《阮元年谱》卷2,中华书局1995年版,第41页。

②　孙星衍:《诂经精舍题名碑记》,《诂经精舍文集》卷首。

学、史学、小学、天文、地理、算学和文学。其实诂经精舍对经学、史学、小学、天文、地理、数学等学科的研习，主要是依据考据学的研究方法来考经究史，探索学术真理，在两书院考课题目上一般以"论"、"考"、"证"、"解"、"释"、"说"、"辨"这样的学术成果形式出现，如《诂经精舍文集》卷1中《六朝经术流派论》，卷2中的《孟子周礼田制异同考》、《孔子去鲁证》、《公路公行公族解》、《磬折说》、《召公辨》，卷3中的《释睽》这样的题目，它们皆属于考据学的范畴之列。在两书院每次考课中都是先出考据学的题目，然后再出词章之学，即文学课题。两书院课艺文集中也是先收录经训考据学课作，后列文学课作。这和两书院以朴学教育为宗旨的办学方向协调一致。

词章之学，即文学内容的教育和教学，在两书院课程体系中是仅次于经训考据学的重要的内容，主要以诗词文赋的形式出现，更重诗赋文，词这种文学样式，偶尔涉及而已。以后研究、考课也一直是经训考据学和文学并举。同治六年(1867)，马新贻(1821～1870)在《诂经精舍三集序》中说："课士首重经解，兼及策论诗赋杂文。"①梅启照《诂经精舍四集序》曰："其程试之法，以经训为先，而诗歌骈俪之文同时并课。"②俞樾(1821～1907)《诂经精舍五集序》曰：

> 吾浙素称人文渊薮，而书院之设亦视他省会为多。其以场屋应举诗文课士者，则有敷文、崇文、紫阳三书院在。至诂经精舍则专课经义，即旁及词章，亦多收古体，不涉时趋。③

---

① 俞樾编订：《诂经精舍三集》卷首，同治七年(1868)刻本。

② 梅启照：《诂经精舍四集序》，见俞樾编订《诂经精舍四集》卷首，光绪五年(1879)刊本。

③ 俞樾编订：《诂经精舍五集》卷首，光绪八年(1882)刻本。

可见诂经精舍教学内容虽很广泛,宗旨是经训考据学为主,次及词章之学,不习用于科举考试的制艺时文。

阮元创建诂经精舍时,在精舍教育中独尊汉学,而到了学海堂建立时,他开始不主门户之见,兼容今文经学,折衷汉宋,力持学术之平。阮元在学海堂建立前后,著《性命古训》,用清代汉学的考据方法,论证汉代经学家,特别是经古文学家,说人性道天命,其实与程朱学派并无差异,是殊途同归。在学海堂又大力表彰明代广东学者陈建《学蔀通辨》,此书为"专辨朱陆异同,推尊朱子"之书。① 学海堂曾出题"书东莞陈氏《学蔀通辨》后"课试肄业生,《学海堂集》中收有阮元程作一篇,另收肄业生吴岳、林伯桐二人课艺作品各一篇。阮元到了广东后汉宋兼采的学术转向,和岭南地区考据学的发展水平低下大有关系。

学海堂的教学内容大体依承诂经精舍而来,仍是经训考据学和文学,但是在治学门径上有了明显的变化和差异。乾嘉以后,理学复兴,广东地区学术水平总体落后低下,这也是影响阮元办学方向的一个重要原因。尽管明清以来广东经济发达,但学术文化一直落后于北方其他地区,和人文渊薮的江浙地区更是不能相提并论。当北方学术已经进入汉学时代,而广东学者仍然纠缠于宋明理学的"天理"、"心性"之中。学海堂肄业生崔弼在《新建粤秀山学海堂记》中称:"本朝广南人士,不如江浙,盖以边省少所师承,制举之外,求其淹通诸经注疏,及诸史传者,屈指可数。其藏书至万卷者,更屈指可数。故州郡书院,止以制艺试帖与诸生衡得失,而士子习经,亦但取其有涉制艺者,简练以为揣摩,积习相

---

① 阮元:《学蔀通辨序》,见其《揅经室集》续三集卷3,中华书局1993年版,第1063页。

沿,几于牢不可破。"①学海堂的另一位学长樊封对粤地学风也有如是描述:"粤人濡染阳明绪余,祖法乎良知之说,与康成、晦庵相违,视六籍为支离,薄训诂研索为末务。士子稍解握管,辄高谈妙论,凡目所未见之书,辄指为伪册,父诫其子,师训其徒,牢不可破,空疏无据,流弊三百年。"②阮元为了在广东顺利推动汉学的发展,采取了折中妥协的学术取向,他创建学海堂不但兼取今文经学,而且汉宋兼采,在学术旨向上和诂经精舍固守古文经学的传统有了质的改变。所以,学海堂的办学宗旨和教学较之诂经精舍,不再固守门户之见,而是兼容并蓄。道光五年(1825)阮元在《学海堂集序》中说:

> 多士或习经传,寻疏义于宋齐;或解文字、古训于《仓》、《雅》;或析道理,守晦庵之正传;或讨史志,求深宁之家法;或且规矩汉晋,熟精萧《选》,师法唐宋,各得诗笔。虽性之所近,业有殊工,而力有可兼,事亦并擅。③

学习内容有经学、史学、小学、理学、文学。在学习过程中,"或析道理,守晦庵之正传",对理学采取了兼容的态度,增加了理学课程。文学教学重视《文选》,提倡"师法唐宋",却只师法唐宋的"诗笔",即唐宋诗和笔,将唐宋文称为"笔",而非"文"。各种科目并不要求全面肄业,而是就"性之所近",有所"殊工";如果"力有可兼",也可以"事亦并擅",即如果能力强的话,可以多习几门。学海堂后来的管理者坚持了这样的学术旨向,汉宋兼采。道光十四年(1834),总督卢坤(1772～1835)札学海堂订列应行事宜,其

---

① 崔弼:《新建粤秀山学海堂记》,《学海堂集》卷16,道光五年(1825)刊本,第18页。见赵所生、薛正兴主编《中国历代书院志》,江苏教育出版社1995年版,第13册。

② 樊封:《粤秀山新建学海堂铭》(并序),《学海堂集》卷16,第12页。

③ 阮元:《学海堂集序》,见其编订《学海堂集》卷首。

中有关于课程设置的规定：

> **课业诸生于《十三经注疏》、《史记》、《汉书》、《后汉书》、《三国志》、《文选》、《杜诗》、《昌黎先生集》、《朱子大全集》，自择一书肄习。**[①]

朱熹的《朱子大全集》为指定教材之一。从以上所用教材可以看出学海堂规定诸生肄业的课程中有经学、史学、小学、文学、理学。后来学海堂的课程中还增加了一门数学。陈澧续补的《学海堂志》中载曰："卢前部堂所定章程于所治经史专集之外加增数学一门。"[②]同样不要求每位学生全面学习各种课程，学生可以根据自己的兴趣爱好"自择一书肄业"。如同治四年（1865）广东巡抚郭嵩焘所选学海堂公举专课肄业生10名：桂文炽（广州府学增生）习《史记》；潘乃成（南海学附生）习《毛诗》；梁以瑭（南海学附生）习《韩昌黎集》；孔继藩（南海学附生）习《算经十书》；高学耀（番禺学附生）习《礼记》；陈庆修（番禺学附生）习《周礼》；崔颜问（番禺学附生）习《朱子大全集》；王国瑞（番禺学附生）习《尔雅》；周果（顺德学廪生，候选训导）习《仪礼》；伍学藻（顺德学廪生）习《春秋左传》。[③]

学海堂师生的学术旨向多是汉宋兼采，最著名的如陈澧。陈澧乃阮元的再传弟子，学海堂首届专课肄业生，任学海堂学长达20年之久，治学汉宋兼采。其治学精博，尤长于经史、音韵、舆地之考据与校勘，一生著述多达一百余种，"凡天文、地理、乐律、算术、篆隶无不研究。中年读诸经注疏、子、史及朱子书，日有课

---

① 林伯桐修，陈澧续补：《学海堂志》，光绪九年（1883）续刊本，第25页。见赵所生、薛正兴主编《中国历代书院志》，江苏教育出版社1995年版，第3册。

②③ 林伯桐修，陈澧续补：《学海堂志》，第27页。

程。……其于汉学、宋学能会其通，谓：'汉儒言义理，无异于宋儒，宋儒轻蔑汉儒者非也。近儒尊汉儒而不讲义理，亦非也。'"①所著《汉儒通义》七卷，采两汉经师义理之说，分类排纂，谓汉儒亦言理学。晚年著《东塾读书记》，宗旨主汉宋兼采。钱穆说：

以芸台颇主求义理，故渐成汉宋兼采之风。其在粤，又颇推誉陈清澜《学蔀通辨》，谓"其学博识高，为三百年来之崇议"。粤之学者因杂治朱子。后有陈澧兰甫，其学盖闻学海堂芸台之遗教而起者，著《汉儒通义》，即芸台《性命古训》之旧规也，力主读六朝、隋、唐注疏，即芸台《学海堂策问》所提倡也。②

阮元创建诂经精舍时并没有调和汉宋的倾向，主讲孙星衍、王昶、陈寿祺等皆宗汉学。对诂经精舍教学有重大影响的俞樾虽然赞成"由训诂以明义理"的治学途径，但反对折衷汉宋，他认为治经必须依据汉学，曾言：

鄙意言经学必以汉儒为主，亦犹言性理必以宋儒为宗，所谓离之两美，合之两伤。即以《周易》论朱儒所说，必及先天后天，然则一部《十三经》开卷便错矣。③

俞樾的经学观是不同意折衷汉宋，这和阮元不同。但俞樾对今文经学颇为心折，其高足章太炎对此不以为然，他说：

余治经专尚古文，非独不主齐、鲁，虽景伯、康成亦不能阿好也。先师俞君，曩日谈论之暇，颇右《公羊》。余以为经即古文，孔子即史家宗主。④

---

① 《清史稿》卷482《陈澧传》，中华书局1977年版，第13285页。

② 钱穆：《中国近三百年学术史》，商务印书馆1937年版，第489页。

③ 俞樾：《与金眉生廉访》，《春在堂尺牍》卷4，第7页。

④ 章太炎：《自述学术次第》，见傅杰编校《章太炎学术史论集》，中国社会科学出版社1997年版，第392页。

章太炎治经独尊汉代古文经学，不满今文经学，更反对折衷汉宋，他批评陈澧汉宋兼采，曰：

> 晚有番禺陈澧，当惠、戴学衰，今文家又守章句，不调洽于他书，始知合汉宋，为诸通群及读书记，以郑玄、朱熹遗说最多，故弃其大体绝异者，独取小小翕盍，以为比类。此犹揃豪于千马，必有其分刌色理同者。澧既善傅会，诸显贵务名者多张之。弟子稍尚记诵，以言谈剿说取人。仲长子曰："天下学士有三奸焉：实不知，详不言，一也；窃他人之说，以成己说，二也；受无名者，移知者，三也。"①

在治经这个问题上，诂经精舍在教学中一直尊崇汉学，学海堂是汉宋兼采。两书院治学特色的差别反映了清代学术的时代发展及变化轨迹。

诂经精舍、学海堂两书院文学教学所推崇的词章体式相同，皆是传统诗词文赋雅文学文体，高雅纯正，符合传统主流的审美标准。而小说、戏剧等俗文学被排除在外。《学海堂专课章程》中规定："诸生等有喜为浮艳诲淫之词者，无庸举列。"②古代所称"浮艳诲淫之词"一般用来蔑称小说、戏剧等俗文学。小说、戏剧等俗文学虽然有广大的受众，士大夫阶层也大量创作，但长期被视为"小道"，不登大雅之堂，书院在古代可是典型的"大雅之堂"，虽然两书院师生有不少小说、戏曲创作问世，但在两书院文学教学中的实践文体是诗词文赋之雅文学体式。和两书院学术教育的办学宗旨相适应，两书院的文学教学文体崇尚古体，具有复古主义倾向。总督卢坤札谕学海堂应行事宜中说："期为有用之文。赋，或拟古赋，或出新题，俱用汉魏六朝唐人诸体。诗

① 章太炎：《訄书》（十二），古典文学出版社1958年版，第33页。

② 林伯桐修，陈澧续补：《学海堂志》，第3页。

题不用试帖，以场屋之文，士子无不肄业也。均应遵照旧章，以劝古学。”①诂经精舍亦然。俞樾说：“说经之文多宗古义，即诗赋亦古体居多，非欲求异时流，盖不敢失许、郑两先师之家法，而螯文达建立精舍之本心也。”②“诂经精舍则专课经义，即旁及词章，亦多收古体，不涉时趋。余频年执此以定月旦之评，选刻课艺亦存此意，非敢爱古而薄今，盖精舍体例然也。”③俞樾选刻课艺文集时，也是倾向古体。他说：“余所选经解诗赋，皆求合乎古，而不求合乎今。”④

两书院的教学内容，首重学术，次及词章之学。

第二节　文学教育在两书院教学中的地位

诂经精舍和学海堂两书院的教学宗旨是从事经训考据学的教学和研究，在倡导经训考据学的同时，也特别注重文学的教学。诂经精舍“课士首重经解，兼及策论诗赋杂文”⑤。阮元在《学海堂集序》中提出了“规矩汉晋，熟精萧《选》，师法唐宋，各得诗笔”的文学教学主张。梅启照序《诂经精舍四集》时说：“粤东有学海堂，西湖有诂经精舍……其程试之法，以经训为先，而诗歌骈俪之文同时并课。”⑥说明文学教学在两书院中处于仅次于经训考据

① 林伯桐修，陈澧续补：《学海堂志》，第4页。

② 俞樾：《诂经精舍四集序》，俞樾编订《诂经精舍四集》卷首，光绪五年(1879)刻本。

③ 俞樾：《诂经精舍五集序》，俞樾编订《诂经精舍五集》卷首，光绪八年(1882)刻本。

④ 俞樾：《诂经精舍六集序》，俞樾编订《诂经精舍六集》卷首，光绪十一年(1885)刻本。

⑤ 马新贻：《诂经精舍三集序》，俞樾编订《诂经精舍三集》卷首，同治六年(1867)刻本。

⑥ 梅启照：《诂经精舍四集序》，《诂经精舍四集》卷首。

学,甚至与经训考据学并重的地位。

两书院的教学除了教师指导、讲授外,最主要的是采用考课的形式。关于两书院的考课题目,诂经精舍同治七年(1868)、八年(1869)、九年(1870)三年的官、师考课题目,有完整保存。俞樾在编订《诂经精舍三集》时,将这三年的考课题目于文集目录中全部列出,为诂经精舍教学研究提供了宝贵的资料依据。①根据这三年课试题目统计得出数据为:同治七年(1868)经史考据类题占总量的40%,文学类题占60%;同治八年(1869)经史考据类题占总量的37%,文学类占63%;同治九年(1870)经史考据类题占总量的45%,文学类占55%。② 从出题次序来看,每次考课首重经史考据类题;从题量来看,文学类题所占比重胜于经训考课类。学海堂的课试题目,笔者所见有同治七年(1868)冬季课题,容肇祖《学海堂考》中列出。下面我们便来看看两书院的课试题目。

如学海堂同治七年(1868)冬季课题:

1.《礼记》郑读考:郑氏注《礼记》间有改字,然皆有所承受,如《檀引·子显》引卢氏云:古者名字相配,"显"当作"韅",注其慎也。云慎当为引,礼家读然是其证也。其他会通声音文字之原而审定之者,最为精核,试评考而疏证之;

2.《公羊传注》引汉律考:何邵公解《公羊传》,多引汉律以证其说,又有不明言律而通其意者,如桓十三年传注云:自败当坐。文二年传注云:漏言当坐之类,试证以今律详考而

① 这三年的课试题目于本书后附录一中以表格形式按经史考据类和文学类分别列出,以便于考察。

② 见本书附录一诂经精舍同治七年、八年、九年三年课艺题目体裁构成表。

发明之；

3.《宋史·孙奭传》书后：孙宣公在北宋称为大儒，而《宋元学案》不载，宜读其传而论之；

4. 拟重修粤秀山文澜阁碑记（骈体）；

5. 梅田赋（古体）：萝冈洞以种梅为业，花时村原弥望，阡陌尽缟，署曰梅田，盖赋之；

6. 岭外游仙诗七首，拟郭景纯《游仙》即次原韵；

7. 火轮船行（七古）；

8. 行庵杂咏八首（七律）：瘿瓢，赤藤滇杖，笠，屐，尘尾，铜瓶，英石研山，盆鱼。①

总共8题，考证题2，论1，其余5题是诗赋骈文。"论"体文在两书院课试中常常出现，行文时通常注重文采，注重音韵和形式美，从本质上说，它们也属于文学题目的范畴。经训考证题共2题，文学课题6题，文学课题所占比重达到了75%。再如诂经精舍同治七年（1868）二月朔课题目：

1. 上丁释菜解；

2. 丙吉问牛赋（以"少阳用事未可太热"为韵）；

3. 纸鸢（得天字）；

4. 十字碑（五律）；

5. 五明扇（五律）。②

共5题，经解题1，赋题1，诗题3，文学题共4题，占总数的80%。又如同治七年（1868）二月望课题目：

1.《乡射礼》乏参侯道居侯党之一西五步解；

---

① 容肇祖：《学海堂考》，《岭南学报》3卷3～4期抽印本，1934年。

② 《诂经精舍三集》戊辰年官师课题，同治七年（1868）刻本。见本书附录一。

2.《冕服十二章》两汉经师说与郑义异同考;

3. 东房四室说;

4. 春秋天子之事论;

5. 晴湖不如两湖赋(以“淡妆浓抹总相宜”为韵);

6. 赋得如春登台(得如字五言八韵);

7. 校书六咏:脱简,错简,坏字,误字,重文,衍文;

8. 购补文澜阁遗书议;

9. 孤山新建林公祠碑。

共9大题,经解考证3,论1,赋1,诗2大题,其中第7题要作6首,应用文2题。经训考证题共3,文学题共6,文学题占到了三分之二。从每次考课题目数量上来说,文学题占了更大的比重,如书后附录一中所示:同治八年(1869)五月朔课、十月朔课所出题全是文学类题目,经史考据类题目没有,同治九年(1870)七月朔课也是这样,当然这种情况并不普遍,只有在朔课即官课的时候,才会出现这种情况,诂经精舍师课经训考据类题量、难度一直很大。虽然两书院实际考课中文学题目占据的分量比重比较大,但考查学生的学习成就还是主要依据其学术成果,因为学术研究难度极大,根柢极深,靠的是“硬功夫”,不是一蹴而就能够达到理想的目标的。

诂经精舍、学海堂两书院文集编刻中首重经史考据课艺文章的编选,这类文章反映了两书院师生的学术水平和主要的教学成就,从分量上也是占据了主要的地位,体现了两书院以考据学为办学宗旨的教学目标。两书院的文集也是侧重于突出表现考据学的教学研究成果。但是从两书院文集内容编选上我们还是能够看出两书院对文学教学的重视,文学作品内容的收集占据的比重相当大(参见本书末附录二)。下面将对两书院课艺文集所收作品的体裁构成进行数量比较分析,以考察文学在两书院中的教学地位。《诂经精舍文集》五到八集皆是从多年课卷中选择一小部分汇集而成，山长俞樾已年老多病，精力不支，再加上经费紧缺、社会动荡等原因的影响，文集中所选编的文章数量远少于以前的四集。在编订过程中多侧重于经史考据类文章的选择，已无暇投入更多精力选编文学作品，故不能作为衡量书院总体教学状况的客观标准。① 所以本文就《诂经精舍文集》初集至四集以及《学海堂集》中所收文章按经训考据类和文学类进行体裁分析，参看课艺文集中的文学作品的比重。请看下列表格（表格中将经史考据类文章归为一类；诗、词、铭、赋、颂、赞、骈文等作品归为文学一类。② 统计数字中，诗、词每首皆算作一篇）：

<table>
<tr><th colspan="2" rowspan="2">数　量
课艺文集</th><th rowspan="2">卷　数</th><th rowspan="2">总篇数</th><th colspan="2">经训考据类作品</th><th colspan="2">文学作品</th></tr>
<tr><th>篇　数</th><th>占总量百分比</th><th>篇　数</th><th>占总量百分比</th></tr>
<tr><td colspan="2">诂经精舍文集</td><td>14</td><td>336</td><td>177</td><td>53%</td><td>159</td><td>47%</td></tr>
<tr><td colspan="2">诂经精舍文续集</td><td>8</td><td>168</td><td>28</td><td>17%</td><td>140</td><td>83%</td></tr>
<tr><td rowspan="4">诂经精舍三集</td><td>同治五年、六年（1866、1867）</td><td>共5卷（经解2卷，辞赋3卷）</td><td>363</td><td>37</td><td>10%</td><td>326</td><td>90%</td></tr>
<tr><td>同治七年（1868）</td><td>2</td><td>178</td><td>47</td><td>26%</td><td>131</td><td>74%</td></tr>
<tr><td>同治八年（1869）</td><td>2</td><td>181</td><td>42</td><td>23%</td><td>139</td><td>77%</td></tr>
<tr><td>同治九年（1870）</td><td>2</td><td>127</td><td>49</td><td>39%</td><td>78</td><td>61%</td></tr>
</table>

---

① 俞樾在诂经精舍课艺文集五至八集序中多有“余衰且病”、“经费绌焉”、“时事艰难”、“课卷丛残，仅存大半”、“时局一变，风会大开，人人争言西学矣”等语。

② 两书院文集中所收序跋类、论体类课作，有不少是针对经史典籍而发，学术性强，但总体思想内容广泛丰富，体式可散、可骈，文学性也非常突出，本表格中将这类作品归入文学类。

（续表）

课艺文集 \ 数量	卷数	总篇数	经训考据类作品		文学作品	
			篇数	占总量百分比	篇数	占总量百分比
学海堂初集	16	499	39	8%	460	92%
学海堂二集	22	551	49	9%	502	91%
学海堂三集	24	754	90	12%	664	88%
学海堂四集	28	701	163	15%	598	85%

由上表可知，两书院的课艺文集在重视经史考据作品的同时，也非常重视文学作品的收集，除了诂经精舍最初刊成的《诂经精舍文集》中经解考据作品比重略胜于文学作品外，其他文集中都是文学作品数量远远超过经解考据之作。《诂经精舍三集》中同治五年、六年（1866、1867）所收辞赋 3 卷共 326 篇，经解 2 卷 37 篇，所收辞赋篇数是经解的将近 9 倍。

从内容分量构成上来说，两书院文集中以经史考据课艺为主，从作品数量构成来说，还是文学课艺占据了优势。

由上述资料可见，诂经精舍、学海堂两书院在经训考据学的教学宗旨下，也非常重视文学的教学和研究。两书院肄业生在平时学习中，所研习内容往往因人而异，肄业生可以根据自己的喜好选择学习内容，如肄业生在研经时，并不是遍习群经，一般是先择一经精修。两书院实行的是考课制的办学制度，所出题目，应考者一视同仁。每次所考的经训之作，有很强的专业性，文学课题倒成了类似于现代学校“公共课”的内容了，成了大家互相之间可以交流沟通的知识工具。由于经训考据题难度大，学生中很多人喜欢选择轻松容易的文学体裁的题目来做，诂经精舍“自官师同课制实行后，大抵朔偏词章，望重经古，故闻当年应试，朔课人数总较望课为多，盖难易攸判也"①。经训考据文章难度大,趣味性低,肄业生们趋易避难,也是人之常情。这在学海堂考课中表现得也非常突出。由附录三翁心存所藏《学海堂丁亥课士录》中可见,道光丁亥年(道光七年,1827)春课,经解史笔课卷获得奖励的学生课卷共38人,其中一等4人,二等8人,三等26人,加上拟备取卷12人,原拟不取卷126人,共176人。也就是说至少有176人参加了经训考据学课题的应考工作,并交了卷。课题类型应该有三种,一个是"考",一个是"记",一个是"论",而"记"这个题型有很多学生用骈文书写,如一等黄钰,"记骈体,学吴縠人(即吴锡麒,清代乾隆、嘉庆年间著名画家,文学家)";二等谭莹"记骈体略具规格,非其得意笔也";三等苏同书"记骈体,行未醇";三等梁观光"记骈体"。而此次春课诗赋文学课卷中奖励的人数为:一等6人,二等10人,三等106人,共122人,是经训考据学得奖人数38人的3倍多。另有原拟备取卷50人,原拟再备取卷100人,原拟不取卷400本,共550人课卷没有获得膏火。获得膏火人数122人加上没有获得的550人,共672人。也就是说至少有672人参加了诗赋课卷的考试,并交了卷。这是经训考据类课士人数176人的近4倍。

而丁亥年学海堂冬课中也表现出了这样的明显差异:经解史笔课卷获得奖励的学生课卷,其中一等8人,二等8人,三等45人,共61人。诗赋上奖励名额一等6人,二等10人,三等75人,共91人。虽然奖励名额没有春课中那么大的差异,但诗赋方面还是要明显多于经解考据学方面的课卷。

---

① 张鋆:《诂经精舍志初稿》,《文澜学报》第2卷第1期,第37~38页,1936年。见赵所生、薛正兴主编《中国历代书院志》,江苏教育出版社1995年版,第8册。

可见，虽然两书院以经训考据学为主要办学宗旨，但文学课程一直是两书院最活跃、最兴盛的教学活动之一，在某种程度上甚至超过了经训考据之学。其实两书院在教学过程中文学和经训考据学的关系从来就不是彼此孤立、分离的，而是密不可分、相互依存的。

第三节　两书院文学教学的总体特色

一、师生选择，注重文学素养的考察

两书院在近百年的办学历程中，聚集了大批学有成就的大师主讲其中，他们往往因为自身显著的学术成就，掩盖了他们的文学业绩，其实所有教师在文学上都有所建树。两书院创建者阮元，在总结乾嘉学术成就和教育文化事业上之功绩已永耀史册，他的学术成就已使他跻身乾嘉考据学大师之列，他的文学成就和影响也非常突出。他所提倡的“文、笔”的骈文理论，震动文坛，影响深远。他本人被誉为清代后期卓有成就的骈文大家。诂经精舍的主讲者孙星衍、王昶、陈寿祺、俞樾等，都是鼎鼎有名的朴学大家，也是负有文名的学者。孙星衍，“深究经史文字音训之学，旁及诸子百家，皆心通其义”①，年少时即有文名，与杨芳灿、洪亮吉、黄景仁以文学见长，诗文皆有成就，“诗近昌谷”，袁枚评价他说：“天下清才多，奇才少。君天下之奇才也。”②同时也是清代有名的骈文家，和洪亮吉齐名，二人皆为常州人，所作骈文有“常州体”之称。王昶，师从惠栋，潜心经术，讲求声音训诂之学，工诗善

① 阮元：《山东粮道渊如孙君传》，见其《揅经室集》二集卷3，中华书局1993年版，第432页。

② 袁枚：《随园诗话》卷7，人民文学出版社1960年版，第217、218页。

文，早年与王鸣盛、吴泰来、钱大昕、赵升之、曹仁虎、王文莲并称为“吴中七子”，诗风受到其师沈德潜的影响，被称为清代格调派副将，有诗文集《春融堂集》共60卷，辑有《湖海诗传》、《湖海文传》、《明词综》、《国朝词综》等。陈寿祺（1771～1834），“其解经，得两汉大义。必举一事，每有折衷。上溯伏生，下至郑、许，靡不通彻”①，诗文创作亦有成就，誉为沉博绝丽，有六朝、三唐风格。俞樾任诂经精舍山长31年之久，所著《群经平议》，继王引之《经义述闻》而作；《诸子平议》乃几与王念孙《读书杂志》抗衡；《古书疑义举例》，条理毕贯，视王引之《经传释词》“变而愈上，且益恢廓矣”。② 他在诗词、杂文、小说等方面皆有成就。另外，其他短期掌教诂经精舍的山长也都是学术、文学皆有所成。如杨芳灿，诗文成就很高，“骈俪之文上掩庾徐”，“其诗错采镂金，惊才绝艳”。③

学海堂采用八学长管理制度，八学长各展所长。学海堂教学较之诂经精舍，文学倾向更为明显。学海堂选择学长特别强调：“谨按：向来公举学长固推文学，尤重乡评。”④学海堂学长有近一半是从学海堂肄业生中选出，多以诗文名世。学海堂办学近百年间，粤中学术、文学有成就者，多曾肄业其中或教学其中。曾钊（1793～1854），学海堂首批八学长之一，精于考据，被认为是广东“治汉学之最先者”⑤，生平于穷经外，留意于古文词。学海堂肄业生张维屏（1780～1859）后来成为学海堂的学长，他与黄培芳（后来也成为学海堂学长）、谭敬昭并称为“粤东三子”，以诗名，翁

① 支伟成：《清代朴学大师列传》，岳麓书社1986年版，第121页。

② 支伟成：《清代朴学大师列传》，岳麓书社1986年版，第230页。

③ 法式善著，张寅彭、强迪艺编校：《梧门诗话合校》卷3，凤凰出版社2005年版，第93页。

④ 林伯桐修，陈澧续补：《学海堂志》，第3页。

⑤ 刘伯骥：《广东书院制度》，“国立”编译馆1978年版，第252页。

方纲誉之为“诗坛大敌”，曾与林则徐、黄爵滋、龚自珍等在北京结“宣南诗社”。“其诗出入汉、魏、唐、宋诸大家”①，诗歌创作自然率真，独抒情性，创作了《三元里》、《三将军歌》等长诗，真实记述了广州人民抗英斗争的史实，被誉为鸦片战争中“最具有灿烂不朽光辉”的“英雄史诗”②。梁廷枏（1796～1861），通经史，精音律，长于金石考据，著书宏富，著作汇刻成《藤花亭十七种》，文学上以戏曲创作为主，曾作《江梅梦》、《圆香梦》、《昙花梦》、《断缘梦》杂剧四种。曲论作品以《藤花亭曲话》最著名。黄培芳（1778～1859），广东著名诗人，著有《岭海楼诗钞》、《岭海楼文钞》、《香石诗话》、《粤岳草堂诗话》、《香石诗话》等，他的诗话成就受到时人的赞赏。陈澧，九岁就能诗文，及长，与同邑杨荣绪、南海桂文耀为友，在学海堂专课肄业时，问诗于张维屏、问经学于侯康。治学除经学外，举凡天文、地理、乐律、算术、古文、骈文、诗词、书法，无不涉猎。陈澧早年好为诗，勤于吟咏，中年后爱好广泛，后致力于学术研究。近代诗人程恩泽曾说：“近人诗多困卧纸上”，独陈澧诗“能于纸上跃起”。③

两书院所延请的山长、学长不但要精于经训考证，同时还负有文名。两书院在遴选学生时，文学素养是仅次于学术基础的考察条件之一。如诂经精舍选择肄业生首先是“经术较优”，其次还要“词华兼茂”④，注意对学生的品行、学术基础和文学修养的考察。

---

① 《清史列传》卷73《张维屏传》，中华书局1987年版，第6030页。

② 阿英：《鸦片战争文学集》（上册）前言《关于鸦片战争的文学》，古籍出版社1957年版，第11页。

③ 陈衍：《石遗室诗话》卷18，人民文学出版社2004年版，第279页。

④ 胡敬：《诂经精舍文续集序》，见罗文俊编订《诂经精舍续集》卷首，同治十二年（1873）重刻本。

两书院创建者阮元在浙、粤两地常以文学取士，如诂经精舍肄业生端木国瑚，“天才颖异，以诗赋受知于阮文达公”①；浙江归安吴香圃，“少有隽才，稍长，以诗赋受知于学使者阮文达公”②。学海堂肄业生、后来的学长谭莹也因诗赋受知于阮元。谭莹少有文名，弱冠应县试，以诗文题壁粤秀山，被阮元见到，赞赏不已。阮元创立学海堂时，谭莹被选入其中肄业，课作《蒲涧修禊序》及《岭南荔支词》百首，冠绝诸生之作，尤为阮元激赏，自此文名日噪，“凡海内名流游粤，无不慕交者”③。翁心存督学粤地时，谭莹的骈文课作得到赞赏，卷面上有“粤东固多隽才，此手合推第一”等批语，还有如赞之曰“律赋胎息六朝，非时手所及”，“骚心选手，独出冠时”。④ 谭莹所作骈文尤绝一时，陈澧评价他说“南海谭君莹最善骈体文，才名大震”，他的文风“初以华赡胜，晚年感慨时事，为激壮凄切之音”。⑤ 张之洞《书目答问》中列出清代“体格高而尤著者”共20名骈体文家，谭莹位列其中。⑥谭莹于道光十八年(1838)三月补学海堂学长，“为学长三十年，英彦多出其门”⑦。学海堂刊刻的课艺文集中所收谭莹文学作品最多，《学海堂集》、《二集》、《三集》、《四集》共选其文27篇，多为骈

---

① 陆以湉:《冷庐杂识》卷2《端木舍人》，中华书局1984年版，第100页。

② 陆以湉:《冷庐杂识》卷2《吴香圃诗》，中华书局1984年版，第95页。

③ 《清史列传》卷73，中华书局1987年版，第6065页。

④ (同治)《续修南海县志》卷18《谭莹传》，见《中国方志丛书》第50号，成文出版社1967年版，第310～311页。

⑤ 陈澧:《内阁中书衔韶州府学教授加一级谭君墓碣铭》，《东塾集》卷6，《续修四库全书》第1537册，第330页。

⑥ 张之洞撰，范希曾补:《书目答问补正》，上海古籍出版社2001年版，第270页。

⑦ 《清史稿》卷486《谭莹传》，中华书局1977年版，第13432页。

文,诗168首。

学海堂还有很多学生因文学素养突出见赏于阮元,在学海堂考课中因诗赋文的文学创作颖异突出而闻名一时,如熊景星,"工古文辞,诗亦奇丽。以所作《蒲葵扇诗》见赏于阮元"①。徐荣,"阮元开学海堂于广州,试《十台诗》,荣为冠,人称'徐十台'"②。仪克中,"少有异禀,负奇气,顷刻间能作数千言。以三日和方孚若《南海百咏》,见赏于阮元"③。

阮元不但注重地方文学之士的选拔培养,还注重地方诗歌的收集整理。他督学浙江时,裒集清代以来浙江十一郡已故名人诗为《两浙輶轩录》,所收录诗人共3133人,诗作9241首。阮元本人是个既重视学术,又重视文学创作的官员和学者,无怪乎他要将词章之学作为两书院主要的教学内容之一。

二、注重学问,有明显的考据学特色

诂经精舍和学海堂两书院在重视经古之学的同时,文学教学活动一直很兴盛,他们对文学的教学要求有着自己的特色,不可避免受到学术主旨的影响,有注重学问的学术性倾向,有着浓厚的考据学色彩。两书院对诗词文赋的学习,推崇古体。总督卢坤札谕学海堂应行事宜中说:

> 期为有用之文。赋,或拟古赋,或出新题,俱用汉魏六朝唐人诸体。诗题不用试帖,以场屋之文士,子无不肄业也。均应遵照旧章,以劝古学。④

---

① 《清史列传》卷73《熊景星传》,中华书局1987年版,第6066页。
② 《清史列传》卷73《徐荣传》,中华书局1987年版,第6066页。
③ 《清史列传》卷73《仪克中传》,中华书局1987年版,第6067页。
④ 林伯桐修,陈澧续补:《学海堂志》,第4页。

诂经精舍亦然。俞樾说：

说经之文多宗古义，即诗赋亦古体居多，非欲求异时流，盖不敢失许、郑两先师之家法，而盭文达建立精舍之本心也。①

诂经精舍则专课经义，即旁及词章，亦多收古体，不涉时趋。余频年执此以定月旦之评，选刻课艺亦存此意，非敢爱古而薄今，盖精舍体例然也。②

余所选经解诗赋，皆求合乎古，而不求合乎今。③

崇古、尚古的文学教学，是因为“不敢失许、郑两先师之家法”，其实就是不敢远离经学、小学的朴学教学宗旨而独立存在。梅启照说：

粤东有学海堂，西湖有诂经精舍……其程试之法，以经训为先，而诗歌骈俪之文同时并课，盖韵语天籁，鼻祖牺经，偶对妍词，发源帝典，名为词章，无非经术也。④

“名为词章，无非经术也”，说明两书院的文学教学是服务于朴学教学的。阮元《西湖诂经精舍记》：

汉之相如、子云，文雄百代者，亦由《凡将》、《方言》贯通经诂，然则舍经而文，其文无质，舍诂求经，其经不实，为文者尚不可以昧经诂，况圣贤之道乎？⑤

阮元在承认文学地位、重视文学的同时，认为“舍经而文”是“无

---

① 俞樾：《诂经精舍四集序》，见其编订《诂经精舍四集》卷首，光绪五年（1879）刻本。

② 俞樾：《诂经精舍五集序》，见其编订《诂经精舍五集》卷首。

③ 俞樾：《诂经精舍六集序》，见其编订《诂经精舍六集》卷首。

④ 梅启照：《诂经精舍四集序》，见俞樾编订《诂经精舍四集》卷首。

⑤ 阮元：《西湖诂经精舍记》，见其《揅经室集》2 集卷 7，中华书局 1993 年版，第 548 页。

质”之文，认为为文者“不可以昧经诂”，强调文学和经诂朴学彼此间相依相存的关系。两书院的文学教学被染上了浓重的朴学色彩。

阮元是骈体文的倡导者，曾提出了“文笔论”这一文学理论。在他的《揅经室集》和《揅经室续集》中，阮元以《文言说》一文为核心，辅以《文韵说》、《与友人论古文书》、《书梁昭明太子文选序后》、《学海堂文笔策问》等篇，提出了他的重要文学理论“文笔论”。认为用韵比偶者始可称为“文”，无韵散行者只能称之为“笔”。将孔子用韵比偶的《文言》奉为万世文章之祖，认为唐宋八家古文及奉八家为圭臬的桐城派古文是伪古文，不可自居正统地位。阮元力图为骈文争得正统地位，事实上是为汉学在文学上争得正宗地位。阮元认为文的标准之一是“必沉思翰藻”①，而骈文的写作，和赋一样，除用韵比偶外，必须大量征典，必须有深厚的朴学学养才能写得典雅工整。诂经精舍和学海堂几乎历次考课都有骈文、赋、铭、赞等文学体裁的写作，虽比经训考据文章容易些，但确实很难写得好，两书院中还是有很多人长于骈文的写作。

两书院的文学教学，侧重诗、赋、文；对繁荣于两宋的词体，涉及较少，盖亦相承于两书院崇古、研经究史的朴学教学宗旨。诗、赋、文的写作题目，很多能够反映当时的教学倾向。诂经精舍戊辰年（同治七年，1868）望课课题中有诗题是“校书六咏：脱简，错简，坏字，误字，重文，衍文”，将校勘古文献时的常见问题题咏成诗。《学海堂二集》有《何邵公赞》，就今文经学家何休为题作赞。《诂经精舍文续集》有《郑康成为经神赋》，誉经学家郑玄为“经神”，并作赋。《诂经精舍三集》有《孑孓为蚊赋》，就训诂学上的知识为题作赋。诗、文、赋的练习和考课，紧扣经史，服务于经训

---

① 阮元：《书梁昭明太子文选序后》，见《揅经室集》三集卷2，第608页。

考据学。《学海堂三集》卷 19 有诗题三个：读《汉书》拟西涯乐府二十首；拟南史乐府二十首；拟北史乐府二十六首。写作这些诗题，必须有广博的史学修养。文的写作中，“论”是常练习的体裁，常用来论述史事和学术，如《诂经精舍文集》中有《六朝经术流派论》、《南宋中兴四将论》、《拟南宋姜夔传》、《唐孔颖达五经义疏得失论》等；《诂经精舍文续集》有《留侯论》、《刘向扬雄优劣论》、《谢安论》、《王导庾亮优劣论》、《姚崇宋璟论》、《郭子仪论》、《李泌论》、《张魏公论》、《东林论》等；《学海堂四集》有《两汉学术论》、《秦楚之际诸国形势论》、《汉制使天下诵孝经纶》、《汉通乌孙断匈奴右臂论》、《李广程不识优劣论》、《汉张骞使西域论》、《东汉风俗论》、《荀彧刘穆之论》、《陆逊陆抗论》、《陶渊明大贤笃志论》、《张燕公变府兵为彍骑得失论》、《胡安定先生论赞》、《南宋中兴四将论》、《古今治盗各有得失论》等。这些史论文的写作，要求学生必须博古通今，熟谙经史，还要匠心独运，有自己的观点和感受。

骈文是两书院常练习的文学体裁。阮元的“文笔论”也影响着两书院的教学，表现为骈文成了两书院经常练习的文学体裁。广义上来分，赋应属于骈文中的一类。① 赋作最能体现作者的才学，“非学优才高者，不能当也”②。赋是两书院平时教学及每次考课中不可缺少的文学体裁，两书院的文集中也收集了大量的赋作，而且这些赋题很多是紧扣经史、小学中的史料和掌故，不但要

---

① 骈文有广义和狭义之分，广义的骈文包括辞赋等所有以对仗、骈偶、用典、讲求声律为特征的文章；狭义的骈文则不包括辞赋。本书所论骈文为广义的骈文。关于骈文广义、狭义之分，可参阅赵义山、李修生主编《中国分体文学史》，上海古籍出版社 2001 年版，第 359 页。

② 沈作喆：《寓简》引宋初进士孙何语，转引自俞士玲《论清代科举中辞赋的地位与作用》，《学术月刊》2000 年第 3 期，第 76 页。

有很高的文学修养，而且还要有深厚的经学、史学、小学功底，也就是说要有深厚的朴学修养。如《诂经精舍文续集》中有《五位相得而各有合赋》、《郭令公见回纥赋》、《黄钟之宫为律本赋》等。特别是俞樾掌诂经精舍时，课试时多出此类的题目，如《诂经精舍三集》戊辰年官师课题有《丙吉问牛赋》（以“少阳用事未可太热”为韵）、《司马温公隶书家人卦赋》（以“涑水崖碑半绿苔”为韵）、《河内女子坏老屋得大誓三篇赋》（以“在汉宣带本始元年”为韵）、《五经无双赋》（以“五经无双许叔重”为韵）、《食鹅知黑白赋》（以“张华辨鲊师赜别薪”为韵）、《叔孙通定朝仪赋》（以“恭敬撙节退让明礼”为韵）等。名为赋体，考察的仍是文学、朴学之基本功。两书院的文学教学终究是枕籍经史，以文字、音韵、训诂为基础，弥漫着浓浓的朴学气息，这一特点在诂经精舍表现得尤为明显。本书第四章《俞樾掌教时期诂经精舍的文学教育》第三节有专题论述诂经精舍文学教育中的考据学特色。

三、时常雅集，营造浓厚的文学创作氛围

诂经精舍和学海堂的文学教学活动并不仅仅在于课堂上，更多的是融入美景佳日之中，在良好的文学创作氛围中雅集唱和。雅集是最能反映文人审美需求和情趣的文学交流创作组织形式。两书院师生时常雅集。

诂经精舍和学海堂两所书院环境优美，一个设在西湖之东，孤山之麓；一个寻址在粤秀山越王台旧址。两书院皆背山临水，远离尘嚣，是读书治学、为文作赋的绝佳场所。阮元对两书院的地址选择及院内建设可谓煞费苦心。阮元在诂经精舍西筑第一楼，作为生徒游息之所，认为于此“诗人之志登高能赋”①。诂经

① 阮元：《西湖诂经精舍记》，见其《揅经室集》二集卷7，第548页。

精舍主讲俞樾著有《第一楼丛书》,他于该丛书序中说:

第一楼者,余年来主讲杭州诂经精舍所寓楼名也。其地在孤山之麓,背山临流,西湖之胜,毕效于前。春秋佳日,徜徉其上。此九种之书,虽不皆成于斯楼,大率皆于斯楼写定者也。①

可见诂经精舍第一楼是一个适合于写作、做学问的好地方。诂经精舍师生常在此雅集唱和。阮元等诂经精舍师生关于第一楼皆有题咏,清人著作中有下述记载:

西湖第一楼在诂经精舍之左,阮芸台(阮元)侍郎所建。侍郎自题云:"学海经神收两汉,江声湖气入双峰。"王兰泉(王昶)司寇云:"抡才欲树千秋业,释诂先征六艺功。"孙渊如(孙星衍)观察云:"回瞻玉宇三霄近,平视吴山万仞低。"阮梅叔(阮亨)上舍云:"六星文耀垂三浙,四海人才聚一楼。"陈曼生(陈鸿寿)大令云:"马帐生徒人似玉,郫侯风度望如仙。"屠琴坞(屠倬,字孟昭)尝为予诵之。②

阮元就常在诂经精舍燕集文人雅士。如嘉庆五年五月初,阮元招王昶、孙星衍、林述曾、张鉴等师友、弟子登西湖第一楼雅集赋诗。③ 是月十二日,阮元又招孙星衍、程瑶田、段玉裁雅集第一楼。孙星衍有《阮中丞五月十二日招同程易畴(瑶田)、段懋堂(玉裁)第一楼雅集》一诗。④ 诂经精舍在阮元时期以及以后各个时期常是集会之所。俞樾和弟子们常雅集第一楼,成为定例。俞樾

---

① 俞樾:《第一楼丛书》序,《第一楼丛书》卷首。见俞樾《春在堂全书》,凤凰出版社 2010 年版,第 2 册,第 393 页。

② 法式善著,张寅彭、强迪艺编校:《梧门诗话合校》卷 14,凤凰出版社 2005 年版,第 411 页。

③ 王章涛:《阮元年谱》,黄山书社 2003 年版,第 209 页。

④ 王章涛:《阮元年谱》,黄山书社 2003 年版,第 211 页。

《俞楼经始》中曰:“光绪三年秋九月,曲园叟觞门下诸子于西湖诂经精舍第一楼。”①此次燕集后,弟子王梦薇作《俞楼秋集图》,跋中曰:“是集也,当期之来岁。”

张鉴《诂经精舍志初稿》中没有关于雅集的记载,但杭州乃人文渊薮,文人们结社雅集,乘舟泛湖、畅游山泉,在湖光山色中吟诗作画、为文作赋,有着悠久的历史。杭州西湖“舫课”久负盛名,是最具地域特色的文学教育形式,最能反映杭州诗意化的文学教育环境。据沈德潜《西湖志纂》载,“舫课”始倡于万历年间巡盐御史叶永盛:“叶永盛视鹾之余,集内商子弟于跨虹桥西授以题,命各就舫中属文。舫皆散去。少焉,画角一声,群舫毕集,各以文进,面定甲乙,名曰舫课。”②后来发展成为惯例性的考课方式。叶永盛调离浙江后,徽商在“舫课”基础上在西子湖畔建成著名的杭州“紫阳崇文书院”。清康熙南巡,题榜“崇文”,遂更名为“崇文书院”。“舫课”成了杭州的一种文化标志,“崇文舫课”在清代被列为杭州二十四景之一。

这种新颖别致的“舫课”形式,情趣盎然,成为西湖佳话,后人多有效仿。杭州知府安徽全椒人薛时雨,主持“崇文书院”达十余年,经常组织“舫课”。有文献记载道:“月课士湖上,命舟十数,茶鼎酒铛悉具,日出发题,讫,各鼓棹去,挥洒六桥、三竺间,自亦棹一舟主之,日入鸣钲,集诸舟,纳所课。浙东西知名士,无弗与者。”③诂经精舍等书院学生及浙东西知名人士参加者无数。教

① 《俞楼杂纂》卷50,第1页。见《春在堂全书》,凤凰出版社2010年版,第3册,第772页。

② 沈德潜:《西湖志纂》卷3《孤山胜迹 · 崇文书院》,乾隆二十年(1755)刻本,第23~24页。

③ 顾云:《桑根先生行状》,收入缪荃孙纂录《续碑传集》卷80。见《清代碑传全集》,上海古籍出版社1987年版,第1227页。

士之暇，与杭州各大儒觞咏湖上，一篇之出，争相传诵。"舫课"成了杭州书院别具文人雅趣的考课形式，声名远播。诂经精舍肄业生胡敬（1769～1845）后来主讲杭州崇文书院。崇文书院是一所以科举考试为旨归的书院，胡敬在制艺之外加课诗赋杂文，曾以《西湖舫课赋》题目课试诸生。胡敬《敬修堂词赋课钞》卷8收有肄业生的课作。① 诂经精舍学生多是从杭州著名的崇文、紫阳、敷文等书院遴选而来，诂经精舍和崇文书院相距不远，皆是濒湖而建，同是浸润着西湖的山水灵秀，也继承了崇文书院为学为文的神韵情趣。张预《重建诂经精舍记》中曰："杭州诂经精舍，仪征太傅阮公抚浙时所建也。……尊罍亲酹，申舫课之约；翰墨无虚，洵创制之永垂，乃沿袭至罔替。"②重建诂经精舍的官员，尊师重教，"申舫课之约"具有了文教兴盛的文化象征意义，诂经精舍的创建和再建浸染着杭州浓厚的人文色彩。诂经精舍课作中有《舫课赋》（以"画角声中群舫咸集"为韵），《诂经精舍文续集》卷6收有冯培元课作一篇。冯培元课作中有曰："讲舍清风，文坛佳话"，"有舟舫之交横，按课程而匪懈"，"入经舍而观摩，幸师资之引汲"，"絜醇醪而问艺，恰瞻讲院之宏开。歌云水而重游，莫谓前贤之难及"。③ 由舫课风流，歌咏诂经精舍浓厚的学术和文学教学氛围。

阮元选择学海堂地址可谓煞费苦心，三易其地：

> 初拟于前明南园旧址，略觉湫隘；又拟于城西文澜书院，以地少风景；最后拟于河南海幢寺旁，亦嫌近市。相视久之，

---

① 见胡敬编《敬修堂词赋课钞》卷8，同治十一年（1872）俞麟年重刊本页。

② 《诂经精舍三集·辞赋卷》卷2，第10～11页。见赵所生、薛正兴主编《中国历代书院志》，江苏教育出版社1995年版，第15册。

③ 《诂经精舍文续集》卷6，第28～29页。

> 遂定于粤秀山。①

粤秀山"山半石岩，古木荫翳，绿榕红棉，交柯接叶"②，环境极其优美。学海堂背倚粤秀山，面临珠江，群峰环绕。阮元认为："六艺于此，发其秀辉；百宝所集，避其神采。洵文苑之丽，区，儒林之古境也。"③ 堂内启秀山房，"阶前大湖，方石案一，明莹如玉，可供数人啸咏其间"④，加之两书院内外美妙的春秋佳日，草色花香，具有很深文学底蕴的师生们，不由得文思泉涌，灵感不绝。不管是师生相聚，或是独自漫步，这里都是绝佳的文学活动场所。

学海堂更提倡雅集，《学海堂志》专有一节载其事。认为"君子之学，息焉游焉。从于舞雩，未忘讲习"⑤，提倡劳逸结合、轻松愉快的学习方式。志中说："筑堂以来，岁有小集，讲礼于斯，会友于斯，来日无涯，宜详时序。志雅集。"⑥这些小集，都是师生共同参加的。师生们在埋首经史小学古书之余，可以尽兴地陶冶于轻松愉快的文学氛围中。雅集有上巳花朝，中秋坐月，九月赏菊，冬至观梅等。阮元寿辰为雅集之始：

> 每年春孟，同人团拜于堂，仰止师承，如亲提命。因定于正月二十日期会，仪征公寿日也。四方之宾，一国之望，渊源渐被，介祉偕来；堂中翘楚，少长咸集。日景方长，衣冠气盛；春光明丽，四坐同欢。开岁雅游，斯为首路。⑦

其后之雅集介绍如下：

> 花朝上巳，堂中人士，游者如云。春课汇卷，多于展上巳日拟定，卷后少有余闲，木棉遍山，垂杨夹路，花光鸟语，依依

---

① 林伯桐修，陈澧续补：《学海堂志》，第6页。

②③ 阮元：《学海堂集序》，《学海堂集》卷首，道光五年（1825）刊本。

④ 林伯桐修，陈澧续补：《学海堂志》，第2页。

⑤⑥⑦ 林伯桐修，陈澧续补：《学海堂志》，第38页。

可人,联袂清游,欣然欲赋。

盛夏溽暑,肉山如蒸。堂中有期,曝书一集。清晓登山,陈书就日,各携所业,从容讨论。山似太古,日如小年,荔子传觞,荷叶包饭,缥囊缃帙,可以镇心,藏弆既周,晚凉斯发。徘徊树阴,不觉月出矣。

拜在五经,则礼以义起;志存私淑,则经尊传亲。汉北海郑君,固六籍之津梁,百家之山斗也。七月五日,是为生朝,同人有约,即于堂中修释菜之仪。与此会者,凡若而入,坐无杂宾,入怀奉手,或则作记,或者赋诗,亦以志一时也。

中秋前后,月色如昼,相约为坐月之游。不设灯檠,爝火未光也;不及俗事,只谈风月也。有坐论者,有行吟者,随意所如,倦则假寐,焚香瀹茗,动辄彻宵。当万籁俱寂,一轮最高,翛翛然,飘飘然,固知随月读书,前人兴复不浅。

重阳寒食,虚度非宜,堂中此时游者坌至,同人秋集,不必依期,有菊即重阳也。霜气在叶,草痕微芳。展宋玉之赋,诵泉明之诗。不出户庭,而携壶翠微,惟此堂为然。

长至日近,梅花大开。冬课汇卷,适当其际,公事既毕,遂登山亭,赏奇析疑,抗言高论,满身香雪,不见纤尘,岁寒之盟,年年如是。①

由上可见雅集是学海堂师生们从事文学创作和文学交流的绝佳活动。

学海堂师生常结社雅集。谭莹等学长常结社,进行文学创作和交流。他曾与学海堂学长熊景星、徐荣等结“西园吟社”,切磋诗艺,享誉粤中。学海堂学长陈澧,诗词文俱佳,在学海堂任上时,常与好友在学海堂月夜登高吟咏,道光二十七年(1847)九月

---

① 林伯桐修,陈澧续补:《学海堂志》,第38~39页。

作《水龙吟》一词，即是“（桂）皓庭招集学海堂，为补重阳之会。醉后叠前韵”①。学海堂学长林伯桐、张维屏、黄培芳和黄乔松、段佩兰、谭敬昭、孔继勋七人曾在广州城北白云山麓建“云泉山馆”，为吟咏雅集之所。

学海堂课艺文集中的不少课作就是因郊游、游赏等活动而启发的拟作，这些游赏活动多和拟作发生的情景相互呼应。如《学海堂二集》卷18有以下课题：《黄木湾观海拟孟襄阳〈望洞庭湖〉》、《秋江送别拟王龙标〈芙蓉楼〉》、《越台怀古拟高常侍〈古大梁行〉》、《游六榕寺拟韩退之〈山石〉》、《西郊游拟柳柳州〈南礀中题〉》、《登浴云楼观安期生象拟李长吉〈浩歌〉》、《晚游万松山拟余武溪〈晚至松门僧舍〉》、《试西樵茶恩平绿石砚拟黄山谷〈团茶洮州绿石砚诗〉》、《郊游拟王介甫〈出郊〉》、《中秋玩月拟高青丘〈张校理宅得南字〉》、《登学海堂至山亭拟黎维敬〈登九成台〉》、《启秀山房秋集拟韦苏州〈郡斋雨中与诸文士燕集〉》等。其中林伯桐课作《启秀山房秋集拟韦苏州〈郡斋雨中与诸文士燕集〉》诗一首，所拟对象为唐代韦应物《郡斋雨中与诸文士燕集》一诗，诗曰：

> 兵卫森画戟，宴寝凝清香。海上风雨至，逍遥池阁凉。烦疴近消散，嘉宾复满堂。自惭居处崇，未睹斯民康。理会是非遣，性达形迹忘。鲜肥属时禁，蔬果幸见尝。俯饮一杯酒，仰聆金玉章。神欢体自轻，意欲凌风翔。吴中盛文史，群彦今汪洋。方知大藩地，岂曰财赋疆。②

韦应物的这首诗乃韦应物晚年任苏州刺史时所作，反映的是与吴

---

① 黄国声主编：《陈澧集》第1册，上海古籍出版社2008年版，第647页。

② 韦应物著，陶敏、王友胜校注：《韦应物集校注》，上海古籍出版社1998年版，第55页。

中文人燕集时的情景，在“嘉宾复满堂”的热闹气氛中，文士们“俯饮一杯酒，仰聆金玉章”，燕集的一个重要目的是为了在轻松愉快的气氛中进行文学交流。文学创作与文学交流是古代文人燕集时的重要活动，故有时又燕集称雅集。而在这样诗酒唱和的欢乐热闹的氛围中，作者却能“自惭居处崇、未睹斯民康”，居安思困，心系百姓疾苦，对自己身处高位，未能顾及百姓安康感到惭愧不安。从这首诗中我们看到了古代士大夫自省中的良心。此诗乃宴集诗中的翘楚，也是韦诗中的名作，体现了《诗经》以来“缘情体物”的诗歌创作优良传统。学海堂课作以此诗为拟作对象，正是“感于哀乐，缘事而发”的诗歌创作传统的体现。林伯桐课作曰：

草木倏萧爽，江山开远眸。时偕学子来，列坐当山头。寒暑有迭运，古今崇远犹。向来登临人，歌啸应相侔。大藩后财赋，人材先所求。春华与秋实，心力期兼收。高远在所见，虚陋应为羞。境辟有新得，神清消古愁。应知人散后，坐上清香留。①

这首拟作的文学价值和思想境界当然不能和韦应物的原作相提并论，但至少能够反映出雅集时的一些客观状况，以及对原作思想内容的继承和理解，艺术手法的借鉴和利用。如“时偕学子来，列坐当山头”，说明登山游玩雅集活动经常组织进行。“向来登临人，歌啸应相侔”，说明文学创作和交流是必备的活动内容。“大藩后财赋，人材先所求”一联，意出韦诗“吴中盛文史，群彦今汪洋。方知大藩地，岂曰财赋疆”。吴中不仅经济繁荣，人才更为鼎盛，乃人文渊薮。说明了人才的先行性和重要性。

四、热爱家乡，歌咏地域风土人情

两书院文学考课的诗赋文题目，有相当大一部分是就地取

---

① 《学海堂二集》卷18，第9页。

材，咏景、咏物、咏史、咏风土人情，以浙、粤两地独特的自然风光、人文景观、丰厚的物产、独特的风土人情，以及厚重的历史积淀为吟咏对象。诂经精舍文学课作中对浙江地域文化、学海堂文学课作中对岭南文化的关注和热爱，使两书院的文学教学具有显著的地域特色。

诂经精舍、学海堂所处之浙江与广东，乃东南沿海省份，分属于吴越文化和岭南文化区，具有各自独特的地域文化特色，而两书院文学教学中对这些独特的地域文化有明显的关注和反映倾向。考察本书附录一诂经精舍"同治七年（1868）"、"同治八年"、"同治九年"官、师课题中围绕地域文化的文学课题，析出如下。

同治七年（1868）官、师课题中有关地域文化的题目：

课试时间类型	题　目
二月望课	晴湖不如雨湖赋（以"淡妆浓抹总相宜"为韵）；购补文澜阁遗书议；孤山新建林公祠碑。
三月望课	雉尾莼（七律）；猫头笋（七律）；拟闻子将西湖打船启；募栽西湖桃柳引。
四月朔课	放鹤亭（五律）；冷泉亭（五律）；西湖饯春词（调寄湘月）。
四月望课	湖上两附图歌（雷峰如老衲，宝石如美人）；汉大司农高密郑公像赞；重建诂经精舍记。
闰四月望课	赋得钱塘山水接苏台（得台字五言八韵）；石首鱼（不限体韵）。
五月朔课	表忠观访碑（七律）；叉鱼词；湖堤补柳记；收购遗书启。
五月望课	珠兰（不拘体韵）；湖居三议（建湖楼；造湖船；制山轿）。
八月朔课	湖心亭望月（七古）；钱塘江观潮（七古）。
八月望课	拟范蠡《招文种游五湖书》。
九月朔课	红蓼（五排）。
九月望课	续刻《皇清经解》议；拟诂经精舍三集序。
十月朔课	贺季真乞鉴湖赋（以题为韵）。
十一月朔课	重植孤山梅花记。

同治八年(1869)官、师课题中有关地域文化的题目:

课试时间类型	题　目
二月甄别	书声;机声;琴声;棋声;柝声;橹声;墨铭;笔铭;砚铭;图章铭;天竺进香词。
二月朔课	元大德年杭州路儒学所铸文庙编钟歌;香市歌;拟重建平湖秋月上梁文。
三月望课	秦皇系缆石歌(东门菜,西门水,南门柴,北门米)。
四月望课	拟江南浙江湖北合刻二十四史章程;用西洋法制造活字版议;鲥鱼(不限体韵)。
五月望课	西湖采莼词;会稽禹寺开成五年往生碑歌。
八月朔课	建复平湖秋月三潭印月落成纪事(不拘体不限韵)。
十月朔课	题平湖秋月壁(五古或五律俱可);孤山饯秋词(调限暗香);六桥补柳词(调限疏影)。
十月望课	宋五嫂鱼美;李七儿羊肉(二题不限体韵,诗词均可);开浚西湖议。
十一月望课	拟白香山《赠友五首》;咏风菱(不限体韵)。

同治九年(1870)官、师课题中有关地域文化的题目:

课试时间类型	题　目
三月朔课	伍员论;龙井采茶歌。
三月望课	拟白乐天《何处春深好》(不拘几首)。
四月朔课	赋得种蕉;竹帘词;凉棚词。
四月望课	天竺山访周伯琦题名;法相寺瞻礼长耳和尚真身;樱、笋词各一阕(樱限红情,笋限绿意)。
五月望课	映波、锁澜、望山、压堤、东浦、跨虹六桥赞;阮公墩栽种花木议。
八九月合课	宋画苑故址歌;横河打鱼行。
十月望课	东园怀古(不拘体韵)。
闰十月	云水行亭;烟波钓筏。
十一月朔课	重铸七星缸记;仓圣祠落成记事。

由此表格可见，诂经精舍文学教学中对地域文化尤其关注。这在诂经精舍八种课艺文集中表现皆非常突出，每集都收有很多有关地域文化的课作。而学海堂文学教学中对岭南地域文化的关注较之诂经精舍更加突出明显，四种课艺文集中所收集的有关岭南地域文化的课题多种多样，课作数量庞大，占据了文学课作中相当大的比例，远远超过诂经精舍。学海堂课艺文集中所收有关岭南地域文化的课作如下表。

课艺文集	卷数	有关地域文化的大题目	课作数量（篇，首）	总数
学海堂集	10	端溪砚石赋；孔雀赋；端州石室铭；拟三月三日蒲涧修禊序。	13	379
	11，12	和方孚若《南海百咏》；续和《南海百咏》。	148	
	13	春日访南园故址；初夏书斋四咏（竹丝帘，葵叶扇，蒲草席，篛篋篷）；九日登白云山望海上白云。	42	
	14	拟元人十台诗咏粤东十台；三十六江楼歌；莲须阁黄牡丹诗事歌；过菖蒲涧采新蒲养之英石砚山坳中；拟张曲江《望月怀远》；夏日游广州城外诸山林园馆用杜工部《游何将军山林韵》。	46	
	15	岭南荔枝词。	130	
学海堂二集	14	唐张九皋碑跋。	2	
	15	拟张融《海赋》。	3	
	16	甘溪赋；江瑶柱赋；龙眼赋；素馨灯赋；白云山九龙泉铭；拱北楼延祐铜漏壶铭。	9	
	17	汉南宫侯秉正庙碑铭；拟冼夫人庙碑；拟重修广州城南三大忠祠碑；周濂溪先生像刻石记。	7	
	18	秋日咏怀拟张曲江《感遇》；云泉山馆拟王右丞《蓝田山石门精舍》；黄木湾观海拟孟襄阳《望洞庭湖》，以及其他类似雅集等拟作20余目。	36	
	19	岭南劝耕诗；宋代三贤咏（余襄公，崔清献公，李忠简公）；访乐昌汉桂阳太守碑；访汉议郎杨孝元南雪故址；拟东坡《和潞公超然台》。	68	
	20	续天随子渔具咏；石螺。	46	

（续表）

课艺文集	卷数	有关地域文化的大题目	课作数量（篇，首）	总数
学海堂二集	21	拱北楼铜壶歌；南汉铁柱歌；珠江行；茉莉田；拟东坡《秧马歌》次韵；南海神庙碑歌（用玉溪生《韩碑》韵）；咏岭南茶（西樵茶，和平茶，清远茶，罗浮茶，莲花峰茶，古劳茶，河南茶，新安茶）；罗冈洞探梅；刺桐花歌。	41	290
	22	谒包孝肃祠；白云洞；碧落洞；归猿洞；蝴蝶洞；韶石；端石；英石；蜡石；岭南四市诗（羊城花市，廉州珠市，东莞香市，罗浮药市）；木芙蓉，木棉，蒲葵，佛手橙等；岭南刈稻词；田了词；半塘采菱词；论诗绝句（专论粤东诗人）；至山亭观梅歌。	78	
学海堂三集	15	秋禊赋；盐田赋；海珠寺得月台赋；红梅驿赋。	4	211
	16	五仙观大钟赋；榕赋；白秋海棠赋；紫藤花赋；拟张文献公《荔枝赋》；香橼赋；锦鸡赋；绿鸠赋；巨鱼赋；嘉鱼赋。	12	
	17	拟重修南园前后五先生抗风轩记；拟袁督师祠堂碑；拟广州北门外明季绍武君臣冢碑。	3	
	18	拟江文通《闽中草木颂》颂粤中草木；补杨孚《南裔异物志》赞；南海庙波罗蜜赞；拟虎门铭一；拟虎门铭二；镇海楼铭；二帝子祠碣铭；拟重修五仙观碑铭。	70	
	20	咏学海堂中草木九首（用东坡《和子由记园中草木》体）；梯田引二首；农具诗十二首（按：十二首，其实所指为吟咏的十二种农具，以下同）；拟唐人十樵诗；海幢寺放生羊二首（用东坡《岐亭》诗韵）。	74	
	21	水车行；铜炮；沙田行；大水叹；甲辰大水叹；飓风叹；西樵白云洞杜鹃花盛开。	10	
	22	咏七夕节物八事。	18	
	23	读东坡岭外诗咏古六首。	20	

（续表）

课艺文集	卷数	有关地域文化的大题目	课作数量（篇，首）	总数
学海堂四集	18	拟江总持《南越木槿赋》。	1	282
	19	闰中元赋；大庾岭赋；海潮赋；越王台赋；镇海楼赋；唐荔园赋；罗浮山见日台赋；粤秀山新泉赋；白云山九龙泉赋；榕树赋；红豆赋；雁来红赋；落花生赋；凌霄花赋；鱼子兰赋；新燕赋；梅花雀赋；竹簟赋；芏塘赋。	21	
	20	拟南越进驯象表；十二月十九日妙高台祝东坡生日诗序；闰上巳兰湖修禊序。	3	
	21	英德观音岩颂；花阡铭；玉山泉铭；越王井铭。	5	
	22	恭拟金陵大功告成祭告南海神庙碑；拟重修南海神庙碑；广州城北新建昭忠祠碑记；拟虞仲翔祠碑；海珠李忠简公祠碑；拟重修惠州白鹤峰苏文忠公新居碑记；拟张燕公广州都督宋广平遗爱碑颂；东莞伯何公祠堂碑；太子少保提督昆公抚定信宜碑记；重修学海堂记；粤秀山新建菊坡精舍碑文；新建应元书院记；重修拱北楼记；重修三十六江楼碑记；拟重修粤秀山安期生祠碑记；栅头新建花神庙碑记；学海堂补种花木记；祭灶文；闰七夕乞巧文。	20	
	23	岭南新正乐府（送蚕姑，照田禾，打灯谜，夺花炮）。	8	
	24	拟东坡《小圃五咏》；游白云山和黎瑶石五古；和戴文节公《西樵七胜诗》；重修广州府学宫庆成恭赋；岭外游仙诗七首拟郭景纯《游仙》次原韵；游七星岩读端州石室记；岭南怀古；观晚获；咏夏园草木学东坡《和子由园中草木体》。	61	
	25	雨雹行；壬戌七月飓风叹；斗龙船行；七月烧衣曲；织妇叹；薪贵谣；南越铜鼓歌；藤鼓行；雷州谒寇莱公庙；壬戌之秋七月既望宝陀寺妙高台玩月拜东坡先生遗像；松风亭梅花盛开拜东坡先生生日；厓门行；永福陵行；秋日访东皋遗址吊陈忠简；重修梁药亭先生墓；阮太傅重刻西岳华山碑拓本；东坡六榕两大字拓本书后；大滩尾看桃花；浴日亭歌。	22	

（续表）

课艺文集	卷数	有关地域文化的大题目	课作数量（篇，首）	总数
学海堂四集	26	漱珠冈访杨议郎故宅；修复南园疏池沼植花木诗；谒南海神庙；载酒堂谒东坡遗像。	14	282
	27	绿萼梅；粤东十二楼诗和元人十台即仿其体（越华楼，望气楼，风度楼，风采楼，岭南第一楼，清海军楼，合江楼，苏公楼，铁汉楼，碧玉楼，镇海楼，阅江楼）；漱珠冈访杨议郎故宅；题黎忠愍莲须阁画像；补和沈氏白燕堂粤台古迹八咏；春日游城北咏前明古迹五首；分和宋方孚若《南海百咏》；鉴古八咏。	96	
	28	春日游花埭绝句；广州灯夕词；反昌黎《南食诗》十五首。	31	
总计				1162

诂经精舍、学海堂两书院吟咏地域物胜的文学课作根据内容大致分为以下三类。

（一）歌咏山川形胜和丰富物产

诂经精舍地处浙江杭州孤山之麓，西湖之畔，是个美不胜收、人人向往的好地方，自然风光、人文景观、历史古迹和地域物产都非常丰富突出，这些都成了诂经精舍文学考课中的出题对象，而西湖是关注焦点。

由上述表格可知，诂经精舍文学课作中的部分作品对杭州山川形胜的关注主要集中在西湖及其周边的景致，如放鹤亭、冷泉亭、雷峰塔、湖心亭、六桥、孤山以及钱塘江等。如二月望课《晴湖不如雨湖赋》（以“淡妆浓抹总相宜”为韵）这个题目，杭州有谚语曰：“晴湖不如雨湖，雨湖不如月湖，月湖不如雪湖。”西湖美景随着气候、季节的变化而各有不同的韵致，冬天下雪的西湖最美，而晴天的西湖景致竟然是最平常的。《诂经精舍四集》卷15收有三位肄业生以晴湖、雨湖、风湖、月湖、雪湖、冰湖为题的诗作共15首。可见西湖景致在世人眼中和心目中是仪态万千、魅力无穷的。

西湖美景和悠久深厚的人文积淀成了杭州的文化象征符号，成了历来文人雅士争相吟咏的对象，在诂经精舍文学课作中也是出现频率很高的题目。其他如《诂经精舍文集》卷14《西湖花月夜》诗作，《诂经精舍文续集》卷8收邹志路《西湖龙舟棹歌》9首，朱修之6首，沈金生《西湖棹歌》12首。《诂经精舍四集》卷15收有肄业生戴瑞麟所作《西湖棹歌》16首，卷12收有孙树义《钱塘六井赋》(以“覆以大屋皆有寒泉”为韵)，冯一梅《西湖里外六桥赋》(以“春老莺花十二桥”为韵)。《诂经精舍四集》卷15杨振镐《西湖八景》(六桥烟柳、九里云松、灵石樵歌、冷泉猿啸、葛岭朝暾、孤山霁雪、北关夜市、浙江秋涛)，《四集》卷16有孙瑛《西湖里六桥赞》(包括环璧、流金、卧龙、隐秀、景行、浚源里六桥的六种景致)，等等。《诂经精舍五集》卷7收有周德庆《西湖如人眉目赋》(以“淡妆浓抹总相宜”为韵)，卷8许祥身《西湖迎翠轩记》。而其中《西湖龙舟棹歌》、《西湖棹歌》两个课题，是能够反映西湖地域文化特色的诗歌创作。棹，即船桨。棹歌原指渔民在撑船、划船时唱的渔歌，后演化为与操楫浮舟、水乡水域有关的诗词创作，是具有江南水乡特色的文学作品。棹歌早期是民歌民谣，后来文人参与创作，变成了雅俗共赏的文学创作形式。在棹歌前冠以地域的名称，就成了吟咏某一地方的棹歌创作了。西湖秀美的风光和深厚的人文积淀古往今来就能够激发人的创作灵感，传世佳作颇多。而诂经精舍肄业生围绕西湖的文学创作取得了很不错的成就，课艺文集中的相关作品值得研究和品读。

而由上述表格可以看出，诂经精舍文学课作中对地方物产也尤为关注，如雉尾莼、猫头笋、龙井茶、西湖莼菜、宋五嫂鱼、李七儿羊肉、风菱等皆是杭州著名的饮食物产，其中宋五嫂鱼、李七儿羊肉是杭州名菜。《诂经精舍文集》卷13有李方湛等四人的《龙井茶》诗作。《诂经精舍文续集》卷6有《白小赋》(以"白小群分命,天然二寸鱼"为韵)。白小,是生长在长江中下游地区的一种小银鱼,西湖盛产这种小银鱼。此题韵脚"白小群分命,天然二寸鱼"是杜甫《白小》诗中首句。《诂经精舍四集》卷15中的咏蟹、咏蠹鱼、猫头笋、哺鸡笋、木笔(木兰科植物,有说为辛夷)、杏酪、藕粉、莼羹、荷钱(状如铜钱的初生的小荷叶)、松针、佛手柑(集句)等,皆是浙江的地域特产。而这些地域物产都是诂经精舍文学教学中频繁的出题对象。

如果说诂经精舍文学教学中歌颂地方名胜古迹和地域物产的现象是教学中的常态的话,那么学海堂文学教学中对岭南名胜古迹和地域物产的关注就是超常态的,尤为突出明显。学海堂文学教学中对地域文化的关注要远超过诂经精舍,而诂经精舍文学教学中的学术氛围要远超过学海堂。广东地处我国最南方的热带、亚热带地区,自然风光、人文景观、历史发展、地域物产和文化习俗皆具有独特的地域色彩,学海堂文学教学中对地域文化的关注,留下了珍贵的地方志资料。如《学海堂集》卷11、卷12收有《和方孚若〈南海百咏〉》、《续和〈南海百咏〉》两个题目的诗歌共148首,数量可观,吟咏地域对象达到一百多个。《学海堂四集》卷27收有谭宗浚《分和宋方孚若〈南海百咏〉》12首,吟咏禺山、法性寺、花田、白云洞等12处景致。方信孺,字孚若,南宋福建人,在广东长期做官,著《南海百咏》1卷,乃一百首咏古七绝诗,吟咏广东各地的名胜古迹,每一首诗题下附有解题和考证,具有重要的史料价值,是非常珍贵的地方风土志文献资料。方信孺《南海百咏》一直依赖抄本流传,光绪年间学海堂据抄本刊刻出版。学海堂学长樊封后来著《南海百咏续编》4卷,又名《续南海百咏》,学海堂有刊本。该书采用方信孺《南海百咏》的体例,每首诗题下有解题和考订内容，和方孚若书不同的是，方书“详于古”，而樊封续编“更详于今”①，“广辑近闻，附诸细注”②，体例稍有变化，分名迹、遗构、佛寺、道观、神庙、祠宇、冢墓、水泉八类，吟咏对象为130个名胜古迹，最有史料价值的仍是其中的解题和考证。由学海堂课艺文集所收作品可见，学海堂文学教学中比较热衷于吟咏地域名胜，其他再如《学海堂集》卷14《拟元人十台诗咏粤东十台》、《三十六江楼歌》；《学海堂二集》卷16《甘溪赋》（甘溪是古时广州城区的重要水道）、《白云山九龙泉铭》、《拱北楼延祐铜漏壶铭》，卷22《谒包孝肃祠》、《白云洞》、《碧落洞》、《归猿洞》、《蝴蝶洞》；《学海堂三集》卷15《海珠寺得月台赋》、《红梅驿赋》，卷18《拟虎门铭》、《镇海楼铭》、《二帝子祠碣铭》等；《学海堂四集》卷19《大庾岭赋》、《海潮赋》、《越王台赋》、《镇海楼赋》、《唐荔园赋》、《罗浮山见日台赋》、《粤秀山新泉赋》、《白云山九龙泉赋》等。

学海堂文学教学中对地方物产的歌颂更是热情洋溢，水果中的荔枝、龙眼、佛手橙，以及红豆、落花生等，树木、花卉中的木芙蓉、木棉、蒲葵、榕树、白秋海棠、紫藤花、雁来红、凌霄花、鱼子兰、绿萼梅等，禽鸟中的孔雀、锦鸡、绿鸠、新燕、梅花雀等，水产品中的江瑶柱（一种蚌类）、巨鱼、嘉鱼等，甚至于广东各地出产的石头，如端溪的砚石，其他的韶石、英石、蜡石等都成为考课中的出题对象。再如出产的岭南茶叶，课作中就列有西樵茶、和平茶、清远茶、罗浮茶、莲花峰茶、古劳茶、河南茶、新安茶等各种。学海堂

---

① 樊封编：《南海百咏续》，见《南海百咏 南海杂咏 南海百咏续编》，广东人民出版社2010年版，第143页。

② 樊封编：《南海百咏续》，见《南海百咏 南海杂咏 南海百咏续编》，广东人民出版社2010年版，第13页。

文学课作中对岭南独特物产的歌颂细致而充分，让人不禁心生向往之情。如荔枝这种水果，学海堂多次以之为题，谭莹应课《荔枝词》一题，一下子作了一百首，得到阮元的赞赏，全面生动地反映了岭南荔枝文化的各个重要方面。《学海堂集》卷15《岭南荔枝词》收录了学海堂师生课作130首。《学海堂三集》卷18收有陈澧、虞必芳《拟江文通〈闽中草木颂〉颂粤中草木》课作，模拟江淹《闽中草木颂》体式，各作诗15首，分别吟颂粤中草木各15种。陈澧吟诵草木为笔管树、九里香、秋风木、石栗、蜜望、水蒲桃、余甘子、夜来香、吊钟花、脱衣换锦、吊兰、缩砂、倒粘子、凤尾草、香茅。虞必芳所咏草木为木棉、花貍、菩提、刺桐、梅、泡木、药树、荔枝、落花生、黄皮、沉香、菖蒲、吉利草、铁树、仙茅。《学海堂三集》卷18陈澧《补杨孚〈南裔异物志〉赞》，模拟汉代杨孚《南裔异物志》，吟颂岭南地方物产34种。汉代杨孚《南裔异物志》一书，此书又称《异物志》、《交州异物志》、《交趾异物志》，列举岭南风俗、物产，加以解释。此书后来亡佚，学海堂学长曾钊从一些类书和史籍中重辑录出一卷，收入《岭南丛书》中，后来学海堂学长陈澧、肄业生汪兆镛、冼玉清等人从古籍中辑得佚文，分别辑为《补杨孚〈南裔异物志〉赞》、《南裔异物赋》和《〈异物志〉辑佚》。

学海堂文学教学中对地方名胜古迹与地域物产的关注，激发了学海堂师生对地域文化的热爱之情。难能可贵的是，学海堂师生在岭南地方风土志文献的整理、刊刻和保存工作中作出了自己的贡献，如上述的学海堂将一直以抄本传世的方信孺《南海百咏》刊刻付印，学海堂学长樊封《南海百咏续编》的著述刊刻，学海堂学长曾钊、陈澧等对汉代杨孚《南裔异物志》一书的辑佚工作。学海堂师生所做的这些地方文献整理工作，为我们考察研究岭南地域文化提供了珍贵的资料来源。

（二）歌咏民风习俗和地域风情

从两书院文学课作中能够反映出地方民风习俗和地域风情，这些作品弥漫着具有浓厚地域特色的文化氛围。

诂经精舍文学课作中西湖及其周边名胜是频繁出现的题目，围绕西湖的文学课作中表现出独特的地域民俗风情。《诂经精舍文集》卷14查揆《西湖花月夜》最后有诗句曰："锦缆青丝打桨斜，杭州水调滚琵琶。如花十五吴儿女，能唱钱家又赵家。"泛舟西湖的少男少女，弹着琵琶，和着杭州水调，民调民歌，唱出了悠远的历史韵味，别是一番风情。《诂经精舍文续集》卷8收邹志路、朱修之《西湖龙舟棹歌》，沈金生《西湖棹歌》；《诂经精舍四集》卷15收戴瑞麟《西湖棹歌》，共43首棹歌，从多个角度反映了西湖的风俗人情，以及文人雅士、平常百姓在西湖滨畔诗意化的生活。如朱修之《西湖龙舟棹歌》第一首："钱王祠下浪花浮，箫鼓如云竞渡舟。江海潮平湖水阔，灵旗肸虫驾龙游。"端午前后赛龙舟祭奠屈原的风俗，在江南水乡广泛流行，也是西湖每年重要的民俗活动。最后一首："青衫几辈共衔杯，第一楼前倚棹来。但说是龙都不信，要看谁夺锦标回。"①这首诗看起来像是表达龙舟竞赛、勇夺锦标的豪情壮志，其实更深沉的寓意是诂经精舍肄业生醉心学术，在诂经精舍标志性建筑第一楼前，表达实现青衫换紫衫功业理想的信心。

浙江端午节前后赛龙舟的习俗除了祭悼屈原外，并有迎伍君的内涵。伍君即伍员伍子胥，因为伍子胥死后被夫差皮革裹尸于五月五日投入江中，所以浙江端午节增添了别的地方没有的地域特色。《诂经精舍四集》卷15孙庚撰《龙舟曲》序中描写了赛龙舟这一越俗的起源和流行盛况。序曰：

龙舟竞渡之戏，起于吊屈子，迎伍君。故今尚行于荆楚

---

① 《诂经精舍文续集》卷8，第32页。

吴越间，而越俗尤尚之。每岁起自四月，迄于夏末，分村醵会，竞侈斗华，钲鼓之声，不绝于耳。画旗绣舻，日游衍于澄湖碧浪之间，时或犀楫争先，骈艘并进，昂首棹尾，振迅若有神。而歌吹祀赛之盛，士女丰容之观，云合而雾袭。农畈之家，亦复约戚友，具供馔，出其终岁所获，为一日鸡黍之资。盖风俗所习，不可遏也。生本越人，居傍鉴曲，领略为多。敢因是题，即赋越俗，亦作衢里谣歌观耳。①

赛龙舟在越地风俗中流传广泛，几乎是全民参与，盛况非凡，“盖风俗所习，不可遏也”，风俗习惯的影响力量是非常巨大的。

西湖棹歌中也反映了天竺山进香的民间集会活动。《诂经精舍四集》卷15 戴瑞麟《西湖棹歌》其三：“进香天竺趁新晴，齐向茅家埠口行。不辨梵音与人语，满船风送诵经声。”这首诗描绘了天气新晴，众多香客竞相涌向天竺山烧香祈福的活动场景。江浙一带百姓集体进香祈福的民俗，久而久之形成了热闹的香市，香市持续时间长，一般从清明到谷雨20多天，参与民众多，热闹非凡，除了买卖各种物品、食品小吃，还有民间杂技等各种表演，是集体狂欢的节日。杭州天竺山进香这个重要的民俗集市活动，形成了热闹繁华的西湖香市。同治八年(1869)二月甄别课有课题《天竺进香词》，同治八年(1869)二月朔课有课题《香市歌》，《诂经精舍三集》(己巳下)收有王麟书《香市歌》四首：

几日香船到，春风松木场。立竿悬荡口，各自认蜂房。

认取灵山路，匆忙不入城。石碑书道上，天竺向南行。

入市纷何有？门摊设列齐。儿童贪面具，老妪喜牟尼。

掬得西泠土，蚕花利市招。育蚕防鼠子，又为市泥猫。②

---

① 《诂经精舍四集》卷15，第15页。

② 《诂经精舍三集》(己巳下)，第6页。

这四首关于香市的诗歌,生动形象地描摹了香市活动的诸多场景,如第一首中运输的香船,立着竹竿的店铺,第二首中急于先向天竺山进香的人群,以及指路的石碑,第三首中香市商品的丰富多样,儿童、老妪各有所爱,各取所需,串联起来都是鲜活的热闹景象。最后一首讲的是蚕农的民俗活动。香市的形成最初得益于蚕农的进香祈福。蚕农每年清明时节都要到蚕神庙进香祈福,为了讨吉利,到天竺山进香后掬得西泠土,回去点烛焚香,举行谢蚕花的习俗,称作"蚕花利市",认为这样能够实现祈愿,讨得吉利。"蚕花",本指蚕茧,后来将妇女头上带的假花和一般野花也称作蚕花,以图吉利。另外,杭州养蚕人家还有个习俗,就是赶香市多买泥猫,因为老鼠会啃吃伤害蚕卵蚕果,多买泥猫,放到蚕匾或蚕架上,可以驱鼠辟邪。这首诗最后两句反映了这样的民俗。

诂经精舍文学课作中其他民俗表现如同治八年(1869)五月望课《西湖采莼词》,同治九年(1870)三月朔课《龙井采茶歌》,《诂经精舍四集》卷16冯松生《拟龙井祀茶神文》,反映了杭州西湖采莼、采茶的生产习俗,以及"祭茶神"的民俗活动。古代祭祀风俗普遍流行,祭祀对象各种各样,祭祀"茶神"陆羽就成了很特别的一种民俗。西湖龙井茶举世闻名,祭茶神民俗也成了茶文化的重要组成部分。

吴越地区人杰地灵,形成了独具特色的风土人情,也留下了丰富的地方风土志文献。诂经精舍文学课作中就有相关的拟作。《诂经精舍四集》卷11收录徐琪、王崇鼎《拟王梅溪会稽风俗赋》二人课作各一篇。王十朋(1112～1171),字龟龄,号梅溪,是南宋著名的政治家和诗人,出生于乐清四都左原(今浙江省乐清市)梅溪村,绍兴二十七年(1157)状元。王十朋《会稽风俗赋》歌咏家乡会稽的山川风俗,风土人情,纵古贯今,横及各方,气势磅礴,文采飞扬,极具欣赏价值和史料价值。由徐琪课作序言可知,他是模拟王十朋《会稽风俗赋》来摹写杭州风俗。序中有曰："余世家于杭，山川物产，不在越下，独惜梅溪未能为我赋之。因宗工濂甫先生以斯命题，遂掇拾杭郡风俗，制为一篇。……或谓彼赋会稽，此赋杭郡，不几自相矛盾。不知杭郡越郡在秦俱隶会稽，彼既以赋会稽者赋越，何不可以赋会稽者赋杭乎？"①肄业生王崇鼎乃梅溪人，他的这篇课作即以梅溪风俗为赋，主要表现的是南宋以后的风俗人情。

另外，从诂经精舍课作中能够反映出两浙地区比较浓厚的文化氛围、尚文儒雅的风俗民情。诂经精舍文学考课中多次以文澜阁命题。杭州文澜阁因为庋藏《四库全书》而具有了重要的文化地位，成为两浙地区尚文博雅的一种文化象征。《诂经精舍四集》卷9收有陈遹声《文澜阁赋》，有序曰："乾隆四十七年(1782)《四库全书》告成，立文渊、文溯、文源、文津四阁，为藏庋之所，凡簪笔之士，亦既沐浴圣化矣。高宗纯皇帝复念两浙为翠华临幸之地，多士瞻仰龙光，文才蔚起，特命建文澜阁于西湖行宫，与扬州大观堂之文汇阁、镇江金山寺之文宗阁并峙，诏馆臣缮写库书，庋置阁内，俾浙省勤学好古之士，咸得观览，流传广布，以迄无穷。煌煌宸翰，照耀古今。"②《诂经精舍五集》卷7收有冯一梅、王廷爵二人《文澜阁赋》各一篇。《诂经精舍七集》卷9收有计德谨《文澜阁赋》一篇。《诂经精舍四集》、《五集》、《七集》编辑时间前后相隔达20年之久。《文澜阁赋》这个题目在课作中反复出现，是因为文澜阁所承载的文化象征意义，受到浙江文人士大夫的推崇，文澜阁所庋藏的《四库全书》乃文化巨制，在人文渊薮之地散发出润泽的人文之光，确实是江浙书籍文化的一个代表，在浙江文人

---

① 《诂经精舍四集》卷11，第12页。

② 《诂经精舍四集》卷9，第12～13页。

心目中具有崇高的地位。另外，同治七年（1868）二月望课有《购补文澜阁遗书议》一题，同治七年（1868）五月朔课有《收购遗书启》一题。诂经精舍多次以文澜阁为出题对象，而诂经精舍肄业生胡敬后来主讲杭州崇文书院，也曾出《文澜阁赋》一题，可见文澜阁在杭州人心目中崇高的文化地位，也反映了两浙地区浓厚的尚文博雅的地域人文风气。

学海堂文学课作中对岭南风土人情、民俗习惯的呈现也非常丰富多彩。如对民俗活动特别是元宵节、上巳节、中元节、七夕节等传统节日的歌咏。《学海堂集》卷 10 有课作《拟三月三日蒲涧修禊序》，《学海堂三集》卷 15《秋禊赋》，《学海堂四集》卷 20《闰上巳兰湖修禊序》。修禊和秋禊是古代重要的民俗活动，可谓源远流长。禊，古代春秋两季在水边举行的清除不祥的祭祀活动。修禊，古代民俗于农历三月上旬的巳日（三国魏以后始固定为三月初三）到水边嬉戏，以祓除不祥的民俗活动。秋禊，古人于农历七月十四日在水边举行的祓除不祥的祭祀活动。学海堂文学课作中还有描写其他节日风俗的课题，七夕节的有《学海堂三集》卷22《咏七夕节物八事》，《学海堂四集》卷 22《闰七夕乞巧文》。《咏七夕节物八事》一题吟咏了和七夕节相关的八种事物和民俗活动，它们是银河、月、曝衣、针、鹊、蜘蛛、花、果。七夕曝衣是广泛流行的民间习俗，其他七件事物是和七夕、乞巧民俗活动密切关联的事物。其中"蜘蛛"一题和七夕之间的关系现代人觉得突兀难明，在古代七夕乞巧活动中，有些地方有以蜘蛛网丝乞巧的风俗，蜘蛛善于织网和织女善于织布具有意象上的关联性。肄业生金铸《蜘蛛》一作曰："余绪犹堪触，清机引更申。本来工组织，此事要经纶。结就千丝密，看成卍字匀，凭君抽乙乙，送巧报佳人。"①此课

---

① 《学海堂四集》卷 22，第 8 页。

作中蜘蛛织网与织女织布、民女织女混为一体,“送巧报佳人”,希望年轻女子乞巧的愿望能够实现。

其他关于节日的课作如《学海堂四集》卷19《闰中元赋》,中元节为七月十五鬼节。卷25《斗龙船行》有关端午节,描写的是端午节前后赛龙舟的风俗。文集中收有汪瑔的课作,生动地反映了端午节赛龙舟的盛况。诗开首曰:“珠江五日波光湿,画鹢飞凫后先集。才见船旗五色明,已看沙岸千人立。江流不动江波平,不闻水声闻鼓声。”①《学海堂四集》卷25《七月烧衣曲》,咏七月施孤的民间风俗,施孤也叫祭孤,施舍祭品给“阴间”的孤魂饿鬼的民俗。《四集》卷28《广州灯夕词》,灯夕,指元宵节,吟咏元宵节民俗风情。

《学海堂四集》卷23《岭南新正乐府四首》一题,分述“送蚕姑”、“照田禾”、“打灯谜”、“夺花炮”这四种民间习俗,前两者是农事民俗活动,后两者是节日中的娱乐习俗。

学海堂课艺文集中那些吟咏山川形胜和地域物产的课作对岭南民俗风情有更全面的反映。《学海堂集》卷15收有《岭南荔枝词》共130首,全面反映了岭南浓厚独特的荔枝文化。除了诗歌中的地域风情外,其中作者的注释所包含的地域文化内容更为全面。以谭莹课作为例。其中收有谭莹课作60首,生动展现了有关岭南荔枝文化的民俗风情。如第四首中所反映的有关荔枝的民谚:

> 粟米香瓜并熟时,村南村北子离离。儿童共唱新蝉叫,四月街头卖荔枝。(粟米,果名;“新蝉叫,荔枝熟”,岭南谚也。)

此首诗写荔枝成熟收获时节的民情表现,儿童们兴高采烈地

---

① 《学海堂四集》卷25,第13页。

嬉戏，高声歌唱“新蝉叫，荔枝熟”的岭南民谚，配合着街头荔枝的叫卖声，气氛祥和喜庆。

再如第九首中荔枝生长培育中“买焙”的习俗：

二月枝头已著花，村人护惜等桑麻。今年风雨知多少，郑重论钱判焙家。（原注：荔枝二月而花，花时多电则实小，多雨则花腐，少雨则花液，相胶而不实。估者视其花而判之，是曰买焙，其人名曰焙家。）

其他如对荔枝的看护、贩卖、嫁接过程中田园原生态的描写，弥漫着浓郁的地域习俗风情。

《学海堂二集》卷16收有谭莹、陈澧二人之《素馨灯赋》。素馨灯是用素馨花穿织而成的花灯，在广州历史上非常流行，在花开时节张挂素馨灯成了非常流行的民俗活动。素馨灯非常漂亮，有人赞叹“粤中素馨灯，天下之至艳者”。素馨花开时节，市民无论贫富，皆要购买。广州城郊专有花田供应市场需要。屈大均《广东新语》载，“城内外买者万家，富有以斗斛，贫者以升”，“一时穿灯者，作串与缨络者数百人”，“无分男女，有云髻之美者，必有素馨之围，在汉时已有此俗”。① 谭莹课作中对素馨灯流行、受到民众追捧喜爱的状况有生动的描写，开首曰：“三城伫艳，一水吹香；浦霞犹丽，街月初黄。花田采以成簇，灯市张而列行。镂冰雕玉，解佩垂珰，惊四照以难拟，惜九微之末光。”②《学海堂四集》卷28《反昌黎〈南食诗〉十五首》，对岭南饮食文化有直观反映。

（三）关注地域名人与文物遗迹

诂经精舍、学海堂两书院文学课作中常出现有关地域名人以及他们的逸闻轶事的课题，同时也关注两地的历史文物和遗迹。

---

① 屈大均撰：《广东新语》，中华书局1985年版，第695、697页。

② 《学海堂二集》卷16，第12页。

此处所指地域名人有两种：一是本土籍贯的历史名人，另一是因为仕宦、游历等与两浙、岭南两地结缘的历史名人，这些历史名人在浙江、岭南两地留下了诸多佳话和文学作品，也留下了许多可供凭吊的文物遗迹，成了地域文化中的重要组成部分。两书院文学课作中所关注的山川形胜，有很多是具有丰厚文化积淀的历史遗迹。

白居易、苏轼二人曾在杭州做官，受到百姓爱戴，流芳后世。白居易曾做杭州刺史，苏轼先为杭州通判，16 年后再任杭州太守，这些经历在他们的文学创作中留下了明显痕迹，杭州山水在他们笔下熠熠生辉，流光溢彩。其实使他们流芳后世的不仅仅是他们的文学作品，还有受到百姓拥戴的政绩，二人在治理杭州水患上成绩卓著，闻名西湖的白堤和苏堤就是历史的见证。杭州有民谚曰："杭州若无白与苏，风光一半减西湖。"可见二人的游宦经历对地域文化的深远影响。在西湖滨畔设立的白居易、苏轼祠堂，显示了二人在民众心中的地位，也成为诂经精舍文学课作关注的对象。《诂经精舍文集》卷 12 收有查揆《拟西湖新建白苏二公祠碑铭》，太平天国起义后，诂经精舍重建开课，为二人重建祠堂成了众人的心愿，《诂经精舍三集 · 辞赋》卷 1 有《劝重建白苏二公祠引》，卷 2 有《重建白苏二公祠》三首。两书院创建者阮元在疏浚西湖上也功不可没，现存的阮公墩就是历史的见证。但与西湖结缘最深、最为人们难忘的还是苏轼。

苏轼第一次来杭州任通判期间，写下了"欲把西湖比西子，淡妆浓抹总相宜"的诗句，概括出了西湖全方位的光彩魅力，也成了吟咏西湖的名句。当苏轼再次来到杭州任太守时，他看见的是一个荒芜的西湖，于是他奏请治理西湖，上疏说："杭州之有西湖，如人之有眉目，盖不可废也。"道出了文人心目中的西湖形象。这样的名诗名言成了诂经精舍文学课作的出题材料，同治七年（1868）

二月望课《晴湖不如雨湖赋》一题以“淡妆浓抹总相宜”为韵脚，《诂经精舍五集》卷7收有周德庆《西湖如人眉目赋》(以“淡妆浓抹总相宜”为韵)。

诂经精舍文学课作围绕苏轼的课题非常多,有很大一部分是拟作,如《诂经精舍文续集》卷4邹志略、朱修之《拟东坡〈六一泉铭〉》,《诂经精舍文续集》卷7董醇《拟东坡〈次溽字韵记龙井之游〉》,《诂经精舍三集·辞赋》卷1《拟苏轼〈进呈陆宣公奏议劄子〉》,《拟东坡〈书林逋诗后〉》二首。还有一些很特别的题目,如《诂经精舍文三集·辞赋》卷1《湖上预祝东坡先生生日文》,苏轼的生日也成了具有纪念价值的文化内容。还有一些题目源自于和苏轼相关的历史典故,不明出处,无法答题。如《诂经精舍四集》卷10《苏子瞻三不如人赋》(以题为韵),题出有关苏轼的历史典故,《墨客挥犀》卷4载:“子瞻常自言平生有三不如人,谓著棋、吃酒、唱曲也。然三者,亦何用如人。”①《诂经精舍四集》卷14有《蒸壶如蒸鸭赋》(以“是郑余庆,非卢怀慎”为韵),题目和韵脚来源于苏轼的典故,由肄业生严曾铨课作可知题目来源:

> 东坡诗:“不见卢怀慎,蒸壶如蒸鸭。”是以蒸壶会食为怀慎事也。按《卢氏杂说》,郑余庆一日召亲朋会食,呼左右曰:处分厨家,烂蒸去毛,莫拗折项。诸人认为必鹅鸭之类。良久就餐,每人前下蒸壶一枚。余庆清约,新旧书皆载之。《杂说》又卢氏所编,此为余庆事无疑,东坡盖误郑为卢耳。②

《诂经精舍四集》卷14《金鲫鱼赋》(以“我识南屏金鲫鱼”为韵)也是典出苏轼,肄业生钟樾之作序曰:

> 潜说友《临安志》纪苏东坡“我识南屏金鲫鱼”及“金鲫

---

① 《墨客挥犀》,中华书局1991年版,第22页。

② 《诂经精舍四集》卷14,第32页。

池边不见君"二语,而不详鱼所自始。《韵语阳秋》曰:"临安六和寺有金鲫池,苏子美诗:'松桥待金鲫,竟日独迟留。'盖出有其时也。自子美后四十年,东坡始游兹寺,尝投饵以待,乃略出,不食,复入。东坡谓此鱼难进易退而不妄食,宜其寿四十年如此。"①

《诂经精舍五集》卷8《黄甘陆吉论功章华台赋》(以"东坡有黄甘陆吉传"为韵),也是来源于苏轼。诂经精舍文学课作中常以苏轼为题,源自于苏轼重要的文学史地位,以及在杭州文化史上的重大影响力。

诂经精舍文学课作对活动于两浙地区的其他历史人物比较关注的如伍子胥、钱镠、林逋、岳飞、韩世忠等,同时关注与他们相关的史事典故和文物遗迹。以伍子胥为题的如同治九年(1870)三月朔课《伍员论》;以钱镠为题的如《诂经精舍文续集》卷6《钱武肃王铁券赋》,卷7《钱武肃王铁幢歌》、《钱武肃王排衙石诗刻》,《诂经精舍四集》卷11《钱武肃强弩射潮赋》(以题为韵)等;《诂经精舍八集》卷11《梅妻鹤子赋》(以"结庐西湖,植梅蓄鹤"为韵),以北宋杭州人林逋事迹为出题对象;以岳飞为题的如《诂经精舍文续集》卷7《岳鄂王铜印》、《岳鄂王庙观宋高宗手敕墨迹》,卷8《观岳鄂王绍兴九年颁赐铜印》等;以韩世忠为题的如《诂经精舍文续集》卷7《韩蕲王湖上骑驴歌》,《诂经精舍四集》卷10《韩蕲王湖上骑驴赋》(以题为韵),等等。在杭州南屏山西麓有北宋司马光隶书家人卦摩崖刻石,课作中多次以之为题,如《诂经精舍文续集》卷6《南屏山观温公书赋》,《诂经精舍三集》同治七年(1868)三月望课《司马温公隶书家人卦赋》(以"涑水崖碑半绿苔"为韵)。

① 《诂经精舍四集》卷14,第24页。

学海堂在地域文化名人以及历史文物遗迹的吟咏关注上一如诂经精舍，巧合的是，学海堂文学课作中对苏轼也是情有独钟。苏轼因为贬谪岭南的人生经历，给岭南蛮荒落后的文化染上了亮色，“九死蛮荒吾不悔，兹游奇绝慰平生”，“日啖荔枝三百颗，不辞长作岭南人”，这些诗句表现了苏轼达观豪放的人格魅力，也给世人正向欣赏评价岭南地域文化的魅力开启了窗口。在学海堂有关荔枝的众多课作中，苏轼的荔枝吟咏成了重要的创作背景。学海堂四种课艺文集中，以苏轼及其作品为题的共有 14 题：

《学海堂二集》卷 18《白云山拟苏子瞻武昌西山》、卷 19《拟东坡和潞公超然台》、卷 21《拟东坡秧马歌次韵》;《学海堂三集》卷 20《咏学海堂中草木九首》(用东坡《和子由记园中草木体》)、《海幢寺放生羊二首》(用东坡《岐亭》诗韵)，卷 23《读东坡岭外诗咏古六首》;《学海堂四集》卷 20《十二月十九日妙高台祝东坡生日诗序》，卷 22《拟重修惠州白鹤峰苏文忠公新居碑记》，卷 24《拟东坡〈小圃五咏〉》、《咏夏园草木学东坡〈和子由园中草木体〉》，卷 25《壬戌之秋七月既望宝陀寺妙高台玩月拜东坡先生遗像》、《松风亭梅花盛开拜东坡先生生日》、《东坡六榕两大字拓本书后》，卷 26《载酒堂谒东坡遗像》。

其中 8 题为拟作，学海堂多名人拟作，但有关苏轼作品的拟作题目是最多的。说明学海堂文学课作对苏轼文学作品的重视和关注。其他如拜谒祭奠苏轼遗像、东坡生日时选择佳地拜祝、东坡手书遗迹拓本，由这些题目课作可见苏轼在岭南学海堂的文化地位一点不逊色于其在杭州诂经精舍。

学海堂文学课作中的其他岭南地域名人，如汉代杨孚、唐代名相岭南人张九龄等。关于张九龄的课题有《学海堂集》卷 14《拟张曲江〈望月怀远〉》，《学海堂二集》卷 18《秋日咏怀拟张曲江〈感遇〉》、《学海堂三集》卷 16《拟张文献公荔枝赋》，皆是拟作。

其他岭南历史名人的课题如《学海堂二集》卷19《宋代三贤(余襄公、崔清献公、李忠简公)咏》,指余靖、崔与之、李昂英三位宋代名臣,皆是岭南人。《学海堂二集》卷22《论诗绝句》,专论粤东诗人10人。再有以岭南地域名人和文化遗迹为题的课作,以《学海堂四集》为例,卷22《拟虞仲翔祠碑》(虞仲翔,即虞翻,三国时广州人)、《海珠李忠简公祠碑》(李忠简公,即李昂英)、《拟张燕公广州都督宋广平遗爱碑颂》、《太子少保提督昆公抚定信宜碑记》;卷24《和戴文节公〈西樵七胜诗〉》(戴文节公,即戴熙,诂经精舍肄业生,曾任广东学政,太平天国之乱中殉节而亡,谥文节);卷25《重修梁药亭先生墓》(梁药亭,即清代广东南海人梁佩兰)、《阮太傅重刻西岳华山碑拓本》(阮太傅,指阮元);卷26《漱珠冈访杨议郎故宅》(杨议郎,指东汉杨孚,南海郡番禺人)等,都是以岭南地域历史人物及相关文物遗迹为出题对象。

两书院文学课作对文物的关注,如《学海堂四集》卷25《南越铜鼓歌》、《藤鼓行》,卷27《铜鼓》等,反映出岭南独特丰富的鼓文化。岭南鼓一般用铜做成,也有用藤条编成的,《藤鼓行》中的藤鼓是一件古代流传下来的文物。《学海堂四集》卷27《鉴古八咏》,表现出对地域文物的关注。

第四节　两书院的文学教学方法

诂经精舍和学海堂的文学教学主要表现为以下几种方法:考课、自学、讲授、讨论,以及上节所论的雅集等。

一、考课与自学

两书院是以考课为主的书院,两书院的考课已经成为办学的一种制度。关于两书院的考课制度,本论文已于第一章第四节

《建制》中作了介绍。每次考课皆有文学题目，而且所占比重还比较大，上面已经论及。肄业生的课艺，选择比较优秀的刊刻成文集，这在书院发展史上是一项创举。学海堂总共刊刻了四集，诂经精舍总共刊刻了八集，各90卷，所收诗文各有2000多篇。这些文集不仅仅是学生课艺之佳作，也是具有较高学术价值的研究成果，是肄业诸生的文学才华和诗文成就在书院学习中的体现。张之洞（1833～1909）《书目答问》将《诂经精舍文集》14卷、续集8卷、三集和《学海堂集》16卷、二集22卷、三集24卷归入集部。后来范希曾补入《学海堂四集》28卷。① 许宗彦（1768～1818）评《诂经精舍文集》说：

> 所载于古今学术，洞悉本原，折衷无偏，实事求是，足以发明坠义，辅翼经史。其余诗古文，或咀六代之腴，或挹三唐之秀，风标峻上，神韵超然。②

文学创作和经训考据学一样，取得了独特的成就。两书院文集中文学作品占了大多数，具有较高的文学和文学研究价值，在一定程度上反映了当时的文学风貌和书院文学教学状况，是宝贵的历史文献资料。关于两书院的考课，第一章已有专论，此不赘述。

自学，是我国明清时期书院教学中共有的特点。书院大师虽然常常面授生徒，但只是提纲挈领，由生徒随其深浅自行体会。生徒有疑难问题，或入室请益，或质疑问难，教师也仅是点拨一二，主要还是靠学生自学领悟。③ 到了清代随着博习经史词章书

---

① 参见张之洞撰，范希曾补《书目答问补正》，上海古籍出版社2001年版，第219页。

② 许宗彦：《诂经精舍文集序》，阮元编订《诂经精舍文集》卷首，清嘉庆六年（1801）刻本。

③ 参见陈学恂主编，周德昌分卷主编《中国教育史研究》（明清分卷），华东师范大学出版社1995年版，第105页。

院的出现,书院的自学制度更臻于完善。诂经精舍和学海堂两书院独立思考、自由研究的自学风气尤为突出。学海堂"课业诸生于《十三经注疏》、《史记》、《汉书》、《后汉书》、《三国志》、《文选》、《杜诗》、《昌黎先生集》、《朱子大全集》以上诸书,各择性之所近,自择一书肄习"①。每人选择的课程并不相同,根据各自特性,选择学习内容,"或先句读,或加评校,或抄录精要,或著述发明"②。这些功夫主要还是靠学生自己自觉地去钻研学习,教师只不过常常加以指导而已。诂经精舍"问以十三经、三史疑义,旁及小学、天部、地理、算法、词章,各听搜讨书传条对"③。考查学生不同学科的学习情况,让学生自己动手搜集资料,解决问题,也主要是在导师指导下独立学习的过程。

两书院所选择的学生本身就具有比较好的学术素养和水平,总体素质要高于当时的其他书院,是超越于当时其他书院之上的高等学府,所以两书院肄业生的自学能力更是超越于当时的其他的学子。两书院具有良好浓厚的学习读书氛围,肄业生学习普遍刻苦用功,专心自律。在诂经精舍肄业的章太炎曾说过:"学问只在自修,事事要先生讲,讲不了许多。"又说:"曲园先生,吾师也,然非作八股,读书有不明白处,则问之。"④可见诂经精舍的教学以自学为主,辅以掌教等指导。我们可以从诂经精舍肄业生陈汉章一年的读书量窥见书院内学子自学读书的勤奋和刻苦。光绪十二年(1886),23 岁的陈汉章肄业于诂经精舍,师事俞樾,此年正月开始作《俞楼日记》,记述学习状况,"以自考其心术之厚薄,功力

①② 林伯桐修,陈澧续补:《学海堂志》,第 25 页。

③ 孙星衍:《诂经精舍题名碑记》,《诂经精舍文集》卷首。

④ 《章太炎先生答问》,《太炎先生最近文录》附录,上海国学书室 1915 年版。转引自汤志钧编:《章太炎年谱长编》(上),中华书局 1979 年版,第 11 页。

之勤惰”。到了年底，日记有一总叙，记述一年所读之书。叙曰：

> 凡一年三百五十五日，除去应事及杂览及造作一百七十三日，整得一百八十二日，凡点看《毛诗疏》七卷，《书疏》二十卷，《易疏》十卷，《孝经疏》九卷，《阮氏孝经义疏》一卷，赵坦《宝甓斋文集札记》二卷，阮元《车制图解》一卷，《法言》十三卷，《庄子》一卷，《通鉴》二百九十四卷，《释文辨读》十二卷，《左传疏》六十卷，《公羊传疏》二十八卷，洪亮吉《左传诂》二十卷，焦循《左传补疏》一卷、顾炎武《补注》三卷、惠栋《补注》六卷、马宗梿《补注》三卷、姚鼐《补注》一卷，孔广森《公羊通义》十三卷，姚鼐《公羊补注》一卷，凌曙《公羊礼疏》一卷，惠栋《公羊古义》一卷，刘逢禄《公羊解诂笺》一卷，王引之《左传述闻》三卷、《公羊述闻》一卷，江永《古韵标准》四卷，段玉裁《六书音韵表》一卷，统计五百七十卷。其他《礼记疏》、《周官疏》、《论语疏》、《史记》、《五代史记》、《后汉书》、《五礼通考》、《宋元学案》、《尸子》、《竹书纪年》、《春秋繁露》，点看而未毕者不计。《南史》、《北史》等，《荀子》、《吕览》等，翻纸偶及者亦不计。盖此年之功，废于舟车历鹿者半，废于杂拉涉猎者亦半，虽有所造作，而不能日知所亡，月无忘其所能，当切戒之。十二月三十日记。①

陈汉章一年中读书之多，读书之勤，读书之扎实，自律之严，让人叹服。于此亦可见诂经精舍浓厚良好的学习风气。艰深涩奥的经学内容尚且以自学为主，文学内容的学习更是得益于自修自学的个人体悟和创作练习。

两书院教学中日课的读书札记法，其实是具有两书院典型特

---

① 林志龙：《陈汉章先生年谱》，见《经史学家陈汉章》，黄山书社 1997 年版，第 321～322 页。

色的自学方式,以培养学子良好的治学习惯和品性。章太炎、梁启超二人之学养皆获益于此。

文学素养是我国古代知识分子终身修为的根本资源,也是两书院学生遴选时考察的标准之一。阮元《山东粮道渊如孙君传》曰:“六年四月,元抚浙,建诂经精舍于西湖之滨,选督学时所知文行兼长之士读书其中。”①胡敬《诂经精舍文续集序》云:“复遴选诸生之经术较优,词华兼茂者,肄业其中。”②所选学生“文行兼长”,“经术较优,词华兼茂”,说明所选学生已有一定的知识水平。张崟在《诂经精舍志初稿》中引钱塘孙峻的话说:“当年杭州人士之肄业精舍者,例须由其他三书院(指敷文、崇文、紫阳三所位于省会的大书院)选送。”如金华钱孔福由敷文书院日课超等挑选入诂经精舍肄业。③《学海堂丁亥课士录》(见附录三),该稿本中所载丁亥年(1827)春课与冬课两季课试中,举人身份的肄业生就有黄应麟、黄志超、叶轮、崔弼、雀树良、蔡良谟、何汝龙、谭瑀、张乐、冯体仁、伊良卿、胡凯平、冯佩兰、谭非石、蒙泉、黄应麒、李士倌、朱阳湖、陈秋涛、陈应涛、刘崇、蔡芳洲、严颢、潘照麟、程贵时、老其材、林联桐、李月峰共28人。

诂经精舍和学海堂,是凌驾于当时一般书院之上的高等学府,学生皆是具有完全自学能力的知识分子。诂经精舍和学海堂的教学活动具有显著的自学特色,较之经训考据学容易、更具趣味性的文学课程的自学特色更为明显。不管是兴致所至,还是为了考课的需要,赋诗作文,多为学生独立、自我钻研的完成过程。在各个学科的学习中,文学教学的自学性更为明显。

---

① 阮元:《揅经室集》2集卷3,第436页。

② 罗文俊编订:《诂经精舍文续集》卷首。

③ 张崟:《诂经精舍志初稿》,第25页。

二、教师讲授指导和自由讨论相结合的学习方法

诂经精舍和学海堂两书院学生除自学外，教师讲授指导和师生互相讨论是重要的学习方法。陆尧春《诂经精舍崇祀许郑两先师记》中说："岁庚申，中丞仪征阮公于湖滨建设诂经精舍，招浙东西之士三十余人，延名师，置都养，晨夕讲诵其中。"①陈澧说："天下为真学问者，岂敢谓无人。然师友讲习者，则惟吾粤有学海堂。"②在两书院讲学的大师名儒不计其数，在学海堂主讲名师就有 55 人之多。③ 俞樾主讲诂经精舍达 31 年之久。学海堂的学长陈澧在学海堂任教 20 多年。八学长制的设立，对学海堂诸生的学习很有帮助，学长们在辅导学生进行经史子集各科学习时，可以针对每个学生的实际情况，因材施教。教师也可以发挥各家所长，协力启导学生。学海堂的学生可以根据自己的兴趣爱好，于八学长中"择师而从，谒见请业，庶获先路之导"④。

两书院教师的讲授指导和今天的课堂教学不一样，所谓的讲学相当于今天的专题讲座形式。梁思成《致在君先生书》中云："学海堂历来学长有金纪堂、陈兰甫（陈澧）、黎大椿、陈梅坪（陈瀚）、梁禹生（梁廷枏）诸先生。每月讲学二次。"⑤

两书院的教学气氛轻松愉快，学生不但可以执卷请业，择师而从。师生们还常在一起进行热烈的讨论，和一般书院呆板、肃

---

① 阮元编订：《诂经精舍文集》卷 3，第 2 页。

② 《陈兰甫先生澧遗稿》，《岭南学报》1931 年第 2 卷第 2 期，第 161 页。

③ 参见李国钧《清代考据学派的最高学府——诂经精舍与学海堂》，《岳麓书院通讯》1983 年第 1 期。以及本书附录五《学海堂学长小传》。

④ 林伯桐修，陈澧续补：《学海堂志》，第 3 页。

⑤ 梁思成：《致在君先生书》，转引自丁文江、赵丰田编《梁任公先生年谱》（初编），中华书局 2010 年版，第 12 页。

穆的气氛大为不同。阮元首开学海堂课程,即与诸生讲经析疑,“凡经义子史前贤诸集,下及选赋诗歌古文辞,莫不思与诸生求其程,归于是,而示以从违取舍之途”①。教师在授的同时,更注重质疑问难的讨论方法,“暇日聚徒讲议服物典章,辩难同异,以附古人教学藏修游息之旨”②,形成一种论学问难的学术环境和学术风气。钱泳说:“余每游湖上,必至精舍盘桓一两日,听诸君议论风生,有不相能者,辄訬攘面赤,家竹汀宫詹闻之,笑曰:‘此真所谓洙泗之间,龂龂如也。’”③这样自由宽松、热烈论辩的集体学习环境是非常有利于诸生增进学业的。

第五节 两书院的办学效果与影响

诂经精舍、学海堂两书院的办学效果可谓世人有目共睹,对浙江、广东两地人才的培养、教育文化风气的酝酿,对全国学术文化风气的推进引领,产生了深远悠长的影响作用。

一、两书院在人才培养和地域学风熏陶上有重要影响作用

两书院对改善时代学风有引领之功,培养了大批于国家社会有用的人才。两书院在人才培养上成就非凡。诂经精舍学生“致位通显……牧民有善政,及撰述成一家之言者,不可胜数,东南人才之盛莫与为比”④,“学问名家,作述不朽者,比比而是”⑤。诂经

① 吴岳:《新建粤秀山学海堂碑》,阮元编订《学海堂集》卷16,第4页。

② 孙星衍:《诂经精舍题名碑记》,《诂经精舍文集》卷首。

③ 钱咏:《履园丛话》卷23,清同治九年(1883)常熟写经堂藏版刻本,第19页。

④ 孙星衍:《诂经精舍题名碑记》,《诂经精舍文集》卷首。

⑤ 张崟:《诂经精舍志初稿》,第2页。

精舍人才输出的途径主要还在于"牧民"的封建时代的官员,然后是能"成一家之言"专注学问著述的学者。"大抵有清中叶以降之两浙学者,固不必皆出诂经,而曾习业精舍者,要多能卓然有以自见,则昭昭然也。"①诂经精舍培养的人才在两浙地区享有盛名。

自从阮元建立学海堂,广东学子"见闻日扩,而其文亦渐近纯熟,岭海人物,蒸蒸日上,不致为风气所囿者,学海堂之力也"②,"粤人知博雅,皆自此堂启之"③。学海堂的建立对改变岭南学风功不可没,对广东书院发展产生了很强的影响辐射力。在学海堂的影响下,广东旧时专攻科举的书院纷纷仿效,从纯粹讲读八股时文向学术研究、文学创作转变。

关于两书院到底培养了多少肄业生,众说纷纭,难以确定。学海堂专课肄业生共260人④,每次考课人数都达数百人,前后八十年的时间算起来那可是个非常庞大的数字。诂经精舍的肄业生数量,徐雁平博士就推断出了三个结论:

其一,以课作集所录生徒推算,八十年间肄业生,不低于一千二百八十人;

其二,以内外课额各十八名推算,八十年间肄业生,有二千八百八十人;

其三,单以内课生徒推算,八十年间肄业生,有一千四百四十人。⑤

---

① 张崟:《诂经精舍志初稿》,第2页。

② 崔弼:《新建粤秀山学海堂记》,《学海堂集》卷16,第18页。

③ 戴肇辰等修,史澄等纂:《广州府志》卷66,光绪五年(1879)刊本,第19页。

④ 容肇祖:《学海堂考》,第2~7页。

⑤ 徐雁平:《清代东南书院与学术及文学》(上卷),安徽教育出版社2007年版,第159页。

王建梁博士推算出诂经精舍肄业生的数字非常惊人,“在其存续的八十五年间,约有七千多人在这里学习过”①。虽然关于两书院肄业生的人数难以确定出一个准确的数字,但不管依据哪种方式计算,两书院肄业生的数量都足够庞大,足以对两地的人文教育事业产生显著的影响,人才培养之功,显而易见。

阮元在两书院教学中鼓励学生把读书与著述相结合,他认为:“若夫载籍极博,束阁不观,非学也;多文殊体,辍笔不习,非学也。”②读书、著述二者相辅相承,相得益彰,相互促进,才是正确的为学之道。在这个理念的指导下,两书院肄业生博览群书,勤于著述者比比皆是。张崟《诂经精舍志初稿》中曰:“课艺梓行者八集,至今尤为世珍,生徒著籍,可考者千数百人。学问名家,作述不朽者,比比而是。举其著者,早年如归安姚文田,仁和严元照,海宁陈鳣,临海二洪(颐煊、震煊),嘉兴二李(富孙、遇孙),双张(廷济、燕昌),仁和钱林,乌程施国祁、周中孚,平湖朱为弼,德清徐养原,萧山汪继培,青田端木国瑚;晚期如义乌朱一新,钱塘吴承志,定海黄以周,余杭章炳麟,归安崔适,德清戴望,罔不述作斐然,有光史册。”③学海堂肄业生有著述问世的,可查者达300余人,几千种书。④ 两书院在图书编纂和刊刻上同样成就卓著,在教育文化事业推广传播中发挥了重要作用。关于两书院的图书编纂和刊刻,本书在第一章第五节已有专门论述。

① 王建梁:《清代书院与汉学的互动研究》,武汉出版社2009年版,第104页。

② 阮元:《学海堂集序》,《学海堂集》卷首。

③ 张崟:《诂经精舍志初稿》,第2页。

④ 李国钧:《清代考据学派的最高学府》,《岳麓书院通讯》1983年第1期,第59页。

陈宝箴评价诂经精舍、学海堂两书院人才培养之功很值得推敲，他说："数十百年间，考据、辞章之士多出其中，而能以道德经纶世变者，渺焉寡闻，是果天之生才有数邪？抑教者与学者皆相感以类邪？"①他认为两书院在考据、辞章的学术与文学人才培养上效果明显，人才辈出，而能够"经纶世变"的突出政治人才比较少。如果陈宝箴能够看到出自诂经精舍的章太炎、出自学海堂的梁启超在清末民初政治舞台上"经纶世变"的杰出表现，就不会说这样的话了吧！其实浙江、广东两省有影响力的著名人物有很大一部分人和两书院有着千丝万缕的联系。两书院在人才培养和地方学风熏陶上成绩卓著。

二、两书院促进了博习经史词章类书院不断涌现

两书院肄业生学有所成之后任教于各大书院者不计其数，把两书院的教学精神传播到四面八方，也把两书院重视经训词章的教育模式移植到其他书院。两书院的创建使浙江学风更加浓厚，广东学风由浮薄变得醇厚。就诂经精舍肄业生书院推广之功，有学者有如下评述：

> 抑精舍出身诸君，类能本其所学，推宏教泽，如黄以周之于四明辨志文会，江阴南菁书院，王棻之于黄岩九峰书院，马传煦、沈祖懋之于敷文书院，胡敬父子（瑶琨，敬其子）、戴熙之于崇文书院，朱一新之于粤省广雅书院，皆能汲引后进，牖启正学。而各地之踵设书院者，自广州学海堂同创于阮文达外，若上海之诂经精舍、龙门书院，江阴之南菁书院，武昌之经心书院，长沙之校经堂，成都之尊敬书院等，无不唯诂经之

① 陈宝箴：《致用精舍学规》，见《陈宝箴集》（下），中华书局2005年版，第1873页。

成规是仿。斯尤可见精舍不但影响于浙省者至大,抑且泽溉全国,堪谓为我国教育史上极光荣之一页矣。①

诂经精舍和学海堂两所书院对矫正清代书院的不良风气功劳卓著,对当时僵化的书院教育起到了积极的影响,成为许多书院的楷模,促进了很多科举类书院向学术型书院转变。仿两书院而建的书院有道光十八年(1838)陶澍创建的南京惜阴书舍,同治四年(1865)丁日昌创办的上海龙门书院,同治十二年(1873)沈仲复创立的上海诂经精舍,光绪十年(1884)黄体芳建立的江阴南菁书院,光绪十四年(1888)黄彭年创建的苏州建学古堂,光绪十五年(1889)张之洞创立的广东广雅书院,等等。梁启超所办的湖南时务学堂,也受到了两书院的影响。郭嵩焘对诂经精舍、学海堂的影响曾有这样的评述:“国家当乾隆盛时,诏天下尽立书院,辅学校之不足,规制大备,可云极盛。独怪其时圣人在上,人文蔚兴,在廷在位者类能通经致用,而无能考求宋贤遗规,胥人士而达之古,一取科举程序被之书院,视若帖括取科名外无有学问者。仪征阮文达公于浙建立诂经精舍,于粤建立学海堂,一时人士渐知有朴学。直省大吏稍稍仿效行之。”②“嘉、道之间,仪征阮文达公立诂经精舍浙江,继又立学海堂广东,奖进人才为盛。自顷十余年,各直省亦稍建书院,以治经为名。下及郡县,亦相率为之。”③

诂经精舍和学海堂两所书院,对当时僵化的书院教育起到了积极的影响作用,成为许多书院的楷模。据李兵《书院与科举关系研究》一书统计,道光以来地方官吏创建的著名的汉学书院有

---

① 张崟:《诂经精舍志初稿》,第3~4页。

② 郭嵩焘:《送朱肯甫学使还朝序》,见《郭嵩焘诗文集》文集卷14,岳麓书社1984年版,第256~257页。

③ 郭嵩焘:《重建湘水校经堂记》,见《郭嵩焘诗文集》文集卷26,岳麓书社1984年版,第527页。

32所，皆是深受诂经精舍、学海堂办学模式影响的书院类型。从统计表来看，乾嘉时期集中在江苏、安徽、浙江和广东的汉学已经传播至湖南、福建、河南、河北、四川、上海、湖北、贵州、山东和山西等省，影响范围进一步扩大，成为一个全国性的学术流派。① 据李兵论文中所统计，道光以来地方官吏创建的这32所书院，其中湖南3所、福建1所、江西1所、河南1所、河北1所、陕西1所、四川5所（其中重庆1所）、湖北1所、广西1所、贵州1所、山东1所、山西1所、云南1所、江苏7所、上海3所、广东2所、浙江1所。②

诂经精舍和学海堂的教师和肄业生学有所成，声名在外，往往到其他书院讲学任教，使两书院的办学模式和理念移植和渗透到其他书院，或者促进了新的汉学书院的创建。学海堂对广东书院发展产生了很强的影响辐射力。在学海堂的影响下，广东旧时专攻科举的书院纷纷仿效，从纯粹讲读八股时文向学术研究方向转变。学海堂的学长和生徒任教于各地书院，把汉学研究传播到四面八方，也把学海堂重视经训词章的教育模式移植到其他书院。王建梁博士在《清代书院与汉学的互动研究》一书中制做了完善细备的《学海堂学长和生徒任教书院表》，考察得出这样的结论："学海堂的学长和生徒共有四十（按：表中实为四十三）人次执教过二十三所书院，地域也颇为广泛，涉及广东的诸多地区：南海、香山、南雄、东莞、广州、番禺、顺德、清远、肇庆、长宁、潮州、连州，还有广西的桂林，更有甚者，远至武汉的两湖书院、开封的大梁书院。"③

---

① 李兵：《书院与科举关系研究》，华中师范大学出版社2005年版，第257～259页。

② 李兵：《19世纪中后期汉学书院与科举关系论略》，《湖南大学学报》（社科版）2005年第3期。

③ 王建梁：《清代书院与汉学的互动研究》，武汉出版社2009年版，第132～133页。

受两书院办学模式影响的书院个体，以下列举一些。

如诂经精舍肄业生胡敬，道光四年（1824）开始主讲杭州崇文书院。崇文书院专习用于科举考试的制艺时文，胡敬任主讲后，并不能改变书院传统的教学模式和内容，但他“制艺之外，加以词赋，诸同学咸翕然乐从”①。显然这是受到诂经精舍文学教育内容的影响。即使无法改变书院的学术倾向，从文学教育内容上改善书院教学办法也是一种很好的尝试。

完全仿效诂经精舍的办学模式而建的书院有道光十八年（1838）陶澍创建的南京惜阴书舍，“仿西湖诂经精舍为惜阴书舍，延请山长，专课经解、诗、古文词，举人与试焉”②。惜阴书院是受诂经精舍影响、在学海堂书院创建后出现的最早的一所博习经史词章类书院。陶澍建惜阴书院时，聘请俞正燮、薛时雨等著名学者为主讲。清光绪五年（1879）孙锵鸣《惜阴书院东斋课艺》序曰：

> 金陵之有惜阴书院，道光中陶文毅公督两江时仿浙之诂经精舍、粤之学海堂而为之也。盖圣人之立言垂教，其道莫著于经，然文字训诂之未明，曷由进而探性命精微之旨？而诗赋杂体文字，又所以去其颛一固陋之习，使之旁搜遐览，铺章摛藻，以求为沉博绝丽之才，异日出而润色鸿业高文典册，以鸣国家之盛者也，其意岂不厚哉！③

同治八年（1869），诂经精舍肄业生王棻创建浙江黄岩九峰书

① 胡敬：《敬修堂词赋课钞序》，俞麟年辑《敬修堂词赋课钞》卷首，同治十一年（1872）重刻本。

② 甘熙：《白下琐言》卷8，南京出版社2007年版，第149页。

③ 孙锵鸣：《惜阴书院东斋课艺序》，《惜阴书院东斋课艺》卷首，清光绪五年刊本。转引自陈谷嘉、邓洪波主编《中国书院史资料》（中册），浙江教育出版社1998年版，第1928页。

院，有文献载曰："同治己巳吴县孙公熹来宰黄岩，始建九峰书院，仿杭州诂经精舍之意，专以经解、词赋课士，购经史百家藏于院内名山阁，俾多士浏览讲求焉。"①

清同治九年（1870），广州菊坡精舍订立章程："向建菊坡精舍为专课通省举贡生监经史诗赋之所，仿照学海堂章程，童生不得与试。""省垣各书院，以时艺课士，此间仿学海堂例，试以经、史、诗赋，不拘体格，俾得各尽所长，务为根柢之学。每月定期初八、十八、二十八日三课，在精舍扃试，当日缴卷，不准继烛，如违即除名出院。"②办学模式专仿学海堂。另外还有广东梅县的崇实书院，教学内容和办学模式仿效学海堂和菊坡精舍。

冯树勋（字筱云，号述翁，南海县人，道光间举人），学海堂肄业生，咸丰三年（1853）任江苏青浦县知县。咸丰五年（1855）调任南汇县，仿阮元在粤学海堂课式，月课经史诗赋，人不限地，额不拘人，以其在南海时所居"芸香草堂"名其课，后又在惠南书院东偏修建草堂数楹，为诸生游息地。咸丰八年（1858）元宵堂成，作《古风》诗三十四韵记之，诗中自注云："予预学海堂课时，文达公（阮元）虽去任，尚幸在私淑之列。"③

清人方浚师在《蕉轩随录》中记载：王凯泰任广东布政使时，倡设孝廉书院，择地于粤秀山麓之应元宫，因"应元"二字于科举而言有中举及第的寓意，后来就用"应元"二字命名书院，即应元书院。应元书院西临菊坡精舍，距学海堂不足半里。书院落成，

---

① 王棻：《九峰精舍文集序》序跋三，《柔桥文钞》卷9，1914年上海国光书局铅印本，第20页。

② 刘伯冀：《广东书院制度沿革》，商务印书馆1939年初版。转引自陈谷嘉、邓洪波主编《中国书院史资料》（中册），浙江教育出版社1998年版，第1706～1707页。

③ 容肇祖：《学海堂考》，第139～140页。

王凯泰又“筹备经费，手订规条。彼都人士皆欣欣然相告曰：‘阮文达建学海堂后，此其继矣。’”①可见，王凯泰在广州粤秀山创建的应元书院受到了学海堂的影响。

苏州正谊书院的建设也受到两书院的影响。在改建正谊书院时，冯桂芬代作《改建正谊书院记》一篇，其中有曰：“因念江宁有惜阴书舍，杭州有诂经精舍，广州有学海堂，苏州独无，岁庚申当事议建沧浪讲舍，延宫允冯先生桂芬为之师，落成课有日而寇至，都人士惜之。予遂因正谊旧名而改课经解古学。”②

天津问津书院是清代天津比较有影响力的书院之一，乾隆年间创建，是一所以科举教育为宗旨的书院。后来直隶学政钱陈群提倡“于制艺、试帖外，增设经古课”，并亲自在问津书院堂上匾额题写“学海”二字。为了与广州阮元所创建的这所学海堂书院相区别，后又称“北学海堂”。李慈铭于光绪十年(1884)接受李鸿章的邀请来天津主讲问津书院北学海堂，在《越缦堂日记》中记载了一些教学情况。如光绪十年(1884)三月二十四日(公历4月19日)写道：“明日北学海堂小课，命题为《九族考》、《张居正论》、《竹外桃花三两枝》。”③所出题目类型和风格跟诂经精舍、学海堂两书院考课题目非常相似。

诂经精舍、学海堂的办学模式对后来兴起的西学书院和学堂的创办也有明显的影响。洋务运动时期，学海堂肄业生汪瑔(汪精卫叔父)参与了广州西学堂的创办，在拟定章程时，“参以广州各书院及学海堂之成法”④，“西文课试仿照学海堂之式分类出

① 方濬师：《蕉轩随录》卷5《应元佳谶》，清光绪十七年刻本，第18页。

② 冯桂芬：《显志堂稿》卷3《改建正谊书院记(代)》，《续修四库全书》第1535册，第522页。

③ 参见王兆祥：《清末天津老城里的书院》，《今晚报》2009年3月12日。

④ 汪瑔：《随山馆稿丛稿》卷4《答刘岘庄督部笺》，《续修四库全书》第1558册，第42页。

题，或经义，或策论，或算法，或杂学”①。

当然也有人士对诂经精舍、学海堂博习经史词章类书院过分专注于训诂词章的教学内容有着客观的认识。清光绪四年(1878)薛时雨《惜阴书院西斋课艺》序中曰：“若穷年尽性汨没于词章训诂，无当于用，岂予所望于诸生与文毅、伯相创之、复之之意耶？”②道光二十八年(1848)冯桂芬《惜阴书院戊申课艺》序曰：“若徒以训诂词章沾沾自喜，岂所期于诸生哉！”③两书院的学风和办学模式受到推崇和模仿在于能够为社会国家培养出具有实学的有用人才。

三、两书院停办后之遗响

1901年，在全国“废科举，兴学校”的社会呼吁下，光绪皇帝下达谕旨，颁布诏书，下令废除八股，停办书院，改建学堂。1902年，清政府颁发了《钦定学堂章程》，学制改革进入实施阶段，所有的书院都难逃历史赋予的命运，全国各大书院相继被废除。诂经精舍于光绪三十年(1904)废止，学海堂于光绪二十九年(1903)停办，旧址改为阮太傅祠。1915年前，学海堂已毁于战火。对于两书院停办后之影响，以学海堂为例论述如下。

据宣统《南海县志》载：“光绪二十八年(1902)，废应元、越

---

① 汪瑔：《随山馆稿丛稿》卷4《拟设西学馆课士议》，《续修四库全书》第1558册，第42页。

② 薛时雨：《惜阴书院西斋课艺序》，《惜阴书院西斋课艺》卷首。转引自陈谷嘉、邓洪波主编《中国书院史资料》(中册)，浙江教育出版社1998年版，第1929页。

③ 《国学图书馆第一年刊》第一章，1928年铅印本。转引自陈谷嘉、邓洪波主编《中国书院史资料》(中册)，浙江教育出版社1998年版，第1930页。

华、粤秀、菊坡、学海堂(按:学海堂于光绪二十九年停办)五书院。改学海堂为阮太傅祠,菊坡为陈先生(陈澧)祠,应元为先贤祠,越华为广府中学堂,以广雅书院为大学堂。"①作为著名的代表性书院,学海堂当然难以逃脱历史的命运。但作为一所具有百年历史影响的汉学书院,在新的历史时期依然产生了点点余响,如波涛汹涌的水面渐趋平静后依然延续着的丝丝涟漪,逝去的是百年老书院辉煌的历史,留下的是对过去历史岁月辉煌的记忆、品味,还有留念。民国期间在广州出现了复课学海堂课艺,在香港创建学海书楼的教育文化活动,还曾出现了一所"学海书院",可见学海堂悠远的影响力量。倡议复课学海堂书院的是黄任恒、黄荣康二人,复课时间为学海堂废止近20年后的1920~1921年间。黄任恒(1876~1953),字秩南,号述窠,原籍广东南海,曾肄业于广州越华书院,师从名儒丁仁长,性嗜藏书,以读书著述终生,不事科举,对文史、医学、杂技、百戏等学术研究领域均有涉猎,尤精研广东地方文献,精通诗文,诗名与黄佛颐、黄祝蕖并称广东"三黄"。

黄任恒、黄荣康相与商议复举学海堂课,得到当时广东省长张锦芳的支持。他们聘请周朝槐、潘应祺、汪兆铨、姚筠俊、何藻翔、汪兆镛、沈泽荣、林鹤年八人为学长。② 复课模式完全依仿学海堂旧例,运行的也是原有的八学长制办学模式,此八人大多数是学海堂原有的学生,又多是陈澧的门生和再传弟子,从学缘上一般将之归入东塾学派。复课学海堂事例只持续了一年时间便因张锦芳的去职而停止,但已足够说明学海堂在广东教育史上的

---

① 郑凤喈等修,桂坫等纂:(宣统)《南海县志》卷2,见《中国方志丛书》"华南地方"第181号,成文出版社1974年版,第425页。

② 参见李绪柏《清代广东朴学研究》第11章《民初广东学海余波》,广东省地图出版社2001年版,第263~266页。

巨大影响。虽然已改朝换代，物是人非，学海堂旧址已片瓦难寻，但广东学人仍能寻思复兴其风，可见感情之深厚，影响之悠远。

民国之后，一部分广东文人避至香港、澳门，这部分人多以前清遗老自居，固守传统的文化学术。其中赖际熙于1923年联合数人在香港设立了"学海书楼"，广罗图书，备众公览；又请得寓港的儒林词馆中人，如陈伯陶、温肃、区大典、区大原、朱汝珍、岑光樾等，国学名宿何藻翔、俞叔文等在书楼登坛讲学，弘扬国粹，一直延续了近二十年。其中陈伯陶是陈澧的得意门生，光绪年间的解元及探花，而书楼的命名，无疑也是应学海堂之意，此又是学海堂及菊坡精舍的影响的又一证明。这批文人遗老学术精深，寓居期间著书授徒，更重要的是他们整理编纂了大量的地方志及乡邦文献，使广东文献典籍得以保存，今日我们所见的民国版广东各地的县志、续县志，绝大部分是由这批学人所编撰的。学海堂与菊坡精舍所开创和奠定的近代岭南人文精神及其不朽的学术成就仍然延续至今，惠及后世。①

1935年梁启超之弟子张君劢在《新民月刊》杂志上发表《书院制度之精神与学海书院之建立》②一文，同期还有瞿兑之《讲舍脞谈》以及古公愚《学海堂述略》二文。从张君劢以及瞿兑之的文中可知当时确实是建立了一个"学海书院"，这个学海书院的具体办学时间、地点、办学实况笔者没能考证明了，但可以确知这个学海书院的建立和阮元创办的学海堂书院有着必然的联系。古公愚《学海堂述略》一文开篇说道："日者，贵书院院长诸公招邀来讲

① 广州越秀区地方志办公室：《广州越秀古书院概观》，中山大学出版社2002年版，第138～139页。

② 张君劢：《书院制度之精神与学海书院之建立》，《新民月刊》1935年12月第1卷第7、8期。

学海堂一题，辞不获，已请述其略。”在所建的学海书院里请学者开讲学海堂的专题讲座，应该说学海书院和学海堂二者之间是有着紧密的联系的。从三人文中所述，可知这个学海书院应该是建于杂志出版之前，也就是 1935 年之前，三人文章发表时学海书院已经在办学。学海书院虽然和学海堂有着必然的联系，但创建目的宗旨有着新时代的特色，是对过去传统书院办学理念的扬弃和发展。张君劢在文中说“学海书院之目的，决不是复古，是为重建吾族之文化”，“补现在大学的缺憾”，“书院对于国学，是要从民族复兴之需要上来研究，就是不要再作无聊的考据了”。这个不再作“无聊的考据”的学海书院，是“旧瓶子装新酒”能发扬书院制度之精神的现代化书院。

在广州两次创建学海书院，可见书院存在的历史合理性得到了后来人的不断缅怀和肯定。1923 年毛泽东在《湖南自修大学创立宣言》一文中肯定了古代书院存在的必要性。开篇说道：“人是不能不求学的。求学是要有一块地方并且要有一种组织的。从前求学的地方在书院，书院废而为学校，世人便争毁书院，争誉学校。其实书院和学校各有其可毁，也各有其可誉，所谓书院可毁，在他研究的内容不对。书院研究的内容，就是‘八股’等等干禄之具，这些只是一种玩物，那能算得上正当的学问。”①也就是说以“正当学问”为教学内容的书院还是不应该被毁的，可推理出诂经精舍、学海堂这些以学术研究为旨归的书院还是有其存在的历史必要性。

出自两书院的时代精英章太炎和梁启超一生讲学不辍，弘扬国学、国粹，其实究其本源，所延续传承的仍是两书院的学术精神和文学英华。

---

① 毛泽东：《湖南自修大学创立宣言》，《新时代》1923 年 4 月 1 卷 1 期。

第三章

阮元的骈文理论与两书院的骈文教学

清代考据学兴盛，长期独秀学坛，弊端自然而生，桐城派古文家起而攻之，力争文衡，虽然并没能撼动考据学的坚实地位，但桐城派古文在清代文学史、学术史中留下了深刻的痕迹，影响深远。阮元通过诂经精舍和学海堂的文学教学，将他和古文家抗争的骈文理论——“文笔论”渗透到两书院，通过两书院的骈文教学活动，扩展骈文的影响，加强考据学的学术地位和影响，为乾嘉考据学在文学领域争取正统的地位。

第一节 阮元的“文笔论”

梁启超评价中国学术史时说：“其在我国，自秦以后，确能成为时代思潮者，则汉之经学，隋唐之佛学，宋及明之理学，清之考证学，四者而已。”①“清之考证学”即指清代的考据学，又被称为朴学、汉学或实学，是清代的显学。考据学是以博学为基础的，骈文的藻饰博征和考据学的博学相对应。此外，考据学又被称作汉

---

① 梁启超：《清代学术概论》，东方出版社1996年版，第1页。

学，是因为考据学的研究方法依循的是汉唐学者以训诂语言文字、考订名物制度为主的治经方法，和宋明理学脱离汉唐旧注、着重阐释经典微言大义的治经方式完全迥异，而两汉魏晋直至唐代，“文”的代表是“骈文”，韩愈等所倡导的唐宋古文运动，即是对此前盛行的骈文的反动。骈文本质上是属于汉学范畴，清代考据学的兴盛也伴随着骈文的中兴发展。清初以来，在文坛上和学坛考据学并行发展的是方苞、刘大櫆、姚鼐等人倡导的古文运动，他们倡导宋代程、朱之理学，主唐宋八家之文体，形成桐城派的文学理论和古文运动。桐城派古文，因尊崇程朱理学，本质上属于宋学范畴。宋学和汉学在历史上一直壁垒森严，不断斗争。清代乾嘉以来，朴学大兴，桐城古文兴起并与之抗衡，刺激了骈文的进一步发展，成了文坛上和桐城古文相抗衡的一支重要力量。清代文坛上的“骈、散”之争，本质上是汉、宋之争在文学领域的表现。

阮元是清代有名的骈文家，也是骈文的积极倡导者，他所提倡的“文、笔”的骈文理论，为骈文的复兴提供了理论依据，代表了骈文派中一种极端的倾向，是当时反桐城派较有影响的一家。阮元是孙梅的弟子，孙梅对骈文很有研究，作《四六丛话》三十三卷，最早刊刻于乾隆五十四年(1789)，是关于骈文批评的很有影响的著作。孙梅在自序中说道：“四六之名，何自昉乎？古人有韵谓之文，无韵谓之笔。”本书对从楚辞到元代的四六文进行了系统的理论总结。在本书中，孙梅以骈文为“文”，古文为“笔”，阮元的“文、笔”观点无疑受到其师孙梅的影响。阮元于乾隆五十三年(1788)用骈文为其书写序，他说道：

> 凡此评文之语，勒成讲艺之书。四骈六俪，观其会通，七曜五云，考其沉博。而且体分十八，已括萧、刘，序首二编，特标《骚》、《选》。比青俪白，卿云增绣黼之辉，刻羽流商，天籁遏笙簧之响。使非胸罗万卷，安能具此襟期。即令下笔千

言,未许臻兹酝酿也。元才围陋质,心好丽文,幸得师承,侧闻绪论。①

阮元对孙梅的著作给予了高度评价,认为自己爱好骈文,骈文修养得孙梅师承。于是序中,他还说道:

自周以来,体格有殊,文章无异。若夫昌黎肇作,皇、李从风,欧阳自兴,苏、王继轨,体既变而异,今文乃尊而称古。综其议论之作,并升荀、孟之堂,核其叙事之辞,独步马、班之室。拙目妄讥其纰缪,俭腹徒袭为空疏。此沿子史之正流,循经传以分轨也。考夫魏文《典论》,士衡赋文,挚虞析其流别,任昉溯其原起,莫不谨严体制,评骘才华。岂知古调已遥,矫枉或过,莫守彦和之论,易为真氏之宗矣。②

阮元此时已明确提出,唐宋古文不同于以往的"文"体,骈文不兴,肇始于韩愈等古文家,这和他后来尊崇骈文,反对桐城派古文的论调完全一致。此处他对世人不尊骈文、妄加批驳表示了不满。虽然本文中阮元没有明确标出"文、笔"之别,但已可见其萌芽。

阮元的"文笔论"思想,以《文言说》一文为核心,辅以《文韵说》、《与友人论古文书》、《书梁昭明太子文选序后》等篇,构成了完整的思想体系。阮元于《文言说》一文中说道:

孔子于《乾》、《坤》之言,自名曰"文",此千古文章之祖也。为文章者,不务协音以成韵,修词以达远,使人易诵易记,而惟以单行之语,纵横恣肆,动辄千言万字,不知此乃古人所谓直言之言,论难之语,非言之有文者也,非孔子之所谓文也。《文言》数百字,几于句句用韵。孔子于此发明乾坤之

---

① 阮元:《四六丛话序》,见其《揅经室集》四集卷 2,中华书局 1993 年版,第 740 页。本章所引此书皆据此版本,下不再注明。

② 阮元:《四六丛话序》,见其《揅经室集》四集卷 2,第 739 ~740 页。

蕴,诠释四德之名,几费修词之意,翼达意外之言。(原注:《说文》曰:"词,意内言外也。"盖词亦言也,非文也。《文言》曰:"修辞立其诚。"《说文》曰:"修,饰也。"词之饰者乃得为文,不得以词即文也。)要使远近易诵,古今易传,公卿学士皆能记诵,以通天地万物,以警国家身心,不但多用韵,抑且多用偶。……然则千古之文,莫大于孔子之言《易》。孔子以用韵比偶之法,错综其言,而自命曰"文"。何后人之必欲反孔子之道,而自名曰"文",且尊之曰"古"也?①

阮元认为孔子论述《乾》、《坤》的有韵之文《文言》,是"千古文章之祖",是真正的"文"。不讲求声韵和对偶的"单行之语",纵然"纵横恣肆,动辄千言万字",仍然是"直言之言,论难之语",并不属于"文"。认为用韵比偶者始可称为"文"。认为有用的文章必须多用韵,还要多用偶。将孔子用韵比偶的《文言》奉为万世文章之祖,就是表明唐宋八家古文及奉八家为圭臬的桐城派古文是伪古文,不可自居正统地位。

道光五年(1825)三月,阮元作《文韵说》一文训子阮福,文中道:

综而论之,凡文者在声为宫商,在色为翰藻,即如孔子《文言》"云龙风虎"一节,乃千古宫商翰藻奇偶之祖;"非一朝一夕之故"一节,乃千古嗟叹成文之祖;子夏《诗序》"情文声音"一节,乃千古声韵性情排偶之祖。吾固曰,韵者即声音也,声音即文也。然则今人所便简行之文,极其奥折奔放者,乃古之笔,非古之文也。②

阮元就孔子《文言》中的内容进一步分析,认为《文言》中的"云龙

---

① 阮元:《揅经室集》三集卷2,第605~606页。

② 阮元:《揅经室集》续三集卷3,第1066页。

风虎”一节是“千古宫商翰藻奇偶之祖”;“非一朝一夕之故”一节,是“千古嗟叹成文之祖”;子夏《诗序》“情文声音”一节,是“千古声韵性情排偶之祖”。认为“文”是讲求声音、藻饰、韵律、性情、奇偶的,而桐城派所作的“简行之文,极其奥折奔放者”,并不是“文”,只能称之为“笔”。将矛头对准了桐城派古文。

阮元于《书梁昭明太子文选序后》一文中曰:

> 昭明所选,名之曰“文”。盖必文而后选也,非文则不选也。经也,子也,史也,皆不可专名之为文也,故《昭明文选序》后三段特明其不选之故。必沉思翰藻,始名之为文,始以入选也。①

阮元推崇《文选》,认为《文选》所选皆为“文”,《文选》选文的标准是必须“沉思翰藻”,阮元也把这个条件作为他的“文”的标准之一。于此文中,他又说道:

> 然则今人所作之古文,当名之为何?曰:凡说经讲学皆经派也,传志记事皆史派也,立意为宗皆子派也,惟沉思翰藻乃可名之为文也。非文者尚不可名为文,况名之曰古文乎!②

阮元认为不具备“沉思翰藻”条件的经、子、史之类只能称之为“笔”。由上可见,阮元“文”的标准是用韵比偶、“沉思翰藻”。“沉思翰藻”即藻饰用典,讲求辞藻的华美。

阮元界定了“文”的概念,但其也有自相矛盾之处,因为《文选》号为“文”集,但所选并不都用韵。阮元解释说“用韵比偶”的“韵”,并非我们一般所理解的押脚韵。阮元在《文韵说》中作了阐述:

> 梁时恒言所谓韵者,固指押脚韵,亦兼谓章句中之音韵,

---

① 阮元:《揅经室集》三集卷2,第608页。

② 阮元:《揅经室集》三集卷2,第609页。

即古人所言之宫羽，今人所言之平仄也。

八代不押韵之文，其中奇偶相生，顿挫抑扬，咏叹声情，皆有合乎音韵宫羽者，诗、骚而后，莫不皆然。而沈约矜为创获，故于《谢灵运传论》曰："夫五色相宣，八音协畅，由乎元黄律吕，各适物宜，欲使宫羽相变，低昂舛节，若前有浮声，则后须切响，一简之内，音韵尽殊，两句之中，轻重悉异，妙达此旨，始可言文。"

是以声韵流变而成四六，亦只论章句中之平仄不复有押脚韵也，四六乃有韵文之极致，不得谓之为无韵之文也。昭明所选不押韵脚之文，本皆奇偶相生有声音者，所谓韵也。①

阮元认为"文"中用韵并不仅仅指押脚韵，如果"奇偶相生，顿挫抑扬"，"合乎音韵宫羽"，讲求平仄，也是合乎音韵。阮元引用沈约《谢灵运传论》中所论，认为"文"中的音韵要求协畅、变化，讲求平仄，即"奇偶相生有声音"的韵律。

阮元在《书梁昭明太子文选序后》中，对唐、宋古文被称之为"文"的历史原因也作了解释：

明人号唐、宋八家为古文者，为其别于《四书》文也，为其别于骈偶文也。然《四书》文之体皆以比偶成文（原注：《明史·选举志》曰："《四子书》命题。代古人语气体用排偶谓之八股。"）不比不行，是明人终日在偶中而不自觉也。且洪武、永乐时《四书》文甚短，两比四句，即宋四六之流派。弘治、正德以后，气机始畅，篇幅始长，笔近八家，便于摹取，是以茅坤等知其后而昧于前也。是《四书》排偶之文，真乃上接唐、宋四六为一脉，为文之正统也。然则今人所作之古文，当名之为何？②

① 阮元：《揅经室集》续三集卷3，第1064～1065页。

② 阮元：《揅经室集》三集卷2，第609页。

阮元认为明代称唐宋八家所作为古文，是为了区别于《四书》文（即八股文）和骈偶文。虽然诂经精舍和学海堂两书院明确标明不习科举考试用的八股文和试帖诗，但因为八股文是讲求比偶的，阮元也尊之为“文之正统也”。

对当时和骈文派处于对立面的桐城派的古文理论，阮元进行了批判，在《与友人论古文书》一文中，他说：

> 近代古文名家，徒为科名时艺之累，于古人之文有益时艺者，始竞趋之。元尝取以置之两《汉书》中诵之，拟之，淄渑不能同其味，宫征不能壹其声，体气各殊，弗可强已。若谓前人拙朴，不及后人反覆思之，亦未敢以为然也。夫势穷者必变，情弊者务新，文家矫厉，每求相胜，其间转变，实在昌黎。昌黎之文，矫《文选》之流弊而已。《昭明选序》，体例甚明，后人读之，苦不加意。《选序》之法，于经子史三家不加甄录，为其以立意纪事为本，非沉思翰藻之比也。今之为古文者，以彼所弃，为我所取，立意之外，惟有纪事，是乃子史正流，终与文章有别。千年堕绪，无人敢言，偶一论之，闻者掩耳。①

阮元认为桐城派古文家的古文崇尚义理，是科举的附庸，不符合音韵，舍却“沉思翰藻”的条件，仅仅是用于纪事的子、史而已，并不是真正的“文章”。

总之，阮元“文”的标准是用韵比偶，沉思翰藻，即和散文相对的骈文，是和桐城派古文家所倡导的古文相对的骈文，认为古文家所尊崇的古文，并不是真正意义上的“文”，只能称作“笔”而已。阮元在《揅经室集》自序中称四集所收的“御试之赋及骈体有韵之作，或有近于古人所谓文者乎”②，可见阮元所指的文是广义的骈

① 阮元:《揅经室集》三集卷2，第610页。

② 阮元:《揅经室集序》，《揅经室集》卷首。

体文。① 骈体文，又叫做骈俪文，广义的骈文是包括四六文、辞赋等所有以对仗、比偶、用典、藻饰、讲求声律为特征的文章，其中四六文和赋是骈文中的大宗。

骈文脱胎于汉代的辞赋，定型于魏晋，极盛于南北朝，并产生了如徐陵、庾信等总领文坛风骚的骈文名家。盛极必衰，此也为文体的发展大势。南北朝以后，骈文呈现衰落气象，唐代虽有“初唐四杰”，盛唐张说、苏颋，中唐陆贽，晚唐李商隐等骈文名家，继续遵循徐陵、庾信“骈四俪六，锦心绣口”的骈文体式，但是韩愈等倡导古文运动，主张改革文风、文体和文学语言，古文运动的时代强音，淹没了骈文的声音。宋代继承和发展了唐代的古文运动，古文主宰文坛，骈文中的“四六文”仍在文坛占据一定的地位，但已远逊于唐，更无法比拟南北朝。元明两代，骈文一蹶不振。明清之际，尊经复古思潮逐渐高涨，张溥、陈子龙等率先提倡骈文，骈文在文坛出现回升气象。到了清初，陈子龙的高足陈维崧开清代骈文之风气，他在骈文创作上卓有成就，所著《俪体文集》10卷，“瑰丽宏肆，几欲抗衡古人”②，还撰写了《四六金针》，为骈文创作进行理论总结。此外，毛奇龄、朱彝尊等在骈文创作上取得了很大的成就。乾嘉之际朴学鼎盛，骈文也随势中兴，孔广森、孙星衍、洪亮吉、阮元、汪中等朴学大家同时也是骈文家，骈文终于成为与桐城古文相对峙抗衡的文体。徐珂《清稗类钞·文学类》“骈体文家之正宗”条目中对骈文的发展历史有准确的概述，文中说道：“古人之文，本不分骈散。东汉以后，骈文之体格始成，博大昌明，至唐而极。自宋至明，日趋卑靡。国初诸家渐次复古，史学

① 关于骈文广义、狭义之分，可参阅赵义山、李修生主编《中国分体文学史》，上海古籍出版社 2001 年版，第 359 页。

② 参见刘麟生《中国骈文史》，东方出版社 1996 年版，第 104 页。

如顾炎武，经学如毛奇龄，皆能为骈俪文。……盖自乾、嘉以还，骈文体格始正，作者亦始极其盛。”①诂经精舍主讲孙星衍位列“骈文八大家”之一，“风骨遒上，思至理合”，八大家之外，阮元、杨芳灿以及桐城派刘开、梅曾亮之骈文都得到极高的评价，“其文皆闳中肆外，典丽肃穆，足以并驾齐骛。武进李兆洛志在通骈散之界，一心复古，所选最精。”②

骈文和散文本来就不是绝对对立，骈文中可以有散行文句，通常称之为散语，散文中也可以有比偶文句，称之为骈语。桐城派后期汲骈入散，反映了这种融合。阮元对“文”的界定，走向了一种极端，只不过他作为乾嘉学派强有力的殿军和总结者，力图为骈文争得正统地位，事实上是为汉学在文学领域争得正宗地位。阮元的“文笔论”对诂经精舍和学海堂的文学教学也产生了重要影响，骈文是两书院文学教学中的主要内容之一。

第二节　两书院与“文笔论”

阮元创建诂经精舍和学海堂，崇尚朴学、词章之学的教学与研究，他的“文笔论”思想也渗透于两书院的文学教学活动中，对学海堂的影响尤为明显、深远。阮元的“文笔论”思想形成雏形，当在阮元为其师孙梅《四六丛话》作序以后不久，即嘉庆初年，经过长时间的酝酿，阮元“文笔论”至嘉庆末道光初年已经非常成熟。到了创建学海堂时，“文、笔”之分、“文、笔”之论已经是阮元反对桐城派古文高高举起的大旗。编刻于道光三年（1823）的《揅经室集》自序中，阮元说道：

①② 徐珂：《清稗类钞 · 文学类》“骈体文家之正宗”条，中华书局 1986 年版，第 3888 ~ 3889 页。

余三十余年以来，说经记事，不能不笔之于书。然求其如《文选序》所谓“事出沉思，义归翰藻”者甚鲜，是不得称之为文也。今余年届六十矣，自取旧帙，授儿子辈重编写之，分为四集。其一则说经之作……其二则近于史之作……其三则近于子之作，五卷。凡出于《四库书》史、子两途者皆属之，言之无文，惟纪其事，达其意而已。其四则御试之赋及骈体有韵之作，或有近于古人所谓文者乎。……统名曰集者，非一类也。①

阮元将自己的文集统称为“集”，不称为“文集”，是因为所收有文、有笔，“非一类也”，一集、二集、三集所收乃为只能称为“笔”的“经、史、子”，而将符合“古人所谓文者”的“御试之赋及骈体有韵之作”汇为专门的四集。

容肇祖《学海堂考》曰：“阮元于学海堂课，每亲自命题，如《学海堂文笔策问》，见《揅经室集》三集卷五。是为他提倡骈偶体的见解的表见。这种提倡，亦近于偏歧的嗜好，然而在学海堂中，影响亦不算少。”②阮福《学海堂文笔策问》一文③，是阮元之子阮福就学海堂关于“文、笔”的策问题目进行的拟答，阮福在文末说：

家大人开学海堂于广州，与杭州之诂经精舍相同，以文笔策问课士，教福先拟对。……家大人以为此可与《书文选序后》相发明也，命附刻于《三集》之末。④

此文笔策问的题目是：

六朝至唐皆有长于文、长于笔之称，如颜延之云“竣得臣

---

① 《揅经室集自序》，《揅经室集》卷首。

② 容肇祖：《学海堂考》，第15页。

③ 阮元：《揅经室集》刻于道光三年（1823），学海堂嘉庆二十五年（1820）始开课，此策问为学海堂1820～1823年间的策问考试题目。

④ 阮福：《学海堂文笔策问》，见阮元《揅经室集》三集卷5，第715页。

笔,测得臣文”是也。何者为文?何者为笔?何以宋以后不复分别此体?①

可见在对学海堂的学生进行考核时,阮元对学生如何理解“文笔”的概念的探悉是丝毫不含糊的。阮福的拟对,可是完全领会了其父“文笔论”的精髓所在,首先把矛头对准了唐、宋古文,其实也就是对准了桐城派古文,曰:“自明人以唐、宋八家为古文,于是世之人惟知有唐、宋古文之称,窃考之唐以前所称似不如此也。唐人每以文与笔并举,又每以诗与笔并举,是笔与诗、文似有别也。”于是阮福发扬朴学家的治学功夫,将搜集到的唐前史书中吻合阮元“文、笔”的史料一一罗列,而且必要的时候还加“按语”说明。

阮元身为两书院的主讲,在平时的授课过程中应该没少提他的“文笔论”,也没少引经据典地佐证自己的文学理论,阮元的“文笔”的骈文思想应该是渗透到两书院学生的头脑中了。在《学海堂集》(初集)卷七收有南海生员刘天惠、梁国珍,番禺生员侯康,三水廪生梁光钊四人所作的《文笔考》各一篇,可见在学海堂的课试中,除策问外,还有《文笔考》考题。四位学生所作的关于文、笔的考证文章,目的是为了“广其说而详考焉”②。主题思想紧紧围绕阮元的骈文理论,为“文、笔”正名,维护“文”的正宗地位,反证唐、宋以来“文、笔”不分的谬误所在。佐证资料更为丰富,资料来源由阮元父子的经、史、《文选》扩展到诗、词、子、集等,大多是阮元、阮福论证中所未发见,充分体现了以朴学教学为宗旨之书院的肄业生注重文献整理、重资料、重证据的踏实谨严的考证功夫。对唐以后“文、笔”不分之原因也有所交代,侯康认为是

① 阮福:《学海堂文笔策问》,见阮元《揅经室集》三集卷5,第709页。

② 梁国珍:《文笔考》,见阮元编《学海堂集》卷7,道光五年(1825)刊本,第18页。

因为陆游在《老学庵笔记》中多次"误'笔'为'文',而体例乃不复辨于后世"①;梁国珍认为是因为"自欧阳修出,倡以单行为古文,王安石、眉山父子、曾巩起而和之,而文笔之称遂混"②。将唐宋古文运动的产生归之于几个古文大家偶然的"文"、"笔"互误,这样的解释显然不够客观。唐宋古文的产生发展是诸大家力矫前代文体之弊,积极主动地进行文体改革的结果,是对骈文泛滥独尊文坛现象的有效改革。学海堂师生不遗余力地论证"文、笔"不分的历史原因,不过是力图为阮元的"文笔论"找到更多的立论证据。

《学海堂集》卷七所收刘天惠《文笔考》一文,收集罗列有关古今"文、笔"资料最为详赡细备,凸显了考证家既博学又专精的学术功底,以及重资料、讲依据谨严的治学态度。其文洋洋洒洒两千六百余字,今录载如下,让读者一窥考据学书院师生精深厚实的学术功底:

> 或谓文莫高于昌黎。韩笔杜诗吟自好问,孟诗韩笔说始赵璘,犹以为笔亦文之称耳。及读刘禹锡《中山集·祭韩侍郎文》曰:"子长在笔,我长在论。以矛陷盾,卒不能困。"是不以能文许昌黎也。梁元帝《金楼子》云:"不便为诗如阎篡,善为章奏如伯松,若此之流,泛谓之笔。吟咏风谣,流连哀思,谓之文。"《文心雕龙》云:"有韵者谓之文,无韵者谓之笔。"其言文与笔显然有别。始甚讶之,爰考于史传而究其名义,然后所谓文所谓笔者始明白可见焉。《汉书·贾生传》云:"以能诵诗书属文闻于郡中。"《终军传》云:"以博辨能属文闻于郡中。"《司马相如叙传》云:"文艳用寡,子虚乌有。"《扬

① 侯康:《文笔考》,《学海堂集》卷7,第23页。

② 梁国珍:《文笔考》,《学海堂集》卷7,第19~20页。

雄叙传》云:“渊哉!若人实好斯文,初拟相如,献赋黄门。”至若董子“工于对策”,而《叙传》但称其属书。马迁长于叙事,而传赞但称其史才,皆不能掍能文之誉焉。盖汉尚辞赋,所称能文必工于赋颂者也。《艺文志》先六经,次诸子,次诗赋,次兵书,次术数,次方技。六经谓之六艺,兵书、术数、方技亦子也。班氏序诸子曰:“今异家者,各推所长,穷知究虑,以明其指。虽有蔽短,合其要归,亦六经支与流裔。”据此,则西京以经与子为艺,诗赋为文矣。(原注:“诗赋家”有《隐书》十八篇,盖隐其名而赋其状,如射覆之类。至于设问,亦赋之流,故皆谓之文。《东方朔传》载《答客难》、《非有先生论》二篇,结之云朔文辞此二篇最善。是其证。)

然非独西京为然也,《后汉书》创立《文苑传》,所列凡二十二人,类皆载其诗赋于传中,盖文至东京而弥盛,有毕力为文章,而他无可表见者,故特立此传。必载诗赋者,于以见一时之习尚,而文苑非虚名也。其传赞曰:“情志既动,篇辞为贵,抽心呈貌,非雕非蔚,殊状共体,同声异气,言观丽则,永监辞费。”章怀注:“扬雄曰:‘诗人之赋丽以则。’”是文苑所由。称文以其工诗赋,可知矣。然又不特《文苑》为然也。《班固传》称能属文,而但载其《两都赋》。《崔骃传》称善属文,而但载其《达旨》(《拟解嘲》)及《慰志赋》。班之赞曰:“二班怀文。”崔之赞曰:“崔氏文宗。”由是言之,东京亦以诗赋为文矣。

然非特汉京为然也。三国魏时文章尤丽,《魏志·王卫二刘傅传》评云:“文帝、陈王以公子之尊,博好文采,同声相应,才士并出,惟粲等六人最见名目。”今按诸传中或称有文采,或称以文章显,或称文词壮丽,或称著文赋颇传于世,而粲传独云“善属文”。盖粲长于辞赋,徐幹时有逸气,然非粲匹也。(原注:魏文帝《典论》之言。)《蜀志·郤正传》称“能属文”,评曰:“文词灿烂,有张蔡之风。”而传载其《释讥》。(原注:传云:依则先儒,假文见意,号曰《释讥》,其文继于崔骃《达旨》。)《吴志·韦曜传》称“能属文”,而载其《博弈论》。《华核传》评其文赋之才有过于曜,而传载其草文。(原注:四言有韵。)则三国时所谓文亦以词赋为宗矣。

何者?文之为字,象交形,物交斯体有偶,义归采画,词采则气必谐。大抵绮縠纷披,宫商靡曼之作皆原于骚赋矣。故溯其流,凡骈俪藻翰皆得谓文;而穷其源,惟敷陈铿锵乃副斯号。所以群书《七略》,赋与其间;《文选》卅篇,赋居厥首也。

虽然汉魏导始,体制未繁,虽奋其斧藻,健于为文,而苟非史官,无烦载笔。景君之前,墓表未传;仲文以还,石志乃作载。考《晋书·蔡谟传》,文笔肇端。自兹以降,厥名用彰矣。请略言之。《乐广传》:“广善清言而不长于笔,将让尹,请潘岳为表,岳曰:‘当得君意。’乃作二百句语,述己之意。岳因取次比,便成名笔。”《成公绥传》:“所著诗赋杂笔十余卷行于世。”《张翰传》:“其文笔数十篇。”《曹毗传》:“所著文笔十五卷。”《袁宏传》:“桓温重其文笔,专综书记。”《宋书·傅亮传》:“高祖登庸之始,文笔皆是记室参军滕演,北征广固,悉委长史王诞。”《南史·颜延之传》:“宋文帝问延之诸子才能,延之曰:‘竣得臣笔,测得臣文。’”《南齐书·晋安王子懋传》:“文章诗笔乃是佳事。”《王俭传》:“俭手笔为当时所重。”《高逸传》:“欢口不辨,善于著笔。”《南史·孔珪传》:“高帝取为记室参军,与江淹对掌辞笔。”《任昉传》:“昉尤长为笔,才思无穷。”《沈约传》云:“彦升工于笔。”《梁书·刘潜传》:“潜字孝仪,秘书监孝绰弟也。幼孤,兄弟相励勤学,并工属文。孝绰常曰‘三笔六诗’,三即孝仪,六孝威也。”《庾肩吾传》:“简文与湘东王论文曰:‘握瑜怀玉之士,瞻郑邦而知退;章甫翠履之人,望闽乡而叹息。诗既如此,笔亦如之。’”《北史·魏高祖纪》:“帝好为文章,诗歌铭颂。有大文笔,马上口授,及其成也,不易一字。”《魏书·温子昇传》:“子升年二十二,台中文笔皆子升为之。”《北史·温子昇传》:“梁武帝使张皋写子升文笔,传于江外。”《北齐书·李广传》:“广曾荐毕义云于崔暹,广卒后,义云集其文笔十卷,托魏收为之序。”《陈书·陆琰传》:“所制文笔多不存,后主求其遗文,撰成二卷。”《刘师知传》:“师知好学,有当世才,博涉书传,工文笔。”《徐伯阳传》:“年十五以文笔称。”《徐陵传》:“世祖、高祖之世,国家有大手笔,必命陵草之。”《陆琼传》:“琼素有令名,深为世祖所赏,及讨周迪、陈宝应等,都官符及诸大手笔,并敕付琼。”《岑之敬传》:“之敬始以经业进,而博涉文史,雅有辞笔。”《姚察传》:“后主所制文笔卷轴甚多,乃别写一本付察。”又云察:“博学洽闻,其手笔自古犹难辈匹。”《隋书·李德林传》:“杨遵彦命德林制《让尚书令表》,以示陆卬。卬曰:‘已大见其文笔,浩浩如长河东注。’”《房彦谦传》:“彦谦所有文笔,恢廓闲雅,有古人之深致。”《唐书·蒋偕传》:“三世踵修国史,世称良笔。”《文艺传》:“苏颋,字廷硕。自景龙后,与张说以文章显,故时号‘燕许大手笔’。”《杨炯传》:“徐坚曰:‘李赵公、崔文公之笔,擅价一时。’”《李贺传》:“贺手笔敏捷,尤长于诗篇。”《宋史·杨亿传》:“文笔雄健。”《元史·欧阳元传》:“元日直内廷,多所撰述。海内名山大川,释、老之宫,王公贵人墓隧之碑,得其文笔以为荣。”

凡兹称笔,皆为直言序述之辞,(原注:笔从聿,聿者述也。)体近乎乙部,义托于龙门,乃文海之别裁,与《金楼》相证发者也。然其称名盛于六朝,衰于两宋。柳、穆而后,佶屈聱牙为古，散野拙质为高。卑视建安七子何足算，规摹韩柳八代起其衰。至于有明，文弊极矣。观宋元以下之史称笔者，惟杨、欧二公。吾见罕已，非其验乎。乃有才能搦管，便拟持衡，六经三传，任其批评，迁史班书，供其翦截。至于屈宋、《卿云》之制，别以赋编，《秋风》、《天马》之词，列为诗集。谓与《选》文无涉，反议昭明为非，斯真不知，而作弗正其名者矣。①

上述刘天惠《文笔考》一文，所考、所证、所论最为繁富细备，反映了博习经史词章类书院肄业生深厚的文献学功底和重实证、重资料、实事求是的治学态度，为阮元“文笔论”提供了厚实的文献依据。

阮元“文笔论”的理论使学海堂的师生将研究目光投注到能够为“文笔论”立论的有关的古文献中，如《易经》、萧统的《文选》。因为阮元的“文笔论”以他们为立论基础，学海堂师生对他们都有专门研究考证。如《易·系辞》中的文、言、笔的问题，《文选》选文及选文标准，甚至于对隶属于骈文的八股文也有专门的研究。《学海堂集》收有学长曾钊《系辞说》上、中、下三篇文章，学生黄子高《文选注考》，以及林伯桐、张杓、熊景星、曾钊、郑灏若、罗日章、黄位清、谢念功、刘瀛、张廷臣十人合注的《梁昭明太子文选序注》，郑灏若、梁杰、杨懋建、周以清、侯康《四书文源流考》各一篇，就阮元的“文笔论”作出积极的回应。这些使阮元的“文、笔”理论更加成熟丰富。

从上可以看出，学海堂的“文、笔”思想是从书院建立就不断渗透、强调的。阮元的《学海堂集序》就是用骈文写成，在此序中提出了书院的教学目的：“或习经传，寻疏义于宋齐；或解文字、古训于《仓》、《雅》；或析道理，守晦庵之正传；或讨史志，求深宁之家

---

① 阮元编订：《学海堂集》卷7，第13～17页。

法;或且规矩汉晋,熟精萧《选》,师法唐宋,各得诗笔。”他还说:“道光四年,新堂既成。初集斯勒,四载以来,有笔有文,凡十五卷。”①他将《学海堂集》中的文章,简略地分成“文”和“笔”两种体裁而已。樊封《新建粤秀山学海堂题名记》云学海堂:“惟训士则专导以古,每有课,课必及经,而旁及文笔,躬自甲乙。”②可见在学海堂“文、笔”概念辨析得很清晰。光绪十二年(1886),学海堂建成62年以后,《学海堂四集》刻成,其中收有《拟刘孝绰〈梁昭明太子集序〉》,《拟梁简文帝〈与湘东王论文书〉》,《重刊阳湖李氏〈骈体文钞〉跋》,学海堂的课试题目仍然涉及《文选》,涉及阮元“文笔论”的理论根本的《文选》的研究。阮元的“文、笔”思想在学海堂中仍然流布,对学海堂的教学仍有很深的影响。

而诂经精舍的情况有些差异。《诂经精舍文集》中没有关于阮元“文笔论”的专题研究论文,《诂经精舍文集》刊成于嘉庆六年(1801),是精舍生最初两年的课试佳作汇编,到嘉庆十四年(1809)阮元离浙,诂经精舍没有再出文集。但从阮福的《学海堂文笔策问》文末所说“家大人开学海堂于广州,与杭州之诂经精舍相同,以文笔策问课士,教福先拟对”,可知诂经精舍也很可能有关于“文、笔”策问这样的题目,但阮元在建立诂经精舍时,“文、笔”之辨的强调并没有学海堂那样明显。阮元《西湖诂经精舍记》中,通篇没有出现“文、笔”之辨,谈到“文”时,也没有像在《学海堂集序》中那样,孜孜于“文、笔”,只是强调经诂对“文”的重要性,说:

> 汉之相如子云,文雄百代者,亦由《凡将》、《方言》,贯通经诂。然则舍经而文,其文无质;舍诂求经,其经不实。③

① 阮元编订:《学海堂集》卷首。
② 阮元编订:《学海堂集》卷16,第10页。
③ 阮元:《西湖诂经精舍记》,见其《揅经室集》二集卷7,第548页。

推崇古体之文，即两汉魏晋时的“文”，从本质上说推崇的仍是和“笔”相对的“文”。许宗彦《诂经精舍文集序》中曰：“择十一郡端谨之士尤好古力学者，萃处其中，相与讲明雅训，兼治诗古文辞。……阅二年，得文集若干卷”；“兹集所载，于古今学术，洞悉本原，折衷无偏，实事求是，足以发明坠义，辅翼经史。其余诗古文，或咀六代之腴，或挹三唐之秀，风标峻上，神韵超然。”①关于文集的体裁构成，并没有特别区别“文、笔”，只称之为“诗古文辞”，虽然也包含了骈文。可见阮元“文笔论”思想的明确提出当在诂经精舍建立以后至学海堂建立这一段时间里。构成阮元“文笔论”思想基础的《文言说》、《文韵说》、《与友人论古文书》、《书梁昭明太子文选序后》等文，收入了《揅经室集》及《揅经室续集》中。《揅经室集》中有《文言说》、《书梁昭明太子文选序后》、《与友人论古文书》、《学海堂文笔策问》、《四六丛话序》。《揅经室续集》中有《四书文话序》、《文韵说》。《揅经室集》刻于道光三年(1823)，先于学海堂建立。说明阮元创立学海堂时“文笔论”思想已经很成熟。《揅经室续集》收集的是阮元从道光三年(1823)至道光十年(1830)八年间所得文笔。阮元的“文笔论”思想在这八年中不断成熟丰富。吴岳《新建粤秀山学海堂碑》中有铭曰：“玉山苍苍，南海茫茫，霸图永绝，儒术其昌。汉盛经师，唐分诗笔。”②其中“诗笔”概念已非常清晰。

诂经精舍建立时，阮元的“文笔论”思想还处于酝酿时期，他的“文笔”思想的渗入在诂经精舍的影响没有学海堂那样明晰，但在平时的教学和课试中他非常重视骈文的教学，这可以从课艺文

① 许宗彦：《诂经精舍文集序》，阮元编订《诂经精舍文集》卷首，嘉庆六年(1801)刻本。

② 《学海堂集》卷16，第4页。

集中看出一些端倪。《诂经精舍文集》为阮元于嘉庆六年(1801)编刻而成,所收为嘉庆五年至六年间肄业生的优秀课艺作品,此为精舍初创二年内的作品集。阮元创立诂经精舍的首要目的是为了从事汉学教学,这在文集中得到了明确的体现,文集主要收集的是考据学课作,文学课题相对较少。《诂经精舍文续集》是学海堂肄业生、阮元的高足罗文俊视学两浙时,循阮元遗规,手定而成。阮元离浙 20 余年后,巡抚富海帆重开诂经精舍,《续集》即是此后 10 年间的学生之课艺选辑而成,文集中所收的骈文作品,数量上远远超过了《诂经精舍文集》。马新贻《诂经精舍三集序》说:

> 文达以宿儒大师当乾嘉之际,出入将相,独以通经为天下倡,一时孳孳于文字训诂之异同,与夫沉博绝丽之文章者,家许郑而人枚马,流风遗韵,至今犹存。①

其中的"沉博绝丽之文章者",其实指的就是骈文而已。阮元在诂经精舍时,"文、笔"的强调似乎没有学海堂那样明确。其实在当时以及后来的教学实践中,精舍师生都很重视骈文的写作。《诂经精舍文集》从三集直到八集,为俞樾所定,骈文写作是每次课试不可或缺的内容。这从两书院的文集中可以窥见。另外,诂经精舍的教师多是骈文大家。这些下文将会论及。

第三节　两书院的骈文教学

一、两书院所选教师和学生多为骈文高手

两书院延请的老师首重学术,一般都是朴学名家,而其中很

---

① 马新贻:《诂经精舍三集序》,俞樾编订《诂经精舍三集》,同治五、六、七、八、九年(1866、1867、1868、1869、1870)课艺合刻本卷首。

多人又是骈体文的高手。两书院创建者阮元，他的骈体文写作就有很深的造诣，“文笔论”的提出，已在文学史上留下了不可磨灭的印迹。而他的骈文写作技艺高超，《揅经室四集》和《揅经室续集四集》中共收有其所作骈文 54 篇。张之洞《书目答问》中列出清代“体格高而尤著者”共 20 名骈体文家，列入其中的有阮元，还有诂经精舍主讲孙星衍和杨芳灿，还有学海堂肄业生、后来的学长谭莹。① 诂经精舍延请的教师如王昶、孙星衍、陈寿祺等，除了有很高的朴学成就外，骈文成就也很高，特别是孙星衍、吴鼒所辑《八家四六文钞》中，列有胡天游、汪中、袁枚、邵齐焘、孙星衍、吴锡麟、洪亮吉等人，孙星衍是其中之一。孙星衍，字季述，号渊如，乾隆五十二年(1787)年进士，授编修，后改刑部主事，升郎中，出为山东兖沂曹济道、署布政使，致仕后先后主持钟山书院、诂经精舍，阮元建立诂经精舍后，即延其为主讲。阮元评价孙星衍道：“其所为文，在六朝汉魏间，不欲似唐宋八家，海内翕然称之。”②所作骈文，以轻倩清新取胜，著有《平津馆文集》，与洪亮吉齐名，二人皆为常州人，世有“常州体”之称。王昶是诂经精舍的主讲，“少颖异，博学，善属文”③。陈寿祺的骈文写作也是卓然一家，所著《左海骈体文》2 卷，《绛跗堂诗集》6 卷，“沉博绝丽，有六朝三唐风格”④，“十二岁文成奥博，见者莫名所出已。旁及骈体诗歌，突入唐初四杰，渐于燕、许”⑤。

---

① 张之洞撰，范希曾补：《书目答问补正》，上海古籍出版社 2001 年版，第 270 页。

② 阮元：《山东粮道渊如孙君传》，见其《揅经室集》二集卷 3，第 438 页。

③ 阮元：《诰授光禄大夫刑部右侍郎述庵王公神道碑》，见其《揅经室集》二集卷 3，第 421 页。

④ 支伟成：《清代朴学大师列传》，岳麓书社 1986 年版，第 121 页。

⑤ 钱仪吉编：《碑传集》卷 51，《清代碑传全集》，上海古籍出版社 1987 年版，第 271 页。

俞樾作为诂经精舍山长达31之久，诂经精舍后期其实可以说成是俞樾的诂经精舍，不过在主讲诂经精舍期间，他一直遵循着阮元最初所定下的教学宗旨，从事朴学和词章之学的教学。俞樾的学术成就誉满海内外，覆试诗有“花落春仍在”之句，受到曾国藩的赞赏。俞樾所作骈文不多，但他对于骈文的支流余裔——联语，却颇有自得，被称为楹联名家，有关楹联的著作即有八种之多，分别为《绎山碑集字联》1卷、《春秋人地名对》1卷、《校官碑集字联》1卷、《鲁峻碑集字联》1卷、《樊敏碑集字联》1卷、《曹全碑集字联》1卷、《纪太山铭集字联》1卷、《金刚经集字联》1卷。薛时雨、何绍基、彭玉麟、俞樾四人所辑《楹联录存》中辑联语达600余首，其中收俞樾的作品就有5卷之多。联语是我国文学史中的特殊产物，一般短小意深，亦可体现作者的才情和学养。俞樾题彭玉麟祠的联语可谓一绝：

伟哉，斯真河岳英灵乎！以诸生请缨投笔，佐曾文正创建师船，青帆一片，直下长江，向贼巢夺转小姑山去。东防歙婺，西障湓浔，日日争命于锋镝丛中，百战功高，仍是秀才本色，外授疆臣辞，内授廷臣又辞，强林泉猿鹤，作霄汉夔龙，尚书剑履，回翔上接星辰，少保旌旗，飞舞远临海澨，虎门开绝壁，岩崖突兀，力厄重洋，千载后过大角炮台，寻求故迹，见者犹肃然动容，谓规模宏壮，布置谨严，中国诚知有人在。

悲夫，今已旂常俎豆矣！忆畴昔倾盖班荆，借阮太傅留遗讲舍，明镜三潭，劝营别墅，从珂里移将退省庵来。南访云栖，北游花坞，岁岁追陪到烟霞深处，两翁契合，遂联儿辈因缘，吾家童孙幼，君家女孙亦幼，对秾华桃李，感暮景桑榆，粤峤初还，举足已怜蹩躠，吴阊七至，发言益觉嗢咽，鸳水遇归桡，俄顷流连，便成永诀，数月前于右台仙馆，传报噩音，闻之为潸焉出涕，念酒坐尚温，琴歌顿杳，老夫何忍拜公祠。①

如此长联，实属罕见，上联写彭玉麟的生平和业绩，下联写自己的经历和两人的交往，气势“灏瀚流转，无精疲力竭之病”②，可窥见作为朴学大师的俞樾驾驭韵文的能力和丰厚的学养。

学海堂学长多工骈文，突出者如谭莹。谭莹，学海堂肄业生，应学海堂课，得到阮元识拔，所作《蒲涧修禊序》和《岭南荔枝词》百首，尤为阮元激赏。后被选为学海堂学长，任期达30年，“英彦多出其门”③。谭莹所作文多用骈体，文风雅丽，时人评价甚高，曰：“尤工骈体文，沉博绝丽，奄有众长。粤东二百年来，论骈体必推莹，无异辞者。”④所作骈文有《续国朝骈体正宗》1卷。学海堂课艺文集中所收谭莹之作品几乎皆用骈文书写，可见其驾驭语言文字的高超能力，和良好的文学修养。

其他如张维屏著有《听松庐骈体文》，另外像杨荣绪、许其光、黎维枞、黄绍昌等都工于骈体文的写作。学海堂编刻了大量的书籍，如《皇清经解》、《通典》、《续通典》、《皇朝通典》、《经典释文》等汇集前人考据学成就的著作，另外还刊刻了一些文学书籍，其中有陈均编《广骈体文钞》17卷。

两书院创建者阮元常以词赋取士，尤其是以赋作来取士。阮元认为：“古人古文小学与词赋同源共流，汉之相如、子云，无不深通古文雅训。”⑤诂经精舍肄业生胡敬（1769～1854）说：“吾师朱文正（珪）、阮仪征（元）尤凭是（词赋）拔取

---

① 俞樾：《楹联录存》卷3《彭刚直公祠联》，《春在堂全书》第5册，凤凰出版社2010年版，第647～648页。

② 刘麟生：《中国骈文史》，东方出版社1996年版，第131页。

③ 《清史稿》卷486《谭莹传》，中华书局1977年版，第13432页。

④ 《清史列传》卷73，中华书局1987年版，第6066页。

⑤ 阮元：《扬州隋文选楼记》，见其《揅经室集》二集卷2，第388页。

人才。"①胡敬就是因所作《水仙花赋》和《阑干赋》见赏于阮元，"以为得六朝人神髓"，被阮元选入诂经精舍肄业；肄业期间，精舍课试出骈文题《重修会稽大禹陵庙碑》，胡敬所作得到主讲孙星衍交口称赞，曰"方今人才在浙江矣"②，该课作后被收入《诂经精舍文集》卷7。胡敬成为嘉庆后期主要骈文家之一，其文有六朝李唐之美，后来所作《穷村赋》对当时农村破产的状况作了生动形象的描绘，文辞清新流利。诂经精舍肄业生端木国瑚，也是因其赋作得到阮元赏识，阮元记其事曰：

> 余试青田《画虎赋》，得端木子彝（国瑚），才调斩新，得六朝真意。归语秦小岘观察曰此青田鹤也。檄之来杭州，读书敷文书院。……《天台》、《雁荡》诸诗尤极奇丽。武进陆绍闻（適耀）于时贤罕所折服，独于子彝心折焉。余有句云：谁是齐梁作赋才，定香亭上碧莲开。括州酒监秦淮海，招得青田白鹤来。③

端木国瑚先被阮元送入杭州敷文书院肄业，后被选入诂经精舍。

二、骈文是两书院文学教学主要内容之一

韵文写作，特别是骈文写作也是两书院平时教学过程中朴学以外另一基本的教学内容。课试是两书院考察学生学习情况的重要途径，主要通过为文写作来体现。韵文，特别是骈文是两书

---

① 胡敬：《〈敬修堂词赋课钞〉序》，见其编订《敬修堂词赋课钞》卷首，同治十一年（1872）重刻本。另见胡敬《崇雅堂文钞》卷1，《续修四库全书》第1494册，第116页。

② 胡珵：《书农府君年谱》"嘉庆丙辰二十八岁"，清道光间刻本，第6页。见《北京图书馆藏珍本年谱丛刊》，北京图书馆出版社1999年版，第131册。

③ 阮元：《定香亭笔谈》卷2，《续修四库全书》第1138册，第497页。

院每次课试中必考的内容。诂经精舍“课士首重经解,兼及策论诗赋杂文”①。“粤东有学海堂,西湖有诂经精舍……其程试之法,以经训为先,而诗歌骈俪之文同时并课”②。我们来看看两书院的课试题目。

俞樾掌诂经精舍时,课试每月两次,分为官课和师课,朔课为官课,望课为师课。《诂经精舍三集》中列有同治七年(1868)、同治八年(1869)和同治九年(1870)三年的官、师课题,从附录一的课试题目中可以看出每次课试都有赋的写作,间有骈体文的写作,赋隶属于骈文的范畴,说明诂经精舍每次考课都有骈文的写作。如附录一同治七年(1868)二月朔课赋题为《丙吉问牛赋》(以“少阳用事未可太热”为韵),望课赋题为《晴湖不如雨湖赋》(以“淡妆浓抹总相宜”为韵),另外三个文题《春秋天子之事论》、《购补文澜阁遗书议》、《孤山新建林公祠碑》,没有规定体裁,可以用骈体来书写,其中碑记很多肄业生用骈文写作,《诂经精舍三集》中收了肄业生许德裕、袁建荦二人用骈体所作的课题。我们来看看同治七年(1868)三月朔课、望课的文学课题(见附录一)。朔课题目:

1. 良玉比君子赋(以“比德于玉纯粹以精”为韵);

2. 赋得百花香里看春耕(得耕字五言八韵);

3. 踏青(不拘体韵)。

共3题,赋1,诗2。皆为韵文。望课题目:

1. 司马温公隶书家人卦赋(以“涑水崖碑半绿苔”为韵);

---

① 马新贻:《诂经精舍三集序》,《诂经精舍三集》卷首,同治六年(1867)刻本。

② 梅启照:《诂经精舍四集序》,《诂经精舍四集》卷首,光绪五年(1879)刊本。

2. 赋得几时能具钓鱼船(得时字五言八韵);

3. 雉尾莼(七律);

4. 猫头笋(七律);

5. 拟闻子将西湖打船启;

6. 募栽西湖桃柳引。

共6题,赋1,诗3,第5、6题可用骈文书写。其中《诂经精舍三集》(戊辰下)收了许德裕、高人凤二人用骈文写的《募栽西湖桃柳引》各一篇。文学课题的写作,骈文仍占了很大的比重。

学海堂同治七年(1868)冬季课题,在本论文第二章已经列出,现再看看他们的文学课题,如下:

1.《宋史·孙奭传》书后:孙宣公在北宋称为大儒,而《宋元学案》不载,宜读其传而论之。

2. 拟重修粤秀山文澜阁碑记(骈体)。

3. 梅田赋(古体):萝冈洞以种梅为业,花时村原弥望,阡陌尽缟,署曰梅田,盖赋之。

4. 岭外游仙诗七首,拟郭景纯《游仙》即次原韵。

5. 火轮船行(七古)。

6. 行庵杂咏八首(七律):瘿瓢,赤藤滇杖,笠,屐,尘尾,铜瓶,英石研山,盆鱼。①

总共6大题,史论文1题,而其余5题全是韵文,要求用骈文书写的是4、5两大题,第1题史论文也可用骈文书写。

诂经精舍和学海堂的历次考课,都有骈文的写作,从历次考课中选出的课艺文集,也很重视收取赋和骈文。下面来看看附录二中所列两书院课艺文集中所收的韵文作品数量构成表。由此

---

① 容肇祖:《学海堂考》卷首,《岭南学报》3卷3~4期抽印本,1934。另见本书第二章所列学海堂同治七年课题。

表可以看出,《诂经精舍文集》中收有骈文 13 篇,《诂经精舍文续集》中收有骈文 52 篇,《诂经精舍三集》中戊辰年(同治七年,1868)文集收有 59 篇,己巳年(同治八年,1869)文集收有 87 篇,三集中还有专门辟出韵文《辞赋》3 卷,共 326 篇,其中骈文共 105 篇。总的趋势是骈文数量逐渐变多,所占比重逐渐增大。《学海堂集》(初集)中收有 24 篇,《学海堂二集》收有 33 篇,《学海堂三集》收有 46 篇,《学海堂四集》收有 101 篇。

诂经精舍和学海堂作为以朴学教学为主要内容的书院,在文学教学上重视骈文的写作,其实从本质上是为了使学生打下更坚实的朴学基础。骈文写作,除用韵比偶,注意语言形式美外,还必须大量征典藻饰,须有深厚的朴学学养才能写得典雅工整,不然会流于华美无物。骈文教学和两书院重视朴学的教学宗旨是相一致的。

三、两书院的骈文写作

两书院文学教学中,以韵文的教学和创作为主;韵文中,比较注重诗的教学,另外骈文的教学占了很大的比重,且骈文所覆盖的范围比较广泛,两书院赋、铭、颂、赞、表等文体的写作,除注重用韵外,还讲究对仗、比偶和藻饰,广义地说,属于骈文的范畴。两书院以骈文书写的文章,内容和题材广泛,涉及面广,在体裁和内容选择上有以下的特点:

(一)两书院骈文教学中赋体占据重要比重,学海堂多作古赋,诂经精舍多作律赋

两书院骈文教学中特别重视赋体的写作,由上述两书院的课艺文集骈文作品数量表可以看出,赋体的数量不管是在诂经精舍还是学海堂都占据最重要的比重,而且在历史上的各个时期都占据重要地位。赋体的写作,因其博学、藻饰、用典等各方面的要

求，最能考察和反映士人学子各方面的文学和文化素养，所以在我国古代文学教育体系中占有重要的地位。赋体在历史发展过程中形成了多种形式，有各种划分方式，按其是否限韵可大致分为古体赋和律赋两种类型。两书院由于崇古的教学宗旨，在教学过程中比较推崇古赋的教学和创作，如学海堂就一直注重古赋的教学，而诂经精舍前期所作赋多为古赋，俞樾掌教诂经精舍后，以律赋为多。俞樾所出的赋题，大部分限韵，也就是说诂经精舍自俞樾掌教后所出的赋题，以律赋为主，不过也有一些古赋，如：同治七年（1868）七月朔课有《关山月赋》、《明堂赋》，十月望课有《小言赋》；同治八年（1869）四月朔课《拟鲍明远〈尺蠖赋〉》、望课《新绿赋》，七月朔课《临安怀古赋》、《七夕赋》；同治九年（1870）四月朔课《读〈北山移文〉赋》，三年间共出了 8 道古赋题，相对律赋，数量还是比较少的。两书院所作的赋体在内容上大致有以下几种类型：

1. 拟作。就前人的作品进行模拟写作，这是书院教学中常用的比较简洁有效的教学方法。这么做让学生既可以打基础，又可以对前人的创作和创作方法有更深入的了解和研究。拟作在两书院的赋体教学中得到了充分的发挥和运用，所拟多为历代名家的赋作，以古赋为主。如《诂经精舍文续集》中有：《拟张衡〈天象赋〉》，《拟鲍明远〈舞鹤赋〉》，《拟庾子山〈邛竹杖赋〉》，《拟唐卢肇〈海潮赋〉》，《拟陆鲁望〈杞菊赋〉》；《诂经精舍三集》己巳年（同治八年 1869）的官师课题有：《拟鲍明远〈尺蠖赋〉》；《学海堂二集》有《拟张融〈海赋〉》，《拟庾子山〈春赋〉》，《拟杨盈川〈卧读书架赋〉》；《学海堂三集》有《拟陆士龙〈岁暮赋〉》，《拟张文献公〈荔枝赋〉》，《拟傅元〈鹰赋〉》；《学海堂四集》有《拟荀子赋》，《拟魏邯郸子叔〈投壶赋〉》，《广潘黄门〈秋兴赋〉》，《拟鲍明远〈园葵赋〉》，《拟江总持〈南越木槿赋〉》，《广卢师道〈纳凉赋〉》，《拟杜少陵〈雕赋〉》,《拟吕衡州〈由鹿赋〉》,等等。这类拟作虽然文学成就远不能和原作相比拟,但这种模拟发挥的方式对提高学生们的欣赏水平、理解能力和写作功力还是非常有益的,不失为一种简洁有效的教学方法和手段。

2. 赋题涉及经史、天文、历算、小学等各学科领域。此类赋题诂经精舍居多,学海堂中也有一部分。此类赋题内容深广,贯穿经史,旁涉天文、地理、历算、小学等各学科领域,不仅仅需要高水平的文学素养,光是审明题意就需要具备深厚的学养和各方面的知识储备。此类赋题和两书院朴学教育的教学宗旨相为表里,是通过文学教育的方式实现高水平朴学教育的有效途径,也是朴学教育在文学教育课程中的有效渗透。题目如《学海堂二集》的《说士甘于肉赋》(题目出自《后汉书·独行列传》),《诂经精舍文续集》中有《笠以写天赋》("笠以写天",意思是天如倚笠之状,出自《周髀算经》,以天文学上的知识为赋),《五位相得而各有合赋》(题出自《周易》),《郭令公见回纥赋》(以唐朝名将郭子仪的事迹为题),《黄钟之宫为律本赋》(有关音乐、乐器),《郑康成为经神赋》(以东汉经学家郑玄为题),等等。俞樾掌教诂经精舍时的律赋题,如《诂经精舍三集》戊辰年官师课题有:《丙吉问牛赋》(以"少阳用事未可太热"为韵,题出自《汉书·魏相丙吉传》),《良玉比君子赋》(以"比德于玉纯粹以精"为韵),《司马温公隶书家人卦赋》(以"涑水崖碑半绿苔"为韵,以当时发现的司马光的隶书碑为题),《河内女子坏老屋得大誓三篇赋》(以"在汉宦带本始元年"为韵),《五经无双赋》(以"五经无双许叔重"为韵),《孑孓为蚊赋》(以"亦名蛣蟨老化为蚊"为韵,为小学题目),《食鹅知黑白赋》(以"张华辨鲊师赜别薪"为韵,题目出自欧阳询《艺文类聚》卷91所载《秦记》),《叔孙通定朝仪赋》(以"恭敬撙节退让明礼"为韵,以史为题),等等。此类赋题的写作,最终凸显的还是学生们的朴学功底和素养,是文学教育中学问性的突出表现。此类赋题,内容一般比较朴实,是有两书院学术特色的赋作。

3. 咏景和咏物赋。此类赋题学海堂居多,主要是古赋。此类题写得一般较为华美灵动,是能够反映学子们文学水平的赋题,较受学生们的欢迎。咏景赋如《霜赋》(以"青女乃出以降霜雪"为韵)、《九九销寒图赋》(以"冬至日画素梅一枝"为韵)、《听潮赋》、《晴湖不如雨湖赋》(以"淡妆浓抹总相宜"为韵)、《大庾岭赋》、《海潮赋》、《越王台赋》、《镇海楼赋》、《唐荔园赋》、《罗浮山见日台赋》、《粤秀山新泉赋》、《白云山九龙泉赋》,等等。咏物赋如《端溪砚石赋》、《孔雀赋》、《甘溪赋》、《江瑶柱赋》、《龙眼赋》、《素馨灯赋》、《国子监石鼓赋》、《榕树赋》、《红豆赋》、《雁来红赋》、《落花生赋》、《凌霄花赋》、《鱼子兰赋》、《新燕赋》、《梅花雀赋》、《竹簟赋》、《芏塘赋》,等等。

(二)两书院常用骈文拟写序跋、读书志、碑、记、颂、铭等各种应用文体

两书院文学教学中比较重视应用文体的写作,如序跋、读书志、碑、记、颂、铭、赞、表、启等。而其中"序跋、读书志、碑、记"这些应用文体的书写可以用散体,也可以用骈文,如果考课题目没有特别规定体裁,肄业生课作是可以自由选择体裁的。如附录三翁心存所藏《学海堂丁亥课士录》中,关于"记"这个题型大部分学生用散体书写,但也有不少学生用骈文书写,如一等黄钰,"记骈体,学吴穀人";二等谭莹"记骈体略具规格,非其得意笔也";三等苏同书"记骈体,行未醇";三等梁观光"记骈体"。因为骈文形式上的束缚限制,能作好骈文往往成了博学和文字驾驭能力高的标志,所以两书院这类课作中很多学生倾向于用骈文应课创作,两书院课艺文集中所收的这些应用文体骈体文占了大部分,这在学海堂表现得尤为明显。

序跋、读书志类题目，便于考察学生的读书效果，有利于学生表达读书体会和感受，发表学术思想和观点。如学海堂课艺文集中出现了下列应用文题：《学海堂集》中《恭读〈四库全书目录跋〉后》，《拟三月三日蒲涧修禊序》；《学海堂二集》中《晋书跋》；《学海堂三集》中《拟郦道元〈水经注序〉》；《学海堂四集》中《拟王元长〈议给虏书疏〉》、《拟刘孝绰〈梁昭明太子集序〉》、《拟梁简文帝〈与湘东王论文书〉》、《新刻〈庾开府集〉序》、《十二月十九日妙高台祝东坡生日诗序》、《重刊武英殿〈十三经注疏〉恭跋》、《〈经典释文〉跋》、《读刘知己〈史通〉书后》、《重刊阳湖李氏〈骈体文钞〉跋》、《〈史记·天官书〉后》，等等。对这些题目的应答，既可以用散文，也可以用骈文。一般认为，能够用骈文书写的肄业生学术素养与文学素养相对较好，文字驾驭能力更强。《学海堂集》卷16吴岳《新建粤秀山学海堂碑》即为骈文。《学海堂二集》卷17梁梅《恭拟平定回疆露布》一篇，谭莹两篇同题文章，皆为骈文。《学海堂二集》卷17侯康《读蔡邕郭林宗碑文书后》为骈文。《学海堂三集》卷17谭莹《拟郦道元〈水经注序〉》也以骈文书写。

骈文较之散文，对形式的要求非常高，非素有较好文学修养者不能驾驭。由学海堂课艺文集可见，同样的题目，能用骈文创作者一般都享有文名，如学海堂早期肄业生、后来的学长谭莹，《学海堂二集》卷13收了《晋书跋》三篇，侯康的两篇为散笔，谭莹的即为骈文。谭莹以骈文见长，文学上取得了较高的成就。

学海堂课艺文集中所收碑记类课作大多以骈体文书写，如《学海堂集》卷16收有吴岳、谭莹二人各一篇以骈文书写的《新建粤秀山学海堂碑》；《学海堂二集》卷17居锽、杨荣《汉南宫侯秉正庙碑铭》，谭莹、徐良琛《拟冼夫人庙碑》，杨荣、李能定《拟重修广州城南三大忠祠碑》。《学海堂三集》卷17虞必芳《拟重修南园前后五先生抗风轩记》,虞必芳《拟袁督师祠堂碑》,谭莹《拟广州北门外明季绍武君臣冢碑》,等等;《学海堂四集》中的《恭拟金陵大功告成祭告南海神庙碑》、《拟重修南海神庙碑》、《广州城北新建昭忠祠碑记》、《拟虞仲翔祠碑》、《海珠李忠简公祠碑》、《拟重修惠州白鹤峰苏文忠公新居碑记》、《拟张燕公广州都督宋广平遗爱碑颂》、《东莞伯何公祠堂碑》、《太子少保提督昆公抚定信宜碑记》、《重修学海堂记》、《粤秀山新建菊坡精舍碑文》、《新建应元书院记》、《重修拱北楼记》、《重修三十六江楼碑记》、《拟重修粤秀山安期生祠碑记》、《栅头新建花神庙碑记》,等等。古人有为具有纪念性意义的事件和人物写记、立碑、写碑文的习惯,在两书院的教学中可以深刻地感觉到这一点。这些题作,虽多有溢美之词,但还是具有非常重要的历史资料价值。

诂经精舍的课艺中,序跋、碑记等也常以骈体书写。如同治七年(1868)二月望课《孤山新建林公祠碑》;九月朔课《拟王祎〈汉七略序〉》、《拟王祎〈唐五礼序〉》、《拟刘节〈广文选序〉》、《拟唐龙〈循吏私录序〉》、《拟边贡〈忠义录后序〉》、《拟欧阳铿〈便民图纂序〉》;九月望课《拟诂经精舍三集序》;同治八年(1869)七月望课《余姚汉三老碑跋》,等等。

颂、铭、赞、表、启等文体和序跋、读书志、碑记一样,属于应用文的范畴,往往就事论事,具有实用的特点。此类文体创作皆为韵文,相对于四六文和赋体,虽注重韵律,但较少藻饰,较为短小精炼,可读性强,创作难度相对较小,便于学生平时的学习和研练,所以两书院比较重视此类文体类型的教学。如《学海堂集》卷十所收刘瀛《端州石室铭》(并序)、《拟庾开府〈谢滕王集序启〉》、《粤秀山新建学海堂铭》(并序)。《学海堂二集》中的《白云山九龙泉铭》。《学海堂三集》中的《拟江文通〈闽中草木颂〉》、《拟〈虎门铭〉》。《学海堂四集》中的《拟吕衡州〈凌烟阁勋臣颂〉》、《拟洪稚存〈天山赞〉、〈瀚海赞〉》、《拟孔融〈荐祢衡表〉》、《拟南越进训象表》、《恭拟平定发逆捻逆颂》、《英德观音岩颂》、《东汉高士赞》、《卞忠贞公赞》、《花阡铭》、《玉山泉铭》,等等。

从两书院所列的骈文题目,可以看出两书院的骈文教学从内容上来说,涉及面很广,文史哲兼而括之,有些题目和时代非常切近,如学海堂出有《拟谕咪唎坚佛兰西等各岛夷檄》的题目,《学海堂三集》卷17收有番禺举人张详晋的一篇课艺文,对美国、法国等国对我国的侵扰提出了严正的指责。

两书院的文集中所收的骈文,数量多,佳作也不少,但骈文确实是一种很难写好的文学体裁,要求写作者有很深厚的学养才能驾驭自如。两书院课艺文集所收作品,虽有模式化的倾向,事实上可读的佳作还是不少的。总的特点是诂经精舍的骈文大多质实厚重,具有学问性的倾向,和骈文华美藻饰的特点已有很大的区别;学海堂的骈文大多写得较为轻快明丽。不过两书院的骈文写作,终究是书院中的命题作文,主要目的在于使学生通过练习做题,打下坚实的学术和文学基础,掌握写作的方法和技巧,难免有脱离现实、情思枯涩、堆砌故实等不足。

第四节　阮元骈文理论的遗响

阮元"文、笔"骈文理论的提出,将清代骈文复兴推向了高潮,而两书院在高潮回落后对骈文理论的深远影响起到了推波助澜的作用。阮元的骈文理论对桐城派古文产生了极具冲击性的影响,促进了桐城古文汲骈入散的内部改造,骈文派内部也自觉进行了汲散入骈的修正。阮元的骈文理论对以后书院的文学教学仍有影响。

阮元推崇骈文,对桐城派古文不满,其实并不是他不习古文,只是他不满桐城派古文流于平直疏浅、音韵失和的弊端。道光三年(1823),《揅经室集》刻成,阮元自序云:

余三十余年以来,说经纪事,不能不笔之于书。然求其如《文选序》所谓"事出沉思,义归翰藻"者,甚鲜,是不得称之为文也。①

可见阮元崇尚骈文,但并不排斥他体。

骈文中兴这一历史事实,阮元尊崇骈文的流风所至,促使后来的桐城派古文出现了汲骈入散的趋势。姚鼐主讲江宁钟山书院期间,弟子刘开、梅曾亮、管同、方东树被称为"姚门四杰",是桐城派有名的古文家,刘开、梅曾亮、管同皆工于骈文写作。徐珂《清稗类钞》中对刘、梅二人的骈文成就评价很高:"桐城有刘开,上元有梅曾亮,大兴有方履篯,其文皆闳中肆外,典丽肃穆,足以并驾齐骛。"②方东树曾入阮元幕府,兼课学海堂。刘开(1784~1824),字明东,号孟涂,安徽桐城人,著有《孟涂骈体文》2卷,在《与王子卿太守论骈体书》中说:

夫文辞一术,体虽百变,道本同源。经纬错以成文,元黄合而为采,故骈之与散并派而争流,殊途而合辙。千枝竞秀,乃独木之荣;九子异形,本一龙之产。故骈中无散,则气壅而难疏;散中无骈,则辞孤而易瘠。两者但可相成,不能偏废。……世儒执墟曲之见,腾坎井之波,宗散者鄙俪词为俳优,宗骈者以单行为薄弱,是犹恩甲而仇乙,是夏而非冬也。夫骈散之分,非理有参差,实言殊浓

---

① 阮元:《揅经室集》卷首。

② 徐珂:《清稗类钞·文学类》"骈体文家之正宗"条,中华书局1986年版,第3888~3889页。

淡，或为绘绣之饰，或为布帛之温。究其要归，终无异致；推厥所自，俱出圣经。①

方东树(1772～1851)，字植之，晚号仪卫主人，安徽桐城人。自少喜为古文辞，乾隆五十八年(1793)至嘉庆二年(1797)在江宁钟山书院师从姚鼐习古文，科场不利，离开钟山书院后一直舌耕于私塾。嘉庆二十四年(1819)赴粤东，时阮元任两广总督，聘之为《广东通志》分纂。道光四年(1824)和五年授经于阮元幕府，时阮元辑刻《皇清经解》，倡导汉学，方东树著《汉学商兑》4卷，攻击汉学。在学术上和阮元见解颇不合。在阮元幕府期间，东树兼阅学海堂课文。在阅课学海堂期间，著《书林扬觯》2卷，其序曰：

> 两粤制府阮大司马既创建学海堂，落成之明年乙酉初春，首以"学者愿著何书"策堂中学徒。余慨后世著书太易，而多殆于有孔子所谓不知而作者。因诵往哲遗言，及臆见所及，为十有六论，以谂同志知者。②

可见《书林扬觯》一书是为了学海堂的教学而著的。方东树虽一直推崇桐城古文，反对汉学，但他后期却主张汲骈入散。方东树认为"俪偶之文，运意遣辞，与古文不异"，肯定骈散"波澜之莫二，妙谛之无上"，反对后人将两者"判若淄渑，辨同泾渭"③。在广州阮元幕府期间，他用骈文拟作学海堂课艺《汉晋名誉考》一篇，收入《学海堂集》卷9，还作了《学海堂铭》一首，并用骈文写了一篇序。他所作的《汉晋名誉考》和《学海堂铭》(并序)收入他的骈文

---

① 刘开：《与王子卿太守论骈体书》，《刘孟涂集·骈体文》卷2，道光六年(1826)刻本，《续修四库全书》第1510册，第425～426页。

② 方东树：《书林扬觯》，中国书店排印本1925年版，第1页。

③ 方东树：《小谟觞馆文集跋》，彭兆荪《小谟觞馆文集》卷末，嘉庆十一年(1806)刻二十二年增修本，《续修四库全书》第1492册，第665页。

集《仪卫轩外集》中。①

刘、方二人汲骈入散之说，无疑是对桐城古文的修正，也是因骈文中兴、阮元骈文理论的深远影响所起。

在骈散相争的过程中，两书院在教学过程中对骈文及阮元骈文理论的重视，增强了骈文派反对桐城古文的声势，也影响着受两书院影响而创建的上海求志书院、四川成都尊经书院、福建致用书院、经古精舍等书院的文学教学。阮元的骈文思想对这些书院仍有一定的影响，仍在讨论着阮元的"文笔论"，如致用书院有"文笔辨"的考题。《致用书院文集》中收有力钧《文笔辨》一篇，文中说：

> 六朝近于文，八家近于笔，今之骈体散行即古文笔之名所变焉者也。夫文与笔固不混而一也，然文之顿挫搏扼则笔见焉，不必无韵也。笔之排纂比合则文见焉，不必有韵也。未有无文而可谓之笔者，亦未有无笔而可谓之文者。若沾沾无韵、有韵之分亦泥矣。②

可见作者主张骈散相济，汲骈入散，汲散入骈。这就对骈散之争作出了调和与折中，也说明骈文对桐城派古文的改造起到了明显的影响。

《经古精舍课艺》词章卷中收有吕景抻《国朝骈文十二家颂》，对清代的12位骈文大家作了评价，作者于序中说：

> 自秦迄隋，文体递变，而文无异名。自唐以来始有古文。骈俪之目既歧，奇与偶为二，又歧六朝与唐与宋为三，苟沿其流极而溯之以至乎其源，则其所出者一也。③

---

① 方东树：《仪卫轩外集》，见《仪卫轩文集》，同治七年（1868）刻本。

② 《致用书院文集》，光绪十五年（1889）刻本。见赵所生、薛正兴主编《中国历代书院志》，江苏教育出版社1995年版，第13册。

③ 《经古精舍课艺》，光绪二十七年（1901）刻本，戊戌词章，第4页。见赵所生、薛正兴主编《中国历代书院志》，江苏教育出版社1995年版，第12册。

作者认为桐城古文和骈文有着相同的源头,也对骈散之争作出了调和。作者所赞12位骈文家中有阮元和孙星衍。作者赞阮元曰:"仪征儒宗,万流仰镜,文如子固,肃穆凝静,余事弄翰,跨魏轶晋。"赞孙星衍曰:"伯渊铿铿,朴学是治,譬彼五采,惟所彰施,清庙明堂,庶几遇之。"说明骈散的这种调和和折中,后来的书院教育也参入其中。

两书院肄业生中,有些人后来成为其他书院的教师或主讲,他们常将两书院的优秀办学传统植入其他书院,也常常将阮元的"文、笔"理论影响进一步扩大。学海堂首批专课肄业生陈澧,后来成为学海堂的学长,在学海堂执教时间达20余年之久,和朱次琦(1807～1882)享有"岭南两大儒"之誉。陈澧晚年受聘主持菊坡精舍,所教学内容仍是阮元在学海堂的最初所定,他说:"澧既应聘,请如学海堂法,课以经史文笔。……吾不自立法也。"①这就将阮元的"文、笔"理论影响扩展到学海堂以外。

尊经书院主讲王闿运(1833～1916),为晚清杰出的骈文家,在尊经书院主讲时间为1878至1885,前后共8年。其所作骈文成就极高,所著《哀江南赋》被认为是清末骈文的压卷之作。王闿运在文学上继承了阮元"文笔论"的余绪,在尊经书院教学期间重视诗赋骈文的教学,和诂经精舍、学海堂相似,尊经书院的课艺文集中诗赋也占了相当大的比重。②

今文经学家兼骈文家李兆洛(1769～1841)从道光三年(1823)至道光二十年(1840)期间主讲江苏江阴暨阳书院达20年

---

① 陈澧:《菊坡精舍记》,见其《东塾集》卷2,光绪十八年(1892)菊坡精舍刻本,《续修四库全书》第1537册,第267页。

② 参《尊经书院课艺》。见赵所生、薛正兴主编《中国历代书院志》,第16册。

之久，在暨阳书院期间，他重视骈文，特别是赋的教学。他选编的战国至隋代的骈文集《骈体文钞》中，将司马迁《报任安书》、诸葛亮《出师表》、贾谊《过秦论》等皆选入其中。李兆洛通过骈文的编选，重新梳理了骈散关系，为骈文重新定位。他的骈文观和阮元立“文笔论”为骈文张目，目标一致。他说道：

洛之意颇不满于今之古文家，但言宗唐宋而不敢言宗两汉。所谓宗唐宋者，又止宗其轻浅薄弱之作，一挑一剔，一含一咏，口牙小慧，谫陋庸词。……其于古则未敢知，而于文则难言之矣。窃以欲宗两汉，非自骈体入不可。今日之所谓骈体者，以为不美之名也，而不知秦汉子书无不骈体也。窃不欲人避骈体之名，故因流以溯其源，岂第屈司马、诸葛以为骈而已，将推而至《老子》、《管子》、《韩非子》等，皆骈之也。①

从上可以看出，李兆洛不满于桐城派古文家只宗唐宋的古文，将“骈文”的概念展而扩之，和阮元为“文”正名，从“文”的古训中为骈文争取正统地位可谓有异曲同工之妙。不过他编选《骈体文钞》的重要目的在于打通历来骈散之间的森严壁垒，借以提倡“骈散合一”。他在《骈体文钞序》中说：

自唐以来，始有古文之目而目，六朝之文为骈俪而为，其学者亦以是为与古文殊路。既歧奇与偶为二，而于偶之中，又歧六朝与唐与宋为三。夫苟第较其字句，猎其影响而已。则岂徒二焉三焉而已，以为万有不同可也。……文之体，至六代而其变尽矣。沿其流，极而溯之，以至乎其源，则其所出者一也。②

---

① 李兆洛：《答庄卿珊》，见其《养一斋文集》卷8，《续修四库全书》第1495册，第119页。

② 李兆洛：《骈体文钞序》，见其《养一斋文集》卷5，《续修四库全书》第1495册，第77页。

李兆洛认为骈散同出一源，主张骈散不分。李兆洛《骈体文钞》是清代文学史上骈散之争趋向折衷融合的标志。

到了清末民初，阮元的骈文理论也受到了时代的冲击。在诂经精舍前后学习了八年的章太炎，打下了坚实的朴学基础，后来在革命生涯中通过讲学和著述建立起了相对完善的学术理论体系。他认为骈、散之争本无必要，他说：

> 文有骈体、散体的区别，历来两派的争执很激烈：自从韩退之崛起，推翻骈体，后来散体的声势很大。宋人就把古代经典都是散体，何必用骈体做宣扬的旗帜。清代阮芸台起而推倒散体，抬出孔老夫子来，说孔子在《易经》里所著的文言系辞，都是骈体的。实在这种争执，都是无谓的。①

他认为骈文、散文皆有存在的必要，他说："依我看来，凡简单叙一事不能不用散文，如兼叙多人多事，就非骈体不能提纲。"②"约言之，叙事简单，利用散文；论事繁变，可用骈体，不必强，亦无庸排击，惟其所适可矣。"③他认为文笔之分，奇偶之别，只是在于写作需要的不同而已。但章太炎对阮元的"文笔论"却很是不满。《文学总略》一文主要对此而发，对阮元的文笔理论有较为尖锐的批判：

> 近世阮元，以为孔子赞《易》，始著《文言》，故文以耦俪为主，又牵引文笔之说以成之。夫有韵为文，无韵为笔，是则骈散诸体，一切是笔非文，借此证成，适足自陷。既以《文言》为文，《序卦》、《说卦》又何说焉？且文辞之用，各有体要，

---

① 章太炎讲演，汤志钧导读：《国学概论》，上海古籍出版社 1997 年版，第 15 页。

② 章太炎讲演，汤志钧导读：《国学概论》，上海古籍出版社 1997 年版，第 16 页。

③ 《章太炎讲学第三日记》，《申报》1922 年 4 月 16 日。

《彖》、《象》为占繇，占繇故为韵语，《文言》、《系辞》为述赞，述赞故为俪辞，《序卦》、《说卦》为目录笺疏，目录笺疏故为散录。……舍是二者，单复固恣意矣。未有一用单者，亦未有一用复者。①

章太炎对于“文笔论”的批评切中了要害，认为如果将天下文章简单分为“文、笔”两种的话，自然是难以自圆其说的。这就指出了阮元“文笔论”立论时的自相矛盾之处。但章太炎本人“文”的概念比起阮元将文章简单地一分为“文、笔”更为偏颇，他将“文”的概念已经扩展到“文字”等领域。他认为：

文学者，以有文字著于竹帛，故谓之文。论其法式，谓之文学。凡文理、文字、文辞，皆言文。②

章太炎这种绝对宽泛的文学观，有学者评价道：“表面上看，他的‘文’无所不包，因而也无懈可击，实际上只是通过取消文学的特性而倒退到了一个混沌的世界。”③章太炎不满阮元的“文”“笔”之分，认为所有的文字形式和内容都可视为“文学”，但他对“文学”的进一步分类却颇合“文”、“笔”之别，他说：“文学可分二项：有韵的谓之诗，无韵的谓之文。”④他将文学分为“诗”、“文”二种，分辨标准还是有韵与否，这与阮元“文笔论”还是有共同之处。

章太炎是长于骈文写作的。钱基博著《现代中国文学史》，于该书中论骈文，列有刘师培、李详、王式通、孙德谦、孙雄诸人，以

---

① 章太炎：《文学总略》，见傅杰编校《章太炎学术史论集》，中国社会科学出版社1997年版，第45~46页。

② 章太炎：《文学总略》，见傅杰编校《章太炎学术史论集》，中国社会科学出版社1997年版，第43页。

③ 黄霖：《近代文学批评史》，上海古籍出版社1993年版，第445页。

④ 章太炎讲演，汤志钧导读：《国学概论》，上海古籍出版社1997年版，第16页。

章太炎匹王闿运，王闿运为清末卓有成就的骈文家，并将章太炎的骈文归为魏晋文。章太炎声称在诂经精舍肄业期间，只习经史考据之学，不习诗赋辞章。他文宗先秦及汉魏，鄙薄桐城古文和齐梁华靡的骈体，其所作文赋，几乎都是针对现实而发，表达自己独到的见解和观点，文采情韵固然不足（诂经精舍肄业生的赋作也有此特点），但是古质刚劲，凛凛有生气。如他声讨兵部尚书徐用仪、吏部左侍郎许景澄、太常寺卿袁昶三人而作的《祓三厉文》，批驳嘲讽龚自珍、魏源二人的《钱塘吊龚魏二生文》，观点虽然有失偏颇，但行文语言却极有力量。章太炎所作《哀韩赋》和《哀山东赋》，则更是充满了爱国主义精神。《哀韩赋》哀悼韩国（朝鲜）的覆亡以警国人，《哀山东赋》抒发对德日侵占山东的愤懑之情。① 章太炎骈文学养可从他讽慈禧七十大寿一联中窥得一斑。光绪三十年（1904），慈禧七十大寿，在民族危亡的关头，仍然劳民伤财，大操大办。章太炎作了下列这副讽联：

今日到南苑，明日到北海，何日再到古长安？叹黎民膏血全枯，只为一人歌庆有。

五十割琉球，六十割台湾，而今又割东三省！痛赤县邦圻益蹙，每逢万寿祝疆无。

当时的报界先驱林白水也写了内容大致相同的一副讽联，如下：

今日幸西苑，明日幸颐和，何日再幸圆明园？四百兆骨髓全枯，只剩一人何有幸？

五十失琉球，六十失台海，七十又失东三省！五万里版图弥蹙，每逢万寿必无疆。

二联皆语言辛辣，笔触犀利，讽刺入骨，但品读两副对联，很

① 参见马积高《赋史》，上海古籍出版社 1987 年版，第 638～640 页。

容易发现章太炎的更胜一筹,更见功力。上联中章太炎的三个“到”字比林白水的三个“幸”字要好,讽刺意味更浓,下联的三个“割”字比林白水的三个“失”字,字眼更有力,给读者心理上造成的冲击力更强烈,而“叹”、“痛”二字,尤为愤慨。上下联最后一句“只为一人歌庆有”,“每逢万寿祝疆无”,对比巧妙,将当时阿谀慈禧“一人有庆,万寿无疆”的媚语颠倒过来,修辞效果非常高妙。由此对联可推见章太炎的文字驾驭能力和文学水平。

出自学海堂的梁启超,在学海堂苦学四年,后遇康有为,于是决然舍去旧学,退出学海堂,提倡“诗界革命”,以创造“新民体”闻于时。作为改良主义者,梁启超对传统文学曾大力抨击,但他认为骈体文有存在的价值。他说:

> 骈俪对偶之文,近来颇为青年文学家所排斥,我也表相当的同意;但以我国文字的构造,结果当然要产生这种文学,而这种文学,固自有其特殊之美,不可磨灭。我以谓爱美的人,殊不必先横一成见,一定是丹非素,徒削减自己娱乐的领土。楹联起自宋后,在骈俪文中,原不过附庸之附庸,然其佳者,也能令人起无限美感。①

他除了认为骈文有其审美价值以外,还肯定骈文之支流余裔——楹联的存在价值。梁启超夫人李蕙仙去世后,他悲伤成疾,病中做成了《苦痛中的小玩意儿》,将《宋六十家词》、《四印斋词》和《彊村丛书》三书中的好句子集句配成二三百副楹联,倒是特别熨帖。诂经精舍和学海堂课作中就常出现这样的集句诗。梁启超之骈文写作还是很有水平的,被誉为雅丽欲流,如《孝定景皇后祭文》②。

---

① 梁启超:《饮冰室诗话》附《苦痛中的小玩意儿》,时代文艺出版社1998年版,第445页。

② 参见刘麟生《中国骈文史》,东方出版社1996年版,第133页。

阮元“文笔论”的产生，是时代的产物，出自两书院的两位大师章太炎和梁启超在新的时代背景下，没有继承阮元的文学思想，但阮元“文笔论”之思想并没有追随着历史的潮流变成历史的记忆，有“扬州学派殿军”之称的刘师培，在他的文学批评中继承了阮元的“文笔论”思想，曾著《广阮氏文言说》①，对阮元“文笔论”立论基础的“文言说”加以论证，所立论虽没有超出阮元，但其所著《中国中古文学史讲义》，却很好地贯彻了阮元的“文笔论”思想。刘师培认为骈文、律诗是中国文学的正宗文体。他在《文说·耀采篇第四》中说道：“由古迄今，文不一体。然循名责实，则经史诸子，体与文殊；惟偶语韵词，体与文合。”②又说：“骈文之一体，实为文类之正宗。”③在他的《中国中古文学史》开篇亦说“非偶词俪语，弗足言文”；“俪文律诗为诸夏所独有，今与外域文学竞长，惟资斯体”。④《文章原始》篇说：“齐梁以下，四六之体渐兴，以声色相矜，以藻绘相饰，靡曼纤冶，文体亦卑，然律以沉思翰藻之说，则骈文一体，实为文体之正宗。”⑤

1927年，章太炎的学生鲁迅所著杂文中有《匪笔三篇》、《某笔两篇》（后来皆收入《三闲集》）。他借报纸上的文章和广告大发议论，因为所引的文本都不是韵文，“所以取阮氏《文笔对》之

---

① 见刘师培《左盦集》卷8，见《刘师培全集》，中共中央党校出版社1997年版，第3册，第87页。

② 刘师培：《文说·耀采篇第四》，见《刘师培全集》，中共中央党校出版社1997年版，第2册，第78页。

③ 刘师培：《文说·耀采篇第四》，见《刘师培全集》，中共中央党校出版社1997年版，第2册，第79页。

④ 刘师培：《中国中古文学史》，人民文学出版社1959年版，第5页。

⑤ 刘师培：《左庵外集》卷13，见《刘师培全集》，中共中央党校出版社1997年版，第3册，第450页。

说,名之曰:笔"①。阮元"文笔论"给鲁迅留下了比较深刻的印象。鲁迅在《自文字至文章》一文中说道:"辞笔或诗笔对举,唐世犹然,逮及宋元,此义遂晦,于是散体之笔,并称曰文,且谓其用,所以载道,提挈经训,诛锄美辞,讲章告示,高张文苑矣。清阮元作《文言说》,其子福又作《文笔对》,复昭古谊,而其说亦不行。"②可见鲁迅不但关注文笔之辨,也有接受阮元文笔之辨的思想倾向。阮元"文笔论"思想的历史遗响可谓广泛而悠远。

阮元为乾嘉学术在文学领域争取正统地位,提出了"文笔论"的骈文理论,也促进了两书院的骈文研究和教学,骈文在两书院漫长的办学过程中,一直是文学教学中最受重视的体裁,这和两书院继承阮元最初的办学宗旨有关,当然也难免受到时代环境的影响,比如说实用性和科举的影响。"清代奏折书启,广用骈文,末年尤盛",另外,"酬酢方面,庆贺慰唁谢答"也多用骈文。③ 骈文在日常生活中的实用性,促使了骈文的发展。促使骈文在两书院百年位置不变的影响,还有一个很重要的原因,就是科举的需要。清代科举考试,除了八股文外,也比较注重诗、赋的考察,特别是赋。辞赋在清代得到统治者赏识源于康熙年间,康熙十八年(1679)博学鸿词制科首次正式以辞赋取士,所出试题为一赋一诗。康熙擅长辞赋,在陈元龙所编《历代赋汇》序中肯定辞赋选拔人才的功能,乾隆以后的翰林庶吉士考试,则试以律赋。④ 而俞樾掌教诂经精舍以后,所课的赋题,大多数是律赋,这不仅仅是一种

---

① 参见顾农《鲁迅与阮元父子的文笔之辨》,《中华读书报》2009年5月13号。

② 鲁迅:《汉文学史纲要》,人民文学出版社2006年版,第4页。

③ 参见刘麟生《中国骈文史》,东方出版社1996年版,第114页。

④ 参见俞士玲《论清代科举中辞赋的地位与作用》,载《学术月刊》2000年第3期。

暗合,但应该很受热衷仕途的学生欢迎。

两书院的教学宗旨明确标明不习科举八股文,但是文学教育中却崇尚骈体文,而八股文和骈文有着密切的关系,刘麟生曾说:"八股文为骈散混合之文字,然就其整段作对而论,固应以之隶属于骈文。"①因为八股文隶属于骈体文,所以八股文在两书院也有着独特的影响。关于这个论题本书第六章有专门论述。

① 刘麟生:《中国骈文史》,东方出版社 1996 年版,第 97 页。

第四章

俞樾掌教时期诂经精舍的文学教育

俞樾(1821～1907),字荫甫,号曲园,浙江德清人,道光二十四年(1844)举人,道光三十年(1850)进士,进士覆试时的诗题是"淡烟疏雨落花天",俞樾所作诗首句是"花落春仍在",得到主考官曾国藩(1811～1872)的赏识,置第一。咸丰二年(1852)官翰林院编修,咸丰五年(1855)简放河南学政。咸丰七年(1857),御史曹登庸(字芗溪)弹劾俞樾所出试题割裂,俞因而被罢职,此后即不再涉足官场,专心从事学术研究,勤勉著述,主讲各大书院,其中在诂经精舍主讲时间最长,从同治七年(1868)至光绪二十四年(1898),达31年之久。太平天国战乱给东南省份之经济文化造成了重创,重建后的诂经精舍进入了俞樾时代。俞樾掌教期间的诂经精舍在教育教学各个方面都取得了非常突出的成就,培养了大批优秀人才,所以有必要单列一章对俞樾掌教时期诂经精舍的文学教育状况作一论述。

第一节　俞樾在诂经精舍的教学活动概述

俞樾在学术与文学方面皆有突出的成就。在学术上,俞樾精于校释儒家经典及先秦两汉诸子之著作，是晚清著名的考据学大师，被誉为乾嘉学派的殿军人物和学术传人。俞樾对群经、诸子、史学、小学等造诣皆极深。治经以高邮王念孙、王引之父子为宗，认为："治经之道大要有三：正句读，审字义，通古文假借。得此三者以治经，则思过半矣。……三者之中，通假借为尤要。"①自罢职至终老，俞樾一直勤勤恳恳，沉醉于学术之中，著述不断，硕果累累，主要著作有《群经平议》35 卷、《诸子平议》35 卷、《古书疑义举例》7 卷等，最为学界推重，为一时朴学之宗。讲学治经之余，他还以文章、诗词、书法乃至笔记小说闻名海内外。又有《俞楼杂纂》、《茶香室丛钞》等，并其诗文集共约 500 卷，合称《春在堂全书》。王国维在《教育世界》中评价俞樾说："俞氏……为学之敏与著述之勤，至耄而不衰，固今日之好模范矣。"②俞樾和李鸿章（1823 ~ 1901）是同年举人，曾国藩曾评价二人道："李少荃（鸿章）拼命做官，俞荫甫拼命著书。"③俞樾著述丰富，学养深厚，成就卓越，造福书院，青史留名。

一、仕途不顺，结缘书院

俞樾能和诂经精舍结下 31 年之深厚情缘，他仕途突遭变故可以说是最初的契机。道光三十年（1850）俞樾进士及第，是年 30 岁。咸丰五年（1855）八月简放河南学政。咸丰七年（1857）俞樾被被弹劾所出试题割裂，罢职回乡。35 岁至 37 岁这短短两年的从政生涯，俞樾所任为河南省学政，相当于现在的省教育厅厅长，

① 俞樾：《群经平议序》，《群经平议》卷首。《春在堂全书》，凤凰出版社 2010 年版，第 1 册。

② 见《史学集刊》封二，2000 年第 2 期。

③ 俞樾：《春在堂随笔》，江苏人民出版社 1984 年版，第 10 页。

主管教育科举大事。在科举时代,学政是个行政级别很高的职位。但俞樾却在出八股文考题时触犯了禁忌,结束了短暂的政治生命。俞樾所出八股文题被指责为割裂和触犯时忌。明清两代,科举考试以八股文为主,出题范围是《四书》、《五经》,500多年的时间,能出的正常题目都已经出过了。为了避免考生押题,也为了避免题目重复,所以考官常出险怪的截搭割裂题。割裂题在明清科场很招人厌恶,因为增加了写作的难度,但是很流行。俞樾出题犯禁,笔者认为主要的过错不在出题割裂,而在触犯时忌。下面来看看他所出的题,如:咸丰七年试陕州题曰:然则文王不足法与;试武陟县题曰:苟为无本;试修武县题曰:王知夫苗乎;试原武县题曰:鳖生焉。尤触时忌者,试祥符县题曰:邦君之妻曰寡。诸如此类,不胜枚举。合场哗然,几至罢考。① 俞樾所出的这些题,断经取义,增加了士子判题的难度。如"鳖生焉",题出自《中庸》,原句为:"今夫水,一勺之多,及其不测,鼋鼍、蛟龙、鱼鳖生焉,货财殖焉。"只割取"鳖生焉"三字之义,上下不着边,确实很突兀。特别是割经取义后,没有上下文的贯穿,题目所表达的意思,在那个有文字狱阴影笼罩的时代,很容易能够读出些别的意味来。俞樾所出的题目确有违背纲常、触犯时忌之嫌。如"然则文王不足法与"、"王知夫苗乎"二题,好像是对最高统治者的责问,这在皇权社会当然是要不得的。再比如说"邦君之妻曰寡"这个题目,该题出自《论语·季氏》:"邦君之妻,君称之曰夫人,夫人自称曰小童;邦人称之曰君夫人,称诸异邦曰寡小君;异邦人称之亦曰君夫人。"割取上下文拼凑成的这个题目,确实有点匪夷所思。满族原居中国东北地区,在原汉族政权来看,属"异邦",从题目表

---

① 参见汪辟疆《俞曲园遗事》,见《汪辟疆文集》,上海古籍出版社1988年版,第716页。

面意思看，确实很容易让人联想到影射之嫌。

俞樾后来述及被罢职一事，他以诗道："岳色河声无古今，使臣仗节遍登临。力除萧艾求兰蕙，此时当年过用心。"俞樾解释道："丙辰二月始出棚考试学使之职，当以求才为主，而以防弊为宾，果拔得一二真才，便为无忝厥职，小有冒滥无伤也。余当年转以防弊为主，此乃少年用意未当，奉职不称正以此也。"①俞樾认为自己为河南学政时，出题割裂是因为求才心切，用心过当，而疏于防弊，以至于无意中触犯时忌。

罢职后，俞樾闲置无事，开始读高邮王念孙父子的《读书杂志》、《广雅疏证》、《经义述闻》诸书，渐而好之，遂有意治经。咸丰十一年辛酉(1861)，俞樾从朋友处借得半部《学海堂经解》，即阮元于学海堂主持编刻的《皇清经解》，专心攻读，治经渐有心得。罢职后8年，俞樾开始主讲于苏州紫阳书院，然后又移席杭州诂经精舍、菱湖镇龙湖书院、上海诂经精舍、上海求志书院、德清清溪书院、长兴箬溪书院。其中主杭州诂经精舍(1868~1898)时间最长，达31年之久。张之洞曾延请俞樾任四川尊经书院山长，俞樾以老母在堂，未便远游相推辞。俞樾一生，受业门生达到了3000人，难能可贵的是，俞樾教学授徒，不分国籍，不分男女，曾收浙江慈溪人张贞竹为女弟子。② 俞樾的学术声望远传日本，光绪十年(1884)，日本政府派井上陈政(字子德)等一批留学生专程到诂经精舍学习汉学，受业于俞樾门下。

俞樾对书院的发展有着自己的见解，对书院建设提出了许多合理的建议。很多书院就有关事宜请教于俞樾。俞樾主讲苏州

---

① 俞樾:《曲园自述诗》,《春在堂全书》,凤凰出版社2010年版,第7册,第625页。

② 参见张锋《走近"俞楼"》,《观察与思考》2000年第7期。

紫阳书院时，龙门书院应敏斋曾就书院章程和所定功课请俞樾过目，俞樾认为章程第五条每月朔课师长西南面立，诸生以次东北面揖，师长答揖的礼式中，师长所处"西南面"、弟子所处"东北面"的方位比较唐突，且不符合古礼。然后俞樾引经据典提出了异议。① 虽是礼仪方面的细节小事，但可看出俞樾具有"中正和顺"的儒家思想。俞樾掌教诂经精舍时，应元书院掌教王凯泰请俞樾订正应元书院章程，俞樾对应元书院每月膏火惟以官课为定，认为很不妥，这样会导致肄业生重官课、轻师课现象的发生。俞樾主张官师课的膏火分配应该随课升降，平均分配，并举例说直隶莲池书院膏火分配以官课为定，且规定师课缺席者扣除名额，虽然每次考课师课人数不少于官课，但师课文章无一可观，不见佳文。俞樾建议应元书院应该官、师课并重。② 可见在书院管理中，俞樾并非一位迂腐的大儒，他重视书院机制运行中的实际教学效果，不漠视经济因素在书院中所起的作用。对应元书院除常课外，另设一课专考经济有用之学，俞樾非常赞赏，他说：

> 美哉，斯举也！夫通经而不足致用，何贵通经？经义治事固胡安定（按：即胡瑗，北宋初学者、教育家）之成法也。使士子知上之所求不徒在八股试帖，而孜孜讲求于其大者远者，洵为国储才之要务矣。③

他认为开设经济一课应防治一些流弊的产生，认为应以史事命题，他说：

> 然鄙人窃有所过虑者。贾董之才，旷世间出，岂易责之；

① 俞樾：《与应敏斋同年》，《春在堂尺牍》卷 1，第 18～19 页。见《春在堂全书》，凤凰出版社 2010 年版，第 5 册。本章下引此书皆据此版本，下不再注明。

② 俞樾：《与王补帆中丞同年》，《春在堂尺牍》卷 3，第 17～18 页。

③ 俞樾：《又与补帆》，《春在堂尺牍》卷 3，第 20 页。

寻行数墨之陋儒，恐亦不过掇拾陈言，敷衍了事而已；其甚者，浮浪之子巧以行其尝试之端，健讼之夫阴以佐其攻讦之术，处士横议由此而起，于治道无益而转于政体有妨，此亦不可不防者也。①

俞樾对经济一课的教学内容提出了自己的观点，他说：

兄尝谓师儒之教总以经史实学为主，苟于经史并通，即于体用兼备。今于书院增此一课，鄙意请以史事命题。凡政治得失之由，形势成败之迹，理财治兵之策，建官取士之规，或统筹全局，或试论一事，观其断制乎。古者不谬，则其施设于今者，可知数年以后，父子兄弟互相犟究，人才辈出，必由此途矣。②

应元书院及俞樾均讲“经济”之学，经济者，经国济世也；经者，经邦治国，济者，济世平天下。应元书院开设经济一课，也是就晚清日益衰落的国势做出的积极反应。俞樾认为经济一课，应以史事命题，从历史经验中汲取营养，表现了俞樾重视经史实学的朴学家本色，也反映了从事古学研究的朴学家习惯于仅仅将视野投注于历史的缺陷和不足。但诂经精舍在教学中虽没有如应元书院那样，将经济之学专设一课，而俞樾所出的经史课题，特别是史学课题，注重于历史事件和人物的评骘。

俞樾一生著述丰富，所著书除留存于所主讲的各大书院，供师生阅读外，还曾将《春在堂全书》赠送福建九峰书院和四川尊经书院等。他对教育行业中有贡献的人物，常纂文赞誉，以使事迹永存。除了对政府官员如阮元等有功于士林的事迹倍加推崇、交口称赞外，更可贵的他还比较关注普通人物对教育的贡献。如浙

---

① 俞樾：《又与补帆》，《春在堂尺牍》卷3，第20～21页。

② 俞樾：《又与补帆》，《春在堂尺牍》卷3，第21页。

江德清县钟桂溪(字广文)、俞石林(字锡麒)二人创建仙潭书院，俞樾作《新市镇仙潭书院记》①。孙锵(字玉仙)筹建奉化县试馆，他作《奉化试馆记》②以广为流传。

二、情定诂经精舍,成就朴学大师地位

书院教育和官方教育比较起来,思想比较自由活跃,受到的禁锢较少,给了俞樾更多的教学自主权,而俞樾所主讲的这些书院,除了最先主讲的苏州紫阳书院是从事时文教学外,其他书院皆如诂经精舍一样是以朴学教学为宗旨,研经究史,训诂考据,讲求真才实学。俞樾在这样的书院环境中教书、著述,终于成为桃李满天下的一代朴学大师。

俞樾能够掌教诂经精舍达 31 年之久,是俞樾和诂经精舍相互选择的结果。同治四年(1865),李鸿章任江苏巡抚及两江总督,俞樾往见之,李鸿章举荐俞樾主讲苏州紫阳书院,同治六年(1867)冬去职,前后讲学两年。接着俞樾即赴浙江诂经精舍任山长。俞樾对在苏州紫阳书院的教学生活显然是很不满意的。苏州紫阳书院是以科举时文为主要教学目的的书院,教学内容是科举考试中的八股文和试帖诗。掌教紫阳书院期间,俞樾与同仁的信中屡屡谈到教学时文的苦闷。他在给应敏斋的信中说:“弟章句陋儒,所主紫阳讲席,又专课时文,虚拥皋比,一无裨益。”③在给举荐者李鸿章的信中也屡次谈到教学时文的无益,在一封信中他说道:

吴下为人才渊薮,兵乱以来,不无荒废,殊鲜佳文,未识老前辈甄别正谊得有绩学能文之士否?昌黎有言:“文章岂

①② 文存于《春在堂杂文》5 编卷 1,第 10 页。见《春在堂全书》,第 4 册。

③ 俞樾:《与应敏斋同年》,《春在堂尺牍》卷 1,第 18 页。

不贵，经训乃菑畬。”吾人作秀才时，或侈言时务，或空谈心学，二者皆不无流弊，总以经史实学为主。省会书院宜存贮十三经，廿四史及周秦诸子之书，诸生中有笃学嗜古者，许其赴院读书，师友讲习以求实学，或亦造就人才之一助乎！①

受杭州诂经精舍的影响，正谊书院也专课经解诗赋，以朴学为主要教学内容。在这封信中，俞樾对正谊书院能够从事朴学教学，培育朴学人才，感到非常羡慕。信中流露出对崇古实学的嗜爱，对培育实学人才的关注，也特别关注书院古籍的储备。其后与李鸿章的信中，更直白地说道："樾承乏紫阳，倏又半载，如期开课，裨益毫无。"②对在紫阳书院以时文教学为务的生活，俞樾极为不乐。

这时，浙江制府马端敏（縠山）延请俞樾前往诂经精舍任山长，俞樾欣然应允。同治六年（1867）冬，俞樾准备离开紫阳书院，赴杭州诂经精舍，在给曾枢元的信中说道："频年主讲紫阳，虚拥皋比，了无裨益。明岁移席浙江之诂经精舍，从吾所好古训是式。湖山坛坫，其鄙人坐老之乡乎？"③俞樾不但对移席诂经精舍从事自己所喜爱的朴学教学和研究，认为是"从其所好"，非常自得，而且对诂经精舍优美的湖光山色也极其满意，认为"西湖山水之胜，自非吴下所可及。凭栏眺望，心目开爽"④。诂经精舍恰是俞樾神投意合之所在，并打算在此终老余生，颐养天年。

俞樾和诂经精舍结下了31年之久的不解之缘，实是书院历

---

① 俞樾：《与李少荃同年前辈》，《春在堂尺牍》卷1，第18页。

② 俞樾：《与李少荃同年前辈》，《春在堂尺牍》卷1，第20页。

③ 俞樾：《与曾枢元同年》，《春在堂尺牍》卷2，第6页。

④ 俞樾：《上湘乡相国》，《春在堂尺牍》卷2，第11页。

史上的佳话,也惠及其他以朴学教学为宗旨的书院,如湖郡菱湖镇龙湖书院、上海诂经精舍、上海求志书院、德清清溪书院、长兴著溪书院,俞樾都曾任掌教。诂经精舍31年的教学生涯是他最为满意的人生选择。阮元创办诂经精舍时,就立下了以朴学为主的教学宗旨,俞樾能长期胜任山长职务,是和他取得的学术成就分不开的。俞樾掌教诂经精舍前后,正是俞樾从事学术研究的黄金时期。在掌教苏州紫阳书院(1865~1867)期间,俞樾就已完成《群经平议》、《诸子平议》各35卷,确立了他在学术上的大师地位。掌教紫阳书院期间,俞樾在时文课教之余,一直潜心于朴学研究。俞樾在给友人的信中说:"樾在此(按:紫阳书院)已举六课,每课卷约计三百左右,率以六日了之,一月之中,尚有二十四日可以读我书也。"①他给李鸿章的信中说道:"樾非不知儒者读书当务其大者,特以废弃以来,既不敢妄谈经济以干时,又不欲空言心性以欺世,并不屑雕琢词章以媚俗,从事朴学,积有岁年。"②

在俞樾掌教诂经精舍期间,他的学术研究和书院教学相得益彰,教学相长。同治十年(1871),即俞樾掌教诂经精舍第四年,刻成《第一楼丛书》(第一楼是俞樾于诂经精舍读书著书处)9种30卷:《易贯》5卷、《玩易篇》1卷、《论语小言》1卷、《春秋名字解诂补议》1卷、《古书疑义举例》7卷、《儿笘录》4卷、《读书余录》2卷、《诂经精舍自课文》2卷、《湖楼笔谈》7卷。特别是《古书疑义举例》7卷,对学界影响甚大,该书对九经诸子中由于文法或用词与后世不同而产生疑义,或因错简误字而读不通的,列举88条加以解说。对于解决古籍阅读中的疑难问题,有很重要的指导意

---

① 俞樾:《与孙琴西同年》,《春在堂尺牍》卷1,第20页。
② 俞樾:《与李少荃同年前辈》,《春在堂尺牍》卷1,第20页。

义，被誉为“发古今未有之奇”①。一时续作纷出，如刘师培的《古书疑义举例补》、杨树达的《古书疑义举例续补》、马叙伦的《古书疑义举例校录》、姚维锐的《古书疑义举例增补》。这五种书被称为“古书疑义举例五种”。此后，俞樾在掌教诂经精舍期间，还陆续完成了《宾萌集》、《茶香室经说》、《春在堂杂文》、《春在堂随笔》、《俞楼杂纂》等著作，最终完成《春在堂全书》共达500卷。

三、掌教诂经精舍，始终遵循阮元的办学宗旨

在掌教诂经精舍的31年间，俞樾一直以阮元最初的办学宗旨为己任，且不断地发扬光大，在教学过程中运用自己的教学方法，融入自己的知识体系和思想观点，使诂经精舍在一度沉寂之后，重新成为文化中心和教育重镇。诂经精舍前后总共刊刻了8集课艺文集，俞樾掌教的31年间就刊刻了6集，共达66卷之多。精舍的课试频度也由每月一课改成每月朔、望两课，朔课为官课，由在职官员出题相试；望课为师课，乃俞樾亲自出题课试。

俞樾在执掌诂经精舍期间，一直遵循阮元以朴学为宗旨的最初教学目标，课试诂经精舍，首重经史考据学，次及词章之学。他对阮元办学兴教、推广实学极其推崇，执掌诂经精舍不久，即倡议在诂经精舍内建立阮元专祠，认为：“所主诂经精舍，由文达创始，是亦吾教中开山祖师也。”②并常常叮嘱当政官员以阮元为典范，振兴朴学。对张之洞能够奖掖人才，提携后进，倡导实学，他也赞誉不已，认为“阮文达有替人矣”③。

---

① 刘师培：《古书疑义举例补》卷首，见俞樾等《古书疑义举例五种》，中华书局1993年版，第159页。

② 俞樾：《与杜莲衢同年》，《春在堂尺牍》卷4，第19页。

③ 俞樾：《与张香涛学使》，《春在堂尺牍》卷4，第23页。

俞樾是阮元主持刊刻的《皇清经解》的受益者,《皇清经解》是清代朴学研究的集大成之作,阮元以阔大的气象对乾嘉学术作了总结。俞樾作为一个没有实权的书院山长,淡泊功名利禄,却和中央地方的各大官员来往密切,曾向曾国藩提议续刻阮元的《皇清经解》,没有成功。曾国藩死后,俞樾一度将续刻《皇清经解》的愿望寄托于当权的官员,可一直未果。续刻《皇清经解》之事非如阮元那样集才识和地位于一身的官员不能为,俞樾乃一介书生,罢官不仕总是他一生的遗憾,他确信续刻《皇清经解》,“将来必有举行其事者,吾人立言原不为一时也”。他对阮元辑刻的《皇清经解》给予了很高的评价,认为:“阮文达学海堂书(即《皇清经解》)谓未足以尽本朝之经学,则可;谓止是训诂之学,则不可。其中天文、地理、典章名物无所不有,一代说经之书,虽不尽于此,然亦可谓集大成矣。后有作者但当踵事而增,不必别开门户。”①他认为续刻《皇清经解》应秉持阮元最初的刊刻原则,在原有基础上发展扩大即可。后来王先谦主持编刻《皇清经解续编》,一依阮元旧制,的确没有别开门户。

俞樾在书院教学中以重振乾嘉考据学为己任,还殷殷叮嘱书院同仁起而振之。在给汪鸣銮(1898 年俞樾离职后,俞樾荐之为诂经精舍的山长)的信中说:“乾嘉学派衰息已久,他日执掌文衡,主持风会,幸留意于此,振而起之。”②在诂经精舍的教学过程中,他始终遵循阮元最初的办学宗旨。他在《诂经精舍四集序》中说道:“余忝主讲席者十有二年矣,学术粗粗,记闻鲜少,曾不足窥许郑之藩篱,然十余年来,与诸生所旷夕讲求者,则犹之乎文达之志也。”③

---

① 俞樾:《与金眉生廉仿》,《春在堂尺牍》卷 4,第 7 页。

② 俞樾:《与汪柳门太史》,《春在堂尺牍》卷 4,第 16 页。

③ 俞樾编订:《诂经精舍四集》卷首,光绪五年(1879)刻本。

他在《诂经精舍五集序》中说道:“而余主讲最久,其与诸生朝夕所讲求,尚不背阮文达公创建精舍之初意也”;“诸生之从事于此者,宜如何? 研求经训,讲明古义,以期无负其美意哉。”①在《诂经精舍六集序》中俞樾又强调说:“诂经精舍所课者,古学也。余所选经解诗赋,皆求合乎古,而不求合乎今。”②诂经精舍肄业生张大昌在课作《拟诂经精舍四集序》中曰:“夫乡试会试,功令均无经解词赋,而制艺策问,设非以汉儒为之根柢,其如空疏浮薄何。是故吾师所深望于肄业诸弟子者,与文达公设立之初意,若合符节也,以淹博救空疏之弊,以朴茂矫浮薄之风。”③对俞樾时期的教学做出了客观的评价,恪守阮元最初的办学宗旨。

十九世纪末,西学东渐,国人争言西学,很多书院在新的形势下被迫对授课内容做出调整,而诂经精舍仍然沿阮元最初的办学宗旨而不言变。俞樾对此社会形势并没有充耳不闻,漠不关心。《诂经精舍课艺七集》刻于1895年,俞樾于序中说道:“余自戊辰之岁忝主斯席,迄今二十八年。区区之愚与精舍诸生所惷惵者,务在不囿时趋,力追古始。”④《诂经精舍八集》刻于1897年,在此书序中,他说:

> 嗟乎!此三年中,时局一变,风会大开,人人争言西学矣。而余与精舍诸君子犹硁硁焉抱遗经而究终始,此叔孙通所谓鄙儒不通时变者也。虽然当今之世,虽孟子复生无他说焉。为当世计,不过曰盍以反其本矣;为吾党计,不过曰守先王之道以待后之学者。战国时有孟子又有荀子,孟子法先王

① 俞樾编订:《诂经精舍五集》卷首,光绪八年(1882)刻本。

② 俞樾编订:《诂经精舍六集》卷首,光绪十一年(1885)刻本。

③ 俞樾编订:《诂经精舍五集》卷8,光绪八年(1882)刻本,第6页。

④ 俞樾编订:《诂经精舍七集》卷首,光绪二十一年(1895)刻本。

而荀子法后王，无荀子不能开三代以后之风气，无孟子而先王之道几乎息矣。今为荀氏之徒欤，西学具在，请就而学焉；将为孟氏之徒欤，则此区区者，虽不足以言道要自三代以上之礼乐文章，七十子后汉唐学者之绪言，而我朝二百四十年来诸老先生所孜孜焉讲求者也。精舍向奉许郑先师栗主，家法所在，其敢违诸。风雨鸡鸣，愿与诸君子共勉也。①

至此，俞樾仍谨守阮元最初的办学宗旨，而未思权变，但他对西学并没有如其他儒学卫道士一样大肆攻击，或表现得惶恐不安，而是冷静旁观，达观大度。对西方异质文化的渗透，表现出一定程度上的接纳和包容。俞樾的政治思想倾向于“尊荀”②，而他在此序中却说：“今为荀氏之徒欤？西学具在，请就而学焉。”竟将西学比之于荀子之学。

俞樾在治经路径上，遵循由训诂以明义理的治经宗旨，并明确灌输给诂经精舍肄业生。

俞樾治经以高邮王念孙、王引之父子为宗，认为治经之大要在于正句读，审字义，通古文假借。三者之中通假借为最重要。“审字义”、“通古文假借”，必依文字训诂，也就是说文字训诂是治经的关键。但他在给求教治学门径朋友的信中说道：“《说文》不过字书，读经固贵识字，而读经要不徒在识字，若欲讲求典礼，则宜就孔贾正义中择其成片段者，先逐段钞撮，如王制正义可钞者便不少，久久会通，自能贯串。……苟徒读《说文》，恐九千余字如满屋散钱，无收拾处也。”③俞樾虽然重视字书在治经中的重要作

---

① 俞樾编订：《诂经精舍八集》卷首，光绪二十三年（1897）刻本。

② 参见魏永生《俞樾“尊荀”析论》，载《东方论坛》1998年第4期，第47～50页。

③ 俞樾：《与王补帆同年》，《春在堂尺牍》卷4，第24页。

用，但最终的目的是在“会通”和“贯串”，也就是明了经义。可见，俞樾治经遵循的是由训诂明达义理的学术宗旨。

清代以来的朴学家大都遵循着由小学以通经明道的学术宗旨。① 戴震皖派学者明确提出由考据上求义理，俞樾继承了他们的治经思想，他说：“义理存乎训诂，训诂存乎文字，无文字是无诂训也，无诂训是无义理也。”②但在道、咸以后乾嘉朴学日益衰微、今文经学日益兴盛、西学大规模渗入的社会大趋势下，俞樾强调由训诂以明义理，甚至于由训诂阐发经书中的“微言大义”的学术主张，仍有着不同于以往的时代意义。

俞樾刚刚掌教诂经精舍，就把由训诂以明义理的学术宗旨明确地灌输给诂经精舍的肄业生。同治七年（1868）俞樾掌教诂经精舍，四月望课中出《重建诂经精舍记》一题，并拟程作（范文）一篇，对精舍的教学宗旨作了阐述。是文开首便道：“学问之事，莫大乎通经，通经之道，义理尚矣。然义理不空存，必有所丽。”③将通经和明义理并提，认为通经是做学问的大要，通经才能明义理。义理的微言大义不能凭空而存，只能存于考据之中。接着他就历史上的一些现象作了较仔细的阐述，以向精舍师生强调他所崇尚的义理并非唐宋以来蹈空无实的义理：

学者抱一卷之书，奉一先生之教，信口说而背传记，是末师而非往古，曰：“吾于义理已得之矣。”质文之异制，语焉而不知；古今之异言，问焉而莫辨；譬犹不窥其藩，不涉其庭，而

---

① 参见郭康松《清代考据学研究》，湖北辞书出版社 2001 年版，第 98 ~108 页。

② 俞樾：《文庙祀典议》，《宾萌集》卷 4，第 2 页。见《春在堂全书》第 3 册，第 822 页。

③ 俞樾：《重建诂经精舍记》，《春在堂杂文》卷 1，第 1 页。见《春在堂全书》第 4 册。

曰吾已升堂而入室也。然典籍散佚,自孟子时已病之,两汉经师于煨烬之余,先后讲求,三代遗文,乃始可读。训诂名物,十得二三。夫唐宋以后,儒者不能通晓古言,譬犹生于楚者不能齐言也;其不能推明古制,譬犹北人不信南方有万石之舟,南人不信北方有千人之帐也。何者?其去之也愈远,其求之也愈难。是故唐宋以后,儒者于训诂名物,虽亦有所发明,终不若两汉经师之足据也。①

就历史事实论证训诂考据是明义理的必经途径,强调治经必宗汉儒。他最后总结道:

推文达之意,通经必从训诂始,训诂之不通,如名物何?名物之不识,如义理何?事有先后,故如是也。……通晓古言,推明古制,即训诂名物以求义理,而微言大义存其中矣。②

比之创建者阮元在《西湖诂经精舍记》中提出的"圣贤之道存于经,经非诂不明"③,俞樾"推文达之意",继承了阮元的治经思想,不过又有所发展,将诂经精舍经训考据学的外延扩展到由之明义理,寻求经学的"微言大义"。这说明俞樾在诂经精舍所从事的朴学教学,绝非是死守考据而考据的朴学,而是希望通过经学考据,解读出经学本身的真实含义,以形成自身持之有据的思想观点。俞樾所标榜的"义理"和"微言大义",当然不是宋儒所崇尚的"义理"(俞樾往往将宋儒的"义理"称为"性理"),也并非是来源于今文经的"微言大义"。究其根本,仍是一秉戴震皖派学者、扬州学派学者的治经宗旨,只不过在当时的社会大趋势下,仍有异质思

---

① 俞樾:《重建诂经精舍记》,《春在堂杂文》卷1,第1页。

② 俞樾:《重建诂经精舍记》,《春在堂杂文》卷1,第1~2页。

③ 阮元:《西湖诂经精舍记》,见其《揅经室集》2集卷7,中华书局1993年版,第548页。

想的萌芽。俞樾的这一提法,对处在社会变革时期的诂经精舍肄业生的思想独立性的培养,有很大的影响。

俞樾本人治经虽然强调以汉儒为宗,但也赞同兼取历代学者之所长,曾主张"合汉宋而贯通之"①。他治经宗古文经学,但并不持门户之见,对清末逐渐盛行起来的讲求微言大义的今文经学并不排斥,对武进庄存与今文经学中的精华,也很折服,对公羊之学也较倾心,对各家之说,能兼而容之。但在诂经精舍教学中还是尊崇古文经学。在诂经精舍求学前后达八年之久的章太炎曾说:"先师俞君,曩日谈论之暇,颇右公羊。余以为经即古文,孔子即史家宗主。"②章太炎不满于俞樾"谈论之暇"对今文经学的认同,始终坚持诂经精舍的学术传统,成了民国时期诂经精舍学术传统的发扬光大者,这也间接说明俞樾在诂经精舍教学中对阮元最初办学宗旨的长期坚持,取得了最为显著的历史效果。

总之,在诂经精舍31年的教学生涯中,俞樾于阮元最初定下的教学宗旨是一以贯之的。

四、教学态度谨严,和精舍肄业生相得益彰

俞樾治学勤勉不辍,态度谨严,让人敬佩,在诂经精舍的教学中也是如此,往往是一"字"不苟。在教学过程中,他对肄业生学习中的特别发现能够予以及时记录,认真对待,并能做到教学相长。如他曾以《司马温公隶书家人卦赋》命题,限"涑水崖碑半绿苔"为韵,诸生押涑字,皆入屋韵,独肄业生朱镜清押尤韵。俞樾

---

① 俞樾:《梁芷林先生〈论语集注旁证〉序》,《春在堂杂文》续编二,第12页。见《春在堂全书》第4册,第72页。

② 章太炎:《自述学术次第》,见傅杰编校《章太炎学术史论集》,中国社会科学出版社1997年版,第392页。

即刻查阅古籍:

按大徐本《说文》:"涑,瀚也。河东有涑水。速侯切。"小徐本:"涑,瀚也。一曰河东涑水。相玉反。"是此字二徐异读。然《左传》"伐我涑川",《释文》:"涑,徐息录反。又音速。"《字林》同。则涑水之涑,当读入声,固魏晋以来旧读矣。又考《玉篇》:"涑,先侯切,濯生练也。又先候切,与漱同。又先卜切。"是漱字有平去入三音:读平声者,即涑瀚之本义;读去声者,为盥漱之借字;读入声者,顾野王不说其义,而以《左传释文》证之,则为涑水字无疑矣。朱君故押尤韵,未免好异之见也。①

为学生课试中一字之异议,遍查群籍,多加佐证,审音辨义,丝毫不苟。

俞樾又尝以张景阳"有渰兴南岑"句为题试诂经精舍生,本题出自《文选》,义本《毛诗》。学生中有人以渰字作平声者。而陆德明《毛诗音义》云:"有渰,本又作弇,于检反,云兴貌。"《文选》李善注曰:"渰与弇同,音奄。"此字在这二处不当读平声。俞樾不知渰字读平声之所由,语与精于音律的朋友徐诚庵(字本立),徐回去遍查字书,弄明"渰"的字音,次日示于俞樾,俞樾特将徐所考证内容全部载入《春在堂随笔》中,以冀广为流传。②

课试诂经精舍时,俞樾曾以"天竺山访周伯温题记"命题,但因未见拓本,一直深以为憾。后来肄业生陈桂舟入山拓得真本,赠送恩师俞樾,因"文字完具,篆法遒劲,洵石墨之奇珍也",俞樾欣喜万分,特将全文录入《春在堂随笔》,并详细注明拓本行式字数等。③ 俞樾认真严谨的治学、教学态度让人敬佩。

---

① 俞樾:《春在堂随笔》,江苏人民出版社 1984 年版,第 14 ~ 15 页。

② 参见俞樾《春在堂随笔》,第 15 页。

③ 俞樾:《春在堂随笔》,第 41 页。

在平时的教学中，俞樾与精舍学生切磋学问，常有收获。不过对精舍学生的独到见解，俞樾从不掠人之美，表现出自己高尚的学术道德；对自己不尽知的知识，也并不隐晦。《仪礼·大射仪》郑玄注中有："丰，从豆𡼖声。"俞樾坦称自己不知𡼖为何字。诂经精舍肄业生戴果恒语之曰："𡼖，古峰字也。从山，从二丰，丰亦声。"俞樾认为戴果恒对此字的解释极佳，受其启发，俞樾进一步考证道：

《说文》："豐，草盛丰丰也。"山峰之山，必有草木丰丰然，故从山从二丰，正取丰丰之意，而即以丰为声。后变为从山夆声，形声虽同，然不如从二丰之有意矣。𡼖为峰古文，竟是定论，故记之。①

对学生的独到见解不据为己有，如实记载，助其流传。

掌教诂经精舍期间，俞樾尽量使学生有学以致用的机会。同治七年(1868)俞樾刚刚掌教诂经精舍之时，江宁、苏州、杭州、武昌四书局开始准备刊刻二十四史，同治八年(1869)四书局即着手刊刻二十四史，俞樾总领浙江书局的刻书事宜。俞樾在四书局的刻书过程中提出了许多很有价值的建议。他建议四书局分刻二十四史，又于浙江书局主持精刻子部古籍 22 种，皆为善本，又建议抄补文澜阁旧藏《四库全书》。他在协助浙江书局刻书的过程中，任用了不少诂经精舍的高材生，如诂经精舍优秀肄业生黄以周、潘鸿是浙江书局刻书过程中的得力干将。在议刻子部古籍时，俞樾向中丞杨石泉写信继续推荐诂经精舍的高才生参与刻书，他说：

黄以周、潘鸿皆局中知名士，想可蝉联，将来校勘子书亦必得力。此外如尚须罗致，则冯一梅、徐琪均其人也。孙瑛

① 俞樾：《春在堂随笔》，第 19 页。

才气殊佳,或传其灌夫骂坐,然实不饮酒。①

冯一梅、徐琪、孙瑛皆诂经精舍肄业生,俞樾还为孙瑛辩诬,确实感人。诂经精舍同年四月望课中,俞樾即以会刻二十四史章程命题,题目是《拟江南浙江湖北合刻二十四史章程》。当时西方先进的刊刻技术已传入中国,俞樾比较关心刊刻技术问题,同时还出了《用西洋法制造活字版议》一题。对四书局刊刻二十四史的章程规定,诂经精舍学生各陈所见,可惜课艺文集中一篇未载。俞樾《春在堂随笔》中记载了参与二十四史刊刻的肄业生潘鸿所拟八条章程中的四条,章程条理清晰,有的放矢,拟定了四分局各自所刊刻的史段,对二十四史的版本、校勘和天文、律历等志的编刻提供了很有价值的意见和依据,这些对俞樾总领书局的刊刻工作帮助很大。② 由此也可见诂经精舍高材生超人的学识。

第二节 俞樾时期诂经精舍文学教学文体和内容特点

俞樾在文学方面很有造诣,不少文学史都谈及他的文学成就。咸丰九年(1859)《日损益斋诗集》10 卷刻成。同治五年(1866)《宾萌集外集》4 卷刻成,所收为俞樾所作的骈文。后来俞樾又著有笔记小说《右台仙馆笔记》,杂剧《老圆》、《骊山传》、《梓潼传》。《小浮梅闲话》卷 1 中考证了一些小说、戏曲的来历。《湖楼笔谈》等文集中常就文学问题进行论述和考订,有不少真知灼见。俞樾在诂经精舍的教学过程中也很重视文学的教学和研究,文学教学继承了精舍以往的教学传统,也有着俞樾自身的特色。

---

① 俞樾:《与杨石泉中丞》,《春在堂尺牍》卷 4,第 21 页。

② 参见俞樾《春在堂随笔》,第 39 ~ 40 页。

诂经精舍和清代其他高等书院一样，平时的学习方式主要是考课和自学，辅以教师主讲、师生讨论、学生执卷请益等。诂经精舍考试每月两课，至俞樾掌教时已成定制。下面主要据诂经精舍的考课来考察俞樾掌教时的文学教学状况，以下所论皆为俞樾掌教后的诂经精舍的文学教学状况。

一、诂经精舍文学教学文体类型论述

文学是诂经精舍研经考据之余另一主要的教学内容。文学史上，文学和经学一直就有着难以割舍的密切关系，对文学和经学的关系，历代文论多有论述，《文心雕龙·宗经篇》云：

> 故论说辞序，则《易》统其首；诏策章奏，则《书》发其源；赋颂歌赞，则《诗》立其本；铭诔箴祝，则《礼》统其端；纪传铭檄，则《春秋》为根。并穷高以树表，极远以启疆，所以百家腾跃，终入环内者也。①

由此总而论之，各种文体皆源于五经。事实上，研习儒家经典对加深学生的文学底蕴是有正面影响的，诂经精舍研经的教学宗旨对肄业生的文学创作和研究有明显的影响。诂经精舍肄业生常自称为"经生"，兼习词章之学，进入精舍肄业的学生，皆具备一定的学术水平和文学基础，并且有很强的自学钻研能力。精舍文学教学内容博涉多样。下面就精舍的考课题目，来考察俞樾掌教诂经精舍时的文学教学内容。《诂经精舍三集》中，记载有同治七年、八年、九年（1868、1869、1870）三年的课试题目，为了方便考察，笔者将之列成表格，制成本书的附录一，附于本书后。这是俞樾掌教诂精精舍最初三年的课试情况，对考察诂经精舍的文学教学的总体状况，特别是俞樾掌教下的诂经精舍的文学教学状况，

---

① 刘勰：《文心雕龙》卷1《宗经第三》，《汉魏丛书》本，第5页。

很有参照价值的。

诂经精舍课艺文集除了《三集》外，其他文集中并没有课试题目的刊刻记载，但我们可以通过文集中所收的文学作品来进行考察。《诂经精舍四集》16 卷，其中卷 9 至卷 16 是文学类课题，收有赋题 102 篇，骈文 20 篇，人物传记 4 篇，诗 112 首。《诂经精舍五集》8 卷，其中卷 7、卷 8 收的是文学作品，共有赋作 30 篇，文 4 篇，诗 25 首。《诂经精舍六集》12 卷，其中卷 10、11、12 所收是文学作品，共收赋作 20 篇，诗 43 首。《诂经精舍七集》12 卷，其中卷 9 至卷 12 是文学类课题，共收赋作 16 篇，诗 79 首，文 4 篇。《诂经精舍八集》12 卷，其中卷 10 至卷 12 为文学类课题，共收赋作 14 篇，杂文 6 篇，骈文 2 篇，诗 5 首。

总之，诂经精舍的文学教学，兼备众体，涉猎广泛，其中诗赋的写作占了主要部分。

诂经精舍每月两次的课试中，朔课为官课，由政府各大官员出题；望课为师课，由俞樾出题。官师课题有较明显的差别：师课重经诂，官课侧重于文学。师课俞樾出题，难度大的经解考据题占的比重比朔课明显要多。官课经训考据题相对较少，不过俞樾师课的文学题目的题量仍然不少，一般情况下皆比官课题量大、题型多，从附录一所列文学考课题目中可以窥见。朔、望课所出文学题目的风格基本上没有什么差别，可以说是相得益彰，旨在通过文学这种学习途径，提高文学修养和各方面的知识水平。

从同治七年至同治九年三年的考课题目可见，赋、诗是每次考课必试的文体，其他还有论、记、赞、铭、议、词等，虽然不占主要地位，却很有意义。课艺文集中收有不少此类文体的习作。下面我们就此三年的课试题目表来简略地分析一下俞樾掌教时诂经精舍的文学教学内容在文体上的表现：

1. 赋。赋几乎是诂经精舍每次课试时首先要出的文学题目，所出的赋题基本上是律赋。

诂经精舍所出的赋题，以律赋为主，即景赋情、赋物的古赋题目所占比重较少。诂经精舍考经训典的朴学研究方式，和赋体博学用典的写作要求倒是相辅相成、相得益彰的关系。精舍出律赋考课，查明赋题以及所限韵的来源就是朴学功夫之一。这可以促使学生检索文献，在接触前人作品的过程中，使文学修养和知识面的广博度在潜移默化中得到提高。赋体的写作也可以强化和巩固学生已有的朴学知识，提高其写作水平。

诂经精舍律赋的考课写作，在俞樾掌教诂经精舍前就已有之，在这方面，诂经精舍是对以往课试传统的继承。在《诂经精舍文续集》中收集了不少肄业生的律赋作品，诸如《笠以写天赋》、《五位相得而各有合赋》、《黄钟之宫为律本赋》、《郑康成为经神赋》、《郭令公见回纥赋》等，但阮元直接承办诂经精舍时的课艺文集《诂经精舍文集》（初集）中倒是没收律赋作品，还不能确定当时课试时考不考律赋。提到律赋，大家往往会将它和科举考试相联系，总认为它是服务于科举。对科举的非议，又将对律赋的负面影响推而广之。其实诂经精舍所出的律赋，和科举考试时的律赋又有很大的不同，有一部分律赋从出题到做法都是精舍自身研经训诂的教学宗旨的一脉相承，是有着自身特色的律赋。如同治七年（1868）三月望课《司马温公隶书家人卦赋》（以"涑水崖碑半绿苔"为韵）；四月望课《河内女子坏老屋得大誓三篇赋》（以"在汉宣带本始元年"为韵）；五月朔课《五经无双赋》（以"五经无双许叔重"为韵）；五月望课《孑孓为蚊赋》（以"亦名蛣蟨老化为蚊"为韵）；八月朔课《叔孙通定朝仪赋》（以"恭敬撙节退让明礼"为韵），望课《朝经暮史昼子夜集赋》（以"康节先生之言可法"为韵）。同治八年（1869）十一月《汉诸儒会白虎观议五经同异赋》（以"宜如宣帝石渠故事"为韵）。同治九年（1870）十一月朔课

《三冬文史足用赋》(以题为韵)。这些赋题自身即本于经学和学术,其中《孑孓为蚊赋》是以训诂学知识为题。做题时,除了要有极深的文字、音韵学的修养外,总的特点是把握学术史中的宏观和微观,宏观地把握学术大势,贯通经史;微观上要掌握丰富的资料,典饰夸藻,熟谙史实。其实此类律赋的写作是对学生朴学水平的检验和促进,和用于科举仕进的律赋迥然不同。下面在写作特色中还会论及。

律赋之外,古赋题目也占了一部分,如同治七年(1868)七月朔课有:《明堂赋》、《关山月赋》、《拟曹子建〈七启〉》;十月望课有《小言赋》。同治八年(1869)四月朔课有《拟鲍明远〈尺蠖赋〉》,望课有《新绿赋》;四月朔课《读北山移文赋》。

2. 诗。诗的考课,每次皆有之。从同治七、八、九三年的课试题表可见,每次考课都有"赋得"这种诗的体裁,规定是"五言八韵"。科举考试中的试帖诗也称作"五言八韵诗",它的形式,即是"五言排律诗"①。同治九年(1870)五月朔课所出的排律诗题就达20题。诂经精舍三到八集的课艺文集中没有收集肄业生所做的这些"五言八韵诗"的考课作品,不能肯定精舍中的做法和科举中的试帖诗的做法有什么不同。但可以肯定,练习这些诗题,对把握科举考试试帖诗的写作法度应该是很有帮助的。此处有必要简略论述一下试帖诗的发展情况。试贴诗的源头当溯于唐代。诗发展到唐代,有近体诗和古体诗之分。近体诗也称为律诗,有五言、七言、排律等,由四韵以至八韵的为五七言律,十韵以上至数十韵及百韵者为排律。试律诗源于近体诗,但近体诗和试律诗完全不同。古、近体诗,抒情发意,皆由作者自己会心而至,而试律诗则不然,必须依题而发,弄明出处。自宋熙宁后以至于明,科

---

① 参见启功《说八股》,中华书局2000年版,第53页。

举考试中不试诗赋，清初尚然，至乾隆二十二年（1757）乡、会试中增五言八韵诗一首，自后童试用五言八韵，生员岁考、科考及考试贡生与覆试朝考等，均用五言八韵，官韵只限一字，为得某字，取用平声，诗内不许重字，遂为定制。出题必有出处，或用经、史、子、集语，或用前人诗句。试题可咏古、咏物、言景、言情、天文、地理、草木、虫鱼无所不括。格律和风格上都有严格的规定。① 可见做好试帖诗并不容易。不过“赋得”做题必考出处，和精舍的倡学途径倒有某种契合。

诂经精舍以律赋和“赋得”诗体课试，使精舍崇古、尚古的教学宗旨和考订源流的为学要求有极恰当的结合。

除了“赋得”的律诗写作外，其他类型的诗题有着书院本身的特色。如同治七年（1868）二月望课有：校书六咏：脱简，错简，坏字，误字，重文，衍文。以古籍校勘现象为诗题，不限形式，可以自由发抒。同年闰四月望课有：汉赋（七律）、唐诗（七律）、宋词（七律）、元曲（七律）。七月望课有：删诗（七律）、改诗（七律）、补诗（七律）、钞诗（七律）。以文体和做诗活动为诗题，确实比较新奇。同治八年（1869）七月朔课有：书管子后、书扬子后、书文中子后、书韩子后。七月望课有：书陶集后、书杜集后、书白集后、书苏集后（以上四题各七律一首）。同治九年（1870）七月望课有：读老子、读管子、读墨子、读荀子。这些诗题，其实就是用诗的形式表达出读书心得。同治八年三月朔课有：火轮船（不拘体韵）；八月望课有：咏显微镜（不限体韵）。对外来事物也开始关注。可见诂经精舍所出诗题，不仅仅是在辞采和技巧上提高学生的做诗水平，而且其诗作思想内容丰富多样。

---

① 参见商衍鎏《清代科举考试述录》，生活·读书·新知三联书店1958年版，第249～254页。

诂经精舍课试诗题中，肄业生常以“集句”做诗。“集句”即摘取古人诗作或古籍中的句子，重新组织成一篇完整的诗。此为一种游戏文体，不过必须对前人的作品非常熟悉才能随心所欲，造出韵意谐和的诗作来。此种做诗游戏，书院学生平时学习中为之，既有趣，又可以促使学生广涉博猎，学有心得。《诂经精舍七集》卷12载肄业生洪昌烈所作辘轳体集句诗《满城风雨近重阳》，可以一窥：

满城风雨近重阳（潘大临诗），烟树微茫暮色苍（张正一《远望诗》）；芦荻有声千点雪（钱希《秋吟诗》），菊花无雨一头霜（王益重《寄友诗》）；高台陈迹人何在（鲍溶《登高怀古诗》），修竹空林路转长（范成大《送友东归诗》）；鸿雁不堪愁里听（杜牧《雁诗》），秋声随梦到家乡（宋棨《三山诗》）。

一曲歌云劝玉觞（刘翰《小宴诗》），满城风雨近重阳；林间落叶无人扫（刘云《村行诗》），花下留宾压酒忙（韩偓《寄裴公诗》）；紫艳半开篱菊静（赵嘏《晚秋诗》），红莲初熟稻畦香（苑咸《村居诗》）；明朝扶杖南山去（张宏范《吴门诗》），坐看花光照水光（苏轼《小园诗》）。

忆从牛渚到潇湘（汪藻《客潇湘诗》），露菊新花一半黄（白居易《九月八日酬皇甫十诗》）；万里关山寻旧梦（李颀《旅怀诗》），满城风雨近重阳；故人沙漠犹通问（赵晦《九日寄友诗》），远客归途正渺茫（李东阳《九日渡江诗》）；佳节年年愁里过（黄滔《旅次诗》），天边雁字不成行（高启《金陵诗》）。

两地怀人各一方（沈尧中《九月八日赠友诗》），三更萤火上鱼梁（罗隐《村居诗》）；蕉窗夜尽虫吟急（朱庆余《夜读诗》），竹院秋深鹤梦凉（黄庚《月夜诗》）；百岁光阴同过客（朱德辉《倡和诗》），满城风雨近重阳；刘郎不敢题糕字（宋子京《九日食糕诗》)，只为他人笑我狂(韩浦《无题诗》)。

田家香稻喜新尝(郭登《秋日诗》)，社酒淋漓庆岁穰(陆游《东郊诗》)；金椟约游松柏路(钱起《还苏州诗》)，玉鱼寒解荔支裳(苏舜卿《游山诗》)；萧疏旅鬓空愁雪(孙逖《九月八日赠友诗》)，懒散游心独倚廊(许谦《九月八日山居诗》)；又是一年秋兴扫(王庭珪《遣怀诗》)，满城风雨近重阳。①

虽是集句诗，但整体意蕴风格非常谐和贴切。可见诂经精舍诗的考核写作，形式丰富多样、不拘一格。

3. 文。包含有论、议、序跋、疏、碑记、引、启等等，常用骈体文书写，也有一部分杂文。诂经精舍考课中，常出“论”体，就历史、人物、学术上的一些问题作出论述。同治七年(1868)二月望课：春秋天子之事论。九月望课：易论、诗论。十月朔课：董仲舒诸葛亮王通韩愈合论；望课：书论、礼论。同治八年(1869)七月朔课：张冯汲郑论、嶲孙于薛论、两龚论、两夏侯论、王常李通论、窦融马援论、冯衍论、邴原论、山涛王戎论、王猛苻融论、尹健论、桑维翰论。九月望课：孟荀董杨四子言性优劣论。同治九年(1870)三月朔课：伍员论。八、九月合课朔课：司马温公脚踏实地论。十月朔课：海防论。闰十月朔课：众人行于霜论。

议、序跋、碑记、引、启等文体有应用文的性质。如同治七年(1868)二月望课：购补文澜阁遗书议、孤山新建林公祠碑。三月望：课拟闻子将西湖打船启、募栽西湖桃柳引；五月朔课：湖堤补柳记、收购遗书启；九月望课：续刻皇清经解议、拟诂经精舍三集序，等等。

同治八年(1869)十月朔课有八股文题《越五日甲寅位成》(经艺一首)；同治九年(1870)十月朔课有八股文题《夫子之道忠

① 《诂经精舍七集》卷12，第15～16页。

恕而已矣》。诂经精舍不课八股文并不是完全的事实。但这些课作是朔课官课所出,而不是师课望课山长俞樾所出。俞樾所出课作还是远离科举八股时文。

俞樾也会出一些较为生动有趣的题目让学生去做,比如传记。俞樾所出的传记,题目对象不但有人,而且多为动植物,非常奇异。关于人物的传记,俞樾出题也很别致。如《诂经精舍四集》卷16所收王诒寿《茜桃墓志》,茜桃是北宋名相寇准的侍妾,聪慧贤淑,能诗。为一个地位卑微的女子作传,值得思考。而阮元时期诂经精舍所出传记文,对象一般是著名历史人物,如姜夔。清代谢章铤《赌棋山庄词话》卷3《姜夔传》记载道:“姜白石宋史无传,祖述倚声者,一缺憾也。阮芸台(元)相国于西湖置诂经精舍,以拟作课肄业生,张鉴之篇,最为详核,备录于左,或资参考,亦前人补韦苏州传意也。”①俞樾所出传记多为物的传记,即假托动物、植物的寓言传记。这在诂经精舍课作中是非常特别的一种文学课题。对于这类传记文,肄业生的课作一般都用拟人化的寓言手法,刻画描摹,生动形象,富有趣味,寓意深厚。如同治八年(1869)诂经精舍九月望课有《无肠先生传》一题,无肠先生,指螃蟹,其实就是为螃蟹作传,为具有螃蟹某种特性的人作传,肄业生课作中的“无肠先生”寓意为直爽、仗义、好酒、疾恶如仇的儒生形象,《诂经精舍三集》(己巳下)收有朱一新、许德裕二人的课作,二人记事描物,生动传神,诙谐幽默,所塑造的无肠先生形象栩栩如生。其他如《金衣公子传》(《四集》卷16)是为“黄莺”作传,林真《岁寒三友传》(《四集》卷16),为梅、松、竹作传,是关于植物的传记,情节生动别致,放诞不经。《傅延年传》(《四集》卷16),是为

① 谢章铤:《赌棋山庄词话》卷3,《续修四库全书》第1735册,第6页。

菊花作传。傅延年乃菊的别名。明王志坚《表异录》中有曰:"《本草》:'菊,一名傅延年。'朱新仲诗:'三径谁从陶靖节,重阳惟有傅延年。'"①

俞樾时期诂经精舍的文学课作题目类型多样,具有自身的特色。

二、俞樾所出文学课题的自身特色

在俞樾掌教诂经精舍31年的漫长生涯中,其文学教学在内容选择和文体表现上具有俞樾的显著特色,这是俞樾个人学养、人生经历、心境路径的直观反映。

1. 很多文学题目,源于俞樾之自身经历和心境偏好。

俞樾在诂经精舍所出的很多文学课题多是他自身生活经历、所见所闻以及所感所发的反映,出题有较为显著的个人特色。如光绪五年(1879)俞樾曾出题《月到旧时明处赋》,题出周少隐《竹坡词》:"月到旧时明处,与谁同倚栏干。"此乃悼亡之作。是年俞樾夫人姚氏去世,俞樾夫妻伉俪之情深笃。在与朋友的信中,俞樾谓:"弟自问能达观而不能忘情,能达观故早岁罢官,终身无介怀之日;不能忘情,故晚年丧偶,终身无忘怀之时矣。"②上年俞樾老母以高龄终,俞樾是个大孝子,尊奉孝道。母亲、妻子相继去世,俞樾非常悲痛,"歌斯哭斯,曾不旋踵亦可叹矣",即以"'月到旧时明处'为诂经望课赋题,使诸生赋之"。③ 俞樾葬姚夫人于杭州西湖旁的右台山,在其旁隙地筑屋三间以居,题名为"右台仙

---

① (明)王志坚:《表异录》卷8《花果类》,《丛书集成初编》本,第194册,第69页。

② 俞樾:《与彭雪琴亲家》,《春在堂尺牍》卷5,第14页。

③ 俞樾:《曲园自述诗》,第25页。

馆”,并筑生圹(墓穴)于姚夫人墓旁,作挽歌,有“已视身如不系船”之句。后即出题《圹中赋诗对酌赋》(以“达人大观幽显一致”为韵)课试诂经精舍。此赋题正是俞樾当时心境的真实写照。当然题目也是有所出。此题出自唐朝司空图事。《旧唐书·司空图传》载,司空图给自己筑了个墓穴,“故人来者,引之圹中,赋诗对酌,人或难色,图规之曰:‘达人大观,幽显一致,非止暂游此中。公何不广哉!’”① 俞樾所出的这道赋题,题目和韵脚都出于此。《诂经精舍五集》卷8收有肄业生张大昌、王诒寿、傅晋泰三人课作各一篇。傅晋泰之作序曰:“昔司空表圣预为寿藏,客至引入圹中,赋诗对酌,因谓达人大观,幽显一致。山长曲园先生亦于钱塘右台山预为生圹,并作挽歌,有‘已视身如不系船’之句。达人之见,后先同揆。今以此命题课诂经生。”此题正与俞樾自我人生经历相契合,不免产生让人叹息的共鸣。

俞樾曾出《第一仙人许状头》诗题,《诂经精舍五集》卷8收有倪钟祥课作一篇。此诗题来源也应该与姚夫人有关。俞樾《春在堂随笔》卷7记载道:

> 光绪二年春,余在杭州。而吴下曲园中牡丹将放,内子姚夫人徘徊花下,口占一诗。其末二句云:“东风莫轻放,留待主人来。”余归,为余诵之,今忘其全诗矣。偶阅《太平广记》,卷一百八十一载卢储在官舍迎内子,有庭花开,乃题曰:“芍药斩新栽,当庭数朵开。东风与拘束,留待细君来。”此与内子诗意,适遥遥相对。内子作诗,初不知有卢诗也。卢储娶李翱女,即所谓第一仙人许状头者,其事至今艳称之。而庭花之咏,知之者鲜,故表而出之。想见此两人者,真神仙眷

① 《旧唐书》卷190下《司空图传》,中华书局1975年版,第15册,第5084页。

属也。余与姚夫人四十年伉俪，虽未足比美古人，亦庶几其万一。自夫人亡，而余久不至曲园，几于芜废，追惟畴曩，为之凄然。①

俞樾由姚夫人的庭中之咏，联想到“第一仙人许状头”典故主人公的诗歌吟咏，可见其古代诗歌修养之深厚，后来以此为题课试诂经精舍，当是寄寓了对亡妻的思念和追忆，如此深情，让人感动。

此后，在以往教学中一向不涉老庄之学的俞樾，道家思想滋生。《为道日损赋》（以“为道日损以至于无为”为韵，《五集》卷七）、《世有假寐而梦百年者赋》（以“无以明百年之非梦”，《五集》卷八）、《身骑大鹏抟风而上赋》（以“作大鹏赋以纪其事”为韵，《七集》卷十）、《大患在有身赋》（以“人之大患在我有身”为韵，《七集》卷十）等，以道家典籍为本的赋题相继课试于诂经精舍。俞樾常常思念逝去的妻子，共鸣于李商隐的忆情之作，《瑟赋》（以“锦瑟无端五十弦”）也变成了诂经精舍的赋作课题。

精舍课题中常出一些“记”、“序”等杂文题，此类题属于应用文的范畴，往往就发生在身边的事应笔为文，具有实用、随意的特点。俞樾常以身边的事、物、事件为题课试于诂经精舍。如诂经精舍刊刻课艺文集时，俞樾在课试时即以写课艺文集序为题，如《拟诂经精舍三集序》、《拟诂经精舍四集序》、《拟诂经精舍五集序》、《拟诂经精舍六集序》等。俞樾总领浙江书局，刊刻古籍，提议购补文澜阁遗书，出题《购补文澜阁遗书议》（同治七年二月望课），后又以《文澜阁赋》为题。就刻书事宜所出的题还有《拟江南浙江湖北合刻二十四史章程》、《用西洋法制造活字版议》（同治八年四月望课）。还有《湖居三议：建湖楼、造湖船、制山轿》（同治七年五月望课）一题，来自于俞樾内心对居于西湖边的一种浪漫设

---

① 俞樾：《春在堂随笔》，第125～126页。

想，而尤为难得的是，诂经精舍肄业生徐琪等建湖楼、造湖船、制山轿这三项梦想最终皆付诸了实践。为俞樾依湖而建的湖楼命名为俞楼，楼成后，俞樾专门著有《俞楼经始》、《俞楼诗记》、《俞楼杂纂》等。为俞樾所造湖船同样难得，初名为“俞舫”，后承袭俞樾苏州曲园中小浮梅之名，定名为“小浮梅俞”。最终俞樾弟子为恩师所建湖楼、湖船成了西湖的佳话。师生深情可窥一斑。

其他如《天竺山访周伯琦题名》（同治九年四月望课）、《阮公墩栽种花木议》（同治九年五月望课），皆类属之，不胜枚举。另外，碑记、祠堂记也是此类题中常出的一种，诸如《孤山新建林公祠碑》、《蒋公祠纪公碑》、《重建扬清祠记》等。关于所出《重建扬清祠记》一题，俞樾在《春在堂随笔》中还记载了此事，曰：

> 王琦……清介绝俗，意以饥寒死。项麟……居家清苦，无兼日之职，与王公并以清节著。……正德中，巡按唐公仪凤附祀王、项二公于褚祠，因名其里曰忠清里。忠谓诸公；清谓王与项也。嘉靖中，知府陈仕贤又别建王、项专祠，额曰扬清。至本朝循之，春秋致祭焉。庚辛之乱，祠毁于贼，乱定复建之。余在诂经精舍，曾命诸生作《重建扬清祠记》，因书其大略如此。①

碑记、祠堂记之类题目大多用来表彰、歌颂德行受到人们敬仰的人物，以便于通过作文来熏陶肄业生的道德修养。

咏景、咏物诗也常以俞樾之日常生活、亲身所见所闻为题，如庚寅（1890）春俞樾居右台仙馆稍久，“因以《山居杂咏》二十题课精舍诸生”②。《诂经精舍五集》中有诗：《山中四咏》、《山居四

---

① 俞樾：《春在堂随笔》，第 107 页。

② 俞樾：《曲园自述诗 · 补自述诗》，第 1 页。见《春在堂全书》第 7 册，第 637 页。

咏》、《消夏四咏》等诗题,皆类属之。《诂经精舍七集》卷12收有王钧《山中杂咏二十首》,前有序言,交代了题目来源,曰:“此曲园师居右台仙馆时所命之题也。山即右台山。山中者,即所居之仙馆也。然则此为《右台仙馆杂咏》,即以所咏属诸仙馆皆可也。使浑言山恐题宽而意必泛矣。昔俞楼成,师曾有《俞楼诗记》一卷,以记其迹。此则咏其景趣,亦为仙馆所不可少。汇而存之,未始非仙馆中一佳话也。”①可见,文学课作中的诗题有不少来源于诂经精舍师生平常温馨生活中的所见所闻、所居所感。

俞樾时期文学试课题中还钟情《文选》。俞樾于《取士议》一文中,针对同治元年(1862)贵州贡生黎庶昌所拟议的取士之法,发表了自己的看法。俞樾建议所试诗,“以《文选》出题,其所限官韵即用本篇题目中字,士子不知出处,不能押韵,则不得不熟读《文选》矣。夫以经史为之根柢,而又以选学佐之,科场所得必多华实并茂之士”②。俞樾认为熟读《文选》可以培养出学生华美的文采。俞樾在诂经精舍的课诗赋题,有不少与《文选》有关,从肄业生课作中也可看出他们很重视《文选》的学习研究。如同治九年(1870)二、三月合课望课有《拟李善上文选注表》一题。《诂经精舍课艺四集》卷9收有肄业生林真《冬至地上行三万里赋》(以“地常动而人不知”为韵),此赋中的韵脚“地常动而人不知”来自《文选》注。晋人张华《励志诗》曰:“大仪斡运,天回地游。”《文选》注引《河图》曰:“地常动移而人不知,譬如闲舟而行,不觉舟之运也。”《诂经精舍课艺四集》卷12有《曾史兰熏雪白赋》(以题为韵),题出《文选·刘孝标〈广绝交论〉》:“颜冉龙翰凤雏,曾史兰薰雪白。”《诂经精舍课艺四集》卷14有《蒹葭赞赋》(以“在众草

---

① 《诂经精舍七集》卷12,第19~20页。

② 俞樾:《宾萌集》卷4,《春在堂全书》,凤凰出版社2010年版,第829页。

中苍然强也”为韵)，徐琪之作序中有曰:“左思《魏都赋》‘蒹葭䝉’。《说文》:‘䝉，分别也。从虤对争贝，读若回，胡畎切。’李善注引同。宋淳熙本《文选》作倒一虎。”《诂经精舍八集》卷11徐瑞骐《鹦鹉言长安乐赋》(以“自古有之，未详所见”为韵)，题目来源于《文选》卷13:“西都，长安也。鹦鹉言长安乐，自古有之，未详所见。”题目和韵脚都来自《文选》。

俞樾时期诂经精舍的文学课题也常围绕白居易出题。因为俞樾自身的际遇与白居易颇为相似，皆是仕进做官后又被罢职，俞樾诗作风格近白居易，平生嗜好白居易的《长庆集》。《清史稿》称他:“所作诗，温和典雅，近白居易。”①在诂经精舍，俞樾所出的一些诗题，拟作白居易诗，有一些诗题常规定仿长庆体。如同治八年(1869)十一月望课有《拟白香山赠友五首》;同治九年(1870)二、三月合课望课有《拟白乐天何处春深好》(不拘几首)。俞樾曾出诗题《忽闻金榜叩柴荆》，规定用“七古、仿长庆体”。《诂经精舍四集》卷10收有龚启芝《白香山竹阁赋》(以“十亩之宅，有竹千竿”为韵)，白居易所筑竹阁，为西湖边的一处景点，曾作《宿竹阁诗》。该赋之韵脚出自白居易《池上篇》:“十亩之宅，五亩之园。有水一池，有竹千竿。”

《诂经精舍四集》卷15收有葛咏裳《何处堪销夏》诗作，规定“用白香山‘何处难忘酒’体”。《诂经精舍五集》卷8中收有肄业生倪钟祥一篇习作。白居易《上李留守相公绛》诗云:“白首故情在，青云往事空。同时六学士，五相一渔翁。”有感于此诗，俞樾出《五相一渔翁赋》(以“三神山上，六学士中”为韵)，课诂经精舍肄业生，《诂经精舍六集》卷11收有肄业生许庆骐的一篇课作，序中交代了课题渊源，序曰:

① 《清史稿》卷482《俞樾传》，中华书局1977年版，第13299页。

> 唐元和长庆间诗人，其遭际之遇而不遇，班列廊庙而迹放江湖者，其推白乐天乎？当其分司东都时，《上李留守相公绛》诗云："白首故情在，青云往事空。同时六学士，五相一渔翁。"盖诚有感乎其言之矣。曲园先生诗嗜《长庆集》，而其遭历升沉，提倡风雅，亦与香山相侣。兹课精舍肄业生徒以"五相一渔翁"命题。①

而此诗题韵脚"三神山上，六学士中"，源自宋初白体诗人王禹偁一组对仗的四六句式：

> 王禹偁老精四六，有同时与之在翰林而大拜者，王以启贺之曰："三神山上，曾陪鹤驾之游；六学士中，独有渔翁之叹。"白乐天尝有诗云"元和六学士，五相一渔翁"故也。②

《诂经精舍四集》卷13收有冯廷和、许庆骐《偶因冷节会嘉宾赋》（以题为韵）课作各一篇。"偶因冷节会嘉宾"乃白居易《酬郑二司录与李六郎中寒食日相过同宴见赠》诗中的首句："偶因冷节会嘉宾，况是平生心所亲。迎接须矜疏傅老，只供莫笑阮家贫。杯盘狼籍宜侵夜，风景阑珊欲过春。相对喜欢还怅望，同年只有此三人。"以白居易诗歌中的诗句为赋题，可见俞樾对白居易惺惺相惜的知己之情了。

2. 文学课题中有很多奇僻题目

俞樾掌教诂经精舍期间出了不少很奇僻的文学课题，这和俞樾博学多闻，旁涉经、史、子、集的深厚学术素养有关。这类题目多以赋体和传记的形式出现。传记课题中奇僻的如上文所述《无肠先生传》、《金衣公子传》、《岁寒三友传》、《傅延年传》。

---

① 《诂经精舍六集》卷11，第207页。

② 吴处厚：《青箱杂记》卷6，《文渊阁四库全书》，台湾商务印书馆1983年版，第1036册，第633页。

赋体中出现的奇僻题目也很多。如《诂经精舍五集》中有赋题《磻溪伊尹赋》(以“伯仲之间见伊吕”为韵)。《孟子·万章上》:“伊尹耕于有莘之野,而乐尧舜之道焉。”据此史书一直肯定伊尹是莘野人。磻溪,水名,在陕西省,为传说中的周朝太公吕尚未遇文王时垂钓之水。题为磻溪伊尹,确是一个让人费解的题目。俞樾出此题是有来历的,肄业生胡元鼎在所作赋的序中说:

> 周兴嗣集《千字文》,刻晷而成,故其语多颠倒,索解为难,如“磻溪伊尹”等句,不可枚举。然细绎之,不得谓其儗不于伦也。夫伊尹相商,所以为商谋,吕商佐周以伐商,未尝不为商谋也。甲子渡河,本非利其天下,古人行事有相反而实相成者,故伊不得为莘野之吕尚,而吕实为磻溪之伊尹,创论也,亦定论也。诂经精舍拈此课士,爰本斯意。①

出这样的题目,可以锻炼精舍生在解读古籍时,想人所未想,思人所未思,独辟蹊径,匠心独运。

再如俞樾曾出吟咏牡丹的赋题,不是直接以牡丹为题,而是题为《鼠姑赋》(以“牡丹一名鼠姑”为韵,见《诂经精舍五集》卷8),鼠姑乃牡丹之别名。如果不究其源,题意确实难明。

《诂经精舍四集》卷14收有倪钟祥《护花鸟赋》(以“其音若云无偷花果”为韵)。护花鸟是九华山中一种具有传奇色彩的奇鸟,典籍中有相关记载。宋代宋祁《益部方物略记》:“右护花鸟。青城、峨眉间往往有之,至春则啼,其音若云‘无偷花果’,仿佛人言云。”②明代李诩《戒庵老人漫笔》:“池州九华山,江南胜地。山

---

① 俞樾编订:《诂经精舍五集》卷7,第20页。

② 宋祁:《益部方物略记》,《文渊阁四库全书》,台湾商务印书馆1983年版,第589册,第105页。

中有奇花岁发，则有护花鸟鸣焉。游人欲折者，鸟则盘旋其上，鸣声云‘莫损花，莫损花’。”①此篇倡导爱护花草的赋作，具有生动的情节和较鲜明的人物形象，寓有深意。

《诂经精舍四集》卷14收有胡元鼎、朱本《宾爵赋》（以“栖宿人家有似宾客”为韵）各一篇。由胡元鼎之作序言可知宾爵为何物，序曰：

> 《吕览·季秋》：“宾爵入大水为蛤。”高诱注：“宾爵，老爵也。栖宿于人堂宇之间，有似宾客。故谓之宾爵。”《淮南·时则训》同。夫爵为依人小鸟，终年广厦寄身，犹有沦濡之患。窃思人生斯世，寄蜉蝣于朝暮，等光阴于过客，则亦天地间一宾已矣。以视宾爵，何以异乎？夫言有浅而可以托深，类有微而可以喻大者。故为是赋也。②

原来宾爵是一种栖宿于人家堂宇广厦中的鸟。朱本的课作韵脚为“以来往人家有似宾客为韵”，也是对宾爵这种鸟的注释说明。

《诂经精舍四集》卷14收有胡元鼎、王嘉猷《淬儿赋》（以“杭人削松木为小片”为韵）各一篇。“淬儿”是什么呢？淬儿，古时一种引火物，并可代灯烛之用。元陶宗仪《辍耕录》卷5《发烛》曰：“杭人削松木为小片，其薄如纸，熔硫黄涂木片顶分许，名曰发烛，又曰淬儿，盖以发火及代灯烛用也。”③

《诂经精舍四集》卷15收有冯一梅、胡元鼎《藓书》（指文字）各一篇。根据作者的序文可知，“藓书”是蜗牛在青苔上蜿蜒爬行

---

① 李诩：《戒庵老人漫笔》，中华书局1982年版，卷3，第99页。

② 《诂经精舍四集》卷14，第20~21页。

③ 陶宗仪著，文灏点校：《南村辍耕录》，文化艺术出版社1998年版，第68页。

所留下的痕迹,因为图案像文字,故有指代“文字”的意思。冯一梅诗作序曰:

> 杜工部诗云:“虫书王佩藓。”考崔豹《古今注》云:“苔或青或紫,一名绿藓,一名圆藓。”是藓即苔也。又案段成式《酉阳杂俎》载:睿宗为翼王时,寝壁间蜗迹成天字。扫之数日如初。及即位,雕玉铸金为蜗形,置道释像前。杜诗所咏,殆即此事。盖南方积雨之余,青苔初滋,蜗牛屈曲缘行,宛成文字。阶壁间往往有之。《清异录》载:李善宁子赋贫家壁,诗云:“拖涎来藻饰,惟有篆愁君。”亦指此耳。①

这样的题目如果缺乏作者序文中的相关说明,很难让人立刻明白题意。

另外,俞樾掌教时期的诂经精舍在文学教育中科举色彩更加明显,有不少关注边局和外来事物的文学题目,关于这两点,笔者在以下章节中将有较详细的论述。

第三节 俞樾时期诂经精舍文学教学特色研究

俞樾掌教下的诂经精舍,文学教育中的考据学特色较之其他时期要浓烈得多。同时,这个时期文学课作中的一些作品也呈现出轻松明快、活泼幽默、富有想象力的创作特征,表现出虚构的文学本质,自有一番独特的魅力。

一、俞樾时期诂经精舍文学教学中浓厚的考据学特色

俞樾掌教下的诂经精舍,所作的文学题目,特别是诗赋题,与诂经精舍前期有一些差异,和学海堂相比,精深化、重考据学及学

① 《诂经精舍四集》卷15,第43页。

术化的特点非常明显。俞樾将考证训诂的治学习惯明显地渗透到文学教学过程中，精舍肄业生的诗赋习作紧密地联系着考证、文字、音韵、训诂和学术，表现出浓厚的考据学特色。

（一）文学课题皆有出处，必须首先审题

诗的考课，此篇论文第一部分已经述及“赋得”诗的写作，这是同治七、八、九三年每次考课都有的诗体，据此推之，应该是每次考课都有的题型，不过因课艺文集没有收相关作品，不好进一步论述。此种诗体，考据题目来源，申以作者旨趣，是作诗的基本步骤。

诂经精舍所出的赋题中律赋居多，题目取自典籍，如果不是熟谙经典的话，根本无法明了题意，此类题俞樾尤善为之。所以作此类题，首先必须审明题目来源，再赋以己意。如《诂经精舍五集》卷7中有赋作《尔惟盐梅赋》（以“若作和羹，尔惟盐梅”为韵），赋题出自《尚书·说命篇》，文中有“若作和羹，尔惟盐梅”之句。另有赋题《孤竹之管赋》（以“康成注云竹特生者”为韵），此为咏物赋，语出《周官·大司乐》：“冬至祀天之乐有孤竹之管。”郑玄注曰：“孤竹，竹特生者。”肄业生王诒寿于习作的序中说：

> 此殆以独立不群之概，取其专洁，故假其音以致天神之降耳。夫诗人之旨，触类起兴。同是一物，未尝不各寄其怀抱，赋为古诗之流，义亦有取乎斯者。因略其本意，第即孤竹生情以为辞。①

可知其文乃取孤竹独立不群之意象，以之寄情，兴而为赋。

《诂经精舍六集》卷10有《齐庄中正赋》（以“齐庄中正足以有敬”为韵），题出《礼记·中庸》，有“齐庄中正，足以有敬”语。肄业生叶墾于序中审题道：

---

① 俞樾编订：《诂经精舍五集》卷7，第15页。

《礼记·中庸》篇:齐庄中正,足以有敬也。郑君注曰:言德不如此,不可以君天下也。盖伤孔子有其德而无其命。古本连上"仲尼祖述尧舜"为一章,故郑注如此。则"齐庄中正",当指孔子之德容而言,不得如集注之泛指帝王也。爰本此意以赋之。①

先查明题目来源,作者认为"齐庄中正"指孔子之德容,而非集注中所指帝王之德容,以此意为主题思想而赋之。

《太史登台书云物赋》(以题为韵),肄业生章桂馨就题考定来源,于序中曰:

自《周礼》有保章氏,以五云之物辨吉凶水旱降丰荒也。而《左·僖公五年》传,亦书正月辛亥朔日南至,公既视朔,遂登观台以望而书,礼也。按:周正月在今为十一月;南至,冬至也。公既观台而左氏以为得礼,故《后汉·章帝纪》,亦详登灵台望云物。《晋书·天文志》又云:灵台观台,主观云物察符瑞,皆纪盛也。后裴达及于尹躬,南至日,皆有太史登台观云物诗,以颂一时之盛。②

考证题目渊源,知"太史登台书云物"是为历史上颂圣纪盛之举也,也点明了本赋之主题是颂圣之作。

再如《哥窑赋》(以"龙泉章氏兄弟为之"为韵),哥窑,本为瓷窑,后代指一种比较有名的陶瓷器。赋前首先是考证一番,肄业生夏树立赋前序中考证道:

处州龙泉章氏窑名哥窑,案:《鄦书》:哥,声也。班书引《尚书》作哥,永言。或谓窑质坚栗,扣之有声,可以节哥,义亦良通。然章氏宋人,宋去古浸远,当时已呼兄为哥。案明

① 俞樾编订:《诂经精舍六集》卷10,第196页。

② 俞樾编订:《诂经精舍六集》卷10,第192页。

> 桐山方氏《通雅》：柴汝官定各窑，考证綦详。哥窑则云章生一所陶者，色淡故名哥窑。此呼兄为哥之明证。又引陆文裕说：哥窑浅白断文，号百圾碎，今假者颇多。此外若《格古要论》、《春风堂随笔》诸书，与方氏所本略同，爰据方氏说赋之。①

作者考证了窑名和书籍中的不同记载，据方以智《通雅》所说为赋之所据。

写作此类赋，必须了解原文出处，明白原文意思和相关的背景才能下笔。虽然学生从事的是文学体裁的学习和创作，却可以借此熟悉经典，也要求必须具备一定的考据学修养才行。

（二）作诗赋时常要先就题进行训诂考证

俞樾掌教下的诂经精舍考课时的诗赋作，肄业生除了要考订出一些题目的来源外，常常要就诗赋题目或题目中的字词先进行一番训诂考订，然后才下笔为赋。就诗题进行考证的，如《诂经精舍六集》卷12有七律诗《桐始华》和《萍始生》，五律《莺桃》等，兹举三例略加说明：

肄业生王廷鼎在做诗《桐始华》时，对“桐始华”也就是“桐树开始开花”的时间进行了考订：

> 《夏小正》：“三月拂桐芭。”《传》：“拂也者，桐芭之时也。”或曰桐芭始生，貌拂拂然。说者即据《说文》芭、葩相通，华也。遂谓桐于三月始华。《月令·季春之月》言桐始华者，即本于此。按：今桐华实开于五月之末，即其始华，亦必在五月中旬，实所目击，并历数千里之远，及数十年之久，验之皆然。因疑《月令》言“三月华者”歧异太甚。今考《小正》、《传》之两说，并未以芭为华芭，果是华，曰桐则华可也，何以

---

① 俞樾编订：《诂经精舍五集》卷8，第14页。

忽变言芭而又曰拂乎？华可称芭则正月何不曰梅杏梔桃则芭，九月何不曰菊有黄芭也。家考芭，实叶始生之时，桐叶实生于三月，二月群木都芽，惟桐犹秃然，必俟三月之初，始于每枝之端，丛生十数叶，圆转成把，数日后拂拂然渐大如盖，与传之两说皆合。盖巴之言把也，桐无旁蘖，当叶初生时，枝如尘尾可把，故称芭，巴蕉之芭亦以此得名。况《说文》无芭字，芭即通葩，葩训华，古花止作㸚。华者，英华，凡草木秀发于上不定㸚叶皆谓之华。高注《吕览》“桐始华”曰桐，梧桐，是月生叶故曰始华。甚矣，古注之可宝也。后人认“华”为“花”，解“拂”为“放”，竟谓桐花放于三月。①

王廷鼎考证了“桐始华”的时间，否定了“三月桐始华”的说法，对致误的原因作了很有说服力的考证。虽然作者从事的是文学创作，终不离考据学的主题，所作《桐始华》七律诗就是针对这个考证过程、结果有感而发，诗曰：

凋残独早发偏迟，三月初看叶拂时；浅碧正随榆圻荚，浓青早让柳垂丝；东风剪出圭形小，嫩叶移来盖影欹；欲识㸚分用处，春深先与证桐枝。②

王廷鼎作七律《萍始生》时，就“萍”这种植物先作了一番考证，考证了和苹、蓱、蕡、蘋几种名物的异同，曰：

《尔雅》：萍蓱其大者，蘋。《韩诗传》：沉者曰蘋，浮者曰萍。《说文》苹、萍、蓱、蕡为一物。按：苹为陆草。《诗》“食野之苹”是也。蘋即蕡，萍即蓱，皆水草而实二物。蘋叶大如凫葵，七月开花，有黄白二种，多生浅渚，根连水底。《韩》所以曰沉者蘋，浮者藻也，绿叶紫背，其小如点，今俗犹呼浮藻

① 俞樾编订：《诂经精舍六集》卷12，第250页。

② 俞樾编订：《诂经精舍六集》卷12，第251页。

草,三月杨花落后即生,故有谓柳絮所化者。是时白花之蘋,犹未生也。惟《小正·七月》有"湟潦生苹"(说者谓即萍),七月无杨,则又不可解者。萍与水平,故从水从平,因风辄并,故又作洴,实与蘋异也。①

考订名物典章制度是考据学家所最擅长的,诂经精舍肄业生作诗为赋时不忘为之,也是学习习惯使然。五律《莺桃》,肄业生方赞尧就"莺桃"进行了一番考证,曰:

《尔雅》:楔荆桃。郭璞注:今樱桃也。王淑士《表异录》:樱桃一名鸎桃,亦名含桃。《月令》"羞以含桃。"郑康成注:含桃,樱桃也。《吕氏春秋》高诱注:以鸎所含食故曰含桃,又名鸎桃。《淮南子》注亦如之。是樱桃为鸎所含食,故曰含桃,曰鸎桃。樱与鸎声同假借耳。惟《说文·鸟部》无"鸎"字,当作"鶯"字为正。②

就赋题进行训诂考订的更为多见。如俞樾曾出《摩兜坚赋》(以"摩兜坚慎莫言"为韵)一题,《诂经精舍五集》卷7收入肄业生张大昌、杨振鉴二人的习作,二人首先就"摩兜坚"作了一番考证,而二人的考证还有所不同。张大昌于序中道:

谨按:"摩兜坚"三字,各本不同。《酉阳杂俎》作"摩兜鞬",《辍耕录》作"摩兜坚"。摩,磨;鞬,坚。皆音近而通也。而二书所载事迹亦各有异。《酉阳杂俎》云:"邓城西百余里有穀城,穀伯绥之国,城门有石人,刊其腹云:摩兜鞬,慎莫言。"《辍耕录》云:"晋太康中治河掘一石人,曰磨兜坚,其背有铭云云。"是《杂俎》谓铭在腹,《辍耕录》谓铭在背,盖传闻异辞也。故其字亦以音借有异。方以智《通雅》主《杂俎》说

① 俞樾编订:《诂经精舍六集》卷12,第251页。

② 俞樾编订:《诂经精舍六集》卷12,第258页。

云:"兜鞬即肚兜,如马之鞬勒。"他处所引如《诗纪》作磨兜坚,声借耳。《博雅》裲裆谓之袹服,盖兜鞬也。恐非裲裆。窃疑方氏以为服物之名,恐亦非也。谨设为问答,以诂其音义焉。①

肄业生杨振鉴于序中云:

谨案:"摩兜坚"三字,本梵音也。佛经言:摩兜坚,尊者。即妙吉祥菩萨。在西天竺国,巢娑罗树身一千五百劫,吐气成吉祥文字,树上鸟雀皆证妙音善果,地上砂石尽变金屑,种种毒祸,无有侵害,是为妙吉祥菩萨。窃意世传穀城石人所刊"摩兜坚,慎莫言"者,亦正取吉祥慎言之义,与《易》所谓"吉人之辞寡",《孟子》所谓"言无实不祥",皆足互相发明,故或以摩兜坚为古之慎言,其说不为无据。若摩之或改作磨,坚之或改作鞬,殆由传写之讹,不必深考耳。兹衍其义,而为之赋。②

二人之考据,一重音变,一重义衍。虽就一物之考订,资料证据所重却迥然不同,各有自己的独到见解。

《瑟赋》(以"锦瑟无端五十弦"为韵),此赋为姚夫人去世后,俞樾有感于深切的思念而出,咏物以寄情。精舍生在做此赋的时候,却显示出从事考据学研究的良好习惯。《诂经精舍五集》卷8收有肄业生王廷球的一篇习作,他首先为序作了一番考证,然后才下笔为赋。序中曰:

抱焦子雅好操缦,既制短琴,鼓以自娱。而有琴必有瑟,帝子一去,落寞天涯,惟思古人制器命名,必有其义。《白虎通》云:琴者,禁也。瑟者,啬也,闭也,所以惩忿。《世本》:

① 俞樾编订:《诂经精舍五集》卷7,第22页。

② 俞樾编订:《诂经精舍五集》卷7,第25页。

瑟，洁也，使人清洁其心，纯一其行。《释名》：瑟施弦张之，瑟瑟然也，则又通乎萧瑟之义矣。噫！晏龙遗制，渺兮寡传，故不详其体，聊取娟洁萧瑟之旨，演为此赋。①

在做文学题目时，首先就题训诂考证一番，明了题目之音、义，这是俞樾掌教下的诂经精舍文学教学中的显著特色。

（三）诗、赋中浓厚的学术气息

诂经精舍文学教学中浸润着浓浓的为学气息，常常是以学为诗、以学为赋。特别是赋题，考据气息浓厚。肄业生许庆骐作《腊赋》，于序中说："窃谓凡词章家，不必如经生之考据详确，而古制沿革源流，亦宜分晓。"②说明诂经精舍所做赋在一定程度上已承担了考据学的功能。文学考课作品是命题作文，据题而发，绳以规矩，和平时有感而发的文学创作有着很大的差别，附之以学术，使文学的功能在书院教学中得到了扩展。俞樾在精舍诗赋的考课教学中，将精舍研经考据的教学宗旨，特别是考据学之实践研究成功地渗透到文学教学领域中。

诗的考课，如"赋得"诗，本身就是为了做诗而做诗。其他如"校书六咏：脱简，错简，坏字，误字，重文，衍文"等诗题本身涉及的就是为学中的现象，再如"咏《史记》小乐府（滈池璧、博浪椎、鸿门宴、垓下歌、濉水沙、井陉帜、云梦游、钟室叹）"③；以及诗题《陈仲子自于陵归述怀》（七律），《冯妇车中解嘲》（七律），《齐王之臣将之楚游留别其友》（七律），《齐人之东郭墦间书所见》（七律）④，等等。此类诗题，咏史咏古，可以和经史研究相得益彰。上

---

① 俞樾编订：《诂经精舍五集》卷8，第11页。

② 俞樾编订：《诂经精舍六集》卷12，第240页。

③ 同治七年（1868）九月朔课诗题，见本书附录一页。

④ 同治七年（1868）十月望课诗题，见本书附录一页。

述的《桐始华》、《萍始生》等诗，皆是依据考证而为之。

特别是在赋的写作中，写作者常将训诂考订的过程及结果寓之于赋；或者综观学术历史，极尽铺陈之能事。这可谓是有诂经精舍特色的诗赋作品。赋的功能在诂经精舍得到了扩充。

上面提到的《摩兜坚赋》，主旨是在考证训诂"摩兜坚"之音义，是为考证训诂之赋也。下面来看看张大昌所做之赋。张大昌于习作中采用了主、客对答体的形式，配以赋体之韵律，使枯燥的训诂文变得生动有致。兹载客人的一段话：

> 客曰：以解字诠，同音假借，义通鞬坚，固有摩而无磨，本许氏之遗编。……《尚书》转音为覆，《方言》述义以侔，莫摩取唇音，为黾音之转通。兜从兆形，为免行之伪托。以从革言，而坚韧之义攸关；以建树言，而坚执之功沉著。盖古人之设辞，非兜离之纷若，欲自励其持循，乃弗轻其然诺。……今传闻之异词，致音义之舛错。①

再如上述的《齐庄中正赋》（以"齐庄中正足以有敬"为韵），赋中作者通过字义的训诂，典籍的考证，谐美的韵律，以己意为赋，现取其一段以窥之：

> 其庄也，严之义可通，敬之训足录，六达之释当参，草盛之说已俗。临庄以见君威，色庄可偕论笃。（原注：古注论笃君子，色庄皆指善人。）庄之声本从壮，壮者，大也；美大可至圣神。庄之字或借妆，妆者，饰也；修饰亦同检束。夫子固尝有言曰："师之庄，贤于某。"（原注：见《列子》。）而不知即此而已足。②

虽为赋体，于文中考证训诂并不受任何局隘。

---

① 俞樾编订：《诂经精舍五集》卷7，第23～24页。

② 俞樾编订：《诂经精舍六集》卷10，第197页。

光绪九年(1883)十月望课俞樾出题《腊赋》(以“孟冬腊先祖五祀”为韵),即为考“腊”、赋“腊”之题。肄业生王廷鼎所作《松茂柏悦赋》(以“毛诗曰如松之茂”为韵),通篇不离文字音韵训诂,可谓是以学为赋的典型。赋曰:

猎词华于萧选,紬字篆于楚骚;依形声而得训,托辞赋而挥毫;本六书兮训诂,非率尔以觚操;陆士衡岂徒赋手,梁文帝何愧文豪;读吹逝晋安二作,又何异乎礼注郑而诗笺毛。

尔其言松也,取义于斯干均语,取象于无妄,对时茂之得声,以戊而五龙六甲,实矛字古说之遗,日蒙本为日雺,见《洪范》之稽疑,常棣之务与戎协,则矛声之读蒙,可知茂与蒙为一声之转,则松为茂,实声训之词,言蒙茸之有象,即茂密而无差,是不必合言松柏之茂,而附和于天宝之时。

且茂卯之同音,读书而若揭,风韵道而匹韵苞,宜致功于扬扢卯韵,转而为蒙,实东蒸之机檗。观寿梦之为乘,知方言于吴越;朋为凤而堪思,冯为凭而足发,稽通转于风骚,又奚讥于鹘突,盖与公羊注之犹容,白虎通之竦动,并可悟其义于读为读曰。至于柏之为悦,不见字书,木与桐而为伍,文训掬而最初,柏席则注详司几,柏车则名载释车。柏作伯而字殊,楚地柏犹迫,而解集河渠柏舟训忧而不怿,虎观训促而不舒,乃以松之茂而转成柏之悦也。其义何知。

孰知柏为阴木,白声是从。白乃西方之正色,位与兑泽而相逢。兑之为言说也,义本应乎乾龙。古有说而无悦,字假借而通。庸或训喜而训乐,语不离乎统宗松。既见其葱郁,柏亦形其昌丰,盖同秉后凋之正性,而非如一在山一在隰之游龙与乔松。

然而松称雪干,柏号霜姿,秦封挺秀,汉殿呈奇,虽茂林之同处,非容悦所能为,比桐生之茂,豫方竹箭之心期,松之为言容也;柏则而我白之,彼夫松之,或体为柘,而苍松讹为苍柗,则形亦同于兑字之首,柏之转音为布而茂声,读为务声则韵亦通于矛声之雺,推之长松一名仙苑,而卯戊同声则松固可通于茂矣,而何疑乎六朝文之义贯诗骚字穷古籀也哉。①

通篇就“松茂柏悦”四字引用各种古籍进行训诂考证,体制巨大,以赋体贯穿成文,其实这类赋作是考据文章的赋体化而已,以赋来表征考证的过程结果。用赋体之韵文来表述字义训诂,虽偏离了赋的抒情功能,不过确实能够加强肄业生的朴学功底,可谓别具一格。

俞樾所出的很多赋题,常直接以某一学术观点为题,如《诂经精舍六集》卷10有《辅嗣易行无汉学赋》(以题为韵)。魏王辅嗣所为易学有无汉学特色在学界是一直被争论的问题,题本身就是经学史上的一种观点,故此赋讨论的就是王辅嗣的易学是非汉学的问题,和赋作的抒情性主旨确有差别,此赋是要根据资料证据解决问题,阐发观点,此非渲染夸饰所能达到。赋作采用的是答问体,文集中收有肄业生王家治、叶鋆的两篇习作,王家治的习作中,托体为江左经生和河北经生的对话,叶鋆的习作中设定了客人和紫芝先生的对话,两篇习作通过对话的方式,将比较枯燥深奥的学术问题,阐释得条理有序。不过在这类赋作中,赋体一贯的华美风格变得简俗质实,说理性和逻辑性增强。现取王家治赋中江左生和河北生各自的一段对话来说明:

江左生闻而瞿然曰:恶!是何言欤?夫辅嗣王畅之嗣也。王氏世以易名,至辅嗣而始备。汉儒言易,占验为事,更相祖述,非有同异。辅嗣以六书解经,周孔之传于焉未坠,徒以高简绝俗为世所议。究之家法授受,标领精义,似康成之

---

① 俞樾编订:《诂经精舍七集》卷9,第23~24页。

注群经，略无差乎序次，岂江南义疏诸家，得评骘其轩轾。

河北生曰：君言亦然。然辅嗣之学实剽窃汉学而成，故涣之刚柔，以变卦为主，临之消息以辟卦为衡，较量于居阴居阳，既颟顸而局促，推测乎贵少贵寡，仍倒置而纷更，至于坤之六，离之初，则隐用荀氏说而未名，其岑寂如庄老，其虚诞如一行，而乃啧啧人道，借借令名，吾不知所可取者安在也。愿得一言为定评。①

二人对答，就事论事，杂以口语，合于韵律，流畅自然，说事论理，浅俗明晰。

对于俞樾所出赋题，精舍肄业生在答卷时注重清代学术成就的概括和总结。如光绪六年(1880)十一月望课俞樾出《文澜阁赋》(以"游文章之林府"为韵)一题。文澜阁是杭州的藏书之所，乾隆四十七年(1782)《四库全书》修成后，于阁中置一套，后书经乱损坏。俞樾在总领浙江书局刻书事宜时，因购求的很多书籍残缺不全，俞樾等建议筹集资金于杭州重建文澜阁，善藏所购求的各种古籍，是年十月匀工。十一月望课俞樾即以《文澜阁赋》为试题。《诂经精舍课艺五集》中收有肄业生冯一梅和王廷爵二人的课试之作。冯一梅所作赋假句余山人与西湖先生的问答，通过修葺文澜阁一事，利用赋体可以大量铺陈的写作特点，对清代考据学的成就作了概述，对清代学术作了概略性总结。暂举文中段落来说明，如总结清代经籍的刊刻成就，赋曰：

而今则有士礼居之仪礼，平津馆之说文，《孟子》则孔刻最善，《公羊》则汪本轶群。推之道德考异，孙吴治军，或夸毕秋帆校勘之善，或经顾千里影钞之勤。又如《舆地纪胜》，则二百卷近刻于东粤；《几何原本》，则十五卷新译于西垠；《千

---

① 俞樾编订：《诂经精舍六集》卷10，第186～187页。

金方》，则日本存其旧帙；《圣济录》，则程氏扬其清芬。故《意林》不全，有别下斋之完本。《群书拾补》，有抱经堂之多闻。斯皆菁华日泄，义炳典坟，朗如秋月，密若春云，似不宜因陋就简，而尚拘于昔日之所云。

况乎金匮石室，久隐必彰，或偶遗于当日而渐得夫表扬。其尤著者，有如众经音义，沦在释藏；太常因革，礼传欧阳；乙巳之灵占慕李，难经之集注存王。药圃一厘之赋，本珍夫宋；席氏百家之刻，诸备夫唐。凡四库所未录，实更仆而难详，又有古籍既佚，遗美难忘，后人搜辑，获见豪芒，于是仓颉篇复睹于岱南之阁，神农经完具于问经之堂，或钞遗书于汉魏，或搜地记于太康。证贾服于左氏，则有嘉兴之李；考经籍于隋志，则有山阴之章；其目录或载于铁桥漫藁，其卷帙半镌于玉函山房：斯皆希世之宝，焕耀琳琅。①

罗列考订，亦议亦叙，详备细致，典雅工整，虽为赋体，却并不受文体的约束，挥洒自如。此赋中总结清代学术，鸟瞰文学发展大势、汉宋之争，概括乾嘉考据学所取得的巨大成就，赋曰：

而且国朝著述应运益昌，乾嘉以来芝兰竞芳，小学以段桂为最，史学以钱洪为良，古文则姚惜抱，骈体则袁小仓，以至元和之惠，武进之庄，邵阳之魏，长乐之梁，骋妍抽秘，各有所长。罔不摛华执圃，掞藻缥缃，待异日进呈君览而一发其光。至于埘存所载，卷轴纷披，虽已经夫定论，悉见弃于当时，然而汗牛充栋，毓富若斯，恐未必尽经细讨；而偶有所遗，或因篇帙之过多，不遑更录；或以片端之略误，遂摘小疵。晏公类要，实类书之善本；宋史新编，亦史学之旁枝。杭州志尚存成化之旧，高丽史备详外域之奇。征籀篆之文，则有古老

① 俞樾编订：《诂经精舍五集》卷7，第3～4页。

子;求唐人之集,则有樊宗师。倘复兼收并蓄,亦足以辉美鼎彝;又况永乐大典之内尚多古逸之辞,或更加以搜采,使秘籍之尽窥;其旧帙今藏于文渊之阁(昔在清秘堂,近闻迁此),而目录已镌于连筠之簃,其他或不免踳驳之病,亦究为考证之资,倘购求而有得,似不妨酌量而存之。

近者四海之内,学校如林,高文巨册,毕出于今。岭南则通志学海,经解钩沉,注疏三典,珍若璆琳。梓汇甬而罗小学,尤番禺陈氏之苦心。武昌则荟萃百子,供我披吟,丛书屡刻,艺苑浸淫。闽峤则聚珍之板,已度鸳针,堂存正谊,理学功深。姑苏则五礼通考,实笈森森,辽金诸史,并列其琛。金陵镌楚辞十七卷之注。川蜀遗汉魏百三家之音。维扬留阮文达之书,诂研经籍。豫章刻周草窗之集,想寄人琴。即如我浙书局,既以唐宋二史,竭力自任,犹且长编玉海,功不相侵。梓皇朝三通之巨帙,尤为士庶所咸钦。他如粤雅堂已增续集,天乙阁尚许登临。张海鹏之学津,足资探讨;李雨村之甬海,犹易搜寻。凡此类者,皆可以购求而得,用拓胸襟;其必不能得而必待于钞补者,亦不过十分之一二,而奚借于多金。①

此赋气势恢弘阔大,有汉大赋之雄风;描摹写状,又细致精密如考订。赋中作者并没有囿于一阁一物,而是将眼光投向清代绵长的学术历史,通过山人之口概括了乾嘉学术多方面的成就,高瞻远瞩,洒肆浩荡,作者写来无丝毫疲竭之状;娓娓道来,又细密工整,无空疏之嫌。于此可见精舍肄业生厚实的学术功底。

赋的写作本来就是博学的标志,需要有深厚的学养和高超的语言驾驭能力才能娴熟为之。而俞樾所出的赋题尤为僻奥,在赋

① 俞樾编订:《诂经精舍五集》卷7,第4~5页。

中常要求表达考据学的内容和某些学术观点。此类赋中，肄业生常借用二人或多人的问、答形式托体讽喻，表而赋之。在赋中用答问体的方式，易于观点的阐释，使晦涩深奥的题作变得轻松流畅，有利于主题的表达，也可以使文章风格变得轻松自然。如上面提到的叶鋆《齐庄中正赋》，张大昌《摩兜坚赋》，许庆骐《腊赋》，王家治、叶鋆《辅嗣易行无汉学赋》，冯一梅《文澜阁赋》等。除答问体外，也常用骚体。《诂经精舍五集》中收有赋题 21 道，30 篇，其中用答问体作的有 8 篇，骚体有 3 篇。《诂经精舍六集》12 卷，其中卷 10、11、12 所收是文学作品，共收赋题 17 道、20 篇，其中 11 篇用答问体。《诂经精舍七集》12 卷，其中卷 9 至卷 12 是文学类课题，共收赋 16 篇，其中 4 篇为答问体，1 篇骚体。在答问体的赋作中，往往托为二人或多人，一番唇枪舌剑之后，总有一方叹服而退，这成为一种写作模式。

透过诂经精舍肄业生所做的诗赋作品，特别是赋作，可以更深切地感觉到诂经精舍文学教学关注学术、枕依考据的事实。这是俞樾在精舍教学中最显著的文学教学特色。

二、俞樾时期诂经精舍文学课作中的其他风格

当然，俞樾掌教时期诂经精舍文学课作风格也并不全是凸显考据学色彩的精深学术化风格，也有一些课作能够充分凸显文学的魅力，风格轻松明快，诙谐幽默，描摹刻画生动传神，富有想象力，表现出文学虚构性的本质特征，具有很强的艺术感染力；还有一些课作观点警醒，论证严密，说理透彻，如关于历史人物的议论文。下面笔者只就风格轻松明快、诙谐幽默之作简略论述之。

风格轻松明快的多为一些寓言体式的动植物传记，以及一些类似的赋作。这些课作风格富有喜剧色彩，如《诂经精舍三集》（己巳下）所收朱一新、许德裕所作《无肠先生传》（螃蟹）各一篇，

《四集》卷 16 徐琪、许传霈《金衣公子传》(黄莺)各一篇，林真《岁寒三友传》(梅、松、竹)，周善溥《傅延年传》(菊)等。相关风格类型的赋作如《四集》卷 14 的胡元鼎、王嘉猷二人的《淬儿赋》，《四集》卷 15 冯一梅、胡元鼎的《藓书》等。

这些有关动植物的传记，谋篇布局和写作风格皆是模仿韩愈《毛颖传》，荒诞不经，但寓意深刻。韩愈《毛颖传》是一篇为毛笔作传的文章，只是其中的毛笔，韩愈不但给它起了个符合身份的人的名字——“毛颖”，而且使其具有了人的特性。文章考察毛笔的发生、发展历史，与虚构人物“毛颖”的身世家史吻合一致。文章开首煞有介事地考证其先祖，篇末有太史公的议论，寓庄于谐，巧妙地捕捉物与人之间的相似点，在形神上形成即像又不像的独特韵味。韩愈《毛颖传》一出，遭到当时不少人的非议和责难，但是对它赞誉有加者却也历来不绝，被后人誉为千古奇文。可见，诂经精舍文学教学中对文学史领域名家佳作的关注广泛而细备。因为有韩愈《毛颖传》在前，所以研读肄业生的这些课作并不会觉得有阅读障碍和理解鸿沟。以徐琪课作《金衣公子传》一文为例。全文曰：

> 公子姓黄氏，其母初生之夕，使人筮之，得繇曰：“黄离元吉。”[1]因名以离。世居栗里，故字为栗留[2]。幼聪慧，容色姣好，人皆以儿呼之。比长，苦所居湫隘，辄叹曰：所谓故国者，有乔木之谓也。[3]顾郁郁久居此乎？乃辞幽谷，访巢居之民而迁焉。好作蛮语，间关睍睆[4]，人多不解。有梦游辽西者[5]，惊而寤，拟之以梃，则从容自解曰：鸡肋不足当尊拳也[6]。其滑稽如是。或戒之曰：吾子言语妙天下，而赏音者寥寥，抑惧舌之招尤耶？公子慨然曰：“吾先世与戴仲若交，双柑斗酒，时复过从。每发一语，仲若必拊掌曰：‘此俗耳针砭，诗肠鼓吹也。’吾亦世其家学耳。复何惧为。”[7]司空表圣

闻之,深韪其言。乃筑室与结比邻焉。既而温飞卿亦爱之,推为烟花主,浅斟低唱,非得其在坐不为欢,由是名益噪,声达禁御。明皇使中贵召之,入见建章殿,赐缕衣,辄呼公子[8],公子,宫中皆习称之,而不敢名。公子既被宠遇,益能善伺人主意。一旦,明皇与太真宴于龙池,思樱桃不得,公子忽置座前,且奏新声,李龟年辈皆不能和。明皇大喜,将处于上林。有妒公子者,谮于旁曰:黄离巧言如簧,不可近也,幸陛下远之。帝意稍懈,遂罢前议。人皆为之太息。公子曰:"吾可疗妒,若辈食吾唾余当愧死矣。特吾明哲保身,不欲小试其技耳。"然是时意犹恋恋,未几宫人以梅弹中肩,忽忽不悦,顿有去志。时杜秋娘以善歌著名,闻其声之呖呖似己也,作歌赠之曰:"劝君莫惜金缕衣,劝君惜取少年时。"歌未终,公子恍然有悟,遂辞帝去,徜徉于花柳间,与晏氏乌衣子弟相往还,殆无虚日。然晏犹寄人庑下,公子则翱翔自得,知其所托者高矣。仲尼曰:"于止知其所止。"其公子之谓乎。①

注解:[1]"黄离元吉",《周易·离卦》卦辞。[2]黄鹂,又名栗留。[3]所谓故国者,有乔木之谓也。此乃《孟子·梁惠王下》中孟子话的反说:"所谓故国者,非谓有乔木之谓也,有世臣之谓也。"[4]睍睆,形容鸟色美好或鸟声清和圆转貌。[5]唐代金昌绪《春怨》诗曰:"打起黄莺儿,莫教枝上啼。啼时惊妾梦,不得到辽西。"[6]《晋书·刘伶传》:"尝醉与俗人相忤,其人攘袂奋拳而往。伶徐曰:鸡肋不足以安尊拳。其人笑而止。"[7]戴颙,字仲若,晋代名士。唐代冯贽《云仙杂记》卷二引《高隐外书》曰:"戴颙春携双柑斗酒,人问何之,曰:'往听黄鹂声。此俗耳针砭,诗肠鼓吹,汝知之乎?'"[8]

① 俞樾编订:《诂经精舍四集》卷16,第26~27页。

五代王仁裕《开元天宝遗事·金衣公子》:"明皇每于禁苑中见黄莺,常呼之为金衣公子。"

由上述注释可知,这篇拟人化的寓言,把中国文化史中有关黄莺(也叫黄鹂)的诸多知识、故事、传说、文学作品、历史人物等消化杂糅,在文学史的背景下串联附会,牵合融汇,模仿韩愈《毛颖传》的行文风格,采用双关、隐喻、拟人等写作手法,虚构夸张,充分想象,将传记主人公黄莺塑造成了一个亦鸟亦人的特殊形象,别致有趣。黄莺作为人的形象,与皇帝身边近臣相似,机巧灵敏,多才多艺。是在山林中自由徜徉,还是在庙堂之上被俗人俗事牵绊束缚,污蔑中伤,这同样是作为鸟的黄莺和作为人的黄莺不得不需要做出的选择。与韩愈《毛颖传》相比,本文在思想深度和讽时讥世的批判力度上难以企及,但是在艺术手法上还是成功吸取了韩愈之作的精华,生动传神,幽默诙谐。此篇课作在对有关黄莺的历史文化资料融会贯通的基础上,博采多种文学手法创作而成,仍然体现了诂经精舍文学教学中博学的特点。

对于俞樾时期诂经精舍轻松明快的文学课作风格,笔者再以下面一例证之。《诂经精舍四集》卷12收有徐琪《堤畔画船堤上马赋》(以题为韵)律赋一篇,题目来源于姜夔七绝《湖上寓居杂咏》。此乃赋作,而且是律赋,规定了韵脚,赋的风格和上述的传记风格又不同,赋作因为形式的限制,难度较大,而且赋作往往成了博学的标志。此赋别具一格,依据史实,同时充分发挥了虚构想象力,细节描摹,生动形象,情节勾画,叙事性强,如行云流水,轻松明快,流畅自然,是一篇难得的叙事赋作。徐琪之赋作曰:

姜白石既谱暗香疏影之曲,来游白公苏老之堤,卜居湖上一楼,寄栖小红忽忆石湖之景,幡然思返。以手按节,倚槛而唱,曰:"羌从予兮湖西,别旧时之琼闺。锦帆泾兮扁舟远,山塘路兮香车迷,曷不从我归去兮,娱佳日而樽携。”白石微会其意,倚洞箫而和之曰:“双堤亘兮湖之半,绿阴密兮花香乱。兰桡桂楫兮波灿烂,鞭丝帽影兮迷两岸。何西子之犹念少伯兮,将从之兮五湖畔。”歌声未终,小红微叹,谓胜景之当前,盍凭栏而同看。

于是轩窗四开,山水同话,见夫雁齿纷排,虹腰低挂。白沙则一道斜,通绿涨则两湖如画。润拖杨柳之烟,远听杏花之卖。小红不识,白石曰:“此长堤之横界也。尔石湖亦有此清快乎?”小红曰:“彼犹杯水,无此沆瀣也。”

既而望于堤畔,则溶溶新涨,渺渺漪涟,歌桡竞驶,锦缆同牵。泛疑鸭放,泊若鸥眠,橹声鸣雁,蓬影飞鸢,窗低纳岫,艇小通莲。白石未语,小红喜曰:“此殆所谓米家书画船乎?”白石曰:“彼罗卷轴,此列歌弦也。”由是回顾其上,则数行归辔,一片香泥芳草,有萋萋之色,落花送得得之蹄。淡妆浓抹兮春好,红缰紫络兮影低。白石曰:“此芳郊之试马也,尔亦闻花外之嘶乎?”小红曰:“虎阜有之,然无此衔接之盈堤也。”

白石曰:“然则子犹欲言归而故巢凝望乎?昔陶谷之圃茶,输薰家之金帐。今明湖之胜游,与石湖而相抗。箫鼓发兮篷窗,裙屐来兮锦幛。渡头之青雀频呼,楼外之玉骢竞放,宜共老于是乡,傲长安之卿相。何须缓缓归来,而花歌陌上。”小红谢曰:“妾闺中未学,乡情易惹。今闻指迷,心藏心写,顾仅为局外之品题,而未向个中以游冶。徒见夫鼓棹中流,连鞍弥野,人夸饮渌之游,客骋踏青之雅。何当妾泛轻船,君乘骏马,莺花遍赏而芳寻,山水畅游而酒把,庶几见美人才子之双修,开弄月吟风之诗社。”

白石闻之,深惬心素。因唤奚奴,携杯具,期泳游于碧浪之天,驰骋于金钱之路,顿慰佳人惜别之心,而补高士闲情之赋。①

此赋形式上突破了赋体常用的主客问答体的套路，间杂以对话式模式，扩大了叙事功能，增强了文学审美效果，与诂经精舍考经究史的考据学特色赋作风格完全不同，是一篇难得的赋体佳作。

笔者在研读两书院课艺文集的时候，叹服于两书院师生文学素养之深厚，同时更佩服他们对文学史的宏观把握能力和微观精读功力。联想到今天大学中文系的文学史教学，浮光掠影，敷衍潦草，几乎完全忽略了学生模拟创作这一教学环节，也漠视学生文学创作能力和习惯的培养。当今中文系学生文学素养的积淀与古代书院肄业生相比，天壤之别，难以比肩。教学效果如何，一目了然。

俞樾本人的文学创作通俗平易，趣味性强，关注社会，有平民化的创作倾向，而他在诂经精舍的文学教学遵循着书院教育的一般传统，注重学生知识的累积和写作技巧的训练。课试中遍涉众体，涉猎广泛，重视诗赋；紧扣精舍考据学教学宗旨，以学为诗，以学为赋，将考据学教学成功地渗透到文学教学领域，同时对时局和外来文化也非常关注（可参见本书第五章）。俞樾在书院文学教学中有着显著的自我特色。

俞樾31年的掌教生涯，不可谓不漫长，俞樾对诂经精舍的感情从他所作的《诂经精舍歌》可窥一斑。光绪二十四年（1898），78岁的俞樾作《诂经精舍歌》，这是俞樾主讲诂经精舍的最后一年，乃第三十一年，正届暮年的耄耋老人对诂经精舍的感情我们感同身受，俞樾追抚往昔，感慨万分，展望未来，茫然不定。俞樾用七

---

① 《诂经精舍四集》卷12，第35～36页。赋中文字下所加着重号“.”为所押韵脚。

言诗体记述了诂经精舍的发展轨迹、历史进程、重要事件、主要人物，点缀以师生在其中学习生活的点点滴滴。将诂经精舍发展历程中的主要大事件和重要人物梗概而出，是一首诂经精舍的史诗，是俞樾掌教诂经精舍的传记，其中还有注解，更有利于读者释读诂经精舍的历史。该诗情深意长，虽长篇巨制，但气韵酣畅，脉络分明，无丝毫惫沓之感，朴学大家的文学功底可窥一斑。

文达阮公来视学，招集名流同相度。行宫左畔楼三楹，《纂诂》一书从此作。后来节钺镇杭州，旧迹重修第一楼。此是诂经精舍始，孙王栗主至今留（精舍初建，文达延王兰泉、孙渊如两先生主讲，至今栗主存焉）。数十暑寒一俯仰，红羊劫后成榛莽（谓庚申、辛酉之乱）。中兴重建是何人，端敏马公果敏蒋（指马端敏、蒋益澧）。马蒋重兴与旧同，沈颜两老太匆匆（同治间重建精舍，延嘉兴颜雪庐、湖州沈菁士为主讲，二公皆不久辞去）。坛席未容虚浙右，弓旌不惜到吴中。吴中寓客名俞樾，承乏紫阳两裘葛。严然来此作经师，始自戊辰终戊戌（颜沈两公既去，马端敏曰：然则非俞荫甫不可矣，时余主吴下紫阳书院甫两载，端敏来请余，乃辞苏而就浙）。悠悠三十一年春，长为湖楼作主人。不负春秋好风月，一年两度住湖滨。浙水东西十一都，其时骈集多才俊。几人抗手揖班张，几辈低头拜服郑。輶轩使者此经过，深叹人材精舍多。学海词源随挹取，春华秋实总搜罗。犹记昔逢丁亥岁，坐拥皋比二十载。戏为汤饼招诸生，大烹豆腐瓜茄菜（光绪丁亥余主讲诂经二十年矣，招住院诸生于俞楼同饮，有诗云"算我生辰汤饼筵"，"大烹"句用成句），俞楼一角毂徘徊（俞楼即诂经诸生君为我所筑），楼上窗棂扇扇开。白头宫保携诗至（谓彭刚直），沧海门生问字来（谓日本人陈政子德）。其时海内犹无事，俨在乾隆嘉庆世。主持风化老元巨，尊礼宾师诸大吏。不图世局似循环，转绿回黄一瞬间。雅坫骚坛成往事，蛮书爨字满人寰。霰雪霜冰机已露，其中消息应堪悟。三十年为一世人，一年蛇足添来误（余至丁酉岁已满三十年，即拟辞退，为廖中丞及院内诸生挽留，明年戊戌乃决志谢去）。此后相沿又几年，夕阳光景暂流连。欲寻文达当年旧，只有门前额尚悬。功令新颁罢场屋，精庐一律同零落。八集诂经文可烧（余选刻诂经文已至八集），重修精舍碑应仆（余有重建诂经精舍碑）。回首前尘总惘然，重重春梦化为烟。难将一掬忧时泪，重洒先师许郑前。年来已悟浮生寄，扫尽巢痕何足计。海山兜率尚茫茫，莫问西湖旧游地。①

从这首诗中，我们可以看出俞樾对于诂经精舍的深厚感情，对于传统学术的热爱之情，以及对书院即将改弦易辙的无奈惆怅。俞樾在另一首诗中表现了未来传统学术复兴的信心，曰："今朝循例来开课，吾道非欤无乃左。痛哭先师许郑前，一杯难胜车薪火。老我行将与世辞，诸生努力强支持。守先待后百年事，会有天元极盛时。"②相信传统学术一定"会有天元极盛时"，颇有远见。逐渐兴盛的科技文明并不能、也不应该成为唯一的文化价值诉求，不管科学技术如何发展，传统人文社会科学永远是中华民族的文化根柢和不可或缺、不能替代的精神文化食粮。自然科学技术飞速发展的今天，对人文社会科学的需求印证了俞樾的卓越远见。

---

① 俞樾：《春在堂诗编》卷23，第8～10页。见《春在堂全书》第5册，第347～348页。

② 俞樾：《春在堂诗编》卷16，第4页。见《春在堂全书》第5册，第226页。

第五章

两书院文学教育中对外部世界的现实关注

两书院的主要教学内容是经训考据学和词章之学。清代考据学因为专注学术，考经究史，在历史典籍中稽古钩沉，在学术研究方法上专注于文字音韵训诂，确实表现为对现实的疏离，对时事的漠视，对审美和情感的逊色，所以难免有沉沦故纸堆之讥，有无关世用的责问。两书院在注重学术研究的同时，又注重文学教育，这种办学特色弥补了这样的缺陷，文学内容的教学与研究因文学本身所具有的高度审美性，情感上的互通与共鸣性，更适宜于表达和反映个体和群体的生活与情感，以及广泛多样的社会现实内容。两书院重视文学内容的教学与研究，使书院教学呈现出浓厚的人文气氛，与学术研究一张一弛，严谨中透露着轻松活泼，一定程度上反映了那个时代的风貌。两书院文学教育内容多样，形式灵活，表现了对社会现实密切的关注。而仔细考究两书院的文学教育内容，我们可以从中窥见晚清近百年间政治、经济、社会文化生活的某些特点，体悟出封建社会晚期的时代特点和人文色彩。

诂经精舍、学海堂两书院是具有典型代表意义的官办书院，经费由浙江、广东两省执政官员负责筹措，虽然办学具有自主性，但一直受到当政官员的直接领导和关注。特别是诂经精舍，月课中有官课、师课之分，月初的官课，题目就由官员所出。而两书院考课中的出题、阅卷、奖励等各种事务也是在地方官员的直接领导下组织进行的。两书院的教学虽然尚古重学术，但两书院师生与当时的外部社会环境有着频繁的交流和密切的联系，这使得两书院的文学教育在很大程度上能反映多方面的社会现实内容。

两书院文学教育中的课考题作，内容丰富，题材广泛，具有很强的现实表现力和深广的涵盖力。考察两书院的文学教学内容，可窥见其对国家时事、边局、国计民生、外来文化等多方面社会现实内容的关注。

第一节　关注国家时事，祈求国泰民安

两书院文学考课常以时事、时政及地方文化教育活动为题，如全民关注的国家大事，具有地域特点的地方时事、时政和文化教育活动等。本节仅以诂经精舍文学教育中所关注的国家时事为观照对象。

诂经精舍课艺中涉及的国家时事，一般是能引起全民关注、重视的重要国家大事，这样的课作题目写作上表现出鲜明的颂扬色彩，但因客观的历史真实性，反而能反映出深刻的社会现实内容，有着深远的历史意义。诂经精舍文学课作中表现出对国家时事的关注。如嘉庆、道光年间册封琉球国的大事，嘉庆、道光年间的“木兰秋狝”盛典，光绪年间的慈禧六十大寿，等等。

《诂经精舍文集》卷13有诗题《送赵殿撰（文楷）李舍人（鼎元）册封琉球诗》，《诂经精舍文续集》卷8有《送林殿撰（鸿年）高编修（人鉴）册封琉球诗》。这两首诗题反映的是清代嘉庆、道光年间两次重要的历史史实，即皇帝派遣使者册封琉球的史事。琉

球，位于现在的日本冲绳县，明清两代一直是中国的藩国。琉球成为中国的藩国始于明太祖洪武五年（1372），从此，每年向中国纳贡，琉球国王的王位必须经过中国朝廷的正式册封才算合法。清朝定鼎，琉球成为清王朝的藩属。清代历史上共册封了 8 位琉球王，其中顺治、康熙、乾隆年间共册封 4 人，嘉庆年间 2 人，道光年间 1 人，同治年间 1 人。嘉庆以后的四次册封简况如下：嘉庆五年（1800）皇帝钦点翰林院修撰赵文楷为特使，内阁中书李鼎元为副使册封琉球王；嘉庆十三年（1808）皇帝钦点翰林院修撰齐鲲为特使，工科给事中费锡章为副使出使册封琉球王；道光十八年（1838），皇帝钦点翰林院修撰林鸿年为特使，翰林院编修高人鉴为副使出使册封琉球王；最后一次册封是同治五年（1866），翰林院检讨赵新为特使，翰林院编修于光甲为副使出使册封琉球王。《诂经精舍文集》卷 13 的诗题《送赵殿撰（文楷）李舍人（鼎元）册封琉球诗》所指为嘉庆五年（1800）的出使册封，《诂经精舍文续集》卷 8《送林殿撰（鸿年）高编修（人鉴）册封琉球诗》所指为道光十八年（1838）的出使册封。

册封藩国这样的国家大事是国力强盛的重要表现，可彰显天朝威德流播之深厚广远，是具有高度荣誉感的重要使命。嘉庆五年（1800）和道光十八年（1838）的这两次册封，虽是循惯例的例行册封，但在内忧外患，国势日衰，日本倭寇骚扰不断，西方列强虎视眈眈的国际形势下，琉球归附如往，册封琉球王这样的国家大事无疑能够增强民族自信心和自豪感。而鸦片战争前的国家政权虽然呈现出衰败的征兆，但并没有遭受到太平天国农民起义的战争重创，也还没有经历对外战争失败的惨痛，这期间的国民心态还是乐观平和的。诂经精舍以这样的时事为诗题，具有重要的历史现实意义，也可窥见书院在当时的社会环境下，教学活动并不是仅仅局限于书本和学术，书院文学教育中表现出了对社会现实的关注。

诂经精舍教学中关注册封琉球这样的国家大事,和创建者阮元密切相关。嘉庆五年(1800),阮元实授浙江巡抚,创建诂经精舍。这一年四月,赵文楷、李鼎元两位大使册封途中过浙江,受到阮元的热情接待。阮元赋诗记其事,赵、李两位使者做诗奉和,同赋者甚众。阮元派清代名将王得禄(1770~1841)护送出使。① 诂经精舍以《送赵殿撰(文楷)李舍人(鼎元)册封琉球诗》为题,《诂经精舍文集》卷13收录了胡敬、钱福林、陈嵩庆、顾廷纶、陈鸿寿、陈文述、蒋炯、李方湛、徐熊飞、汪家禧十人的课作。这些课作在颂扬基调的基础上,对册封琉球这样的时事有较客观真实的历史反映。文集中收了十人的课作,可见当时的文化环境对这件事的重视程度。下面选择部分课作来做简单论述。

胡敬之作前有一段骈文体式的序言,序曰:

> 谨按:琉球国,自欢斯启宇,在南朝烦海帅之师,至察度输忱,遂东土效波臣之职。今上驭极之五载,世子某恪循往例,修表请封。上乃简厥廷僚,宠之章服。时则翰林修撰官某,内阁中书官某,同膺是选,承命而行。斯盛典也!虎符龙节,双乘贯月之槎;海若天吴,共卫衔书之使。划银潢而径渡,望斗占程;奉玉册以遄征,分更记星。青山一发,微茫认那霸之村;黄帕千官,导引作兜俚之语。……方今皇威远播,文教覃敷。宫栽棘以为垣,已非曩昔;庑储经而压架,渐启文明。太乙然藜,侍子贡四门之学;上丁释菜,素王尊万世之师。蕞尔弹丸,喁然向化。将使臣之所以歌颂,功德奉宜。教条被以华风,革其余习者,其在斯行乎?②

① 王章涛:《阮元年谱》,黄山书社2003年版,第205~206页。

② 《诂经精舍文集》卷13,第1~2页。

此序交代册封琉球的基本情况，如琉球与大清的关系，册封的时间、起因、出使人员等。此序虽是颂扬的基调和思想倾向，但还是很有见解和思想深度，突出表现在对华夏文化强大辐射力的自信和自豪感。作者对出使琉球国的意义并不是简单肤浅地歌颂为“皇威远播”，异邦归顺，而是“文教覃敷”，此行可以使琉球达到“教条被以华风，革其余习”的文化优化的效果，使琉球受到华夏先进文明的影响。胡敬敏锐地认识到册封琉球这样的邦国大事最重要的意义在于能够达到文化交流的重要目的。

钱福林的诗作达 1700 言，可谓长篇巨制，是一篇内容丰富、表现力很强的佳作。诗开首介绍了清朝的边境各国，曰：

> 皇帝膺大宝，五载正月春。和风扇青阳，堪堪六宇醇。南极缅甸司，交趾路无垠。循东至朝鲜，乃在大海滨。西逮巴克达，北竟逾索伦。列布称外藩，力屈实心驯。①

诗中较细致地叙述了琉球成为中国藩国的历史，琉球的发展历程，使臣奔赴琉球的艰险旅程，以及途中的奇异风光，琉球的风土人情，等等。当然不能免去的还有对嘉庆皇帝的称颂：“皇帝实至孝，和气充四极。皇帝实至仁，恩爱及兆亿。皇帝实至俭，勤念耕与织。皇帝实至宽，刑罚心用恻。诘戎又神武，将帅常厉饬。徼域或藏奸，治之以余力。务令我小民，无疆受厥福。”对出使琉球的最终目的也有更深刻的思考：“琉球固内臣，地远听或逖。此行代王言，一一宜申析。非曰扬国威，要在宣上德。”②最终目的不是为了“扬国威”，而是为了“宣上德”。对待地域偏远的海上藩国，德比威更能促进双方的交流和发展，这比盲目地崇拜天朝神威，自然要客观理性得多。

---

① 《诂经精舍文集》卷 13，第 2 页。

② 《诂经精舍文集》卷 13，第 7 页。

《诂经精舍文续集》卷8《送林殿撰(鸿年)高编修(人鉴)册封琉球诗》,所吟咏的是道光十八年(1838)皇帝钦点翰林院修撰林鸿年、翰林院编修高人鉴出使册封琉球王的国家盛事。课艺文集中收录了冯培元、董醇、高锡蕃三人的诗作。冯培元诗前有一序,董醇、高锡蕃二人之作皆是长篇。冯培元在晚清历史上较有名气,是诂经精舍的高材生,道光二十四年(1844)会试中探花,后出任湖北学政,在任上,太平军攻破武昌城时殉节而死,受到道光皇帝嘉奖,《清史稿》卷399有传。冯培元诗作前序曰:

> 皇帝御宇之十八年,寰海镜清,遐荒蛾伏,圣恩洋溢,帝德广敷,万方无不贡之朝,率土尽来归之职。琉球国世子某,谨遵仪制,上请封章,天子乃慎选廷僚,诏宣国使,命翰林院修撰官某,编修官某前往。礼也!于是駪征远赋,颂皇华为四国之臣,龙节高持,荷帝简以九能之望。风波恬静,稳乘博望之槎;云气轩腾,上瞰蓬莱之阙。捧金函而前导,士女争迎;奉玉册以偕游,蛟龙偃护。萦洄春水,明流那霸之村;起伏奇峰,环拱尤家之埠。山分虎萃,花木参天;泉喷龙潭,楼台匝地。①

此篇骈文序开首即描绘了一幅太平盛世的理想假象,第一次鸦片战争前夕的道光十八年,竟然是"寰海镜清,遐荒蛾伏,圣恩洋溢,帝德广敷,万方无不贡之朝,率土尽来归之职"的美好景象,国泰民安,四邻咸服,边境安宁,其实此时的清代社会并不可能是如此的风平浪静,而是危机四伏,国势日衰,内外矛盾皆很尖锐。虽然本文是颂扬的笔调,思想状况和深度没有超越那个时代,但仅从文学创作审美水平的视角进行考察,本文还是有可取之处。该序文笔优美,婉转流畅,具有生动的形象性和整饬的形式美。

---

① 《诂经精舍文续集》卷8,第6~7页。

细读诂经精舍学生之课作，还是令人非常叹服那个时代学生的文字驾驭能力和雅文学创作功力的。这样的时事题目客观地反映了历史的本来面貌，肄业生的课作也具有重要的历史史料价值，表现出具有时代特色的创作倾向。

清朝留给我们的疆域遗憾很多，琉球就是其中之一。1875年，日军占领琉球，强迫琉球国王停止向清朝朝贡，禁止琉球接受大清册封，废除中国年号，改为明治年号。清朝政府对此无能为力。1879年，日本政府将琉球王室强行迁移至东京，琉球国从此变成日本的冲绳县以及鹿儿岛县的一部分。琉球国由中国的藩属国变为日本的领土。而琉球国作为中国藩国的历史在书院文学教学中留下了真实的印迹，这就是诂经精舍、学海堂重视文学教育不一般的意义所在。

《诂经精舍文集》卷12收有沈尔振《大狝礼成颂》一篇，由序文可知题目所颂为嘉庆八年(1803)的“木兰秋狝”。古代帝王外出打猎，因季节而有四种称法，即春搜、夏苗、秋狝、冬狩。清朝皇帝把秋季定为最佳狩猎时期，即秋狝。康熙二十年(1681)，康熙皇帝在木兰(今河北承德围场满族蒙古族自治县)建立围场，成为皇家狩猎练兵之所，以后几乎每年秋季皇帝都会亲临围场，带领皇室成员和八旗将士来到围场进行狩猎练兵，即“木兰秋狝”，以后的雍正、乾隆、嘉庆各朝遵为定制，成为习武绥边、巩固后方、加强武备的一项重要措施。自康熙二十年(1681)至嘉庆二十五年(1820)的139年间，清廷共举行“木兰秋狝”105次之多。① 道光七年(1827)由于国势日衰，社会矛盾重重，清廷无力、无暇举行如此盛大的典制活动，“秋狝礼废”。

---

① 参见尹志杰《漫谈清帝木兰秋狝诗》，《承德民族师专学报》1999年第4期，第47~48页。

从沈尔振课作《大狝礼成颂》序中可知，清廷发生的重大事件，一般通过邸报昭告天下，“木兰秋狝”这样的国家大典也是如此，序中曰“而恭阅邸抄，敬绎御旨”①。从本文题目可知，这篇课作的基调是歌颂，序与正文“颂”中皆歌颂了皇帝的高贵品德、突出的政绩，歌颂“木兰秋狝”盛典的盛况，以及那个看似强盛太平的时代。此课题的主体部分是“颂”作，沈尔振的“颂”作洋洋洒洒达450余字，对盛典的描摹细致而生动，热烈而具体。其序文在歌颂基调之上，对此次秋狝大典的历史现实状况有较详细的描述，交代了时间、缘起、大典盛况、历史辉煌，等等。序曰：

> 皇帝嗣位八载，敬天尊祖，勤政爱民，孝治显融，大化翔洽。缅溯木兰行围之典，列圣所以肄武习劳，绥怀藩服。乃以七月下旬，敕所司备法驾，幸避暑山庄，诹吉于中秋节后，率领蒙古王公及八旗官兵，启跸至木兰，行大狝之礼。循旧典也。臣惟田猎起于皇古，所以共承宗庙，示不忘武备，为田除害也。……今年五月，经略大臣等奏报余匪净尽，全境荡平，天子穆然，益思所以恢扬光烈，优抚远人，申命百官，复修田事。发轫畿甸，憩程热河。惟时山川效灵，风雨和会，遂乃选辰夙，驾道崖口，抵伊绵，跋马兴安等城，哈纳凡塞馆来游之地，皆高宗当日行轩屡驻之区。塞农野老得见天颜，无异为儿童时仰觌神尧也。而番部诸王之鳞集仰流者，络绎来庭，相望于道，行庆施惠，更有加焉。且也于永佑寺，瞻礼神御，优见忾闻，至孝也。六飞所莅，赐复蠲租，至仁也。孝以固本，仁以惠民，是用保大定功，中外禔福，万年一范，莫盛于兹。臣生际昌期，年未及冠，未获躬尘陪扈，而

① 《诂经精舍文集》卷12，第36页。

恭阅邸抄，敬绎御旨，仰见勤民柔远，作述同符。兹闻大礼之成，中心忭舞。①

此序具有较强的叙事性，脉络清晰，次第分明，目的重在圣颂，但圣颂的文字内容所占比重并不多，大部分文字还是用来描述盛典的过程和细况，突出了主要问题，反映了主要情况。对“木兰秋狝”盛典，诂经精舍肄业生不可能亲临现场，但对这样的国家盛典，当时的人们肯定是耳熟能详，极为关注，所以在书院课作中肄业生的作品能够生动地描述，形象地推测，可以为我们考察木兰秋狝的历史概貌提供一些史料。诂经精舍、学海堂颂扬性的诗赋课作，其实也是书院师生对国泰民安、太平盛世美好社会状态的向往，这也是全民的社会理想。

但有些课作的颂扬性色彩在那个时代是自上而下的要求，自下而上被动地互动迎合，看似全民庆典，实则醉生梦死，麻木不仁，在晚清局势日危，统治者极端腐化的现实状况下，更具讽刺意味。光绪二十年（1894），在晚清历史上是非常醒目不平常的一年，这一年爆发了甲午中日战争，中国战败，国家利益和民族自信心受到重创。而这一年也是慈禧太后的六十寿诞，却举国欢庆，歌舞升平，与甲午战争失败的惨烈形成鲜明的对比。就在这一年的诂经精舍官课中，浙江官员出了《拟新乐府杨巨源〈万寿无疆词〉》一题，是专为恭贺慈禧太后六十寿诞的拟作。慈禧太后的六十、七十大寿在内忧外患、国将不国的晚清史上臭名昭著。慈禧太后为了庆祝六十寿辰，挪用海军经费，缮修颐和园，说出了“今日令吾不欢者，吾亦将令彼终生不欢”之丧心病狂之语。甲午中日战争中国战败，清政府签订了中国历史上丧权辱国的《马关条约》，大大加深了中国的殖民地化进程。

---

① 《诂经精舍文集》卷12，第35~36页。

慈禧六十大寿的历史波浪在诂经精舍课作中留下了痕迹。《诂经精舍七集》卷12收有肄业生王有宗的课作《拟杨巨源〈万寿无疆词〉十首》。此篇课作前的引言,交代了这篇祝寿文的背景:"新乐府杨巨源《万寿无疆》词,盖所以颂唐也。今皇太后六旬圣寿,廉访黄公命拟其词,以拟古者颂今,然语必符今而题仍袭古,故虽颂扬之句,例不提行。"①浙江政府官员在诂经精舍官课中出此题,号召诂经精舍肄业生为祸国殃民的"老佛爷"歌功颂德。而此时,章太炎正在诂经精舍刻苦攻读。章太炎在诂经精舍读书期间,只向恩师俞樾"言稽古之学,未尝问文辞诗赋"②,从不应考文学课题。《诂经精舍七集》收有章太炎光绪十六年至光绪二十年(1890~1894)间经训考证文章18篇,他还参与了该课艺文集的校刊工作。诂经精舍官课浙江官员出这样阿谀奉承的题目,至少章太炎这样的学生是很不屑、很不满的。两年后的1896年末,章太炎不顾恩师俞樾劝阻,愤然离开诂经精舍,1897年初应汪康年之邀赴上海《时务报》任职,结束了在诂经精舍前后共8年的读书生涯。光绪三十年(1904),慈禧七十大寿,仍然要大操大办,章太炎交出了一份历史上最精彩的课卷,就是他所作的这幅流传久远的讽联:

今日到南苑,明日到北海,何日再到古长安?叹黎民膏血全枯,只为一人歌庆有。

五十割琉球,六十割台湾,而今又割东三省!痛赤县邦圻益蹙,每逢万寿祝疆无。

该联痛骂慈禧为满足一己之私欲,败家亡国,置国家民族之利益于不顾的罪恶行径,痛骂清廷的腐败无能。此联一出,传诵

---

① 《诂经精舍七集》卷12,第7页。

② 章太炎:《谢本师》,《民报》第9号,1906年11月15日。

一时,流传千古。

而我们再来看看肄业生王有宗的十首拟作:

嫘祖归姬水,双龙应运昌。因思麟趾美,难得鹤筹长。甘露凭征瑞,卿云遂致祥。椒觞千盏献,花甲以周刚。万岁呼嵩岳,三多祝帝唐。普天同额颂,圣母寿无疆。

飘渺钧天奏,西池乐未央。群仙王母宴,一曲紫霞觞。瑶草缤纷茁,琪花的烁芳。大罗鸣玉佩,太液酿琼浆。霓羽洄鸾鹤,篌笙引凤凰。蟠桃春正熟,圣母寿无疆。

万国车书一,河清献贶忙。对扬皆玉帛,来贺极梯航。厥贡赍黄屋,同文奏绿章。三呼曾舞蹈,百服尽宾王。干羽尧阶舞,衣冠舜陛扬。要荒修虎拜,圣母寿无疆。

香案排仙吏,红云捧玉皇。旌旗开凤阙,袍笏列鸳行。剑佩荣褒鄂,丝纶宠杜房。鸾声赓雅颂,虎拜庆明良。翰苑椒花颂,珍厨柏叶觞。万年稽首祝,圣母寿无疆。

翠绕珠围里,瑶台共举觞。为伸三祝意,翻使六宫忙。喜气盈长乐,欢声动未央。玉珂闻隐约,琼佩响铿锵。丹掖停鸾辂,青娥列雁行。九重春似海,圣母寿无疆。

庆典开恩榜,人才重庙堂。一伸寒士气,用慰下民望。喜溢探花宴,欢腾选佛场。杏林春苑秀,桂子月宫香。贤俊荣科甲,明良效拜扬。云龙今际会,圣母寿无疆。

一曲升平奏,红绡十幅偿。和鸣逢盛世,鼓吹托歌郎。今乐民同听,新声雅共扬。登场森剑笏,入耳闹笙簧。熙昊情如绘,繁华志未荒。梨园丝竹脆,圣母寿无疆。

更有熙朝景,珠镫夜未央。陌尘飞月镜,人海拥天阊。火树燃如昼,银花灿若霜。皇恩原浩荡,世界尽辉煌。蜃市琼楼幻,鳌山锦幔张。金吾曾不禁,圣母寿无疆。

海晏河清世,尧年舜日长。雍熙游太古,耕凿媲陶唐。

并穗岐周梦，余阴召伯棠。敦庞安蔀屋，康乐颂金穰。甘露民沾泽，卿云史记祥。春台登已遍，圣母寿无疆。

玉检金泥瑞，长生别有方。九如多士祝，五福至尊当。虔上尧对颂，欢赓大雅章。瑶池春正永，海屋算难量。修竹宜鸾翥，高梧称凤翔。芝龄金石固，圣母寿无疆。①

以上十首诗，皆祝愿慈禧"圣母寿无疆"，神来仙往，祥云瑞兆，一派歌舞升平的假象，从中完全感觉不到甲午战争纷争残酷的战火鲜血，失败后的沉痛和悲凉，以及当时日衰的国势、艰难的民生。此组诗，词藻华美，用典密集，音律协和，想象丰富，能够窥见作者深厚的学养。但这样的诗作一般会被认为是典型的有形式无内容的反面教材。其实，细究这十首诗，还是能够从表象外深究出深刻的内容。作为歌功颂德的命题作文，歌颂对象却并没有什么值得歌颂的历史功绩，无异于要求学生做无米之炊。诂经精舍肄业生思想水平虽有时代的历史局限性，但在当时的时代状况下，在课作中批判最高统治者和猛烈地抨击时政，显然不合时宜，就是当时的章太炎，他的文字勇气也还没有达到这样的程度。细细品味，王有宗这样作法的命题歌颂作文，恰恰证明了诂经精舍肄业生具有实事求是的可贵品德，因为歌咏的对象慈禧太后确实没有什么具体的丰功伟绩值得去歌颂，所以十首诗中，只能用花里胡哨的绚美文字来点缀装饰，拼凑成这篇有模有样的组诗。客观地讲，这十首诗中的第六首还是涉及比较具体的内容，就是"庆典开恩榜，人才重庙堂"。因慈禧大寿，甲午年特开恩科，这样的举措，加大了人才选拔的力度，有利于国家的发展，也为士子提前提供了报效国家的机会。这件事算得上是某人的丰功伟绩还勉强说得过去。在慈禧六十大寿的时候，值得歌颂的只有这个

① 《诂经精舍七集》卷12，第7~8页。

"恩榜"了,作者没有落下,而其他貌似歌颂的九首诗,其实所渲染的是慈禧寿诞铺张浪费、糜烂奢侈的盛大排场,而这在当时也是世人所诟病的。细读这十首组诗,恰恰讽刺了慈禧六十寿诞要求举国同庆的极端自私和无耻荒谬。

对于慈禧挪用海军军费的行径,学海堂学生也有激烈的批判。学海堂高材生文廷式,光绪十六年(1890)进士,授编修,甲午中日战争爆发,他力主抗击,上疏请罢慈禧寿诞庆典,谏阻和议,有"辱国病民,莫此为甚","何以见列祖列宗于地下"之语。①

因为国势日衰,表达美好愿望、祈求国泰民安的文学题目比较频繁地出现在两书院,特别是诂经精舍的课作中。如《诂经精舍四集》卷13收有胡元鼎、严曾铨、章修黼三人的课作《但祈蒲酒话升平赋》各一篇。俞樾在光绪年间某年十一月份官课中出了课题《惠陵蓍草赋》,题目起因是有人从京城带回了一丛五十茎的蓍草,乃从同治皇帝惠陵采得,赠给俞樾。俞樾"下拜登受曰:'大衍之数五十,此我国家中兴瑞乎?'命精舍诸生赋之"②。此赋表现了俞樾等诂经精舍师生对国家兴盛的美好向往。古人算卦之法有二:卜和筮。卜主要用龟甲起卦,筮主要用蓍草起卦。筮的起卦方式是取五十根蓍草,留一根不用,只用四十九根起卦。蓍草是多年生草本植物,被认为是草中最长寿者。古人认为单株蓍草生发出的茎越多,表明年岁越长。蓍草因其长寿,具有了神异色彩,而被用于占卜吉凶。而赠送给俞樾的源自同治皇帝惠陵的一棵五十茎蓍草,在俞樾看来,是祥瑞之兆,是"国运之灵长"③的征

---

① 汪叔子编:《文廷式集》,中华书局1993年版,序言第2页。

② 孙瑛:《惠陵蓍草赋序》,《诂经精舍四集》卷9,光绪五年(1879)刻本,第1页。

③ 薛受采:《惠陵蓍草赋序》,《诂经精舍四集》卷9,第6页。

兆,于是因此事出题。

《诂经精舍七集》卷9收有傅振海《中外禔福赋》(以“受福无疆,四方之纲”为韵)一文。傅振海课作序言中交代了题目来源及寓意,以及课作的主题思想。序曰:

> 尝读《汉书·司马相如传·难蜀父老篇》有云:“遐迩一体,中外禔福。”颜师古注:禔,安也。与《说文》、《方言》福喜二解通。《史记》“中外提福”,徐广曰:提,作禔,音支,意亦与颜同,要皆于征讨之中,寓德洋恩普、物靡不得其所之意也。我朝自定鼎以来,文谟武烈,远过两汉。今天子金绳亲握,玉镜高悬,中外之欢舞当必有逾于相如所云者。爰本此意,分构二赋,前述汉代,后扬熙朝,而设为主客问答之辞焉。①

此赋用主客问答体的形式,“前述汉代,后扬熙朝”,前部分颂扬了汉代的繁荣鼎盛,在此基础上烘托出后部分所颂扬的大清朝的历史伟业。此赋虽旨在歌颂大清朝超越汉代的盛世伟业,但还是很客观地呈现了清代所发生的重要史实的真实轨迹,特别是国家动乱,如回部叛乱、白莲教起义、两次鸦片战争以及太平天国运动等。此赋从主题到形式皆模仿了汉大赋的写作特色,虽是铺陈夸耀,企图由汉代的强盛,对比烘托出清代的气魄和声威,但不管是汉代的国威远震,还是清朝的康乾盛世,到了光绪年间早已不可复制,无力模拟,无法再现,大清王朝经历了内部动乱,在外来入侵势力的威逼下,跄踉应对,丧权辱国,尤为惨痛。而此赋中却难以感受到这样的民族危机,还在牵强附会地粉饰太平,歌颂晚清皇帝的丰功伟绩。汉代司马相如等辞赋家之赋作,在极尽歌颂夸饰之能事后,还能在赋末加上个“劝百而讽一”的尾巴,而这篇课作连这样一个尾巴也没有了。这样的课作还有不少,如《诂经

① 《诂经精舍七集》卷9,第1页。

精舍四集》卷16所收王诒寿《恭拟皇上龙飞亲理万机诵》等。

其实上述这些课作关注国事和国运，反映了书院师生希望国家强盛、国泰民安的美好愿望。

第二节 关注边局形势，积极寻求对策

西方列强用坚船利炮打开了大清的国门，两次鸦片战争中国战败。邻国日本长期侵扰中国海境，最终爆发了甲午中日战争，中国战败。和历代王朝国防建设中“重塞防，轻海防”的局面不同，虽然清代塞防也是危机四伏，战乱频发，如回疆在俄、英、法等外来势力介入干涉下局势一直不稳定，但清代的边局威胁海防远超塞防，第一次鸦片战争后清政府不得不将国防方针调整为“重海防，轻塞防”的格局。晚清海疆可谓烽火连绵、危机四伏。海防成为国防建设中的关键，有识之士尤为关注海防建设。而海防一直是浙江、广东两省政务中的重要方面，如阮元在浙江、广东为官时在海防建设和抗击海寇等方面成绩卓著。

诂经精舍、学海堂师生积极纂修有利于“筹海防夷”的图书文献。浙江、广东两省作为沿海省份，海防上具有至关重要的战略地位。光绪二十九年（1903），从诂经精舍辞职五年后，亦为诂经精舍停办前一年，83岁高龄的俞樾辑刻成《中西武备兵书二一种》，也是希望该丛书能够有助于抵御“外夷”入侵。学海堂学长梁廷枏、曾钊、林柏桐、吴兰修纂修《广东海防汇览》42卷，将历史典籍中自晋代至清道光十六年（1836）广东海防的相关文献资料，各种事宜，分门别类，一一加以记载，广泛征引了有关专著、方志、文集、上谕、奏折、告示、章程等历史文献档案材料。该书对广东沿海形势、关隘险要、巡防设置、战船炮台、营制统辖、武器装备制造、战术编队操演、诸国通商互市、海禁章程条例等，以及历史上

广东海防的重大事件,都有全面清晰的记述。在爱国御侮思想指导下,梁廷枏还著《夷氛闻记》、《海国四说》等书籍。学海堂学长张维屏著名的七言长诗《三元里》,歌颂三元里人民的抗英斗争,名垂千古;《三将军歌》歌颂抗击外侮、为国捐躯的陈连升、葛云飞、陈化成三位民族英雄。张维屏的这些诗篇被认为是鸦片战争中“最具有灿烂不朽光辉”的“英雄史诗”。①

诂经精舍教学中对边局特别是海防形势尤为关注,文学考课中常出现相关的题目,希望通过针砭时弊,积极寻求加强海防建设的良方妙策。诂经精舍同治九年(1870)十月朔课有《海防论》②一题。“论”这种文体较之诂经精舍文学考课中常出的“诗”、“赋”题,形式上更为自由,更有利于阐发观点,展开论述。诂经精舍朔课是官课,题目为浙江政府官员所出。海防是沿海省份地方政务中的一个重要方面,海防政绩如何往往是评判当政官员的重要指标,如阮元在抚浙期间在海防建设和抵御海寇等方面成绩卓著,受到了嘉奖和好评。诂经精舍文学课作中对此有所反映。《诂经精舍文集》卷14收有徐熊飞等所作《毁海寇兵铸岳墓铁佞人诗》,题目所咏史事为嘉庆六年(1801)阮元捕获安南等海寇,将所缴获的兵器铸造成秦桧等四佞人跪像,置于岳飞墓前。阮亨《瀛舟笔谈》卷1载有此事:“海上之役,获寇兵甚多,真辱金、不祥金也。既不可用,又弃之可惜,因销以铸岳墓佞人。徐(熊飞)、吴(东发)二君皆有诗,甚奇伟。”③《诂经精舍六集》卷10收有叶鋆《神风荡寇赋》(以“事在嘉庆五年四月”为韵)一文,所赋

---

① 阿英:《鸦片战争文学集》(上册),古籍出版社1957年版,第11页。

② 见俞樾编订《诂经精舍三集》(庚午),同治九年(1870)官师课合刻本卷首。另见本书附录一。

③ 阮亨:《瀛舟笔谈》卷1,嘉庆二十五年(1820)刻本,第11页。

为嘉庆五年四月阮元在浙江指挥海战，击败内外勾结的海寇，获得胜利的历史功勋。阮元好友焦循曾著《神风荡寇记》一文，收入《雕菰楼集》卷19，记述歌颂了阮元的这一历史功绩，也是这篇课作题目的典故来源。可见这篇课作是以真实的史事为题，且题目和韵脚密切相关。《清史稿》卷364《阮元传》也记述了阮元于嘉庆五年海上平寇的历史功绩，传曰：

> 嘉庆四年，署浙江巡抚，寻实授。海寇扰浙历数年，安南夷艇最强，凤尾、水澳、箬黄诸帮附之，沿海土匪勾结为患。元征集群议为弭盗之策，造船炮，练陆师，杜接济。五年春，令黄岩镇总兵岳玺击箬黄帮，灭之。夏，寇大至，元赴台州督剿，请以定海镇总兵李长庚总统三镇水师，并调粤、闽兵会剿。六月，夷艇纠凤尾、水澳等贼共百余艘，屯松门山下。遣谍间水澳贼先退，会飓风大作，盗艇覆溺无算，余众登山。檄陆师搜捕，擒八百余人。安南四总兵溺毙者三，黄岩知县孙凤鸣获其一，曰伦贵利，磔之。九月，总兵岳玺、胡振声会击水澳帮，擒歼殆尽。土匪亦次第歼抚。浙洋渐清，而余盗为蔡牵所并，闽师不能制，势益炽，复时犯浙。李长庚已擢提督，元集赀与造霆船成，配巨炮，数破牵于海上。①

回顾历史上的海战功绩，除了可以安慰现有的失落之心，也是对海防安定寄予着厚望吧！

《诂经精舍六集》卷10所收叶鋆的课作中反映了当时海疆险迫的形势："方今鲸鲵肆海，溟海生烟，灭我藩属，逼我粤滇，毁闽中严密之防，竟夸炮利；攻海外膏腴之地，敢恃船坚。要挟多方，还同回纥扰唐之日；凭凌不已，无异匈奴寇汉之年。"②西方列强的

① 《清史稿》卷364《阮元传》，中华书局1977年版，第11421～11422页。

② 《诂经精舍六集》卷10，第200页。

侵犯正如汉初彪悍的匈奴，造成了深重的统治危机。在晚清国势日衰、民族存亡的关头，两书院文学教学中竭力发出了自己的声音。《诂经精舍四集》卷12收有吴承志《普陀山赋》一文，此赋出题背景为同治十三年(1874)，浙江巡抚杨昌浚"奉命简兵，东巡明州，遵海滨而周览焉。越日事竣，奏复于廷，还乃偃武修文，课诂经之士，以《普陀山赋》为题。"杨昌浚以普陀山为赋题，课士诂经精舍，是因为普陀山在海防中地势险要，"普陀实舟山之屏障，我朝大兵东下，尝以舟师破鲁监国于斯。则是山也，宜为筹海者所时勤虑矣"①。《诂经精舍五集》卷7收有王廷禄《筹海赋》一文，针对沿海骚乱不靖的局势，提出了一些有实用价值的建议，最后希望"闽浙数千里滨海之区，共庆平波静浪矣"②。

《诂经精舍四集》卷9收有王诒寿《海运赋》(以"图匮于丰，防俭于逸"为韵)一文，韵脚出自晋潘岳《借口赋》："今圣上昧旦丕显，夕惕若栗，图匮于丰，防俭于逸，钦哉钦哉，惟谷之恤。""图匮于丰，防俭于逸"，意思是在物资丰富的时候，应该为缺乏时谋划；在安逸的时候，应该想着节俭。就是"居安思危"的意思。韵脚也是课作所要表达的一个重要思想。钟佩诗赋中有曰：

> 方今湛恩下沛，四海汪洋。试观自海运以来，于兹三十余年矣。舳舻所至，粳稻飞香。海若负弩而前导，冯夷击鼓而趋翔。皇波无惑，怒飚不扬。鼋龟迎使者之旆，龙鳄拜旌节之光。咸皇都之迅达，鲜漂泛之失防。斯固圣天子之威德有以致之，要亦出于主其事者，驾御之尽善，经营之周详，则

① 吴承志：《普陀山赋序》，《诂经精舍四集》卷12，第30～31页。

② 王廷禄：《筹海赋》，俞樾编订《诂经精舍五集》卷7，光绪九年(1883)刻本，第28页。

固非元明之代所得相方者也。又况比者岛夷助顺，飚轮飞焰，转电机而若腾，照冰镜而穷点。①

精舍课作出此题目，很明显是具有现实针对性的。钟佩诗课作呈现给我们的是当时清廷还能够驾驭的海洋边境形势，和当时还能够有所作为、"驾御之尽善，经营之周详"的朝廷重臣，以及看起来还比较繁荣太平的海上贸易状况。此赋韵脚是"图匮于丰，防俭于逸"，告诫大家居安思危，防患于未然。课作中作者认为海境形势"固非元明之代所得相方者也"，可能有两种意思，认为当时的海防形势远非元明时可比，虽然比元明时繁盛，但在防御上较之元明时要凶险得多；从此赋颂扬的思想倾向上来看，也可能是认为此时朝廷对海洋的驾驭能力是远超元明时期的。但从清代嘉庆、道光以后海寇纷扰的海境实际发展形势来看，更客观的应该是前者。而呈现出的"岛夷助顺"这样的景象也只是一种表象或假象而已。

阮元督粤时，西方列强在广州沿海地带活动频繁，虎视眈眈，边防形势很严峻。阮元创办学海堂课士，积极著述刻书的时候，就有人攻击阮元因提倡汉学而耽误"夷事"。学海堂肄业生谭宗浚记载此事道："昨日闻尊论，谓夷务之误，皆由阮文达公在粤东但知课士刻书，而一切政事诸多废弛，任令洋商鱼肉，夷人以故激而思逞，斯谈汉学之咎也。仆故粤人，宜知粤事，骤闻斯语，不禁悚惊。"②阮元重视文化教育，提倡汉学是不是真的耽误了边防安全这样的国家大事，我们无法深究，但从另一个方面可以看出，在当时复杂严峻的国家发展形势下，两书院办学完全专注学术、不

① 《诂经精舍四集》卷9，第23~24页。

② 谭宗浚：《希古堂文集》甲集卷2《复友人书》，光绪十六年（1890）刻本，《续修四库全书》第1564册，第338页。

受外界环境的影响是不可能的。作为地方长官,既要办好教育,也要做好海防安全等工作。而两书院文学教育内容就为我们考察当时的边局状况打开了一个可以透视的窗口。学海堂课作中出现了声讨外来势力的檄文,如《学海堂三集》卷 17 收有张祥晋《拟谕咪唎坚佛兰西等各岛夷檄》,声讨美法等国的侵略行径。《学海堂三集》卷 18 收有杨荣绪《拟虎门铭》两篇文章,这两篇文章序中皆描述了虎门险要的地理位置和在海防中的重要地位,如《拟虎门铭一》序中开首曰:

> 虎门当粤海之中路,为广州之外屏。左则南澳为股臂,右则崖门为犄角。两峰对峙,有虎踞之形。万艞至止,爰鱼贯而进。羊城通海之道,此为关键;岛夷入粤之始,于焉总辖。语其险隘,犹钱塘之有龛赭;论其雄固,胜建邺之有金焦。斯诚据形胜之上游,作岩疆之重镇乎。①

接着作者又说道:

> 夫设险守国,势借天成,掌固有司,事资人力。戒备以豫,斯永世之金汤。捍卫偶疏,资他人以巢穴。铜梁玉垒之固,不废防秋;白盐赤甲之城,尚劳重戍。无人以守之,虽崤函之重关,可趋而进也;无道以备之,即长江之天堑,可越而度也。②

作者认为,即使再坚固的天险工事,也需要发挥“人力”的作用,不然任何的一切都无济于事。作者在这两篇文章中对国家“守边之策”、“筹海之方”提出了有价值的建议。③

一直辗转于冷兵器时代的我国,遭遇热兵器时代西方列强的

---

① 杨荣绪:《拟虎门铭一》,《学海堂三集》卷 18,第 27 页。

② 《学海堂三集》卷 18,第 27 页。

③ 《学海堂三集》卷 18,第 27 ~ 31 页。

坚船利炮，震撼惶恐，长期形成的天朝心态、民族优越感，在标志性武器火炮的攻击下，支离破碎，不知所措，尤为惨痛。痛定思痛，“师夷长技以制夷”，了解西方，学习西方，成为时代逼迫的明智选择。

炮，当时也叫铜炮、火炮，是西方列强殖民扩张的先锋武器，乃热兵器时代的标志。两书院课作中出现了“炮”的相关题目。《学海堂三集》卷21有黎如玮《铜炮》一诗，有诗句曰：

飒飒洪炉片时热，大错铸穷六州铁。铜山一夜向西倾，西洋用炮不用兵。前人但以机发石，后人更以火然药。鸱夷子皮兵法篇，谁溯本原明大略。抛车冲车霹雳车，类皆飞石摧为墟。或谓投人始高固，《山经》有兽还先渠。我衡今古穷上下，战国以前烽燧寡。即墨城边出火牛，古战场中虚汗马。其他火箭与火绳，火雷火砖皆可名。不如此炮二丈许，三千斤重轰一声。一声未出弹先出，公领群孙（弹名）飘瞥失。黑烟陡逼山岳喑，红星怒挟风霆疾。至今位置南北台，俯窥溟渤澄氛埃。南人贴服不敢反，西夷辇载何由来。昔闻红夷争互市，特赍巨炮梯航至。彼求垄断望以登，此法伐柯睨而视。依样葫芦画得成，从此红夷心胆惊。须知战守岂无具，适足驱除增太平。台湾昼掠旋宵遁，明季红夷颇顽蠢。伏波自有征蛮功，江统何为《徙戎论》。不见分茅岭上铜，峨峨一柱标苍穹。安得共工触倾折，拟教欧冶归陶熔。熔成巨炮楼船载，不镇南交镇南海。一发神灵动祝融，再发鸿蒙泣具宰。方今有道守四夷，譬乘骏马将安之。佛郎机铳固无论，大将军自尊红衣。①

这首诗以铜炮为吟咏对象，反映了有关“炮”丰富多样的历史

① 《学海堂三集》卷21，第7～8页。

文化内容，如炮的制造、中西方兵器科技的巨大差距、中国兵文化之历史、炮的威力。列强利用坚船利炮进行殖民扩张，表现出可耻的嚣张气焰，中国不得不仓促应对，“依样葫芦画得成”自造铜炮，洋为中用，“师夷之技以制夷”，最终希望“从此红夷心胆惊”，“方今有道守四夷”。本首诗吟咏对象是“炮”，关注的仍是关系国家安危的海防建设。

《诂经精舍文集》卷5收有三篇《炮考》课作，三位作者以考据学家惯有的治学方法详细考证了炮字的起源、炮的发展历史、实际操作方法等，还谈到了明末清初引进的西洋火炮，呼吁统治者能够重视对武器的改进和利用。可以说，这不是纯学术性的名物考证。阮元以《炮考》为课作题目，显示出他对大清王朝未来边局形势发展的忧虑。嘉庆五年阮元就曾奏请造巨船、巨炮。①

《学海堂三集》卷14收有谭莹《黄衷〈海语〉跋》一文。明代黄衷《海语》一书，成书于嘉靖初年，所记述的内容主要是当时行历海外的商贾、舟师舵卒的所见所闻，漫述海外的风土人情、山川物产，为明清时期了解海外世界打开了一个窗口。学海堂课题为此书作跋，正是书院师生对晚清海防日危、寇乱难平、边局不靖的关注，希望从中找到加强国防、抵御外侮的妙方良策。诂经精舍课作中也有相关的题目。《诂经精舍八集》卷12收有吴道升、来杰《书陈资斋〈沿海形势录〉后》各一篇，此题和《黄衷〈海语〉跋》一样，是一篇读后感形式的题目。陈伦炯《天下沿海形势录》一文，是清代著名的关于我国沿海形势的一篇佳作。陈伦炯，康熙、雍正年间的武将，擅长水战，著有《海国闻见录》，它详细记载了台湾及其附近岛屿的自然、人文地理状况，是一部有很高史料价值的地理著作。甲午战争，海战失利，割地赔款，震惊全国，尤为惨

---

① 王章涛：《阮元年谱》，黄山书社2003年版，第195页。

痛。书院出这样的题目,是希望在有益海防的历史典籍中寻求出路。无疑是具有深意的,是对边局海防安全的关注。来杰《书陈资斋〈沿海形势录〉后》一文笔调激愤悲凉,慷慨陈词,是一篇尤为切中时弊的佳作。

本文开首曰:

> 呜呼!今日之海非我中国之海也,东西洋夷之海也。夷可以往来巡缉,而我不能拒;夷可以堵塞各口,而我不能禁;夷可以乘间攻击,而我不能御。我,主也,夷,客也,乃反客而为主,彼逸而我劳,彼勇而我怯,彼易而我难,此坐困之道也。

如此被动挨打的海疆惨局,是何等的沉痛和屈辱!作者对我中国四处受敌、边疆险迫的形势有如下描述:

> 至今日而通商互市,夷狄皆来,英法胁于西,俄人瞰于北,日人逼于东,甚至入我内洋,躏我各口,割我要地,削我屏藩,则较资斋之时,强弱既觉异势,而谓战守有不异,宜乎?

作者对清朝水师的实力有犀利准确的评判,对海军建设提出了自己的总看法:

> 然则今可以战乎?曰:不可!兵法云:知彼知己,百战百胜。今我之器械不如彼,我之将弁不如彼,我之长驾远驭不如彼,即以此论,焉得言战,然则必如何而后可战可守乎?曰:莫如精造轮船,勤练水师。

作者沉痛地批判了清朝水师低弱的海战能力,揭露了水师建设过程中自上而下普遍的腐败现象,这是海战失利的一个重要原因:

> 然昔年法人倭人之役,彼仅十数艘而已,我之轮船倍于彼,我之水师倍于彼,南洋、北洋战船雄师更相倍倍,而一遇夷氛,望风胆落,则轮船亦何可恃,水师亦何可用哉?不知此所谓轮船者,非轮船,所谓水师者,非水师也。夫事必先

求其实而后可以有成。轮船之造始于沪之招商局，继于闽之船政局。然承平日久，上下因循，人各营私，惟图中饱。督局之员无非大僚之亲幸，监造之吏无非局员之私人，彼以为一船之成，可以领一船之赀。而料则购其最下，煤则购其最次。上以是求，下以是应，虽费数百万帑藏，不得一二千之实用。是船也，以之接送官僚，载贩商贾犹虞不稳，而况战阵之事乎？

作者对清朝水师和海防建设从船只购买与制造、实战训练、官员选拔、兵丁招募等各个方面提出了自己的看法，因地制宜，务实求真，不乏真知灼见：

愚以为欲造轮船，必先选公忠干练之员，责成其事。现在之船，可用者，用之；不可用者，废之。或自制造成，或向外洋购买，其船中之枪炮器械，亦必一一求其坚利，以实心行实事，以实事程实功，如是而轮船可恃矣。至于今之水师，非新募之游惰，即陆营之老残，一旦有警，使之舍陆登舟以充额数，而风涛非所素习，驾驶非所专长，鲜有不望风而奔溃者。愚以为挑练水师，非陆营比也，宜就地取材，或募鱼艇蛋户，或赦私枭海盗，或于粤勇内选惯能乘风破浪之人，重其赏，厚其饷，挂名虚额一概禁绝，号令进退操演纯熟，枪法准的，驾驶机灵，如是而水师可用矣。轮船可恃，水师可用，然后择其地之所宜，以定驻扎之数，如津沽、旅顺、虎门、厦门宜泊二十船，船约二百人，宜驻兵各四千。定海、乍浦、温州各宜泊十船，兵二千。崇明、吴淞亦宜泊十船，兵二千。福州、登州二处海口最狭，防守较易，各宜泊五船，兵一千。琼州则孤悬海外，其防守兵船当与津沽、旅顺等处一例。驻扎既定，又必简威望隆赫之大臣一员统领，假其节钺，使得便宜行事。无事则各巡海口，有事则声气联络，互相策应，如是则守无不坚，战无不胜，尚何洋夷之足畏哉。①

来杰的这篇课作是一篇尤为切中清朝海军要害的优秀散文，一针见血，笔锋犀利，和上述以歌颂和祝愿为主调的有关海防和边局的课作相比，这篇文章尤为难能可贵。本文没有华靡的词藻，行文流畅自然，言之有物，轻形式重内容，对海防建设提出的建议主张极有眼光。可惜，文人的呐喊无助于阻挡清朝的没落以及外来势力的入侵。

两书院文学考课中关注有关海防的历史事件，以及有关海防的历史典籍，是希望以史为鉴，以资备用，寻求良策。

两书院文学课作中对边局的关注，虽然侧重于海防，但晚清的塞防同样不宁静，两书院文学课作中对西北边疆局势也有一定程度的关注。我国西北边疆，因为居民主要是信仰伊斯兰教的维吾尔族和回族，故常被称作"回疆"。西北边疆民族成分复杂，文化发展多样，地形气候特殊，具有非常重要的战略地位，又有俄国、英国、法国等外来势力的干涉，与国家民族的兴亡安危休戚相关。在清代西北边疆出现多次动乱，均被清廷平定镇压。两书院课艺中对这一历史状况皆有所关注。《诂经精舍四集》卷9收有屈元曦课作《西戎即叙赋》(以"声教四讫，西被流沙"为韵)。叙，即序，就序、归顺的意思。题目"西戎即叙"即"西戎归顺"的意思，希望西北边疆安宁和顺。屈元曦课作序曰：

国家龙兴，神武迈古。三藏既平，金川底定。雍梁以西，罔不慑服。咸丰季年，潢池弄兵，回夷思逞，瞯我有事，夜郎自大。皇赫斯怒，张皇六师，天戈所指，靡敌不摧。执俘献馘，开明堂而受之。《书》曰：西戎即叙。以今方古，宏规有加矣。②

① 《诂经精舍八集》卷12，第7～11页。

② 《诂经精舍四集》卷9，第16页。

咸丰年间可谓内忧外患，内有太平天国运动，一直持续了14年；外有英、法两国于咸丰六年（1856）对华发动的"第二次鸦片战争"，还有俄国趁火打劫，蚕食中国领土。咸丰帝妥协求和，被迫同各侵略国签订了《瑷珲条约》、《北京条约》、《天津条约》等不平等条约。这些不平等条约迫使清政府进一步对外开放国门，并割让了大片土地，使中国进一步沦为半殖民地社会。咸丰末年（1862），回疆及甘肃等地再次出现叛乱，在外来英俄势力的干涉下，回疆一度被外来势力所侵占，清廷最终派左宗棠于光绪三年（1877）收复了失土。此即屈元曦上述课作序中所谓"咸丰季年，潢池弄兵，回夷思逞"，"皇赫斯怒，张皇六师，天戈所指，靡敌不摧"。① 诂经精舍出这样的赋题表现了对西北边局的关注，以及对国家强盛、外夷宾服的美好向往。

学海堂课作中对回疆也极为关注，收有平定西北边疆以及内乱的露布文章，如《学海堂二集》卷17《恭拟平定回疆露布》，《学海堂四集》卷20《恭拟收复信宜肃清露布》，卷21《恭拟平定发逆捻逆颂》，卷28《恭拟平定新疆回部铙歌十二首》等。由翁心存《学海堂丁亥课士录》（见本书附录三）可知，道光七年（1827）秋课有《平回疆露布》一课题。

两书院文学课作中对边局的关注，反映了两书院师生在面对民族危机时深重的忧患意识、感人的济世情怀，以及具有一定前瞻性和实践性的思考能力。

第三节　关注国计民生，反映百姓疾苦

作为当时浙江、广东两省最有影响力的最高学府，诂经精舍、

① 《诂经精舍四集》卷9，第16页。

学海堂两书院师生在地方文教事业和行政事务中具有一定的活动能力和影响力。两书院创建者阮元的影响自不必说,就是后来的俞樾虽然专注学术和教育,但与政界人物如曾国藩、李鸿章等皆有交游。学海堂办学前后80年中,可考的学长就有55人,而这些学长在广东省几乎皆有参政经历,有学者认为“学海堂实际上是晚清广东的政治中心”①。两书院师生积极参与地方时事时政的社会活动,使他们能够有足够的机会接触社会现实,体现在两书院的文学教学中,就是关注国计民生,反映百姓疾苦,特别是在学海堂表现尤为鲜明。

学海堂学长谭莹等积极参与广东的社会政务活动,如谭莹、梁廷枏等曾协助林则徐领导的广东禁烟运动。谭莹作《禁阿芙蓉议》(道光戊戌作)一文,力主禁烟。他说:“钱非子母,业有去而无还。图判华夷,渐彼丰而此啬。此亦有心所同慨,当局之隐忧者也。议者不察,猥言弛禁。”②学海堂学长樊封《南海百咏续编》中,对当时鸦片泛滥的社会状况有客观的反映。“黄木湾”条下曰:“阿芙蓉,即莺粟蕊浆和砒石而成膏者也。夷人特(另本为‘持’)以流毒中原,其祸至烈。圣天子仁育万类,欲挽浇风,起而禁之,诚转移之大机,而奸商狃于肥己,多方扰乱。……阿芙蓉之毒不止遍布东南已也。”③鸦片对当时的中国社会造成的灾难可谓罄竹难书,而东南省份首当其冲。鸦片战争使中国丧失了独立自主地位,开始沦为半殖民地半封建社会,而鸦片成了摧残国民机体、腐蚀民众心灵精神的恶魔。诂经精舍师生对鸦片这一有关国

① 参见朱琳《学海堂研究》,硕士论文,厦门大学2009年版,第26页。

② 谭莹:《禁阿芙蓉议》,《乐志堂文集》卷11,咸丰十年(1860)刻本,《续修四库全书》第1528册,第233页。

③ 樊封编:《南海百咏续编》,见《南海百咏 南海杂咏 南海百咏续编》,广东人民出版社2010年版,第167页。

计民生的问题尤为关注,并积极寻找良策。有学者认为,阮元“是中国近代第一位实行严厉禁烟的封疆大吏”。① 俞樾从济世救民的善良愿望出发,特别关注戒烟之法,有人告知戒烟一方,特记入所著《春在堂随笔》中,以期良方随书流传。② 当时服生鸦片致死者时时闻之,俞樾在《右台仙馆笔记》卷1和卷2中特记上所听说的解救之方。诂经精舍课试中出现了《哀雅(鸦)片》诗题。《诂经精舍文续集》卷7收录了胡琨课作,乃五言长诗,全诗曰:

雅片入中国,于明季滥觞。云自暹罗来,厥名为乌香。又名阿芙蓉,价共兼金昂。亦名合浦融,煎用腐骴良。爪哇汗以进,咬留巴以亡。迩来十余年,吸食人如狂。最甚闽粤境,因地通外洋。闽则门五虎,粤则城五羊。通都及大邑,到处奸徒藏。精镠潜贸易,岁耗千万强。数大夫之富,家蓄若杆枪。至乞儿之贱,亦丐余沥尝。即如浙温台,花竞栽米囊。制成名士烟,利远胜稻粱。邑宰例打花,些少催路旁。谓真芟刈之,租赋无由偿。果否前数纪,斯君郡抗粮。任投时俗好,忍令田畴荒。他省种亦然,民敝官聋盲。我闻雅片贩,捆载盈筐箱。来源在番舶,转市偏远乡。贿赂之所通,关隘兼津梁。又闻雅片馆,深邃营廊房。供给贮妖娃,偃息罗匡床。纨绔之所游,消息通微茫。护持有役吏,聚散犹麇獐。官访欲追踪,彼闻早远扬。耶娘苦相戒,偷吸同琼浆。妻孥转相效,恣吸同渴羌。岂知是腊毒,甚赴火蹈汤。岂知罹惨祸,胜刀锋刃芒。刀刃避可免,嗜此身心伤。汤火疗可瘥,嗜此命必戕。鸢肩削而耸,鸠面黧且尪。虽生入鬼箓,不死婴朝章。国家设庶僚,均宜守官常。奈何参佐辈,结习成膏肓。居然

① 郭明道:《阮元评传》,社会科学文献出版社2005年版,第108页。

② 俞樾:《春在堂随笔》,江苏人民出版社1984年版,第109页。

开烟盘，腼面临公堂。为官尚如此，何况获与臧。国家设武备，本倚为干将。奈何营卒辈，逐臭逾蜣螂。适然值烟瘾，束手赴敌场。为兵尚如此，何况优与倡。涓滴成江河，累块成山冈。因循致贻患，此咎应谁当。侍臣请申禁，抗疏陈大纲。九重赫斯怒，敕下诸封疆。命各抒所见，为下民除殃。敷奏小异同，持论皆精详。圣心仁如天，法外垂慈祥。宽之以日期，活之以医方。自后倘不悛，哀哉此愚氓。止辟期用辟，法准虞夏商。勉旃群有司，奉诏毋疏防。①

该长诗对鸦片在中国的危害描述得尤为深痛，竟到了“吸食人如狂”的全面泛滥的失控局面，富人吸，乞儿吸，男人吸，女人吸，鸦片馆“深邃营廊房”，遍地皆是。“来源在番舶”的鸦片，是西方列强用以麻痹腐蚀中国人民的身体和精神、危害中华民族的罪恶之源。后来的国内鸦片种植，冲击着中国固有的稳定坚实的农耕经济，呈现出的是“租赋无由偿”、“抗粮”、“田畴荒”的不正常景象。鸦片，冲击着大清的经济命脉，“岁耗千万强”；腐蚀政治，侵蚀着人民的机体和精神，是远甚于“赴火蹈汤”的“腊毒”，是比“刀锋刃芒”危害更大的“惨祸”，吸食者身心遭受严重的摧残，生命危在旦夕，精神人格颓落。该诗沉痛悲愤，客观表现了鸦片对国家、社会、个人所造成的触目惊心的危害。由此文可见作者对禁烟运动的期盼和支持，也可见诂经精舍对有关国计民生的社会问题的深度关注。

综合两书院课艺文集来看，学海堂对国计民生、百姓疾苦的关注较之诂经精舍要更深广，这和学海堂学长大部分参与地方政务工作大有关系。学海堂文学课作中对有关国计民生的盐铁、社会治安、农耕、自然灾害等有较多的展示，论述如下。

---

① 《诂经精舍文续集》卷7，第11～12页。

一、学海堂文学课作中对重大社会问题的关注

学海堂的文学课作中能够关注一些重大的社会问题，如对国家经济命脉有重大影响作用的盐铁经营，对社会安定有重大影响的治盗问题，以及遭受外来商品和科技生产力冲击的传统纺织业等问题。这些社会大问题归根结底关系着国计民生和百姓疾苦。

《学海堂三集》卷 15 收有谭莹《盐田赋》，《学海堂三集》卷 17 收有谭莹《徐偃矫制命鼓铸盐铁论》两篇文章。盐是古往今来人人必需的生活资料，而铁是生产工具的主要制作原料。我国古代是农业文明高度发达的农耕社会，对铁的需求量一直很大。从汉代开始，盐铁业官府垄断经营，后来铁业放开，而盐业至晚清一直由官府垄断经营，成了我国历史上几乎是各个时代国家财政收入的支柱。谭莹《盐田赋》一文就是典型的通过文学体裁关注这一重大社会问题的代表作。下面较详细地释读谭莹的这篇课作。谭莹此篇《盐田赋》分为五个段落，第一段是序言，第二段到第五段是钱塘估客和南海钓师的问答，二问二答。问答体是赋体常用的格式，在学海堂和诂经精舍课作中运用得尤其频繁，对话体的赋体格式很适合铺陈反映盐田这样的社会大问题。这篇赋作在思想内容上客观反映了清代盐业领域的现实状况以及存在的各种问题，如以下几个方面：

第一，粤盐是暴利产业，晚清凋敝衰落。

本文开首序曰："盐田，粤东大利也。"①盐业不仅仅是广东的暴利行业，一直是中国封建社会国家财政收入的支柱行业。古代历史中，盐课（盐税）是仅次于田赋的一项财政收入。清初，盐课

---

① 谭莹：《盐田赋》，《学海堂三集》卷 15，第 9 页。

收入也是仅次于田赋的第二大收入,到清代后期,则成为清朝财政收入的最大来源,其收入远远超过田赋收入。① 清代后期是广东盐务负担最重的时期。鸦片战争以后广东盐产业趋于衰落,当时埠务疲敝,清朝处于风雨飘摇之中,外国列强入侵,国内阶级矛盾日益恶化,农民起义风起云涌,广东动荡不安的社会环境使食盐运销和生产都无法得到保障。清政府财政出现严重危机,国用支绌,又加重了盐课、盐饷。② 所以作者说广东当时盐业"年来浸不逮昔",时不如昔,"积重难返"、"久无起色",③确实是历史真实情况。

第二,粤盐问题较多,私盐为罪魁祸首。

粤盐是广东国民经济的支柱产业,但是在晚清衰落的社会形势下,粤盐衰落凋敝。对粤盐衰落凋敝的原因,作者有自己的思考,他在序中说:"不知粤盐之壤,壤于贩私;贩私而商疲,商疲而贩私,而丁愈不可问矣。丁不可问,即殷商悉为所累。"④作者认为粤盐凋敝的最突出的问题源自私盐,文中作者认为私盐贩卖直接影响了广东商业的发展,广东商业的疲敝又反过来导致了私盐贩卖活动的猖獗,形成了恶性循环。私盐泛滥的最主要原因其实源自"公",而不是源自"私"。因为食盐能够带来巨额利润,盐商和官府勾结,过度逐利,私盐贩卖途径多样,难以控制,价格飙升,直至平民百姓不堪承受的地步。有文献描述了清朝后期穷苦百姓吃不起盐的悲惨景象:"搀和污泥,杂入皂荚、蛤灰等弊,盐质更

---

① 周琍:《清代广东盐业与地方社会》,博士论文,华中师范大学 2005 年,第 56 页。

② 周琍:《清代广东盐业与地方社会》,博士论文,华中师范大学 2005 年,第 24 页。

③ 谭莹:《盐田赋》,《学海堂三集》卷 15,第 9、11、12 页。

④ 谭莹:《盐田赋》,《学海堂三集》卷 15,第 9 页。

差。以致江广之民，膏血尽竭于盐，贫乏小户，往往有兼旬弥月，坚忍淡食，不知盐味者。”①而从事盐业生产的灶丁亭户因为官商收购压秤压价，受到多重盘剥，生活也是艰难困苦，甚至到了产盐的吃不起盐的悲惨地步。

第三，反映粤盐发展历史，细述粤盐著述、人物。

赋中追溯我国盐业的历史渊源，梳理粤盐的发展历史。文中对历史上重要的有关粤盐的著述和人物等罗列细备，体现出深厚的学养。文中提及的涉及粤盐的重要著述和历史人物有：唐代李吉甫《元和郡县志》，北宋王存《元丰九域志》（乃北宋中叶地理总志，该书卷 9 有关于粤盐盐栅的记载），唐代刘恂《岭表录异》，宋代周去非《岭外代答》，宋代王应麟《玉海》（卷 81），清代吴震方《岭南杂记》，清代屈大均《广东新语》等。另外，文中提及的有关历史人物如：西汉桑孔，指桑弘羊与孔仅，两人为了增加国家的财政收入，将盐铁收归官营；明代王守仁多次上疏述及粤盐；明代万历时两广总督刘尧诲上《议疏通韶连盐法疏》，述及粤盐在湘南地区自由运销情况。文中出现的论及粤盐的其他历史人物还有唐代李林甫，宋代王伯齐，明代柴绍炳、李雯等。

另外，此赋充分利用赋这种文学体裁便于铺陈叙述，描摹物象细备充分的特点，客观描述了制盐的过程和细节，反映了制盐的环境、场景、过程和一些独特的工艺流程，也反映了盐户制盐的艰辛和苦难。同时针对粤盐发展中的弊端，表达了作者的治世理想，为统治者、平民百姓、盐的流通等提出了一些需要靠道德自觉实施的理想蓝图，如希望从统治者开始，自上而下，“廉能”，“矫惰”，不要贪得无厌，食、服、使、居皆能勤俭节约，杜绝奢华；希望居于社会最底层的那些因贫困而违法犯纪的灶丁、亭户安分守

① 陶澍：《陶澍集》，岳麓书社 1998 年版，第 153 页。

已,勤恳劳作,“衣焉食焉,不敢欺;作焉息焉,不敢暇”。最终希望他们“能以古而为鉴,知防患于未然”。可现实状况却是“涓滴之水,终成浩川,苟隐忧之方始,反不如于石田(石田,指多石而不可耕的贫瘠田地)”,晚清社会盐业出现的各种弊端和问题,日积月累,较之农业还要严重,最终如毒瘤般无法根除。最后两句话“诚不欲见粤人之安处,而蚩蚩者辄垂涎于利权”,道出了盐业问题的本质根源,即“利权”而致。作者之写作目的也只能是“以少抒其讽喻之情”而已,对当时的社会现实也粉饰歌颂了一番,如“方今皇帝盛明,海隅清晏”、“圣天子皇舆远驭,帝纲宏施”这样的语句。① 但从总体上而言,谭莹的这篇赋作反映了清代有关国计民生的大问题,具有重要的现实意义。

张舜徽先生评价谭莹的骈文:“言之有物,与夫徒事堆砌以缛采取长者大殊。”②谭莹的此篇《盐田赋》明显地具有这样的特色,语言整饬,合于韵律,然言之有物;沉博绝丽,然不堆砌繁缛。本文比较客观细致地反映了清代有关国计民生的盐业问题,表现了学海堂师生对重大社会问题的关注和深刻认识,但在晚清国运日衰的社会大形势下,作者也难以找到解决问题的途径和方法。

其他如《学海堂四集》卷16收有陈瀚《古今治盗各有得失论》,对古往今来每个时代的治盗得失作了分析评论和概括总结。全文长篇大制,洋洋洒洒几达三千言,气势磅礴。作者开篇说道:“治盗不如治民,治民不如治吏,至于民吏不治而盗贼四出,则惟有治兵而已矣。兵又不治,靡国帑,隳军实,而天下乃有危亡之忧。斯三者,古今得失之林也。”③透露出重要的民本思想。这个

① 谭莹:《盐田赋》,《学海堂三集》卷15,第9~12页。

② 张舜徽:《清人文集别录》,中华书局1963年版,第455页。

③ 《学海堂四集》卷16,第52页。

题目本质上是关注社会的治安，希望国泰民安，而国泰民安的基础条件就是做好民生工作，防止官吏贪腐、官逼民反导致盗贼四起，国家动荡不靖，百姓痛苦不堪。

学海堂文学课作中的部分作品反映了西方商业文明和科技文明入侵对我国传统经济所造成的冲击和影响。《学海堂四集》卷25收有李保孺《织女叹》：

> 凄风吹空月色苦，土灯蒙蒙翳复吐。机中老妇背灯泣，抱布出门售贱估。洋蚨一钱绵五斤，先纺后织用力勤。绳床坐破十指裂，一月仅获十丈匀。（洋银一圆绵五斤计，一人一月自纺织约布十丈。）前时买绵索高价，梭鸣轧轧穷昼夜。贫家差足备饔残，余力犹能毕婚嫁。（十年前洋银一圆绵三斤。）迩来布绵俱贱值，终岁所获不偿息。却缘市布来西洋，遂使寒门有饥色。唧唧复唧唧，床下鸣促织。织促竟何用？日织一丈或八尺，尺布所售能几何？一家嗷嗷八口食。①

这首诗记述了外来洋布对我国传统手工纺织业的冲击，机器所织洋布，生产能力强，效率高，价格低廉。随着清朝国门被迫打开，外来工业对我国传统手工业造成了冲击性的影响。广州是最早开放的沿海通商口岸，影响最早，冲击更大。诗中生动描写了我国手工纺织业者面临的生存危机：生活日益困顿，前途迷茫。诗中以织妇的视角，反映的其实是一个庞大群体的时代生存境遇，也是我国资本主义萌芽遭受西方资本主义大树遮蔽的时代悲剧。

学海堂以盐铁、治安、手工纺织业等对国家经济命脉、人民生活有密切影响的题目为考课对象，可见学海堂等博习经史词章类书院并不是如很多人所批评的那样——绝缘于社会国家大事，纠

---

① 《学海堂四集》卷25，第15页。

结于文字、音韵、训诂的学术考证。学海堂师生在晚清国势日衰、动荡不安的时代形势下，在书院这种相对安定的读书研习环境中，能够表现出对国计民生一定程度的关注。

二、学海堂文学课作中对农耕的关注

我国是传统的农业社会，农业乃国民经济之本，历代王朝都重视农业生产。学海堂文学课作中对农耕有较多的关注，既有田园生活的反映，也有民生艰辛的表现。

《学海堂二集》卷 19 收有徐荣、黄钰、何贞、石溥、吴宗汉、周仁、张有年、宋作磬等人所作的《岭南劝耕诗》共 51 首，其中徐荣、黄钰两人对全年从一月到十二月的农耕农作皆分别赋诗吟咏，每月一首，从多个方面多个角度反映了岭南农耕的现实状况。该组诗具有很强的现实表现力，较全面地反映了粤地农民的农耕生活和生存状况。如徐荣所作第五首，即吟咏《五月》的这首诗：

出耕及五月，稻花亦已齐。萧萧天无云，田水如琉璃。上有炙背日，下有没踝泥。忽然白雨来（谚云：早禾壮，须白撞），更被相蒸炊。此景那易绘，此情焉敢疲。不受路人怜，不求官府知。回头语大儿，此田曾祖遗。但愿汝能勤，常如吾此时。（五月）①

该诗叙述了岭南五月农耕的艰辛，以及农民的勤劳敦厚，安分守己，知足常乐和殷切的期望。徐荣所作第七首，即《七月》一诗开首曰：

上谷纳官仓，次谷连坻京。余谷栖亩间，饲鸭亦长成。处处结绿茶，村村田了声（《广东新语》：东莞麻涌诸乡以七月十四日为田了节。儿童争吹芦管以庆，谓之吹田了。十五日

① 《学海堂二集》卷 19，第 2 页。

盂兰会相饷龙眼槟榔，谓之结缘。潮州则曰结星）。田事讵易了，晚造方催耕。沤藁及分秧，爱此处暑晴。秋风来何时，余熟方与争（岭南七月热更甚，名争秋熟）。纵横水松阴，十里溪流清。作劳且暂憩，上有凉蝉鸣。①

这首诗描写的是七月农忙基本结束，也就是田了时节相对轻松、休闲的景象和心情。为了庆贺农忙结束，民俗设七月十四日为田了节，紧接着是次日的盂兰会，热闹喜庆，是辛苦忙碌后的释放和欢庆。综合全诗来看，开首的“上谷纳官仓”句，并没有一丝的抱怨责难，而由紧后的“次谷连坻京”、“余谷栖亩间，饲鸭亦长成”可知，这是个丰收的季节，把最好的谷子缴纳官仓后，农人能够保证自身的衣食需求。百姓的温厚可爱、勤劳善良于此可见。

《学海堂二集》卷 22 收有卫景衡等《岭南刈稻词》12 首、《田了词》6 首、《半塘采菱词》3 首，也都是有关农耕生活的诗歌作品，既有收获的愉悦，也有劳动的快乐和艰辛，对民生有多方面的关注。如徐良琛《岭南刈稻词》最后一首曰：

少寒多燠是南州，毕税从无卒岁忧。有杆为毡糠代炭，一家饱暖复何求。②

该诗反映了百姓生活的艰辛困顿。晚清国力衰弱，赋税多门，百姓负担沉重，生活艰难困苦，很多家庭无法度日。

《学海堂四集》卷 24 有刘岳《观晚获》诗，诗曰：

田园幸无恙，西北江之隈。占年亦有秋，尚足开老怀。温饱岂不计，此愿我遂谐。秋风卷黄云，旭日散豚鸡。求汝千斯仓，慰我肠九回。飞鸿集邻境，嗷嗷声尚哀（南海三水、英德、清远连年被水歉收，稻有大获亦近郊东南三百里内东

---

① 《学海堂二集》卷 19，第 2 ~ 3 页。

② 《学海堂二集》卷 22，第 27 页。

南沙田而已)。饥寒迫为盗,犹幸汤网开。乌白变鹭黑,乡风日以颓。侧闻野谷生,阴阳未云乖。天心肯怜悯,吾道甘栖栖。①

该诗表达了对收获的期待,对丰年的向往,对因饥寒所迫流为寇盗者的同情,以及对乡风堕落的痛惜。这首诗反映了晚清国势日衰的社会大形势下知识分子心中的颓然、苍凉和伤感。

《学海堂三集》卷20收有岑清泰《梯田引二首》、刘岳等《农具诗十二首》、黄璿等《拟唐人十樵诗》等。刘岳等所作《农具诗十二首》,歌咏12种日常农耕生产器具,有犁耙、茅挑、锄、镰、竹笠、蓑衣、筛箕、谷围、磨、碓、水车、风柜等,对农耕田园生活有多方面的关注。《学海堂四集》卷24收有梁金韬、吴志云《田家杂兴》各4首,梁金韬《田家即事》、《樵夫词》、《牧童词》等具有浓厚的田园气息,其中很多诗篇反映了朴素、宁静、温馨、知足、快乐的田园生活美景。如梁金韬《田家杂兴》诗四首:

野居知稼穑,终岁守田墅。仲春天气和,偕作率子女。邻人相告言,生事在场圃。五亩树桑麻,十亩艺稷黍。仓庚集灌木,虾蟆吠清渚。昨夜好雨至,流澍欲漂杵。谢彼天公恩,百困定可取。

南国生殖繁,水壤多膏腴。昏旦送潮汐,乐事兼佃渔。临流三五家,中有幽人居。猗猗动桑竹,青青荫槐榆。儿童互嬉戏,鸡犬识故庐。邻叟亦解事,造门时相呼。豚蹄意不薄,对酒饮尊壶。

秧分农时忙,禾熟鸟声乐。平明初日清,荷笠满郊郭。不惜筋力劳,所愿岁有获。疏粝饱妻子,遗粒及鸟雀。白马谁家儿,来游自京洛。繁华说城市,僻陋笑村落。野翁悄无

① 《学海堂四集》卷24,第42页。

言，守拙安淡薄。

种树南山陲，阴成人已老。种果北涧侧，岁晏零中道。人生求朝夕，焉用殷忧抱。耕种既已闲，农书读亦好。几日秋风来，清霜陨百草。授衣语室人，今岁寒气早。①

笔者认为上述四首五言组诗写得非常好，反映了没有自然灾害、没有战争瘟疫的和平年代田园生活的基调和气氛，虽有艰苦辛劳，但稳定安详，看似平淡的农耕生活，其实有着种种的生活乐趣和点点滴滴的幸福感受。如聚集在灌木上的仓庚以及周围的蛙声、桑竹、槐榆、嬉戏的儿童、识故庐的鸡犬，还有能够互帮互助的邻人、收获热闹繁忙的景象等，组成一幅幅温馨安宁的田园风景。再如第一首诗中，一场及时好雨，"谢彼天公恩，百困定可取"，让农人感恩、喜悦、满怀丰收的期盼。第二首诗开首反映了岭南地区物产的丰足，岭南地区气候温润，濒临海洋，除了农业的收获外，渔业也给百姓提供了重要的生活资源，"昏旦送潮汐，乐事兼佃渔"，农耕之暇进行渔业捕捞，也是很有收获的能资生的劳动。"邻叟亦解事，造门时相呼。豚蹄意不薄，对酒饮尊壶"，闲暇时候的邻里相聚，薄酒豚蹄，也是有滋有味的生活享受。第三首描写的是丰收繁忙的景象，"禾熟鸟声乐"，鸟声感染上了丰收的喜悦，悦耳动听。"不惜筋力劳，所愿岁有获"，任何辛苦劳作，都心甘情愿，无所怨言，只祈愿能有丰足的好收成。"疏粝饱妻子，遗粒及鸟雀"一句，让人很感动，劳动的收获不仅仅满足一家妻子儿女的温饱，遗留下来的粮食颗粒也是田野中鸟雀生存的口粮。第三首后半部分通过京洛白马公子对乡村农耕生活的认知，对比反衬出农人的厚道质朴、安分守己和知足常乐。第四首，"耕种既已闲，农书读亦好"，繁忙的农耕生活并没有遮蔽农人渴求知识的

---

① 《学海堂四集》卷24，第16页。

眼睛,农闲时刻读农书,也是一种实际的享受。“授衣语室人,今岁寒气早”一句,家庭的关爱温馨弥漫开来,让人感动。

学海堂文学课作中对农耕生活的描写,客观反映了粤地传统农耕社会农民的生活面貌和生存状态。农业一直是我国古代社会国家经济的根本,学海堂文学课作中对粤地农耕生活的客观反映,也是对地方国计民生的重视和关注。

三、学海堂文学课作中对天灾人祸的客观描述

广东地处我国热带、亚热带季风性气候区,降水量充沛,终年温暖湿润,自然物产丰富,但是自然灾害也尤其频繁,如水灾、旱灾、台风等。同时晚清社会动乱不安,广东地区因战乱等不稳定因素导致物价上涨、流民等社会问题,学海堂文学课作中对此有生动的反映。

《学海堂三集》卷 21 有陈澧等的《大水叹》、陈礼庸等的《甲辰大水叹》、陈达荣《飓风叹》、《学海堂四集》卷 25 有梁起《雨雹行》、陈璞《壬戌七月飓风叹》、桂文炽《薪贵谣》等。其中对水灾、飓风这两种自然灾害的关注比较多。广东历来遭受大水、飓风的灾难就比较频繁,有些地方年年如是,对百姓生命财产安全造成的危害触目惊心,惨痛之极。当然自然灾害也有人为的因素在里面,可谓天灾人祸,如陈礼庸《甲辰大水叹》序中说:

> 粤濒南溟,为西、北二江所汇注。潦水之患,由来旧矣。岁甲辰,夏潦暴发,诸围多溃,较前己丑、癸巳,灾为尤甚,或者谓粤自海氛浸息以还,筹海者因于海口险隘筑堤,截水以防敌。故当巨涨奔来,下流壅滞,而到处江乡,遂同釜底。余身罹其艰,老屋淹沉。扁舟寄泊,蒿目之余,乃为斯咏。①

① 《学海堂三集》卷 21,第 11 页。

甲辰年(道光二十四年,1844 年)大水灾最为严重,危害极大,给广大人民的生命和财产安全造成了严重的损害。水灾不仅仅是自然的因素,同时也有人为的因素。此序中认为"筹海者因于海口险隘筑堤,截水以防敌",造成出海口壅滞,泄洪受阻,形成大面积水乡泽国,百姓房屋被淹,财产浸泡水中,生活之凄惨可想而知。

赖洪禧《甲辰大水叹》诗曰:

粤东水患恒流毒,无过今年民惨酷。春初旱魃先肆虐,万民请雨声如哭。羲和握鞭鞭日回,雨师风伯兴云雷。尽将天上银河水,滔滔倒泻人间来。陂陀日窄水难受,东江西江冲左右。平陆尽成鱼鳖丛,大地茫茫浸星斗。荡析离居殊可怜,不分沧海和桑田。旬余江涨不少杀,滂沱雨复连长天。前水未平后水起,堤防决溃屋倾毁。水旱频仍粒食艰,富者日贫贫者死。况兹民气久不苏,打门往往愁追捕。即今廑念民艰者,谁进流民郑侠图。①

由该诗可知,甲辰年在遭受严重的水灾之前,广东经历了长时间旱灾的蹂躏,"万民请雨声如哭",而旱灾过后竟然是长时间的暴雨水灾。作者诗中对水灾的景象有刻骨铭心的描述,分不清沧海与桑田,堤坝溃决,房屋倾毁倒塌,最可怕的是田地颗粒无收,百姓生活陷入绝境,"富者日贫贫者死",不论富者贫者,皆惨不忍睹。面临如此严重的灾难,自我生存遇到了挑战,可是比自然灾害更可怕的是繁重的赋税,官府追缴税收却丝毫不懈怠含糊,"打门往往愁追捕",对灾民不但不救助体恤,交不上税就要被追捕,没有丝毫的同情和温情,百姓只有逃荒一条活路,于是产生了大量流离失所的百姓,形成所谓的流民。

---

① 《学海堂三集》卷 21,第 12 页。

水灾还不算是广东地区最严重的自然灾难，更可怕的是台风，很多水灾就是台风引起的。台风路过，惨景较之纯粹的水灾更加触目惊心，惨不忍睹。《学海堂四集》卷25收有陈璞《壬戌七月飓风叹》一诗，所咏为同治元年（1862）七月的飓风灾难，足以让人神变色，山川颤栗，诗曰：

同治元年七月朔，白日昏霾飓风作。洪波倒立掀沧溟，磐石横飞走山岳。十围大木空际旋，万斛江船陇头搁。我筑草堂依村边，三重茅早随云烟。垣藩一扫若振箨，梁柱乱舞如挥鞭。居人惊作鸟兽窜，堂坳欲化龙蛇渊。图书花竹更何有，卧避窟室犹悁悁。自辰达未风始息，满村聚语闻唧唧。西邻媪哭子不归，东家叟叹屋无壁。早禾接畛全摧残，浮尸海岸相枕借。三百余里同被灾，区区我堂那敢惜。岭南飓风昔恒有，此日几疑绝地纽。……吾牛溺死田半芜，君不见前月已卖妇襦完官租，昨夜悬符又下催军需。①

自然灾害让百姓倾家荡产，生离死别，可是雪上加霜的还有那冰冷冷的"官租"。晚清社会政府的救灾体系非常脆弱，百姓在自然灾害面前，只能自救自助。从上面课作中可知，对受灾百姓，官府不但没有救助，而且沉重的赋税没有丝毫的减少，既有"官租"，又有"军需"，名目繁多，典当完家中衣物，仍无法完成各种赋税任务，只能远走他乡，沦为流民。

天灾人祸摧毁着农业生产等民生体系，百姓生活艰难困顿，而物价上涨导致了恶性循环，民不聊生，百姓的生存被逼入绝境。对战争造成的民不聊生、物价飞涨的社会局面，《学海堂四集》卷25桂文炽《薪贵谣》诗中有很好的反映。诗曰：

兵气惨淡南溟隅，居人市米如市珠。复愁杀劫到草木，

---

① 《学海堂四集》卷25，第12页。

崖髡野赭艰樵苏。编菅秉杆视奇货,湿薪压担千青蚨。羊城烟户日减灶,渐觉菜色无人无。念昔承平物力裕,估船络绎来江湖。不烦屑炭效羊琇,岂羡烧蜡如齐奴。迩来问价倍蓰逾,尺薪如桂论锱铢。豪家尚未咄嗟办,何况贫户无宿储。候非寒食亦禁火,甑尘久矣歌莱芜。而我萧然对斋厨,榾柮亦减煨芋炉。穷冬万事例相迫,绸缪聊复先妻孥。腐儒一饱不易得,役形岂与劳薪殊。少闲且踞灶觚坐,抚时感事心烦纡。君不见惊沙飞野霜压庐,几人瑟缩如饥乌。望烟台上试临眺,欲写郑侠流民图。①

晚清社会遭受多次战争,因战争造成的社会动乱,祸及百姓生活的各个方面。该诗从"薪贵"(即柴草价格的飞涨)这个视角,突出反映了社会动乱中百姓可怕的生存状态。"薪贵"仅仅是社会面貌的一个缩影,"尺薪"尚且"如桂",米面等食品的价格可想而知,诗中说是"市米如市珠"。战争波及之处上演的只能是一幅幅现实版的流民图了。

学海堂文学课作中对天灾人祸的刻画和描写,反映了深刻的社会现实内容。官府的压迫剥削,是比水灾、旱灾、台风危害更大的人祸。

第四节　重视科学教育,关注外来文化

伴随着西方外来势力的入侵,中西方文化冲突较之以往各个时代都要尖锐。晚清的中西文化交流与历史上各个时代的都不同,这一次遭遇的是强大的西方商业文明和先进的科技文化,而不再是以往落后少教化、仅凭武力抢掠财富和人口的蛮夷。经过

---

① 《学海堂四集》卷25,第16页。

清代长期的闭关锁国的文化封闭,突然遭遇如此强悍的西方文明,民族心态可谓错综复杂。两书院重视科学教育,文学教育中关注科学和外来文化,是关注社会现实的写照。

明末清初西方文化在中国的传播突出表现为西学东渐,晚清西学东渐影响更为持久、广泛、深刻。两书院创建者阮元比较重视历代科技的发展,关注西学,尤其是天文学和数学,并深有造诣。阮元为了弘扬中国历代科技发展成就,意欲与西学争衡,主持编纂了历代天算家传记——《畴人传》。《畴人传》是第一部关于中国天文学史、数学史的巨著,为中外科学史家所瞩目。阮元虽然承认西学的先进性和实用性,但力持"西学中源"说,他在《畴人传・凡例》中明确说道:"西法实窃取于中国,前人论之已详。地圆之说,本乎曾子,九重之论,见于《楚辞》。"①他还认为《墨子》中的中国古代科技成就是西方近代科技的源头。面对发达先进的西方科技文明,清代流行的"西学中源"说还是能够慰借大多数人的心灵。俞樾在《墨子间诂序》中说:"窃尝推而论之,墨子惟兼爱是以尚同,惟尚同是以非攻,惟非攻是以讲求备御之法。近世西学中光学、重学,或言皆出于《墨子》,然则其备梯、备突、备穴诸法,或即泰西机器之权舆乎?"②掌教诂经精舍达 31 年之久的俞樾也无力跳出"西学中源"说的陋圈。

两书院虽然以经训考据学和文学为主要的教学内容,其实也非常重视科学教育。孙星衍《诂经精舍题名碑记》中谈到诂经精舍的教学,曰:"问以十三经、三史疑义,旁及小学、天部、地理、算法、词章。"③教学内容中包括了天文、地理、算学等科学内容。两

---

① 阮元:《畴人传・凡例》,中华书局 1991 年版,第 4 页。

② 俞樾:《墨子间诂序》,见孙诒让《墨子间诂》卷首,中华书局 1985 年版。

③ 孙星衍:《诂经精舍题名碑记》,《诂经精舍文集》卷首。

书院所选的肄业生有很多是有科学素养的人才。阮元重视天文历算方面人才的选拔和培养,如阮元督学浙江时就发现了在天算方面颇有造诣的洪颐煊、洪震煊和周治平等人,将他们选入诂经精舍学习。他说:"余于天文算法中求士,如临海洪颐煊、震煊,归安丁传经、授经,钱塘范景福,海盐陈春华等,皆有造诣,然以临海周治平为最深。治平拙于时艺,久屈于童子试。余至台州,治平握算就试,特拔入学。治平精于西人算术,通授时宪诸法,明于仪器。余有诗云:中法原居西法先,何人能测九重天。谁知处士巾山下,独闭空斋画大圆。"①周治平后来曾协助阮元编撰《畴人传》。

广东是最早对外开放的省份,在西学的传播和接受上远较其他地区要深入广泛,学海堂师生中接受西学、有科学素养的人才非常多,如邹伯奇被当代科学史家誉为"我国近代科学的先驱者之一"②。据容肇祖的考证,在清末民初的"西学东渐"大潮中,不少学海堂学人颇有作为,一些人还有比较突出的表现:学海堂中后期的四十位学长中,十余人有传播西学、推行西法或"办理洋务"等经历;专课肄业生中,至少有数十人有以上经历;普通应课生及其他学海堂学人有类似经历者难以计数,可以推测,数量上应该相当可观。③

两书院文学教育中对中国传统科技文明、外来西方科技新事物、西学与中外文化交流等皆有较明显的关注。

---

① 阮元:《定香亭笔谈》卷2,嘉庆五年(1800)扬州阮氏琅嬛仙馆刻本,《续修四库全书》第1138册,第497页。

② 李迪、白尚恕:《我国近代科学先驱邹伯奇》,《自然科学史研究》1984年第4期,第378~390页。

③ 参见张立《杭州诂经精舍的科学教育》,《浙江大学学报》(人文社会科学版)2005年第5期,第68~74页。

(一)文学课作中对中国传统科技文明的关注

由两书院课艺文集可见,两书院在教学中重视科学教育,关注天文、历法、数学、地理等科学内容,仅《诂经精舍文集》中有关科学的考据学课作就有37篇(不包括策问和诗赋作品)。① 学海堂课艺文集中也出现了不少有关科学的考据学课作,如《学海堂二集》卷10收有吴兰修《方程考》课作一篇;《学海堂三集》卷4有《考工记五材解》2篇,《学海堂三集》卷9《月令考》4篇,《学海堂三集》卷14《牂牁江考》1篇;《学海堂四集》卷2《禹贡陪尾考》、《岷山之阳至于衡山过九江至于敷浅原解》,卷5《毛诗草木鸟兽虫鱼疏考证》、《诗地理续考》,卷7《考工记辕辀辨》,等等,对数学、手工制造、天文、历法、地理、植物等领域皆有涉猎,但这些科学内容因考据学的选择取向,多从传统典籍中出题,所求证的问题大多数不具备近代科学的致用价值。

两书院除了考据学课作中涉及科学内容外,文学课作中涉及的科学内容也比较突出,特别是在诂经精舍,表现出了对科学思想的探究精神。《诂经精舍文续集》卷4收有钱金《拟张衡〈天象赋〉》(限天字一百韵),胡琨《拟唐卢肇〈海潮赋〉》(以题为韵),两篇拟作对象张衡的《天象赋》和卢肇的《海潮赋》,是中国文学史中表现科技思想的文学名篇,在科技史中具有重要的代表性意义。这两篇拟作表现出了一定的自然科学思想,虽然有着时代的局限性,但还是难能可贵的。中国古代文学史中出现了不少以天象(包括天文与气象等),如风、雨、雪、云、月、海潮、潮汐等自然界气候物象为描摹对象的赋作。在中国古人的思维中,特别是文学创作中,自然界的天地万物多被人格化,被赋予了人的特性,但在

---

① 参见张立《杭州诂经精舍的科学教育》,《浙江大学学报》(人文社会科学版)2005年第5期,第68~74页。

这类文学创作中能够侧重表现出科学思想内容却非常难得。如卢肇在《海潮赋》中提出了潮汐的形成不仅与月有关，而且继葛洪之后首次提出潮汐形成还与日有着密切的关系，这是中国科技史上的进步表现。卢肇的结论正确，可是论证的原理并不科学严密。而由胡琨《拟唐卢肇〈海潮赋〉》序中可知，作者胡琨虽然认同卢肇所认为的潮汐的生成与日月有关的原理，但对他立论的论据并不认同，这说明诂经精舍肄业生胡琨掌握了一定的近代科学知识。胡琨于该课作序中表达了自己的科学思想。序曰：

夫潮者，生于地气之呼吸也。大地之中，随处皆水，或现或伏，气无不通。气之一呼，百川用长；气之一吸，百川用消。冬夏气不同，故四时之潮有盛衰。朔望气不同，故一月之潮有盛衰。冬夏之气根日，非潮生乎日也。朔望之气根月，非潮生乎月也。唐卢肇谓日入海中，海水因灼激而退，退于彼盈于此，故潮有往来。肇意以彼此别地之东西，以进退由日之出没，岂海之外遂无地，日必入始有潮乎？自来言浑天者，皆谓地之去天，四周如一，相距各数十万里。日行乘空，其入地下，犹在地上，去海甚远，日出以后，海不因灼激而退于此，日入以后，海乃因灼激而退于彼乎？其不然者一也。子潮因日之灼激，犹可言也。午潮日中天，应灼激而退于此，盈于彼，何以不退，转上涌而就日耶？其不然者二也。二分二至，日出没皆在卯酉方位，潮消长当如日之出没有常度，何以每月迟速，两历十二辰？其不然者三也。肇盖未明浑天之法，与日行度之广，即潮推测，以为日入于海，不知海不足以尽地之界，日运行实周乎地之外，其出没未尝在海之中。肇措辞虽豪，所见则隘。析理似邃，于法则疏。按肇此赋，曾宣付史馆，想见一时名重。然肇与黄颇同登第，颇见肇文必唾之，是当时已不满意于肇矣。肇赋中托知元先生与客问答，言知元先生能明潮理，扬此辞以夸百氏而贻亿龄，今即代客辨论，以伸地气之说，正肇赋之谬，而复于知元先生焉。①

由这篇课作的序言可知，诂经精舍肄业生不但具备较为先进的近代科学知识，而且具备严密的分析推理的论证能力，对古代科技类文学作品，以及其中的科技思想非常熟悉，而课作更见其学养功力。

《诂经精舍文续集》卷5朱泰修《笠以写天赋》（以题为韵），以古代天文学知识为题。“笠以写天”反映了我国古代重要的宇宙观——“盖天说”，即天圆地方，源自《周髀算经》——我国古代最早的数学和天文学著作。我国古代还有一种重要的宇宙观，就是“盖天说”。浑天说较之盖天说要先进。朱泰修课作序中说道：“乃谓盖不如浑，岂知其法异而实同耶。”②作者模糊了二者之间的差别，认为盖天说与浑天说同出一理，并且进行了一番分析推理和论证。当然，西方科学的宇宙地球观最终还是进入了两书院师生的视野，在文学课作中有了客观的表现。《诂经精舍三集·辞赋卷》卷2收有同治八年（1869）高云麟、戴穗孙《地球说》各一篇课作。高云麟课作开首曰：“今之谈天者，均言地球之说。”③说明地球之说的影响在当时已经很广泛。文中较详细地阐释了地球说的科学知识，结尾引用我国经典，认为地球说在我国早已有之，曰：“然则地球之说，岂独西人知之哉。”④“西学中源”说的思维模式还是根深蒂固。戴穗孙《地球说》课作中肯定了西学的先进性，开首曰：“推算之说，西法密于中法，今术优于古术。言

---

① 《诂经精舍文续集》卷4，第20～21页。

② 《诂经精舍文续集》卷5，第1页。

③ 《诂经精舍三集·辞赋卷》卷2，第47页。见赵所生、薛正兴主编《中国历代书院志》第15册。

④ 《诂经精舍三集·辞赋卷》卷2，第48页。

古术者,以地居中心也;言今术者,以日居中心也。其以地为中心也,谓地静而方也,其以日为中心也,谓地动而圆也。”①结尾说道:“若论地球之形体,两头狭而中宽如橄榄,然盖椭圆,非浑圆也。”②可见对西方科学技术中地球知识的吸收和把握非常准确到位。

《诂经精舍文续集》卷5邹志初《黄钟之宫为律本赋》(以“少宫位乎清浊之间”为韵),题目本身相关古代乐律和天文历法,也是有关我国古代科技思想的文学课作。《诂经精舍四集》卷9收有林真《冬至地上行三万里赋》(以“地常动而人不知”为韵),题目和韵脚都是有关我国古代的天文知识,我国古代典籍中有相关记载,《尚书纬·考灵曜》中有曰:“地有四游,冬至地上行北而西三万里,夏至地下行南而东亦三万里,春秋二分其中矣。地恒动不止而人不知,譬如人在大舟中闭牖而坐,舟行而人不觉也。”③晋人张华《励志诗》曰:“大仪斡运,天迴地游。”《文选》注引《河图》曰:“地常动不止而人不知,譬如闲舟而行,不觉舟之运也。”④我国古代早已有地动思想,可惜没有进一步发展。

《诂经精舍四集》卷9收有吴光宸、冯松生二人课作《唐李皋制两轮战舰赋》(以“翔风鼓疾,若挂帆席”为韵)各一篇。此赋题目来源于史事。唐代李皋借鉴前人造水车船的经验,设计出了新型的战船。《旧唐书·李皋传》曰:“运心巧思为战舰,挟二轮蹈之,翔风鼓浪,疾若挂帆席,所造省易而久固。”⑤这是一种两轮型

---

① 《诂经精舍三集·辞赋卷》卷2,第48页。

② 《诂经精舍三集·辞赋卷》卷2,第49页。

③ 孙瑴:《古微书·尚书纬》卷1,山东友谊书社1990年版,第48页。

④ 萧统编,李善注:《文选》卷19,《文渊阁四库全书》第1329册,第339页。

⑤ 《旧唐书》卷131《李皋传》,中华书局1975年版,第3640页。

制的车船，操纵便利，性能大为提高，是古代造船技术的一大创新，为以后车船的发展奠定了基础。诂经精舍以此史事为课题，面对着性能奇幻的西方列强的坚船利炮，无疑有着深层的意蕴。技不如人的痛苦无奈，在历史科技成就的回忆中或能获得些许的安慰吧。

上述这些课作在对我国古代传统科技文明的探究关注中，不知不觉融进了近代西方先进的科技思想火花。

（二）文学课作中对西方科技新事物的关注

随着晚清“西学东渐”的大潮，西方科技新事物从被列强用坚船利炮打开的国门涌入中国，进入民众的视野，逐渐渗透到我国社会文化生活之中。两书院师生的文学作品及两书院文学课作中的部分作品对西方科技文明有了很好的关注和表现。如上述《诂经精舍三集·辞赋卷》卷2所收高云麟、戴穗孙《地球说》课作，就是西方科学宇宙观在中国广泛流播的表现，最终取代了我国古代的盖天说和浑天说，成为流行的科技思潮。

学海堂学长张维屏在诗作中较早反映了西方的科技文明产物。咸丰辛亥年（1851）张维屏创作了《留影镜诗》（有序），记录了西洋摄影技术。大约在道光后期，张维屏创作了长篇七言诗《金山篇》，此诗反映了闽、粤华工在美国旧金山开矿的艰辛，并发表了自己对开矿的看法。早在道光二十九年（1849），张维屏就创作了《火轮船》一诗，诗云：“渡水偏无楫，非车却有轮。始知惟用火，既济不劳人。圆机转何捷，熏蒸气乃神。圣朝恩似海，常许往来频。”①这首诗歌咏西方科技新事物，赞叹其高超的科技水平。最后一句“圣朝恩似海，常许往来频”，天朝心态还是朗然可见。

---

① 张维屏：《火轮船》，《张维屏诗文选》，华东师范大学出版社1992年版，第180页。

这首诗比广东诗人胡曦于同治十三年(1874)写的一首长篇七言《火轮船歌》早了25年。有人认为胡曦同治十三年(1874)所作的这首长篇七言《火轮船歌》是首次吟咏火轮船的诗,其实关注外来事物火轮船的诗作在两书院早已有之。如学海堂同治七年(1868)冬季课题中就有《火轮船行》(七古)诗题。诂经精舍同治八年(1869)三月朔课有诗题"火轮船(不拘体韵)";四月望课中,有《用西洋法制造活字版议》一题,八月望课有诗题"咏显微镜(不限体韵)"。《诂经精舍三集》(己巳下)收有肄业生陆寿民《火轮船》长诗一首,诗前序曰:

> 《宋史》太湖盗杨太以轮行船,激水如飞,此假人力以蹴踏之也。西洋人之轮船,虽由人力,实系鬼工。以火沸水,以水鼓气,气盛而以筒注之于轮,支轮动而飞轮,亦遂旋转不已,火猛水烈,转辗无穷。其中机括,仿佛钟表,诚行水之利器,亦亘古所未闻。较之《宋史》之所称,奚啻小巫之见大巫也。歙县郑复先既为之图,复为之说,明白曲折一览了如,《海国图志》内既载之矣。乃复为之赋,长歌以纪其异。①

该课作序中视西方科学技术为"鬼工",而中国古代的科技成就如造船技术和西洋火轮船相比,正如"小巫见大巫",诗中称火轮船"神工鬼斧难攀跻"。该序中对西方科技文明肯定叹服,但诗中却有了另外一些思想,诗作结尾曰:"彼哉不过羌与氐,嗟我诸人,何乃狎浪如凫鹥。嗟我诸人,慎勿狎浪如凫鹥。"②将西方民族

---

① 《诂经精舍三集》(己巳下),第10页。见赵所生、薛正兴主编《中国历代书院志》,第15册。

② 《诂经精舍三集》(己巳下),第11页。见赵所生、薛正兴主编《中国历代书院志》,第15册。

以天朝心态视为我国羌氐一样的蛮夷，对西方如火轮船这样发达的科技文明产物，显然没有从生产力价值上来肯定它，火轮船在水中长驱直入，破浪前进，诗中竟以凫鹥相喻，显示出排斥抵制的态度。

诂经精舍后来的课题中不时涉及西方科技新事物，如《诂经精舍四集》中收有肄业生孙庚揆的四首咏物诗，所咏为《自鸣钟》、《阴晴表》、《千里镜》、《八音合》。诗曰：

昔闻铜壶水，知更戛银箭。奇巧称绝伦，啧啧人争羡。岂知海邦器，古昔实稀见。宝龠韬瑶机，法轮曳琼线。缥针虿尾指，素面蟾晖链。报时金声作，发缄玉轳转。晷刻讵偶舛，准度岂暂变。唱筹先鸡人，镂角耀螺钿。论尺巨既佳，扶寸小亦便。更爱凉夜静，细响出秋院。(《自鸣钟》)

碧翁何茫茫，阴晴旦暮异。云兴更无时，安能测其意。奇哉盈握物，灵象实所寄。园枢合造化，寸璧包天地。纤衡今日指，朗宇明朝计。阴云风雨雪，辨析豪芒细。讵烦离毕占，亦谢看霞识。鬼工琢冰轮，神机蕴妙旨。乃知寒暑表，未足称奇器。恐有蛟龙潜，慎勿藏箧笥。(《阴晴表》)

寸眸运精光，明眄回秋水。远或极里闾，近乃限尺咫。奇器海上来，眇盼喜有恃。双片春冰小，凹凸有妙理。[illegible]筒含机键，花文绘绀紫。缩地呈珍圆，穷海列珠市。遥山何微茫，扑眉翠忽驶。依约五云里，中有神仙子。留目尘翳净，察毫水镜似。会待观秋潮，一览极千里。(《千里镜》)

金匏列绮筵，无曲不成乐。妙手合群工，众音始交作。钿合含枢机，启钥动弦索。不假人力为，清响协秋拍。转声作琴调，平沙雁飞落。颇宜陈酒边，觥筹侑交错。未烦银筝弹，双鬟袖罗薄。其妙不可阶，厥音从谁学。我疑老襄鬼，千

古此栖托。携来明月下,应和子晋鹤。(《八音合》)①

这四首诗对这四种外来奇器的超常性能有客观细致的描摹表现,惊叹其奇工异巧,同时反映了士人阶层对外来科技文明普遍而独特的文人审美趣味。作者对西方科技文明的欣赏,不是着眼于科技本身的社会生产力价值,也疏于探究其中深奥的科学技术,而是将之纳入传统文人诗意化的审视境界。

两书院师生对入侵的外来文化的认识和当时的国人一样,有一种新奇感、压迫感、排斥感,还有一种天朝妄自尊大的优越感而被挫伤的失落感,同时对西学的认识又很模糊。俞樾曾出题《电报赋》(以"西洋乃以电气传书"为韵),肄业生章桂馨在序中对"电"据我国典籍如《易》等作了一番考证,并对电报的工作原理用中国人的思维和局限的知识作了详细的解释,所释原理有客观可取之处,但是也不乏错误主观,甚至有很荒唐的认识和理解。章桂馨课作之序如下:

《说卦传》曰:离为电。然则电,火属也。《埤雅》:阴阳以回薄而成雷,以申泄而成电。盖阴阳暴格激射有火生焉。今试以铁石相击,则生火。烧石投井,则起雷。又况天地大炉之所薄动,真火之所激射乎?五行之气,惟火最速。天地之气,惟电最捷。然自古及今,无有取电而用之者。自泰西术士创收电之法,而电乃为人用。其法设屋于电光四射之处,用精美磁器,对电发时吸之,施以药水,使电气纳于磁器中,吸电多而成水,乃取以为用。其后格致之学日精,知电之可以人力造也,乃不收电于天而求电于地。取白镪之精加以药水,合而为电,即今泰西所谓强水是也。其电有用之于水雷者,用之于大炮者,用之于灯者,是皆用电之火。而用之以达

---

① 《诂经精舍四集》卷15,第14~15页。

报者，是为用电之气，名之曰电线。电线之法，又有天线、地线、海线之分。天线则用坚致木杆，树立地上，以次排列。两杆之相去，约百五六十步，或二百步不等。杆首用精美磁器，形如壶者以盛电。而以钢条连缀于杆首之磁器以受电气。地线、海线则用熟铁造成小管，两管相接之处，用螺蛳缠法，使不泄气，纳线管中，或沉诸海，或藏诸土。发电之处，用大盘将二十六字排列，发时以线指字，收报处亦然。泰西得此法，遂以为军国之利用。近时中国亦仿行之。夫雷鱼痹手，磁石引火，即今日泰西收电之滥觞。特中国昔未讲求而使风气反先开于西域，是亦天地之气化使然乎？今约以赋之体裁，不再滥及考据之语，以合于诗赋家歌咏之体云尔。①

本文开首引用我国《易经》等典籍对电的形成作了比较玄妙的解释，我国传统文化中的阴阳五行之说也被搬用出来了。将西方的科技发明家和科学家，认同为我国古代的“术士”，表明诂经精舍师生深受中国传统文化的影响，对西学的认识不可能一下子达到科学深透的程度。本文虽然对电报原理的阐述不是那么准确科学，对电报设施、运行、使用等外在表现和细节描述却是准确客观的。

两书院对外来事物的认识不是盲从或者全盘批判，而是有客观的认识。《学海堂三集》卷21收有陈澧《水车行》诗作。陈澧《水车行》中对频发的火灾造成的人民生命财产危害和触目惊心的惨状有非常生动的描述。西洋水车，类似于今天的消防车，“谁其创者自西洋，通市上国来五羊”②。但面对熊熊烈火，用于灭火

① 章桂馨:《电报赋》，见俞樾编订《诂经精舍六集》卷12，光绪十一年(1885)刻本，第247~248页。

② 《学海堂三集》卷21，第5~6页。

的代表西方现代科技水平的水车,也无能为力。1822年广州十三行大火,以及后来多次发生的火灾,就是真实的例证。另外,两书院对外来事物鸦片的抵抗和批判,也是突出的例子。见本章第三节关于鸦片的论述。

两书院文学课作中对外来科技以及其他新事物的关注,多从文学的视角,在中西文化交流史中很难说有多大的社会现实价值,而学海堂学长梁廷枏总纂的《粤海关志》30卷,意义非凡。该书是我国古代第一部体系完备的大规模海关志书,所载史事始于乾隆十四年(1749),迄于道光十九年(1839),前后达90年之久。全书分为皇朝圣训、前代史实、口岸、设官、税则、奏课、经费、禁令、兵卫、贡舶、行商、夷商、杂识等14门,辑录了大量原始文档、历代文献、诏谕、奏议,翔实地记叙了粤海关的机制、税则以及世界各国对华贸易的发展脉络,具有非常重要的文献价值和学术价值。学海堂师生对外来事物的关注其实非常深入,贡献巨大。

(三)文学课作中对中外文化交流的关注

两书院文学课作中对中外文化交流的关注,以诂经精舍表现比较突出,其中对西学的态度值得探究。上面所论述的两书院文学课作中对传统科技文明和外来科技新事物的关注,其中非常明显地表现出了书院学者对西方科技文明的复杂态度,既羡慕赞赏又不屑并加以排斥,这和对西学的态度是一致的。

诂经精舍主讲俞樾对西方有实用价值的新事物和科学技术欣然接受,并不排斥。《春在堂随笔》中记载了西方先进的印刷技术①,他的《春在堂全书》也曾用西方先进的印刷技术印刷,他还校订了西士丁韪良的《四时格物汇编》一书。光绪二十九年(1903),从诂经精舍辞职5年后,诂经精舍停办前一年,83岁高龄

---

① 俞樾:《春在堂随笔》,第20页。

的俞樾辑刻成《中西武备兵书二一种》。也许是深切地感受到西方文化的压迫感吧，俞樾在竭尽一个儒者的最后所能。

到19世纪90年代，诂经精舍对西学的关注更为明朗深刻，《诂经精舍课艺八集》中收有肄业生张茂洞、曾士瀛《中西学术源流考》各一篇。强大的外来势力的入侵，促使书院对中西文化作痛苦的比较思考。不过两人的思想仍没有跳出泛滥已久的“西学中源”说的窠臼。诂经精舍曾出赋题《孙可之对乞巧赋》（以“何求于巧以扰吾静”为韵）。昔柳宗元有《乞巧文》，后孙樵有《乞巧对》。孙樵文中以拙为宝，以巧为羞，摒斥奇技异巧，认为人类应归于原始的耕织状态。从这个课题的课作中可见书院学生的西学观。西方外来的科技以其先进新奇耀人耳目，此赋题对此而发，肄业生章炳森在所作赋的序中曰：

> 窃思巧之为害，何用胜言。方今横鬓突目之徒，日事机械以愚吾民，民之愚者往往弃本逐末，耕织皆废，有志之士诚欲如可之？所云：上叫帝阍以室巧门者矣。①

对外来的西方先进的科学技术采取了一种保守排斥的态度。赋题援用孙樵《乞巧对》之意，排斥外来文化，反映了处于社会变革时期的传统学者的守旧排外心理。

对西学的关注有时候在文学题目中表现得颇为含蓄隐晦。俞樾曾出赋题《百薏丛中无一菊》（以“西洋菊实皆薏也”为韵）。赋题和韵脚一意相承，寓意颇值得玩味。薏，在我国是一种很常见的草本植物，果实可食，本不该和菊相混淆，在西方却号称为菊，于是有西洋菊之称。薏和菊本非一类，二者各为何，这是朴学家要解决的问题，因为从经典字书中考辨名物属于朴学家的朴学研究范畴。俞樾所出此赋题，题名美雅，题意自现，寓意深远。中

---

① 俞樾编订：《诂经精舍五集》卷7，第34页。

西方文化的差别如薏和菊吗？中西文化哪一种更具优势？《诂经精舍四集》卷14中收有肄业生薛受采、胡元鼎二人的赋作各一篇。薛受采的赋作用的是拟人化的表现手法，菊对薏托名为菊颇为不满，薏、菊开始对话、辩论，菊诘问薏曰："以子蜀秫号显，草珠名扬，实能入药，策备救荒；马伏波因君而被谮，辛稼轩得子而遂康；种本来于北狄，花独盛于西洋，何不归真而返朴，乃思迁地而为良。"①作者以正统的华夏文化的口吻，显示出自身的正统文化的优越性。薏为一种有实用价值的物品，代表了西方文化务实的特性，而两种文化孰优孰劣，却很难判断。

对于历史上外来基督教文化在我国的影响，俞樾的文章中常有涉猎，如《俞楼杂纂》卷40有《明代用西洋人教中国军士》一文。在诂经精舍的教学也表现出其对基督教文化的关注，如同治八年(1869)九月望课，俞樾出了《书唐建中二年景教流行中国碑后》一题。景教是公元7世纪唐贞观年间传入中国的基督教支派，在我国仅流传了200年就消失了。明末利玛窦等耶稣会传教士来华再度传入基督教，他们采取"学术传教"的方针，和徐光启、李之藻、杨廷筠等士大夫合作翻译了大量的西学文献，特别是科技文献，于是西学东渐。正当利玛窦等传教士在中国苦心经营传教事业时，天启五年(1625)《大秦景教流行中国碑颂》在西安出土，耶稣会传教士如获至宝，有了证明基督教在中国有悠久历史的见证，传教事业备受鼓舞。李之藻还特意写了《唐景教碑书后》，存入《天学初函》。利玛窦等耶稣会士传入的西学在我国产生了巨大的影响，激起了后来的学者对西学的关注和学习研究，也对中国学者的治学方法产生了影响。乾嘉朴学大师中精通西学者比比皆是，如戴震、江永、焦循等。俞樾所出的《书唐建中二年景教

---

① 俞樾编订：《诂经精舍四集》卷14，第7页。

流行中国碑后》一题，表明诂经精舍在教学过程中，虽然侧重于经训考据学，但视野还是比较广阔的，对外来异质文化表现出一定程度上的关注。

俞樾招收了日本学生，在诂经精舍的文学教育中也体现了这样的一些交往活动。光绪十年(1884)，日本留学生井上陈政(字子德)来诂经精舍拜师，要从俞樾学习诗文，俞樾初意坚辞不允，最终收下了这个外国留学生。后来井上陈政托人从日本带了四盆樱花送给恩师俞樾。俞樾在《曲园自述诗》中记述了这件事，他说："余前年选东瀛诗，见其国诗人无不盛称樱花之美，思一见而不可得。乙酉春，井上陈子德以小者四树植瓦盆中，由海舶寄苏，寄到之时，花适大开，颇极繁盛。"①俞樾在诂经精舍师课中以此事为诗题，《诂经精舍六集》卷 12 有肄业生王廷鼎《咏日本樱花》(七律四首)。王廷鼎诗作前有序曰："井上陈子德政会购其本国樱花四株，来供曲园我师，曾有诗纪其事，即步原韵咏之。"②

两书院的教学宗旨是学术和词章教育，对科学和外来文化的关注仅仅是时代大潮浸染而留下的点点印迹而已。甲午中日战争后，西方列强虎视眈眈，传统学术挽救不了日趋衰落的国势，传统学术和文学人才难敌西方列强的坚船利炮，科举和书院被废成为历史留下的一道刺目的伤痕，而将西学作为国家主流教育内容成为清醒人士的普遍认识。在这样的大形势下，诂经精舍和学海堂在人人争言西学、学堂应运而生的时代大环境下黯然落幕。在诂经精舍关闭前夕，俞樾赋诗一首，曰："今朝循例来开课，吾道非

① 俞樾:《曲园自述诗》,《春在堂全书》,凤凰出版社 2010 年版,第 7 册,第 635 页。

② 俞樾编订:《诂经精舍六集》卷 12,第 253 页。

轶乃无左。痛哭先师许郑前,一杯难胜车薪火。老我行将与世辞,诸生努力强支持。守先待后百年事,会有庆元极盛时。”①俞樾相信传统学术一定“会有庆元极盛时”,颇有远见。西学并不能成为人们社会文化追求的全部内容,不管科学技术如何发展,传统人文科学永远是中华民族的文化根柢和不可或缺、不能替代的精神文化食粮。在自然科学技术飞速发展的今天,对人文科学的必要需求反映了俞樾的卓越远见。

① 俞樾:《春在堂诗编》卷16,《春在堂全书》,凤凰出版社2010年版,第5册,第226页。

第六章

两书院文学教育中的科举色彩

清代政权巩固以后,以科举取士,弊端丛生,各种教育远离学术,书院教育沦为科举的附庸,亟须改革。阮元作为乾嘉学派的著名学者和清代重要官员,集名望、地位、权力和学问于一身,凭借自身的特殊身份,将乾嘉考据学的影响扩展到书院领域,通过书院教育进一步扩大和加深乾嘉考据学的影响,承担了清代书院改革倡导和实施的任务。阮元创立诂经精舍时,明确提出了与一般书院不同的办学目的和办学方式,主张精舍教育"以励品学,非以弋科名"①;"只课经解史策,古今体诗,不用八比文、八韵诗"②;"各听搜讨书传条对","不用扃试糊名之法"。③ 其办学目的是为了加强学术研究,而不是面向科举;不考用于科举的八股文和试帖诗;考试方式有了很大的改革,学生可以自由地查阅资料考试作文,不进行闭卷考试。学海堂是阮元诂经精舍办学模式在广东

---

① 阮亨:《瀛舟笔谈》卷4,嘉庆二十五年(1820)刻本,第3页。

② 张鉴等撰,黄爱平点校:《阮元年谱》卷2,中华书局1995年版,第41页。

③ 孙星衍:《诂经精舍题名碑记》,《诂经精舍文集》卷首。

的延续式复制,秉承诂经精舍的办学宗旨。

阮元创办诂经精舍和学海堂就是要力图矫正书院教育深受科举影响的种种弊端,但全面考察两书院的教育教学以及它们的科考成就,发现两书院事实上并未完全远离科举,在其文学教育中表现出了明显的科举色彩。全面考察两书院的文学教育历史,可以看出诂经精舍在俞樾掌教时期文学教育中的科举色彩比较浓厚,而学海堂文学教育中的科举色彩相对淡薄。

第一节　两书院科名状况辨析

阮元创办诂经精舍与学海堂,学术与文学并重,"课士首重经解,兼及策论诗赋杂文"①;"其程试之法,以经训为先,而诗歌骈俪之文同时并课"②。文学教育被明确置于和学术研究同等重要的地位。其后的掌教者如俞樾等一直秉承着阮元最初的办学宗旨,首重经训考据学,次及诗赋等词章之学,不事科举中的八股文教学。但诂经精舍、学海堂两书院肄业生科举考试成绩却非同寻常,中式率一直不错,有些时候比较突出、辉煌。

浙江每年的科举考试中都有诂经精舍学生中式,乡试中举率达到百分之五六。从嘉庆五年(1800)办学直到光绪三十年(1904)关闭的一百余年间,浙江乡试共举行了47科,每一科都有精舍生中式。张崟《诂经精舍志初稿》中说:"试观自嘉庆六年以迄光绪癸卯百有三年间,浙江乡试四十有七科,曾有一科无精舍生徒预其选者乎?辜较计之,每科率占总数百之

---

① 马新贻:《诂经精舍三集序》,《诂经精舍三集》卷首,同治六年(1867)刻本。

② 梅启照:《诂经精舍四集序》,《诂经精舍四集》卷首,光绪五年(1879)刊本。

五六以上。”①诂经精舍刚创办时科名尤盛。诂经精舍主讲孙星衍所作《诂经精舍题名碑记》中说精舍肄业生:“多致位通显,入玉堂,进枢密,出则建节而试士,其余登甲科,举成均,牧民有善政及撰述成一家之言者,不可胜数,东南人才之盛莫与为比。”②该碑记所记精舍创办两年左右讲学(肄业)之士就达 92 人,被举荐为孝廉方正及古学识拔之士达 63 人,该碑记记载嘉庆四年(1799)己未科会试总裁中式进士达 22 人,达当年全国录取进士总数 220 人的十分之一。诂经精舍肄业生姚文田独占鳌头,为状元。③ 诂经精舍成了人才荟萃之地,盛极一时,不但出了名誉垂后世的著名学者,科举人才之盛也是有目共睹。庚午年(1870),俞樾掌教诂经精舍的第三年,浙江乡试诂经精舍肄业生中式者 19 人,又有 3 人以优行贡成均,科名之盛是当时所罕见的。④ 光绪二十八年(1902)补光绪二十六(1900)、二十七年(1901)的恩正科、癸卯科的考试中,精舍生的中举率达到总数的四分之一。⑤ 可见,诂经精舍各个时期科名都很盛,中举率都很高。

学海堂的科举成绩也非常突出。李兵《书院与科举关系研究》一书中认为诂经精舍与学海堂两书院的生徒是科举考试的有力竞争者,占据了当地科举及第的大部分名额。他对诂经精舍的

---

① 张崟:《诂经精舍志初稿》,第 3 页,《文澜学报》1936 年第 2 卷第 1 期。见赵所生、薛正兴主编《中国历代书院志》,江苏教育出版社 1995 年版,第 8 册。

② 孙星衍:《诂经精舍题名碑记》,《诂经精舍文集》卷首。

③ 嘉庆四年己未科(1799)进士数目见潘荣胜主编《明清进士录》附录《清朝进士一览表》,中华书局 2006 年版,第 1220 页。诂经精舍创建于嘉庆五年,这些中了进士的肄业生应该是在此后有在诂经精舍学习活动的经历。

④ 俞樾:《曲园自述诗》,《春在堂全书》,凤凰出版社 2010 年版,第 7 册,第 630 页。

⑤ 张崟:《诂经精舍志初稿》,第 3 页。

科举中式率进行了考证和统计，对具体的数据进行了分析和推理，得出了这样的数据结论："诂经精舍的乡试录取比例达到了20%。"①他依据容肇祖《学海堂考》中所收录的260名专课肄业生的科举仕进状况进行了统计，得出这样的结论："学海堂专课肄业生的科举及第率也达到了20.3%以上，与诂经精舍大致相当。"进而认为两书院最突出的教学成果之一是培养了大批的科举人才。②

两书院肄业生在科举时代有这么高的中试率，说明两书院肄业生擅长八股文等科举考试文体的写作。说诂经精舍的教学完全摒弃了科举内容，似乎是不准确的。道光十年（1830），浙江巡抚富海帆对诂经精舍重加修葺，诂经精舍停办20余年后，终于重新开课，进入复兴期，迎来了又一段的辉煌。肄业生邹志初记述考课情况道："试之日，公亲临发题，首经义一道，次史论，次词赋，又次文艺。"③考试内容主要是经史考据词章，但又有一些偏离，"又次文艺"，此"文艺"乃制艺之文，即八股文。也就是说，诂经精舍在第二个发展时期还是涉及了科举八股文的考课，首位的"经义"题在科举时代常用八股文来作答。可见，这段时期诂经精舍没有完全摒弃八股文，和阮元最初绝意科举八股的办学宗旨还是有了出入。但从《诂经精舍文续集》来看，并没有科举时文的踪迹，而且这期间诂经精舍还是取得了不小的学术成就。即使俞樾时代的诂经精舍也偶尔会在官课中出现八股文题，如同治八年

① 李兵：《书院与科举关系研究》，华中师范大学出版社2005年版，第251页。

② 李兵：《书院与科举关系研究》，华中师范大学出版社2005年版，第253页。

③ 胡敬编：《敬修堂词赋课钞》卷9，同治十一年（1872）重刻本，第18页。

(1869)十月朔课(官课)有"越五日甲寅位成(经艺一首)",同治九年(1870)十月朔课(官课)有题"夫子之道忠恕而已矣(文题)"。当然这种题目阮元、俞樾等学术型的教师是不会出的,在诂经精舍也只是偶尔出现的题目而已。

不习科举八股文的诂经精舍、学海堂科名很盛,试剖析其原因如下。

1. 两书院重视学术研究,有利于八股文的写作。

在诂经精舍、学海堂两书院教学中,掌教、学长及地方官员等一直秉承着阮元最初的办学宗旨,只重经训考据、词章之学,不事科举,但两书院科考成绩倒很突出,个中原因从相关文献记述中可看出端倪。

《学海堂集》卷16樊封《新建粤秀山学海堂题名记》等文章都提到自阮元督粤创办学海堂后,广东科举人才开始兴盛,但培养科举人才并不是阮元创办诂经精舍、学海堂的初衷。樊封《新建粤秀山学海堂题名记》曰:

> 粤人皆曰制府能养士,并述公前抚浙时构诂经精舍于西湖以课士,不数稔,上舍生登巍科掇膴仕者数十辈。两粤叠抡六元,皆以科名渊源出公门下。今兹山堂将毋同封曰否,此非制府建山堂指也。学校书院之设遍天下,儒生竞为文以博进取,兀兀穷年,不外帖括。圣经贤传之旨不暇寓目,即长吏爱才养士亦不过校其时艺之优劣,量加劝奖而已,其他亦非所计也。呜呼!学虽盛而未探其源,未竟其委也。诸生诚能奋其稽古之志,笃其修身之力,取汉唐经疏诸史,精研博考之而无浮慕乎。外如《汉书》所谓修学好古、实事求是者,岂非今日之学海足以比美于西湖哉?能如是,庶几无负作堂之意。若徒谓制府善养士,为山川增长气色,乃囿于俗学,勤始而怠,终视稽古为难,无所著作,与草木同腐,则此堂亦不过

如郡县书院义学而已，制府造士之意终虚，而名山亦因之减色也，可不勉哉。①

这篇文章最值得推敲，从学海堂肄业生眼中看出了诂经精舍科举和学术之间的某种联系。作者先说诂经精舍开办以来科名很盛，创建"不数稔，上舍生登巍科掇膴仕者数十辈"，就是说诂经精舍开办没几年，科举考试中登巍科者（名次靠前的）、位居高官者数十人，科名很盛，由科名带来的仕途也很辉煌。然后又说道，自从阮元督粤后创办学海堂数年时间，两粤地区获得会元、状元者有六人，而这六人都源自阮元门下，和学海堂肯定也有着密切的联系。这篇文章接着用了很大篇幅特别强调阮元创办两书院的目的在于学术而不在于科举，但是专注学术研究带来了科名鼎盛这样的好结果，这说明具备深厚的学术素养亦有利于科举八股文的写作。

阮元督粤后广东地区科名较以前明显鼎盛，其他学海堂肄业生也有记述，如吴岳《新建粤秀山学海堂碑》中道："庚辰（1820）、壬午（1822）、癸未（1823）数年之间，两粤会状双元，或分或合，相杂适均，咸谓双元之兆，符公姓名，又皆公门生门下之士。公以文人之福衣被及千万人。"②阮元督粤期间，广东科考成绩突飞猛进，阮元造士之功让广东士子感恩拥戴。《学海堂二集》卷 22 收有谭莹《粤秀山文澜阁落成诗》四首，其三有曰："科名录尽占巍峨，节钺频颁异数多。南海冠裳知极盛，曲江风度竟如何。"③该诗歌咏的是学海堂文澜阁的文化象征意义，而肄业生科举和仕途成就也是重要考量标准之一，反映了学海堂科名的鼎盛，也反映了学海

---

① 樊封：《新建粤秀山学海堂题名记》，《学海堂集》卷 16，第 10～11 页。

② 吴岳：《新建粤秀山学海堂碑》，《学海堂集》卷 16，第 3～4 页。

③ 《学海堂集》卷 22，第 32 页。

堂师生以及世人对地域科举成就的关注。

诂经精舍、学海堂以朴学教学为宗旨的办学方针使肄业生能够打下坚实的学术基础,有利于他们在科场中高屋建瓴,并使他们更加游刃有余。商衍鎏在《清代科举考试述录及有关著作》中认为,清代八股文经历了几个不同的阶段:"顺、康、乾、雍百余年间,重朴学,戒空疏,上求下应,是可以称之为盛时。自乾隆中叶以后,八股渐趋巧薄而就衰,士子剽窃陈言,但求幸获科名。嘉、道、咸、同作者更寥寥可数,徒以取士在此,视为应举之工具而已。"①直接以科举为导向的应试教育,并不能培养出真才实学的人才,急功近利,投机取巧,缺乏学术根柢,偏重技法。乾隆中叶以后八股文呈现出普遍衰落的趋势。重视学术研究的诂经精舍、学海堂弥补了这样的缺陷,显出自身的优势,深厚的朴学功底可以提高八股文的写作水平,避免空疏巧薄,趋向厚重淹博。

八股文和经书有着割舍不得的联系,八股文题目出自"四书""五经",特别是"四书",作文时要"代圣贤立言",要用指定注疏中的观点解说经书中的"义理",行文要"入口气",就是要用古人的口吻说话。精舍肄业生对经书的研习和精熟,使他们对科举的考试内容有了更高远的把握。俞樾在《诂经精舍五集序》中,就精舍所学,区分了科举经解和著述家经解的差别:

> 经解岂有异欤?余曰:有场屋中之经解,有著述家之经解。句梳字栉,旁征博引,罗列前人成就以眩阅者之目而在已,实未始有独得之见,此场屋中之经解也。著述家则不然,每遇一题必有独得之见,其引前人成说或数百言或千余言,要皆以证成吾说。合吾说者,我从之;不合吾说者,吾辩之、

---

① 商衍鎏:《清代科举考试述录及有关著作》,百花文艺出版社 2004 年版,第 255 页。

驳之，而非徒袭前人之说以为说也。吾意既明，吾说亦尽。其余一字一句，注疏具在，吾无异同之说则固不必及之也。古人云："探骊得珠，余皆鳞爪。"词章且然，经解何独不然乎？此著述家之经解也。①

八股文经解旁征博引，罗列前人成就，没有自己的见解，俞樾对此很为不屑，而俞樾对考据学家的经学却极为心仪。两种经解优劣自现，但显然朴学家的经解比八股文经解难度要大得多，能做好考据学家的经解，对八股文经解在某种程度上来说应该更能够驾驭自如。从事朴学家经解的诂经精舍肄业生屡屡中举，玄机应该在此。《诂经精舍五集》卷8收有张大昌《拟诂经精舍四集序》一文，也道出了学术与科举之间的内在关系：

夫乡试会试，功令均无经解词赋。而制艺策问，设非以汉儒为之根柢，其如空疏浮薄何。是故吾师所深望于肄业诸弟子者，与文达公设立之初意，若合符节也，以淹博救空疏之弊，以朴茂矫浮薄之风。②

虽然两书院所钻研之经解词赋并不是科举的考试内容，但科举考试中的八股文策问等文体写作，如果没有学术和文学素养根柢，只会流于空疏浮薄，阮元、俞樾等师长看出了这样的本质问题，这也是两书院从事学术和文学研究与教学，有助于科举成就的最根本原因。

2. 两书院有优质科举生源和科举教师。

诂经精舍和学海堂有优质生源和教师。诂经精舍、学海堂两书院是清代超出一般书院的高等学府，学生遴选相比其他书院要

---

① 俞樾：《诂经精舍五集序》，见其编订《诂经精舍五集》卷首，光绪八年(1882)刻本。

② 张大昌：《拟诂经精舍四集序》，《诂经精舍五集》卷8，第33页。

严格。如诂经精舍内外课生及学海堂后来的专课肄业生，都是从地方府、州、县学以及其他书院中遴选而来的。很多人入两书院肄业时就已经是举人了，如本书附录三《学海堂丁亥课士录》记述了道光七年(1827)学海堂春课与冬课课试获得膏火学生名单，举人身份的肄业生有28人，其余几乎皆是生员、监生、贡生，绝大部分人有科举功名，有成功的科举经历。当然也有处于科举考试初级阶段的童生，有19人。被选入肄业的童生和没有任何功名的布衣，一般来说在学术研究和文学创作上必定有所专长，而且很有科途发展潜力。如《学海堂集》中收录了肄业生杨懋建的课作，标明身份是布衣。杨懋建因受到阮元赏识，进入学海堂肄业，后来获得了生员资格，中了举人。诂经精舍肄业生章太炎是个少年时代就绝意科举的学人。可能是因为没有科举功名的原因，章太炎几次请求进入诂经精舍肄业都没有得到俞樾允许，后来俞樾出了几个难题，章太炎答得非常好才得以入学。科名应该是两书院遴选肄业生的参考指标之一。

两书院的掌教、学长与课试主持官员等工作人员大都是科举考试中的幸运儿和成功者，很多人是八股名家，是优秀的科举教师。诂经精舍的师资力量一向比较雄厚，历来的主讲教师和掌教皆是进士，如阮元、陈寿祺、王昶、孙星衍、颜宗仪、沈丙莹、俞樾、汪鸣銮。后来官课的主持人员皆是当政的浙江政府官员，而清代官员大多是通过科举这条途径选拔上来的，多为进士，其余亦多贡生、举人等，大多数是有科名的人物。据《诂经精舍文续集》卷首所载壬辰年至壬寅年(1832～1842)课试之官29人，其中进士21人，拔贡2人，附贡生1人，举人4人，只有1人未获功名，乃旗人德兴。监课学长高锡蕃、陈其泰二人为举人。可见诂经精舍的教师和主考官员几乎皆是科场的幸运者和胜利者，大部分人取得了进士这种最高学历。

学海堂由于地域文化的限制，缺乏精深型的主讲教师，阮元离粤时设立了八学长管理制，可能也有这方面的原因。学海堂历来学长皆有科名，有记载的55名学长中（见附录五）有16人是进士，其余皆是举人、贡生。16名进士中有5人是担任学海堂学长后中的进士，如马福安、徐荣、杨荣绪、林国赓、林国赞，另外11人先中进士，后来仕途辗转，任学海堂学长。而陈澧、谭莹等一部分学长中了举人后，困顿场屋，没能考上进士。

两书院遴选的学生一般都有科名，有一小部分是举人，大部分是生员。两书院的掌教、学长等书院工作者，他们的科举成功经历对肄业生的科举应试教育具有指导和模范作用。

3. 两书院师生教学之余热衷科举教育。

诂经精舍和学海堂两书院的正常教学内容虽然远离科举，但在以自学为主的古代书院教育中，书院师生有足够多的时间供自己支配，去从事和接受社会和自身需要的科举教育。追求功名是每个知识分子最正常、最基本的人生需求，也是衡量一个人一生成功与否的一个最直观的标准。科考成绩也是衡量书院影响力的一个重要指标，诂经精舍、学海堂两书院也不能免俗，从评价两书院历史功绩的文献记述中可以明显感受到这一点。

诂经精舍掌教俞樾学问淹博，学术上取得了很大成就，但他也很重视门下弟子和子孙的科举教育。掌教诂经精舍31年之久的俞樾虽然不喜欢八股文，却认为科举时文即使不是理想的取士方法，也比以诗赋、策论、西学取士要好，至少对人的道德品质有积极的感化和熏陶作用。针对晚清废除科举日渐强大的声音，他说：

> 夫时文诚弊，然圣贤精义亦或借此以存一线，若废去之而别谋，所以取士用诗赋乎，空言而已矣；用策论乎，陈言而已矣；若竟改用西学，则人所童而习之者，惟是机械之巧，穷

思极虑，求为杀人之利器，人人有矣，人惟恐不伤人之意，而义利之界、理欲之途竟无。有言及者矣，于世道人心不亦大有害乎。①

俞樾虽是科举之途的幸运儿，却是官场上的失败者。俞樾罢官后，以教书、著述终老余生，对自己不再入仕，他表现得比较达观，但他很关心时政，与晚清政坛那些有影响力的政治人物也从未断绝过关系。他与曾国藩、曾国荃、李鸿章、李翰章、彭玉麟、王凯泰、丁日昌、徐树铭、潘祖荫等往来密切。面对日益衰败的国势，俞樾希望当权者能发挥自己的才能，力挽狂澜。在给李鸿章的信中，他以唐代郭子仪在安史之乱中单骑见回纥的英勇之举，希望当权者李鸿章能以郭子仪的“谋国之忠，任事之勇”为楷模，拯救国家于危难之中。② 在诂经精舍的课试中就曾出过《郭令公见回纥赋》一题。俞樾很注重学生的功名科途，积极鼓励精舍肄业生致力科举，出仕做官。在给朋友的一封信中，俞樾说：“尝谓读书人出而作官，惟上而督抚下而州县，实能有所建树，行其所学。”③即认为读书人如果有机会入世为官，官不论大小，应该有所建树，将平生所学用于治世。接着他又表达了为官治天下的理想，说道：

若得一邑政简民良，可以弦歌而治，为之导扬风化，劝课农桑，数年以后必有可观者。……不必归三家村作村夫子，或染指苜蓿盘中，然后谓之秀才风味也。④

俞樾的高足章太炎对恩师的评价非常生动准确，他对恩师一

---

① 俞樾：《春在堂杂文》六编卷2《心斋丁公家传》，光绪二十五年(1899)刻本，见《春在堂全书》，凤凰出版社2010年版，第4册，第508页。

② 俞樾：《与李少荃伯相》，《春在堂尺牍》卷5，第4页。

③④ 俞樾：《与吴焕卿》，《春在堂尺牍》卷4，第13～14页。

生的道德品性、学术成就赞誉有加，同时对恩师虽不在位，却“不能忘名位”①颇有微词。俞樾非常重视弟子们的科名成就。获得名位的首要途径当然首先要科举成功。俞樾之著作中，有大量的篇幅论述治世之法，如《宾萌集》中的《自强论》和《三大忧论》。俞樾将他为官治世的理想倾注到他的学生和子孙身上。俞樾辞去诂经精舍讲席时，题了一首楹联，曰：“湖山恋我，我恋湖山，然老夫耄矣；科第重人，人重科第，愿吾孙勉之。”②俞樾是非常在意弟子和子孙科举成就的一个教育工作者。诂经精舍肄业生有科举高中者，俞樾欣喜万分，有不幸落第者，则会扼腕叹息。俞樾曾任苏州紫阳书院掌教，教学内容是科举八股文。家庭教育中他非常注重子孙的科举教育，他曾编《曲园课孙草》专门指导孙子俞陛云读书作文。俞陛云不负众望，于光绪二十四年（1898）中探花。俞樾也曾著文介绍科举八股文的为文技巧。有像这样不忘名位的老师长期执掌书院，完全脱离科举教育是不可能的事了。

两书院肄业生一般是书院考课学习与自身科举教育两不偏废。如梁启超在学海堂肄业之余，先后在广州吕拔湖学塾、佛山陈梅坪学馆、石星巢大馆攻读，科举八股文则是主要的学习内容。吕拔湖是广州著名的八股文教学高手，他的学馆科名鼎盛状况，由学馆贴的门联可窥见一二：“两朝三进士，一榜半门生。”曾有一年广东乡试近一半中式者出自他的学馆中。

两书院肄业生依据学术上的优势，在两书院良好的学习环境熏陶下，自身加强科举教育，最终获得良好的科举考试成绩，是很

① 章太炎：《俞先生传》，《太炎文录初编》卷2，见《章太炎全集》（四），上海人民出版社1985年版，第211页。

② 俞樾：《楹联录存》卷4，《春在堂全书》，凤凰出版社2010年版，第5册，第676页。

自然的事。另外,两书院文学教育和科举有着密切的关联,请看以下论述。

第二节　两书院骈文教学与八股文之密切联系

由本书第三章可知,诂经精舍、学海堂两书院文学教育中为了配合响应阮元的"文笔论",非常重视骈文的教学与研究。而骈文和科举八股文之间有着明显的渊源联系。

关于八股文的文学性研究,已经有学者有非常好的论证,如黄强《八股文与明清文学论稿》一书中肯定八股文具有文学因素。他说:"就总体而言,八股文是中国古代文体中的'四不像',然而就若干局部因素而言,它又与各种文体甚至是文学样式有相似之处。也有的文人将八股文代圣贤立言的构思过程描述为一种纯粹的文学虚构过程,儒家道德说教的色彩大为淡化。"①这段话说得非常精彩,反映了八股文最显著的文学特色。八股文这种"四不像"的文体,往往被不少学者视为最接近骈体文,而被划入广义骈体文之列。刘麟生曾说:"八股文为骈散混合之文字,然就其整段作对而论,固应以之隶属于骈文。"②八股文又被称为四书文、时文、制义、制艺,被认为是骈文的支流余裔。

笔者认为就八股文所含有的经学和文学两方面特质而言,其文学性倾向更为明显,从内容、形式,甚至于本质上来说,八股文是一种以经学为附体的应试文学形式。八股文经解没有自己的见解,作八股文思想内容是固定的,一定要按照规定的《四书集

---

① 黄强:《八股文与明清文学论稿》,上海古籍出版社 2005 年版,第 326 页。

② 刘麟生:《中国骈文史》,东方出版社 1996 年版,第 97 页。

注》等书籍的观点为准的，能够尽情发挥表现的更多的在于文学水平，如构思、总体架构、遣词用句、形式、格律、用韵、排偶、技巧、学养等各个方面。笔者认为八股文是以经学为表现内容的应试文学教育文体。

诂经精舍、学海堂两书院文学教学中对注重排比、对偶、声律、夸饰的骈文和辞赋的重视，在很大程度上暗合了八股文的写作程式。两书院创建者阮元明确标明书院教学宗旨是为了振兴乾嘉考据学，教学内容以经史考据学和词章之学为主，不习用于科举考试的八股文和试帖诗，明确指出远离科举。但是阮元本人对科举八股文的态度确实让人玩味，非但不厌恶，反而赞誉有加，推崇备至。阮元在《书梁昭明太子文选序后》中曰：

> 明人号唐、宋八家为古文者，为其别于四书文也，为其别于骈偶文也。然四书文之体皆以比偶成文，(《明史·选举志》曰："四子书命题，代古人语气体用排偶谓之八股。")不比不行，是明人终日在偶中而不自觉也。且洪武、永乐时四书文甚短，两比四句，即宋四六之流派。弘治、正德以后，气机始畅，篇幅始长，笔近八家，便于摹取，是以茅坤等知其后而昧于前也。是四书排偶之文，真乃上接唐、宋四六为一脉，为文之正统也。然则今人所作之古文，当名之为何？①

阮元夸张地将诂经精舍、学海堂两书院摒弃于教学内容之外的八股文尊之为"文之正统"，而如此尊崇的原因是八股文具有阮元所推崇的骈文的主要形式特征——"排偶"，并认为四书八股文上接唐宋四六骈文之绪脉，故理应被尊为"文之正统"。如此高度的赞誉，确实让人费解。阮元如此推崇八股文，是为了服务于他的文、笔之论。他认为八股文和骈文具有一脉相承的历史

---

① 阮元：《揅经室集》3集卷2，第609页。

渊源，为了对抗桐城派古文，他把渊源很近的八股文和骈偶文放到一个阵营里。

阮元力图为汉学在文学领域争得正宗地位，于是继承和发展了六朝时期的文、笔之论，力图为骈文在文学领域争得正统地位，以抗衡以宋学为代表的桐城派古文。阮元认为古文家所尊崇的古文，并不是真正意义上的“文”，只能称作“笔”；合乎标准的“文”，必须用韵比偶、沉思翰藻（即藻饰用典，讲求辞藻的华美），是和散文相对的骈文，是和桐城派古文家所倡导的古文相对的骈文。阮元所指的“文”事实上是指广义的骈体文。广义的骈体文是包括四六文、辞赋等所有以对仗、排偶、用典、藻饰、讲求声律为特征的文章，也理所当然包括了八股文，因为八股文几乎包括了骈文的所有这些特征，但同时八股文在形式和内容上还有更多的自身特点，应该说是具有更多更严密的规范和束缚，如内容上从“四书”“五经”中出题，思想上遵循朱熹的注解，另有严密的章法结构和各种格式功令。当然，阮元推崇的八股文应该是文学意味上具有较高审美性、较高水平的八股文，而不是时人所热衷的“烂时文”。

阮元对骈文的重视提升了八股文的地位，但阮元并没有在诂经精舍、学海堂两书院加强八股文的教学和训练，而是加强了对八股文的研究，这主要体现在学海堂的教学考课中。道光元年（1821）冬，学海堂出《四书文源流考》一题课试肄业生，《学海堂集》卷8收有郑灏若、梁杰、杨懋建、周以清、侯康5人各一篇课作。这些课作对四书文的渊源及历史发展轨迹以朴学家的严谨作风作了细致详尽的考证和描述，今天读来仍有重要的参考价值。课后阮元命郑灏若、周以清、胡调德、侯康同撰《四书文话》一书。阮元在《四书文话序》中说道：

唐宋诗话多，文话少，而明以来四书文话更少，非无话也,无纂之者也。余令学海堂诸生周以清、侯康、胡调德纂之,诸生共议分二十四门编之:一原始,二功令,三格式,四法律,五体裁,六命题,七程文,八稿本,九选本,十墨卷,十一社稿,十二元鐙,十三名誉,十四考核,十五师承,十六风气,十七兴废,十八流弊,十九起衰,二十假借,二十一咎毁,二十二谈薮,二十三轶事,二十四五经文。虽未精详,然已积卷帙矣。录成二部,一存粤东学海堂,一携归江南。盖江南遗文旧说为岭南所无者尚多,俟再令家塾子弟补成之。时甲申冬日。①

可知是书甲申年(道光四年,1824)就已经完成初稿,分为24个门类,分门别类,细大不拘,内容丰富,是有关八股文研究的重要文献。因为江南乃人文渊薮,书籍丰富,可以补岭南书籍不足的缺陷,阮元准备携是书归江南增补,故没有刊刻,导致此书后来亡佚无存。学海堂肄业生、此书编撰者之一周寅清(原名以清,后成为学海堂学长)后来回忆说:"日与君模商榷,广搜遗闻。四书文虽沿自宋元,故实尚鲜。而胜代国朝,逸事参稽,备详史乘。且命名与诗话同体,即稗官小说,亦思汇存。纂成后呈仪征夫子,撰叙文冠首,面谕需留备裁正。"②可见是书虽是初稿,资料来源丰富多样,具有重要的史料价值和学术研究价值。梁章钜后来到学海堂搜寻该书未果,撰述了《制义丛话》,算是弥补了这一遗憾。张之洞《书目答问》对这本未刊无踪的书也很重视,著录其中,曰:"据《学海堂集》阮元《四书文话序》,已成书,未刊,稿本见存广州

---

① 阮元:《四书文话序》,见其《揅经室集》续集3集卷3,第1069页。另见《学海堂集》卷8,第52页。

② 周寅清:《四书文源流考跋》,《典三剩稿》卷5,清咸丰七年(1857)崇礼堂刻本,第23页。

学海堂中。此为一代取士程式,故附录其名于此,异日当有刊行之者。”①可见,《四书文话》一书很有学术价值,并不仅仅是一部科举考试指导用书。可惜此书不传,让人叹息。

阮元《四书文话序》中还说道:

> 唐以诗赋取士,何尝少正人。明以四书文取士,何尝无邪党。惟是人有三等,上等之人,无论为何艺所取,皆归于正;下等之人,无论为何艺所取,亦归于邪。中等之人最多,若以四书文囿之,则其聪明不暇旁涉,才力限于功令,平日所习诵,惟程朱之说,少壮所揣摩,皆通理之文,所以笃谨自守,潜移默化,有补于世道人心者甚多,胜于诗赋远矣。②

阮元从维护封建统治和维护程朱理学的立场出发,强调四书文的教化功能,认为八股文可以使占最大比重的“中等之人”即普通读书人的道德水准受到潜移默化的影响,有利于社会的安定,可以为社会培养出合乎统治需要的人才。阮元从八股文“代圣贤立言”的政治功能出发肯定八股文的实用价值,认为在教化功能上远超诗赋,但他没有从文学的角度肯定八股文的审美价值。八股文虽然具有文学的因素,但作为应试文学样式,受到内容、形式等多方面的限制和束缚,影响了它的文学审美价值的发挥,从文学功能这个角度来说,八股文远逊于诗赋。

阮元虽然对骈文的重视提高了他对八股文的评价,但他并没有在诂经精舍、学海堂从事八股文的教学和写作,倒是极为重视四六骈文和辞赋的教学。梅启照《诂经精舍四集序》中说:“粤东

---

① 张之洞撰,范希曾补:《书目答问补正》,上海古籍出版社 2001 年版,第 242 页。

② 阮元:《四书文话序》,见其《揅经室集》续三集卷 3,第 1068 ~ 1069 页。另见《学海堂集》卷 8,第 52 页。

有学海堂，西湖有诂经精舍……其程试之法，以经训为先，而诗歌骈俪之文同时并课。”①两书院文学教育中以诗歌骈文为主，骈文是每次考课皆有的体裁。笔者统计了诂经精舍、学海堂课艺文集中骈文的比重，《诂经精舍文集》初集中收有骈文16篇，续集中收有骈文52篇，三集中收同治七年（1868）骈文课艺59篇，同治八年（1869）87篇，《诂经精舍三集》中还专门辟出《辞赋》3卷，收诂经精舍同治五年（1866）、同治六年（1867）的韵文课艺326篇，其中骈文共105篇，四集124篇。从初集到四集，骈文数量逐渐变多，所占比重逐渐增大，虽然五集到八集呈下降趋势，但所收骈文数量仍然占据了重要比例。而学海堂对骈文教学更为重视，课艺文集《初集》、《二集》、《三集》、《四集》各收骈文24、33、46、101篇。（参见本书附录二）

两书院重视骈文的教学与研究，特别是学海堂，将八股文纳入骈文的观照范围，从学术的角度审视研究八股文，取得了有价值的学术成果。而两书院肄业生在考课中对骈文长期的坚持练习和写作，对具备骈文特征的八股文的写作应该是非常有益的，可以使肄业生能够更好地从文学表现形式上把握八股文的创作技法。这也可能是两书院肄业生科举中式率较高的一个重要原因吧。

第三节　两书院诗赋教育与科举之密切关系

清代科举考试首场为八股文考试，取士也首重八股文，但并不是说其他的科考文体就不重要了。比如说诗和赋就是清代科

① 梅启照：《诂经精舍四集序》，《诂经精舍四集》卷首，光绪五年（1879）刊本。

举考试中的重要组成部分。俞麟年辑《重刻敬修堂词赋课钞序》曰:“我国家以制艺得士,而必兼试以策论诗赋,试欲窥斯人之根柢,使登木天列清显者,皆彬彬然博古通今,出风入雅和其声,以鸣一代之盛,其由来久矣。”①诗赋是清代科举考试的重要内容之一。俞樾参加会试于礼部复试时,诗题是“淡烟疏雨落花天”,俞樾则以开篇“花落春仍在,天时尚艳阳”诗句深得主考官曾国藩青睐,拔为第一。这是俞樾一辈子都引以为荣的科举人生之辉煌经历。

清代科举考试内容总体上有延续性,局部具有变动。清代顺治三年(1646)丙戌科揭开了清代科举考试的序幕。清沿明制,仍以八股时文取士,“取四子书及《易》《书》《诗》《春秋》《礼记》五经命题,谓之制义”②。科举考试内容也延续明制:“首场试时文七篇,二场论、表各一篇,判五条,三场策五道。”③顺治二年颁布《科场条例》,给事中龚鼎孳上疏,要求“减时文二篇,于论、表、判外增诗,去策改奏疏”。顺治帝不允,命仍旧制。④清初百余年间,虽偶有改革考试内容的讨论与举措,制度上却始终没有大的变化。重要变革发生在乾隆二十二年(1757),是年会试,罢去论、表、判,于第二场增五言八韵唐律一首。之后数年间,乡试、岁科试、拔贡试乃至童生试,俱增试律诗。乾隆四十七年(1782),更将律诗提到首场试艺之后,使其成为科举考试中堪与经学制衡的内容,一直沿用到光绪二十四年(1898)戊戌变法。乾隆二十二年因之成为中国科举史上具有标志意义的年份。至此,清代的乡会试考试内容固定为:第一场,四书制艺题三,五言八韵诗

---

① 俞麟年辑:《敬修堂词赋课钞》卷首,同治十一年(1872)重刻本。
② 《清史稿》卷108《选举志三》,中华书局1977年版,第3147页。
③④ 《清史稿》卷108《选举志三》,中华书局1977年版,第3148页。

题一;第二场,五经制艺题各一;第三场,策问五。[①] 试帖诗成了清代举子参加科举考试的首场必考科目,成了和八股文并列的一种考试文体。

这个被置于首场八股文之后的五言八韵诗,就是鼎鼎有名的试帖诗,因其为用于科举考试的律诗,故也被称作试律诗。清代试帖诗产生的数量可以和八股文相比拟,只是因为其不容置疑的文学因素,在流传中没有像八股文那样不幸地遭受摒弃。清人文集中留下的试帖诗数量最多,时人甚至自豪地认为,虽然汉、唐、宋、明在文学艺术方面各具千秋,有清一代却是堪称"试律观止"[②]的。诗歌在经历了唐代的鼎盛、宋代的繁荣后,在元明衰落的大趋势下,在清代能够有明显的起色振兴,出现了众多的诗歌流派和诗歌创作理论,这和清代科举考试用试帖诗还是有明显关系的。

乾隆九年(1744)颁布的上谕中对书院教育内容有明确规定:"嗣后书院肄业士子……其资质难强者,且令先工八股,穷究专经,然徐及余经,以及史学、治术、对偶、声律。至每月课试,仍以八股文为主,或论或策,或表或判,听酌量兼试,能兼长者酌赏,以示鼓励。"[③]清代书院教学因乾隆上谕中"先工八股"的要求,普遍专攻八股文,其他的经、史、策论、诗赋文学内容逐渐被漠视。乾隆二十二年加试试帖诗后,书院教学普遍定型化、模式化,并有所僵化。八股文和试帖诗最终成为主要教学内容。这也是促使阮

---

① 李国钧、王炳照总主编,马镛著:《中国教育制度通史》第 5 卷(清代),山东教育出版社 2000 年版,第 379 页。

② 王先谦:《〈国朝试律诗钞〉序》,《虚受堂文集》卷 3,《续修四库全书》第 1570 册,第 303 页。

③ 托津:《大清会典事例》卷 395《学校 · 各省书院》,《续修四库全书》第 804 册,第 304 ~ 305 页。

元改革书院，创办诂经精舍、学海堂的时代背景。

阮元创办两书院时明确了远离科举的教学宗旨，“只课经解史策，古今体诗，不用八比文、八韵诗”①，仔细考察两书院的教学内容，可以看出，两书院不考八股文基本是事实，不考“八韵诗”却并非如此。

八韵诗，即“五言八韵诗”，也称试帖诗，全诗十六句，每句五个字，每两句为一联，称为上、下联，下联押韵，称为一韵；因上联不用韵，所以称之八韵，是为“五言八韵”。此处有必要简略论述一下试帖诗的发展情况。试帖诗的源头当溯于唐代。诗歌发展到唐代，有近体诗和古体诗之分。近体诗也称为律诗，有五律、七律、排律等。试律诗源于近体诗，但近体诗和试律诗并不完全相同。商衍鎏说：“古近体义在于我，试帖义在于题；古近体诗不可无我，试帖诗不可无题，此其所以异者。”②也就是说科举考试中的试帖诗虽属于律诗的范畴和形式，但和历史上非应试性的律诗还是有很大的不同的。非应试性的古近体诗，抒情发意，皆由作者自己会心而至，而试律诗则不然，必须依题而发，弄明出处。试帖诗主要特点表现为应试性的命题作诗。试帖诗有一定的格式，在它的题目前面常有“赋得”二字，题后注明“得字”。很多人将“赋得”这种诗体形式看做是完全等同于科举考试的试帖诗，这是不准确的。科举考试的试帖诗常用“赋得”体，也就是说试帖诗是“赋得”体的一种用途，“赋得”体诗作还可用于应制之作，诗人集会分题，也可以作为即景赋诗的诗题等。“赋得”诗体总括主要有两种含义：其一、命题作诗的意思，也就是说就拟定的题目作诗。

---

① 张鉴等撰，黄爱平点校：《阮元年谱》，中华书局 1995 年版，第 41 页。

② 商衍鎏：《清代科举考试述录及有关著作》，百花文艺出版社 2004 年版，第 261 页。

如北周庾信《庾子山集》六有“赋得荷”、“赋得集池雁”等。唐元稹有“赋得数”。其二、题目有出处。如南朝梁元帝萧绎有《赋得兰泽多芳草》。“兰泽多芳草”题出《古诗十九首》其六:“涉江采芙蓉,兰泽多芳草。采之欲遗谁,所思在远道。还顾望旧乡,长路漫浩浩。同心而离居,忧伤以终老。”诂经精舍诗体考课一般兼有上述两个方面的特点,一是命题做诗,二是诗题常有出处。而学海堂虽然也是命题诗,但有出处的诗题较少,较多的是歌咏地方风土人情以及拟作前人诗作。所以说,就两书院的诗赋教学来说,学海堂的科举色彩较之诂经精舍要淡薄得多。

诗,是诂经精舍、学海堂主要的文学教学体裁之一,是每次考课皆有的题型,是阮元创办两书院确定的主要教学内容之一“词章之学”的重要组成部分。诂经精舍“赋得”体律诗的试题在前期如阮元主掌时期也是常出现的题目,但这个时期的题目易于作者抒情发意,会心而至,受到的束缚较小,虽规定了韵脚,但是一般题目少有出处,所以不需探究题源。如《诂经精舍文集》卷 14 收有蒋炯、顾廷纶、张鉴、方廷瑚《赋得天寒有鹤守梅花》(限四支七言排律十二韵)一题的诗作。此题限“四”、“支”二韵,和试帖诗只限一个官韵不同,为七言十二韵,排律,和试帖诗一般五言不同。“天寒有鹤守梅花”,数九寒冬之际,梅花盛开,白鹤相守,梅花白鹤交相辉映,景致优美,意蕴无穷,是我国古典艺术中常出现的主题内容,寄寓着隐逸的情怀和高洁的操守,是诗歌和其他艺术创作中频繁出现的意象。

而诂经精舍后来的“赋得”体诗题,可谓比比皆是,几乎每课皆有。请看本书附录一同治七年、八年、九年的官、师课题,其中同治七年标明“五言八韵”的赋得体诗题就有下面 13 道:

赋得如春登台(得如字五言八韵);赋得百花香里看春耕(得耕字五言八韵);赋得几时能具钓鱼船(得时字五言八韵);赋得风

吹柳花满店香(得花字五言八韵);赋得钱塘山水接苏台(得台字五言八韵);赋得但能心静自生凉(得心字五言八韵);赋得人来野鸭望船鸣(得鸣字五言八韵);赋得恭俭福之舆(得舆字五言八韵);赋得道远知骥(得知字五言八韵);赋得粥美尝新米(得新字五言八韵);赋得袍温换故绵(得温字五言八韵);赋得汀树青红初著霜(得初字五言八韵);赋得修竹冬青(得青字五言八韵)。

同治八年标明"五言八韵"的"赋得"体诗题也有13道。同治九年标明"五言八韵""赋得"体的诗题共15道。这些诗题来源以古代诗歌为多,也就是经史子集中的集部。另外同治九年五月朔课所出的20道"五言八韵"排律诗题,虽然没有在题前标上"赋得"二字,其实题目皆有出处,主要来源于经史典籍,特别是考据学研究中的学术史论点和观点。这20道题目很值得研究,具有非常浓厚的学术气息,跟科举考试中的五言八韵诗明显的教化意味不同。

但是诂经精舍课艺文集中没有收录"赋得"体"五言八韵"诗课作,《诂经精舍三集·辞赋》卷3《赋得荷珠》(得圃字五言十二韵)2首。七言八韵诗倒收了一些,如《诂经精舍文集》卷14所收《赋得天寒有鹤守梅花》4首,《诂经精舍三集·辞赋》卷1《赋得斲梓染丝》2首,《赋得湖目》2首,卷2《赋得寿客花》2首,卷3《赋得春寒花较迟》2首,皆是七言八韵诗,其他课艺文集中没有收录"赋得"体课作。这应该是选刻课艺文集的时候有意识地与科举撇开距离吧,毕竟两书院的办学宗旨明确要远离科举。

而"赋得"体诗题在学海堂的课艺文集中保留得也比较少,留存下来的少量考课题目笔者未见有"赋得"体"五言八韵"诗。《学海堂集》卷14收有肄业生梁梅、谭莹等《赋得司空表圣〈诗品〉句》35首,为七言四韵,命题对象竟然是唐朝司空图文学批评著作《诗品》中反映诗歌艺术风格的诗句,具有较纯粹的文学性特色。这和用于科举考试的试帖诗还是有很大不同的。

诂经精舍考课中的这些五言八韵的“赋得”体诗题和科举考试的试帖诗从形式上看不出任何的区别，从题目出处上来看，可能会有差别，但不管怎么说，从出题手法上来看可谓同源同流，如同一辙，同体同物。从做法上来说，皆是命题做诗，不再是“作者自己会心而至”的做诗路径了，题意隐晦，做诗前首先得弄清题意来源出处，和试帖诗无别。做诗前先得考据题源、题意，这倒和诂经精舍重考证的宗旨相吻合。跟科举考试的试帖诗相比，诂经精舍这种形式的诗题做法学术气息稍浓，有些课作难免会沾染上考据学的色彩，颂扬性色彩稍淡。在教学过程中练习这些诗题，对科举考试试帖诗写作技能的提高肯定是非常有好处的，估计大部分肄业生大部分诗题的做法还是遵从和揣摩科举考试试帖诗的做法和路径。所以说，诂经精舍不习科举考试的试帖诗并不是事实。

赋几乎是诂经精舍、学海堂每次考课皆有的文体，诂经精舍以律赋为主，学海堂多习古赋。律赋之“律”指的是格律，指做赋时必须遵守对仗、声韵的限制，要按规定的韵脚押韵。律赋兴起于唐代，为唐代科举考试所用赋体，除须遵守对仗声律要求外，还限定了表示立意要求的韵脚，一般为四言两句八字限八韵，但韵脚字数不等，少的有二字，多的达十几字的。宋代试赋沿袭唐制。后世便通称这类限制立意和韵脚的命题赋为“律赋”。律赋限制立意和韵脚的规定要求无疑增加了创作的难度。即使是同一个题目，只要规定的韵脚不同，创作上就难以抄袭雷同。诂经精舍课作中就收了不少这样的同题不同韵的课作。如《诂经精舍四集》卷10《贺季真乞鉴湖赋》(以“春风不改旧时波”为韵)，《诂经精舍三集》(戊辰下)十月望课有同题，只不过韵脚不同，以题为韵。再如《文澜阁赋》一题，多次出题，《诂经精舍五集》卷7所收课作标明韵脚为(以"游文章之林府"为韵),而其他题目中未限定韵脚。因为律赋命题限意限韵可以增加题目难度,所以历史上多作为科举考试文体。

律赋也是清代科举考试中的重要内容和文体。詹杭伦在《清代律赋新论》中说道:"清代科举考试之乡试、会试、殿试之正场一般是不考赋的,除此之外的各类考试,包括制科、召试、庶吉士月课散馆、翰詹大考、学政考文童生员,以及书院考课,皆有考赋之事。由此看来,尽管清代之考赋与唐代相比,没有进入进士考试系列,没有达到唐代那样凭借一赋一诗取中高第的盛况;但是清代考赋之范围已经相当广大,由朝廷到地方,各级考试已经把赋尤其是律赋视为一种正式合法的考试文体;其重要性大体可在八股文、试帖诗之后位居第三。""清代科举试赋的体裁虽然不拘一格,但以律赋为主。"①清代前期以诗赋衡士最著名的是康熙十八年(1679)博学鸿词科考试。清初著名文人毛奇龄、朱彝尊、施闰章等皆于是科入选。

从现存诂经精舍同治七年(1868)、八年、九年官、师课题和所有课艺文集来看,律赋几乎是每次考课都有的题型。同治七年官、师课题中律赋题共有 21 道,每课皆有;同治八年共有律赋题 16 道,拟作古赋题 1 道,其他未规定韵脚的赋体 3 道,只有一次考课无赋题;同治九年共有 17 次考课,其中 14 次各一道律赋题,3 次考课无赋。诂经精舍刊刻的课艺文集有八集,文学类课作中,所收律赋题的比重非常大。俞樾掌教后编订的 3 集至 8 集课艺文集中所收赋体几乎皆是律赋。学海堂课艺文集中所收录的赋作以古赋为主,但偶尔也有律赋,如《学海堂二集》卷 16《说士甘于肉赋》(以题为韵),《拟庾子山〈春赋〉》(用原韵),即使规定了

---

① 詹杭伦:《清代律赋新论》,北京燕山出版社 2008 年版,第 22 页。

韵脚,也没有诂经精舍赋题那样深僻艰涩。

两书院,特别是诂经精舍,以科举考试中重要文体律赋作为主要的文学教育内容之一,说明它的赋作教育和科举还是有着密切联系的。

考察诂经精舍、学海堂两书院的诗赋教育,特别是诂经精舍,可见其和科举的密切关系。

第四节　两书院文学教育中的科举文化现象题材

两书院文学教育中以科举文化现象为题材,诂经精舍表现比较突出,特别是俞樾掌教时期,这也反映了俞樾一直秉有的浓烈的科举情结对精舍教学的影响。此类题中出得比较多的是及第主题,这反映了俞樾希望学生能够科举及第的美好愿望,也有一些落第题目。

《诂经精舍三集·辞赋》卷 1 收《科名草》、《及第花》诗各 2 首。科名草,即芝草,就是灵芝,古人视之为祥瑞。宋代陶谷《清异录·草》载:"杜荀鹤舍前椿树生芝草,明年及第,以漆彩饰之,安几砚间,号科名草。"唐代大诗人杜荀鹤久困场屋,数次应考不第。最后一次应考前他家屋前椿树上长了个灵芝,第二年他就中了进士。于是灵芝就有了"科名草"的祥瑞之名。肄业生徐振声诗作吟咏了这件异事,曰:

> 荀鹤庭前长瑞芝,科名佳兆报先知。兰畦漫结骚人佩,芸馆应题学士词。书带艳分香一瓣,宫袍新染色千丝。何如躬沐彤墀泽,正是茹连汇拔时。①

而及第花就是杏花,唐代新科及第进士要到曲江游赏,江畔

① 《诂经精舍三集·辞赋》卷 1,第 2 页。

多杏树,因称杏花为及第花。唐代郑谷《曲江红杏》诗曰:“女郎折得殷勤看,道是春风及第花。”肄业生徐振声课作曰:

春风及第少年场,折得宫花意气扬。芀圃未迎金带客,杏林先看绿衣郎(唐代新科进士例赐绿袍,故称绿衣郎)。一枝色映猩袍艳,十里香催骏足忙。不信簪来能压鬓,天恩深重本难量。①

《诂经精舍五集》卷8收有三首关于及第的诗作:《忽闻金榜叩柴荆》、《果然夺得锦标归》(七古仿长庆体)和《第一仙人许状头》,三诗题皆典出历史上的科举及第故事,诗题乃从其中所吟咏诗句中裁出。《忽闻金榜叩柴荆》,题出《唐摭言》卷3所载高退之《和主司王起》诗:“昔年桃李已滋荣,今日兰荪又发生。葑菲采时皆有道,权衡分处且无情。叨陪鸳鹭朝天客,共作门阑出谷莺。何事感恩偏觉重,忽闻金榜扣柴荆。”②此诗表现士人进士及第时的情景。题中的“柴荆”,指柴荆做的简陋门户,题目意思是:突然听到金榜题名的报帖传到自己简陋的住处。《果然夺得锦标归》,诗题出自唐卢肇《竞渡》诗,《唐摭言》:“卢肇,袁州宜春人,与同郡黄颇齐名。颇富于产,肇幼贫乏。与颇赴举,同日遵路,郡牧于离亭饯颇而已。时乐作酒酣,肇策蹇邮亭侧而过;出郭十余里,驻程俟颇为倡。明年,肇状元及第而归,刺史已下接之,大惭恚。会延肇看竞渡,于席上赋诗曰:‘向道是龙刚不信,果然衔得锦标归。’”③《第一仙人许状头》,此句典出《太平广记》卷181《贡举四》“李翱女”条,云:“李翱,江淮典郡。有进士卢储投卷,翱礼待

---

① 《诂经精舍三集·辞赋》卷1,第2页。

② 王定保:《唐摭言》卷3《慈恩寺题名游赏赋咏杂记》,古典文学出版社1957年版,第34页。

③ 王定保:《唐摭言》卷3《慈恩寺题名游赏赋咏杂记》,古典文学出版社1957年版,第40页。

之，置文卷几案间，因出视事。长女及笄，闲步铃阁前，见文卷，寻绎数四，谓小青衣曰：'此人必为状头。'迨公退，李闻之，深异其语。乃令宾佐至邮舍，具白于卢，选以为婿，卢谦让久之，终不却其意。越月随计。来年果状头及第。才过关试，径赴嘉礼。催妆诗曰：'昔年将去玉京游，第一仙人许状头。今日幸为秦晋会，早教鸾凤下妆楼。'"①

科举题材赋作多为律赋。如《诂经精舍三集·辞赋》卷3《鹿鸣宴赋》（以"我有嘉宾鼓瑟吹笙"为韵）3篇。《诂经精舍四集》卷13中收有肄业生周德庆的《登蟾宫赋》（以"自唐宋来以比登科"为韵，下面有重点号的字，即是所押韵脚），赋作曰：

星榜秋高，天街风利，宝地神仙，上清名字。乍扬金镜之辉，早织冰丝之记，喜云路之非遥，正霓裳之罢试。为问高寒玉宇，此去何如？应知迢递琼扬，其来有自。原夫蟾宫者，以玉蜍而者号，偕顾兔以腾光，千间厦广，七宝楼装，映明河而高敞，听广乐以齐锵，天上仪鸾之府，人间翥凤之场。漫云路隔仙凡，未堪比似，一样堂开琴瑟，不是荒唐。故土也会际扶摇，歌成雅颂。快万里之初抟，早三冬之足用。骨锁子兮欲飞，锦龙梭兮无缝，想前身本来是月，自应思入云霞，喜此行何异登仙，不愧才惊沈宋。请言其状，真称此才。冰壶朗映，银雾凉开。青云履接，天飚袖回。选清华于阆苑，迎歌舞于瑶台。不知鹄立郎君几生修到，郤笑鸿都道士一度虚来。于时桂子香中，银盘影里，玉女窗开。素娥色喜，群真集而，鸾鹤俱来。高咏结以箫璈竞起，看广殿秋毫入鉴，紫宴张初正公门，烧尾筵开，华觞酌以。斑簇笋兮芳联，旗导芝兮色绮。

① 李昉等编：《太平广记》卷181《贡举四》"李翱女"条，中华书局1961年版，第1346～1347页。

九转丹成,十年行砥。昔也望光明之殿以驰神,今也入清闳之都而曳屣。难得宫袍称体,听花边金钥之声,几多席帽笼头,作天半朱霞之比。是盖遂凌霄之顾,超最上之乘。士有白袍惯立,红帛长膺,能不深其洗伐,厉此修能。苟胸澄乎冰雪,自气壮乎飞腾。即看云气缠身,比龙门之直上,定有神仙招手,指琳阙以同登。方今圣朝明经士选,华国才罗。抛襕衫于利市,结锦骑而鸣珂。莫不颂澄,鉴纪雅歌。秋分丹窟,恩拜銮坡。九天之玉露无声,风清上界;五色之金书有耀,名缀巍科。①

此赋是律赋,韵脚是"自唐宋来以比登科"。赋题和韵脚意蕴相互呼应,一脉相承。这样的赋题生动地反映了科举制度在隋唐以后社会文化中的重要影响。这样的赋作现代读者在接受上还是存在着一定的难度的,而其具有高超的文字堆砌功力,以藻饰华美的文字描述人间及第盛况,堪如乘龙飞天,直入月宫,神交仙人之绝妙。此赋想象丰富,一片祥云瑞兆的吉祥气氛,竭力渲染歌颂科举及第的浓烈和喜庆。此赋也具有一般赋作的不足,就是思想内容上显得贫弱乏力。

以科举及第历史文化现象为赋题的,如《诂经精舍五集》卷7所收《题名雁塔思当日赋》(以"三十年间见日稀"为韵),题目中的"雁塔题名"是重要的科举文化现象。唐代于长安新及第的进士,不但有曲江宴,还有到慈恩寺游玩,并在大雁塔的塔砖上题写自己名字的活动,这是春风得意、万分荣耀的科举胜利者的专利活动。白居易就曾说自己"慈恩塔下题名处,十七人中最少年"。后世遂将"雁塔题名"作为进士及第的代称,并作为科举文化的象征广为流传,广泛吟咏。"题名雁塔思当日"乃一诗句,出自宋代

---

① 《诂经精舍四集》卷13,第32~34页。

唐子寿《吴下同年会诗》中。韵脚"三十年间见日稀"源自宋代诗人袁说友《同张元善集癸未同年》诗:"同年几合几分违,三十年间见日稀。尊酒相逢今也幸,诗书论政旧焉依。慈恩故事嗟回首,吴地清谈对落晖。一世功臣在公等,尚期努力佐龙飞。"诗题和韵脚都来自于以科举同年为题目的诗歌中,反映了科举时代科举文化的浓厚兴盛。

《诂经精舍课艺六集》卷 10 有《烧尾宴赋》(以"风云有路皆烧尾"为韵),文集收有肄业生许庆骐的一篇习作,并作序考证烧尾宴作为及第后欢宴名称的由来。其序曰:"士人初登第者,必展欢宴,谓之烧尾。闻见录之说有三:有云新羊入群,诸羊抵触,烧其尾乃定者。有云虎化为人,惟尾不化,必烧去乃得成人者。有云鱼跃龙门时,必雷电烧其尾乃化者。新羊一说,于登第之义毫无取尔。惟鱼化为龙,则固有当于龙门一登声价百倍之意。而窃为虎化为人亦颇有近于大人虎变,其文炳也之占。况举进士者,古称登龙虎榜,龙固取义甚确,虎亦近类非诬。今特分构两赋,前赋据龙说,后赋据虎说,仿子虚亡是答问之体为之。"①

同治七年(1868)四月朔课有赋题《泥金帖赋》(以"一日看遍长安花"为韵),《诂经精舍三集》(戊辰下)收有两篇课作。朱镜清课作开首曰:"金榜题名,金门拜秩,金字荣传,金闺喜溢。记年年金线压残,快处处金花书出,写风流之姓氏。珠唾随生,署月旦之声华。银袍艳述,问他日鹓鸿班列。谁为国士无双,道前番鸾凤妆楼,早许仙人第一。"②及第时的热烈喜庆气氛从赋作中弥漫而出。其他如同治九年七月朔课《登瀛赋》(以"春风得意其宴琼林"为韵)都是科举题材。《诂经精舍七集》卷 12 有《考舍铭》(集

---

① 《诂经精舍六集》卷 10,第 201 页。

② 《诂经精舍三集》(戊辰下),第 22 页。

句有引)、《卷囊铭》(集句有引)、《龙门铭》(集句有引)、《虎榜铭》(集句有引),仍是科举考试题材。

及第以后必定花好月圆,前途是充满希望的幸福和美满。当然,及第虽然人人向往之,但竞争激烈的科举更多、更普遍的滋味却是举子落第的惆怅、伤感、痛苦和绝望。关于落第的诗赋题,如《诂经精舍七集》卷10收有肄业生傅振海《不向春风怨未开赋》(以"天上碧桃日边红杏"为韵),题目和韵脚出自唐高蟾《落第诗》,宋代孙光宪《北梦琐言》卷7载:"(高蟾)落第诗曰:'天上碧桃和露种,日边红杏倚云栽。芙蓉生在秋江上,不向春风怨未开。'盖守寒素之分,无躁竞之心。公卿间许之。"①《黄菊犹应似去年赋》(以"青云岂易量他日"为韵),题目和韵脚出自宋代苏轼《与潘三失解后饮酒》诗:"千金敝帚人谁买,半额蛾眉世所妍。顾我自为都瞭眊,怜君欲斗小婵娟。青云岂易量他日,黄菊犹应似去年。醉里未知谁得丧,满江风月不论钱。"苏轼以"青云"之志勖勉朋友以后的科举仕途一帆风顺,安慰他科举下第的暂时不幸。诂经精舍掌教俞樾以古人落第诗为诗赋题,大概是希望肄业生们以平常心对待科举,安慰数量比例更大、不能中式的士子吧。

考察诂经精舍的文学教育状况,可见其教育教学和科举有着密切的联系,具有非常明显的科举色彩。

学海堂文学考课中科举文化痕迹较之诂经精舍要单薄得多,但也有一些对科举文化现象歌咏的题目。如《学海堂三集》卷23有《分和赵云松分校杂咏十二首》,所咏为清代科举考试中的"宣名"、"封门"、"发策"、"选韵"、"刷题"、"荐条"、"卷箱"、"蓝笔"、"落卷"、"拨房"、"填榜"、"房卷"12种程序。文集中收了21首课作。本题目是分和赵翼《秋闱分校杂咏》之作。清代著名学

---

① 孙光宪:《北梦琐言》卷7,中华书局1960年版,第64页。

者赵翼乾隆壬午年(1762)乡试任修翼分校,作《秋闱分校杂咏》诗,记述科场情状,名闻天下,一时传诵,分别吟咏科举考试程序中的“宣名”、“赴闱”、“封门”、“供给单”、“乡厨”、“刻匠”、“分经”、“拟策”、“刷题”、“选韵”、“荐条”、“红烛”、“蓝笔”、“落卷”、“副卷”、“拨房”、“勘卷”、“闱墨”、“草榜”、“谕帖”、“填名”、“拜榜”、“谢恩”、“赴宴”、“房卷”25 种,所作 25 首诗生动形象地记述了清代科举考试中的程序构成,非常细致,以及身历其中的考官、举子复杂多样的心理感受,具有重要的史料价值和文学艺术价值。学海堂肄业生的作品虽是分和的拟作,但还是体现出较高的文学创作水平。因为创作者身份的不同——赵翼是分校官,而学海堂肄业生是应试举子,两种有关科场的诗作还是有风格上的差别的。赵翼的诗作艺术感染力更胜一筹。

两书院文学课作中对科举文化现象的关注,反映了科举在现实社会中普遍而广泛的影响力。

第七章

两书院文学教育对肄业弟子文学活动之影响

——以章太炎、梁启超为考察对象

诂经精舍、学海堂两书院在近百年的办学时间里，在其中肄业的学生以数千计，为社会培养了数量庞大的有用人才，其中最令人瞩目的当推出自诂经精舍的章太炎、出自学海堂的梁启超。研究两书院文学教育对于肄业生的影响作用，以此二人为例，当具有一定的说服性意义。

章太炎与梁启超是活跃在清末民初时代的风云人物，被誉为那个时代耀眼夺目的“双子星座”，是对近代中国产生重大影响的两位政治家、文学家和教育家，引领着那个时代的思潮和发展方向。两人在众多方面都具有对称性、对比性、对立性和参照性，不愧为“双子星座”的称号。他们经历了大致相同的时代，人生道路既有趋同，又有背离，在那个变幻莫测的时代分分合合，彰显着各人的政治理想和人格魅力。两人一个是民族革命派的斗士，一个是维新改良派的旗手；一个是清学正统派（古文经学）的殿军，一个是晚清今文经学的拥护者；一个是浙东怪杰，一个是岭南奇才。他们在诸多方面，如人生经历、政治观、学术观、教育观，以及个人风格、人际关系等各个方面被进行着比较研究。而两人和书院的关系也有着惊人的对称性和可比性:一个出自诂经精舍,一个出自学海堂。

章太炎(1869～1936),名炳麟,字枚叔,初名学乘,后改名绛,号太炎,浙江余杭人。早年又号"膏兰室主人"、"刘子骏私淑弟子"等。后为《民报》主编,有《章氏丛书》等传世。梁启超(1873～1929),字卓如,人称任公,号饮冰子,别署饮冰室主人,广东新会人。后为《新民丛报》主编。传世作品有《饮冰室合集》148卷,1000余万字。章、梁二人在哲学、文学、史学、经学、法学、伦理学、宗教学等领域均有突出建树。这两位鼎鼎大名的时代杰出人物分别出自阮元创办的诂经精舍和学海堂,皆是书院优秀突出的高材生。诂经精舍、学海堂两书院在新时代来临、自己的末日逼近的前夕孕育了这两位时代风云人物,应该说是奇迹中的常态,偶然中的必然。章太炎、梁启超两人交往离合的关系,学术旨趣的形成,文学思想、文学创作特色等诸多方面和两书院的教育教学有着密切的关联,可见两书院在新旧变革的时代,在人才培养等各个方面扮演了较为相似的时代角色。

第一节　章太炎之与诂经精舍、梁启超之与学海堂的心路离合

章太炎和梁启超分别是诂经精舍和学海堂的高材生。书院教育是他们知识学养、人生经历中的重要阶段,不可或缺。他们的学术素养、文学成就、思维模式等皆得益于两书院的教育熏陶和培养。二人与书院的关系,章太炎与诂经精舍,梁启超与学海堂,皆经历了读书时的愉悦相得、后来的决然背离以及最终的趋同回归这样的历程,这是时代鼎革之际相同的感情心路历程和人

生选择。

一、就读书院期间的愉悦与相得

章、梁二人在两书院潜心攻读的数年时间是他们人生中的重要阶段。章太炎在诂经精舍读书学习前后8年(1890～1897),梁启超进入学海堂肄业前后共4年,在书院肄业期间的学习与生活皆是愉悦而相得的。章太炎被誉为"有学问的革命家",他的精深渊博的知识得益于诂经精舍八年系统深入的刻苦攻读和研究。

不但章太炎和诂经精舍有着割舍不断的渊源,章太炎家族和诂经精舍的渊源也是非同寻常。章太炎的父亲章浚曾是诂经精舍监院(监院相当于现在学校的教务主任这样的职位。传统书院中地位最高、最受推崇的是山长,也称掌教,承担释疑解难、讲授、出卷、阅卷等工作,事务性工作由监院负责),他的两个哥哥章炳森、章炳业都是诂经精舍肄业生。《诂经精舍三集》(己巳年,1869)、《诂经精舍四集》(光绪五年,1879)中有章浚的监院署名。《诂经精舍三集》(己巳年)收集的是己巳年的课作,刊刻于己巳年。《诂经精舍四集》刻于1879年,收集了同治十年至光绪四年(1871～1878)的课艺作品,可知章浚任诂经精舍监院至少有十年的时间。

章太炎有两位兄长,大哥章炳森,二哥章炳业。太炎倡言排满革命时,被朝廷缉捕,"为避祸,故炳森改名篯,炳业改名箴。"①而章太炎家族也怕被太炎牵连,将他开除出族。"章篯以

① 朱镜宙:《章太炎先生轶事》(咏莪堂随笔),《文教丛刊》1946年第5、6期。见陈平原等编《追忆章太炎》,中国广播电视出版社1996年版,第168页。

太炎闹革命，早已全国闻名。族人恐被牵累，早已在余杭家祠中开会，全族会议将太炎开除出族。”①章炳森，字椿伯，比章太炎年长16岁。《诂经精舍五集》卷7收有章炳森《孙克之对乞巧赋》赋作一篇。章太炎出生时，他已是县学生员，后来做了县学训导，1888年浙江乡试中举。章炳森对弟弟炳麟非常关爱，在学术上指引着他。章太炎回忆说：“时闻说经门径于伯兄箴，乃求顾氏《音学五书》、王氏《经义述闻》、郝氏《尔雅义疏》读之，即有悟。自是一意治经，文必法古。”②可以说，章炳森是对章太炎进行汉学启蒙教育的好老师。

章太炎的二兄章炳业也是诂经精舍肄业生，后来也中了举人。章炳业和其弟章炳麟肄业诂经精舍的时间应该大致相当，《诂经精舍七集》、《八集》共收有他的课作8篇，其中《七集》1篇，《八集》7篇，和章炳麟一样都是经训考据学课作，没有文学课作。章太炎在诂经精舍肄业期间，只“言稽古之学，未尝问文辞诗赋”③，未见他的文学课作。章炳业可能和章太炎一样，偏重学术。可见，章氏家族具有良好的家庭教育氛围，父兄都学有所成。

章太炎《自述治学之功夫及志向》一文中记载了他进入诂经精舍前的学习情景，曰：

> 年十六，当应县试，病未往。任意浏览《史》、《汉》，既卒业，知不明训诂，不能治《史》、《汉》，乃取《说文解字》段氏注读之。适《尔雅》郝氏义疏初刊成，求得之。二书既遍，已十八岁。读《十三经注疏》，暗记尚不觉苦。毕。读《经义述

---

① 汤国梨：《太炎先生轶事简述》，见陈平原等编《追忆章太炎》，中国广播电视出版社1996年版，第92页。

② 《章太炎先生自定年谱》，章氏国学讲习会排印本，上海书店1986年版，第3页。

③ 章太炎：《谢本师》，《民报》第9号，1906年11月15日。

> 闻》,始知运用《尔雅》、《说文》以说经。时时改文立训,自觉非当,复读学海堂、南菁书院两《经解》皆遍。二十岁,在余杭,谈论每过侪辈。忖路径近曲园先生,乃入诂经精舍,陈说者再,先生率未许。①

可见,在进入诂经精舍肄业前,章太炎就博览群书,打下了较深厚坚实的学术基础,具备了古文经学家、考据学家必备的知识积累和素养。章太炎向俞樾多次请求进入诂经精舍肄业,俞樾都没能同意,说明能不能进入书院学习,山长的态度很重要。章太炎的父亲章浚虽然是俞樾诂经精舍的故交同事,但俞樾没有轻易同意章太炎入学。笔者认为很可能有一个重要的原因,就是章太炎没有功名。进入诂经精舍肄业的学生一般都有生员以上资格,或者是杭州政府官员如巡抚、学政等从杭州其他书院中遴选而来的优等生。而章太炎年少时期就绝意科举,无功名可言。后来俞樾问了章太炎几个非常深奥的问题,没想到他引经据典,对答如流,俞樾非常满意,太炎遂成为俞樾诂经精舍的高足弟子。章太炎能够进入诂经精舍肄业完全凭借自身的实力。

光绪十六年,章太炎 22 岁,他的父亲章浚刚去世,他就进入诂经精舍肄业,"时德清俞荫甫先生主教,因得从学。并就仁和高宰平先生问经,谭仲仪先生问文辞法度"②。在诂经精舍,有俞樾这样的名师硕儒亲加指导,太炎的学术成就日益精进。太炎说:"曲园先生,吾师也,然非作八股,读书有不明白处,则问之。"③他还说:"余始治经,独求通训故、知典礼而已,及从俞先生游,转益

① 《记本师章公自述治学之功夫及志向》,见张昭军编《章太炎讲国学》附录二,东方出版社 2007 年版,第 369 页。

② 《章太炎先生自定年谱》,章氏国学讲习会排印本,上海书店 1986 年版,第 3 页。

③ 汤志钧编:《章太炎年谱长编》(上),中华书局 1979 年版,第 11 页。

精审,然终未窥大体。二十四岁,始分别古今文师说。谭先生好称阳湖庄氏,余侍坐,但问文章,初不及经义。”①除了问学于俞樾以外,章太炎还问学于谭献、高学治、黄以周、宋恕、孙诒让等。章太炎向谭献请教的是有关文辞法度的内容。谭献(1832～1901),擅长骈文,规仿六朝,高出时人,词学成就也很高。章太炎《自述学术次第》中说道:“谭君为文,宗法容甫、申耆,虽体势有殊,论则大同矣。”②谭献曾任诂经精舍监院,1898年俞樾辞退诂经精舍掌教后,继之者有黄体芳、谭献以及汪鸣銮。高学治,和章太炎父亲章浚曾一起为诂经精舍监院,《诂经精舍四集》有署名。黄以周(1828～1899),诂经精舍高材生,与章太炎、俞樾被世人称为晚清“浙江三先生”,后主讲江苏南菁书院。宋恕(1862～1910),原名存礼,字燕生,号谨斋,后改名恕,字平子,号六斋,后又改名衡。宋恕乃俞樾入室弟子,精研佛学。受宋恕感染影响,章太炎后来对佛学产生了兴趣。可见,章太炎的学术成就得益于诂经精舍众师生的指导和互相切磋启发。但章太炎的学术成就更多的是来自于自己的勤思苦读。传统书院教学更侧重于自学和独立思考能力的培养。这一点章太炎也说过:“学问只在自修,事事要先生讲,讲不了许多。予小时多病,因弃八股,治小学,后乃涉猎经史,大概自求者为多。”③诂经精舍为章太炎所提供的良好的学术研究环境非常重要,最终成就了他成为乾嘉考据学殿军人物,确定了其学术地位。《诂经精舍课艺七集》、《八集》刊刻,章炳麟三字是

---

① 《章太炎先生自定年谱》,章氏国学讲习会排印本,上海书店1986年版,第4页。

② 《自述学术次第》,见张昭军编《章太炎讲国学》附录一,东方出版社2007年版,第362页。

③ 《章太炎先生答问》,《太炎先生最近文录》附录,转引自汤志钧编《章太炎年谱长编》(上),中华书局1979年版,第11页。

频繁出现的,《诂经精舍课艺七集》每册后有“章炳麟校”、“章炳麟校字”。《诂经精舍课艺七集》和《八集》收有章炳麟经训考据类课作共40篇,其中《七集》18篇,《八集》22篇。章太炎在诂经精舍期间完成了他的第一部学术专著《膏兰室札记》。“膏兰室”是章太炎在诂经精舍读书的地方。札记是诂经精舍和学海堂等书院要求学生养成良好习惯的一种读书治学方法,相当于读书笔记,读书过程中有所得、所疑记入其中。书院掌教等要定期检查批阅学生的读书札记。后来章太炎在诂经精舍又著述了《春秋左传读》,站在古文经学的立场,驳斥今文经学派刘逢禄等。书成后呈送俞樾过目,老先生说:“虽新奇,未免穿凿,后必悔之。”①可见,章太炎在诂经精舍读书时期已经学有所成,具备了挑战权威的勇气和怀疑批判精神。

章太炎能够在学术上取得别人所不能达的成就,也和他远离科举有着重要的关系。章太炎深恶科举。16岁那年,章太炎在父兄的要求下本来准备应县试的,不料得了“眩厥”病,以后就绝意科举了。章太炎说:“吾生二十三岁而孤,愤疾东胡,绝意考试,故得研精学术,忝为人师。”②他本人认为绝意科举,使他获得了更多的时间和精力从事自己嗜爱的学术研究。章太炎《自述学术次第》中也表达了这样的意思:“余生亡清之末,少甚异族,未尝应举,故得泛览典文,左右采获。中年以后,著纂渐成,虽兼综故籍,得诸精思者多。精要之言,不过四十万字,而皆持之有故,言之成理,不好与儒先立异,亦不欲为苟同。”③因为章太炎年少的时候就绝意科举,

---

① 《记本师章公自述治学之功夫及志向》,见张昭军编《章太炎讲国学》附录二,东方出版社2007年版,第369页。

② 汤国梨:《章太炎家书》,上海古籍出版社1985年版,第46页。

③ 章太炎:《自述学术次第》,见张昭军编《章太炎讲国学》,东方出版社2007年版,第357页。

才能够比一般的肄业生更能专注于自己喜爱的学术研究。

章太炎在诂经精舍读书研究的这前后 8 年时间里，和诂经精舍师生之间以及书院外如孙诒让这样的大儒切磋交流，相得益彰，学有所成。

梁启超在学海堂肄业前后 4 年时间（1887 ~ 1890），和学海堂其他学生一样，研经究史，训诂词章，虽然没有章太炎那样的精深淹博，但也打下了比较坚实的汉学基础，同时文学素养也日有所进。这为他后来成就教育家、文学家的地位，起到了不可或缺的作用。这四年时间，是他人生中知识储备、学养积淀的重要阶段。

梁启超少年时代起就攻举业，年仅十二岁就中了秀才，获得生员资格。这和章太炎绝缘科举的经历正好相反。光绪十年（1884），梁启超 12 岁应试学院，补博士弟子员。梁启超《三十自述》记述当时的读书情形道：

> 十二岁应试学院，补博士弟子员。日治帖括，虽心不慊之，然不知天地间于帖括外，更有所谓学也。辄埋头钻研，顾颇喜词章，王父、父母时授以唐人诗，嗜之过于八股。家贫无书可读，惟有《史记》一、《纲鉴易知录》一，王父、父日以课之，故至今《史记》之文，能成诵八九。父执有爱其慧者，赠以《汉书》一，姚氏《古文辞类纂》一，则大喜，读之卒业焉。①

光绪十一年（1885），梁启超 13 岁，“始知有段、王训诂之学，大好之，渐有弃帖括之志”②。光绪十二年（1886），梁启超 14 岁，“是年受学于陈梅坪先生”③。陈梅坪曾任学海堂学长。梁启超

---

① 梁启超：《三十自述》，《饮冰室合集》第 2 册《文集》之十一，中华书局 1989 年版，第 16 页。本章节中以下所用《饮冰室合集》皆为该版本。

② 梁启超：《三十自述》，《饮冰室合集》第 2 册《文集》之十一，第 16 页。

③ 梁启勋：《曼殊室戊辰笔记》，转引自丁文江、赵丰田《梁任公先生年谱长编》（初稿），中华书局 2010 年版，第 11 页。

说:“启超幼而学于学海堂,师南海陈梅坪先生(瀚),东塾弟子也。”①那么梁启超和学海堂的缘分可能从这一年就开始了。

光绪十三年(1887),梁启超15岁,到学海堂肄业。《三十自述》中说:“时肄业于省会之学海堂,堂为嘉庆间前总督阮元所立,以训诂词章课粤人者也,至是乃决舍帖括以从事于此,不知天地间于训诂词章之外,更有所谓学也。”②光绪十四年(1888),梁启超16岁,成为学海堂专课肄业生。梁启勋《曼殊室戊辰笔记》中记载道:“十六岁入学海堂为正班生(此处的正班生应该指的是专课肄业生。但容肇祖《学海堂考》专课肄业生名单中没有梁启超),同时又为菊坡、粤秀、粤华之院外生。”③

清代书院,除了为士子提供读书研究的条件,如师资、图书资料,以及良好的环境,另外还有一个重要的功能就是助学养士。学海堂在助学养士这一点上做得比较好,因为受到政府的重视,膏火比较优厚。梁思成《致在君先生书》中云:“学海堂历来学长有金纪堂、陈兰甫、黎大椿、陈梅坪、梁禹生诸先生。每月讲学两次。每月有膏火,优者银数两,为粤惟一之大学机关。”④学海堂位列广东众书院之首,被大家看做广东惟一的“大学机关”,就是后来习称的高等院校。在学海堂考课肄业,考课成绩好的能够获得可观的膏火。梁启超在学海堂是优等生。林慧儒、陈侣笙在《任公大事记》中记载:“卓如十七岁从学海堂专科生季课大考,四季皆第一。自有学海堂以来,自文廷式外,卓如一人而已。”⑤季

---

① 梁启超:《近代学风之地理的分布》,《饮冰室合集》第5册《文集》之四十一,第79页。

② 梁启超:《三十自述》,《饮冰室合集》第2册《文集》之十一,第16页。

③④ 转引自丁文江、赵丰田:《梁任公先生年谱长编》(初稿),中华书局2010年版,第12页。

⑤ 林慧儒、陈侣笙:《任公大事记》,转引自丁文江、赵丰田《梁任公先生年谱长编》(初稿),中华书局2010年版,第12页。

课大考，四季都第一，梁启超在学海堂的训诂、词章研习效果可以想见。

诂经精舍、学海堂有刊刻学生课艺之作的传统，学海堂前后共刊刻了四部课艺文集，最后一部《学海堂四集》刊刻于光绪十二年(1886)。在晚清国势日衰的大形势下，学海堂已无力再刻课艺之作，而梁启超后来绝意退出学海堂，追随康有为，也没有刻意收藏自己的课艺之作，梁启超学海堂课艺之作全部佚失，很可惜。有人回忆梁启超在学海堂所作的课艺，"先生十五六岁时为学海堂专课生，有《汉学商兑跋》，凡万余言，其文今不存矣。"①

光绪十五年(1889)，梁启超17岁，于广东乡试中举人第八名。光绪十六年(1890)梁启超之师石星巢给汪穰卿书中说："兄去年馆中获售者九人……九人之中以梁(启超)、谭(镳)、梁(志文)、赖(际熙)四子为卓荦之士，经学词章各有所长。"②梁启超中举后仍在学海堂做专课肄业生。光绪十六年(1890)，梁启超18岁，进京赴会试，未中，回到广州后仍在学海堂就学。这年秋天，梁启超遇到了康有为，于是人生发生了转折。

梁启超在学海堂的四年时间里，"不知天地间于训诂词章之外，更有所谓学也"。读书学习非常专注。"季课大考，四季皆第一"，成绩突出，膏火丰厚。可知，梁启超在学海堂的这段求学时期，一如章太炎之于诂经精舍，愉悦而相得。

二、离开书院时的毅然与决然

在国势日衰、西方列强虎视眈眈的国际大形势下，清醒有识

---

① 丁文江、赵丰田：《梁任公先生年谱长编》(初稿)，中华书局2010年版，第12页。

② 石德棻：《与穰卿贤弟书》，转引自丁文江、赵丰田：《梁任公先生年谱长编》(初稿)，中华书局2010年版，第13页。

之士关注着国家的前途命运、民族的生死存亡，梁启超和章太炎就是其中最典型突出的两位时代人物。梁启超和章太炎作为学海堂和诂经精舍的学生，皆是两书院的背离者，但两人背离后所走的道路只有短暂的合作交融，很快即分道扬镳。虽然两人最后所走的救国道路迥然不同，爱国救世之目的却殊途同归。两人的政治观点一直相左。梁启超是国学的反叛者，而章太炎一生提倡国学，但最后梁启超成了保皇派，章太炎却成了旧世界的彻底革命者。

光绪十六年(1890)，梁启超18岁，进京赴会试，未中，回到广州后仍在学海堂就学。这年八月，梁启超遇到了康有为，于是思想和人生向着另外一个方向发展。其实梁启超会试回来途经上海时，这种变化已经开始。《三十自述》曰：

> 下第归道上海，从坊间购得《瀛寰志略》读之，始知有五大洲各国，且见上海制造局译出西书若干种，心好之，以无力不能购也。①

西学书籍开阔了梁启超的视野，一接触，梁启超就非常喜欢。本年秋梁启超和学海堂高才生陈千秋一起拜谒康有为，梁启超又经历了人生中更为重要的思想转变。《三十自述》曰：

> 其年秋，始交陈通甫(陈千秋)。通甫时亦肄业学海堂，以高才生闻。既而通甫相语曰："吾闻南海康先生上书请变法，不达，新从京师归，吾往谒焉。其学乃为吾与子所未梦及，吾与子今得师矣。"于是乃因通甫修弟子礼事南海先生。时余以少年科第，且于时流所推重之训诂词章学颇有所知，辄沾沾自喜。先生乃以大海潮音，作师(狮)子吼，取其所挟

① 梁启超：《三十自述》，《饮冰室合集》第2册《文集》之十一，第16页。

持之数百年无用旧学更端驳诘,悉举而摧陷廓清之。自辰入见,乃戌始退,冷水浇背,当头一棒,一旦尽失其故垒,惘惘然不知所从事,且惊且喜,且怨且艾,且疑且惧,与通甫联床,竟夕不能寐。明日再谒,请为学方针,先生乃教以陆王心学,而并及史学、西学之梗概。自是决然舍去旧学,自退出学海堂,而间日请业南海之门。生平知有学,自兹始。①

自此,梁启超退出了学海堂,跟随康有为,背离了学海堂的古文经学的汉学传统,接受今文经学和西学教育。第二年(光绪十七年,1891,梁启超19岁),康有为在广州创办万木草堂,梁启超就读其中。《三十自述》中载曰:

辛卯,余年十九,南海先生始讲学广东省城长兴里之万木草堂,徇通甫与余之请也。先生为讲中国数千年来学术源流,历史政治,沿革得失,取万国以比例推断之,余与诸同学日札记其讲义,一生学问之得力,皆在此年。先生又常为语佛学之精奥博大,余夙根浅薄,不能多所受。先生时方著《公理通》、《大同学》等书,每与通甫商榷,辨析入微,余辄侍末席,有听受,无问难,盖知其美而不能通其故也。先生著《新学伪经考》,从事校勘;著《孔子改制考》,从事分纂。日课则宋元明儒学案、《二十四史》、《文献通考》等,而草堂颇有藏书,得恣涉猎,学稍进矣。②

梁启超和陈千秋两人在跟随康有为学于万木草堂数月后,还到学海堂宣传康有为的新学思想,抨击学海堂所崇尚的古文经学,和学海堂中的师生辩难无虚日。梁启超《清代学术概论》有

① 梁启超:《三十自述》,《饮冰室合集》第2册《文集》之十一,第16~17页。

② 梁启超:《三十自述》,《饮冰室合集》第2册《文集》之十一,第17页。

载:“二人者学数月,则以其所闻昌言于学海堂,大诋诃旧学,与长老侪辈辩诘无虚日。”①

梁启超在康有为万木草堂学习了三年多时间,而到万木草堂问学的学生数,由起初的20人左右达到后来“动至数百千人”②。一个民间的私人办学组织,能够吸引那么多的年轻学子,可见它的思想吸引力和影响力之大。万木草堂在教学中构建了维新变法的理论体系,培养了维新人才。后来的“戊戌维新”是一场具有反封建性质、要求在中国发展资本主义的进步运动。变法图强顺应了时代发展的潮流,代表了历史发展的正确方向。梁启超选择万木草堂的新学思想,摒弃学海堂旧学,是历史的进步。

光绪二十年(1894)甲午中日战争,中国战败,割地赔款,丧权辱国,举国愤慨悲痛。梁启超《戊戌政变记》中说道:“吾国四千余年大梦之唤醒,实自甲午战败割台湾、偿二百兆以后始也。”③梁启超在后来的公车上书、创办强学会、戊戌维新等活动中,以及创办的《时务报》上为救亡图强奔走呼号。

甲午中日战争的炮火同样震惊了在诂经精舍苦读的章太炎,梁启超的声音也感染了章太炎。光绪二十一年(1895),甲午战争第二年,章太炎27岁,母亲去世,章太炎“乃纳会费十六元”④,加入上海强学会。1896年7月,梁启超等用上海强学会的余款及黄遵宪的捐款在上海创办了《时务报》,梁启超任主笔,汪康年任总经理。章太炎加入上海强学会交了16元会费,而《时务报》创办

---

① 梁启超:《清代学术概论》(二十五),东方出版社1996年版,第75页。本章所引此书皆据此版本,下不注明。

② 参见梁启超《南海先生七十寿言》,《饮冰室合集》第5册《文集》之四十四上,第28页。

③ 梁启超:《戊戌政变记》,《饮冰室合集》第6册《专集》之一,第1页。

④ 汤志钧编:《章太炎年谱长编》(上),中华书局1979年版,第27页。

是用强学会余款办成，所以章太炎对《时务报》的创建也小有贡献。1896年底，章太炎给汪康年写信，谈了他对办报的见解。他认为办报的宗旨“不欲臧否人物”，内容要丰富，要“驰骋百家”、“旁及西史”，以便“引古鉴今，推见至隐”，使报纸成为宣传变法的工具。[①] 这封信受到了梁启超、汪康年的重视，由于章太炎是强学会会员，在学术上已小有名气，于是，汪康年派人前往杭州，邀请章太炎到上海担任《时务报》撰述。可章太炎的恩师俞樾很不赞成，“颇不怿”[②]。1897年早春，汪康年派人专程到杭州迎请章太炎，章太炎不顾俞樾劝阻，应邀赴上海《时务报》任职，结束了在诂经精舍前后八年的读书研究生涯。章太炎就这样毅然决然地告别了美丽的西湖，离开了委身安处8年的诂经精舍。章、梁两人也就这样开始了人生中的第一次交接。

章太炎离开诂经精舍，与梁启超背离学海堂，性质上不一样。梁启超离开学海堂，是学术上的偏离，由学海堂的古文经学偏向今文经学，是从救世的功能出来，对学海堂教学宗旨的怀疑、批判、否定和背弃。不过后来他的学术旨趣最终还是回归学海堂所崇尚的古文经学传统。而章太炎学术上一直尊奉古文经学，继承和发展了诂经精舍的学术传统，是对乾嘉学派的继承和超越。从学术和情感上他从未背离过诂经精舍，他在诂经精舍求学前后8年，离开诂经精舍，虽是时代的召唤，也是自身安身立命的需要，学有所成，学以致用，正如瓜熟蒂落、水到渠成一样，是合情合理的事。但章太炎和恩师俞樾的决裂却是一宗让世人震惊的公案。

---

① 章太炎：《与汪康年》（1896年12月29日），见马勇编《章太炎书信集》，河北人民出版社2003年版，第5页。

② 《章太炎先生自定年谱》，章氏国学讲习会排印本，上海书店1986年版，第5页。

由于章太炎和康梁派学术旨向、思想基础的不同，摩擦、争辩不断。在《时务报》不平静的合作并没有持续多久，4 月，章太炎离开《时务报》。1898 年维新变法失败后，章太炎因为加入上海强学会而受到牵连，先举家避居台湾，后来又流亡日本，然后又秘密回国，为了躲避清政府的追捕，数年间东躲西藏。1900 年，章太炎剪辫易服，剪掉了象征着臣清的发辫，也剪断了和清王朝的精神联系，也正式宣布与康有为、梁启超的改良主义保皇派分道扬镳，竖起了反清革命的旗帜，发表了一系列仇清的革命言论。1901 年 8 月，走投无路的章太炎在朋友吴君遂的介绍下到美国基督教会创办的苏州东吴大学做了中文教员，而恩师俞樾已辞掉诂经精舍掌教职位，在苏州颐养天年。在同一座城市，当然应当去拜见恩师。没想到曲园先生一见到章太炎，大怒，以从未有过的凌厉辞气怒斥痛骂章太炎"不孝不忠，非人类也"。后来章太炎写了《谢本师》一文，记述了此事的经过，也表明了与恩师俞樾关系的公开决裂。章太炎《谢本师》全文曰：

余十六七岁始治经术，稍长，事德清俞先生，言稽古之学，未尝问文辞诗赋。先生为人岂弟，不好声色，而余喜独行赴渊之士。出入八年，相得也。顷之，以事游台湾。台湾则既隶日本，归。复谒先生，先生遽曰："闻而[尔]游台湾，尔好隐，不事科举，好隐则为梁鸿、韩康可也。今入异域，背父母陵墓，不孝；讼言索虏之祸毒敷诸夏，与人书指斥乘舆，不忠。不孝不忠，非人类也，小子鸣鼓而攻之可也。"盖先生与人交，辞气凌厉，未有如此甚者。先生既治经，又素博览，戎狄豺狼之说，岂其未喻，而以唇舌卫扞之？将以尝仕索虏，食其廪禄耶？昔戴君与全绍衣并污伪命，先生亦授职为伪编修。非有土子民之吏，不为谋主，与全、戴同。何恩于虏，而恳恳蔽遮其恶？如先生之棣通故训，不改全、戴所操以诲承学，虽杨雄、孔颖达,何以加焉。①

俞樾怒斥章太炎不忠不孝的革命行为,其实情有可原,世人从一般常理就能够理解。俞樾作为晚清科举考试晋身的进士、著名书院的山长,自然是儒家正统思想的代言人,他虽然有一些超越时代的进步思想,但当时80高龄的他再进步也不至于到无视或者拥护章太炎反清革命的地步。虽然那时清政权飘摇零落,但并未颠覆。如章太炎那样的时代先驱人物,毕竟屈指可数。章氏家族为了不受太炎牵连,还召开全族会议,将他开除族籍,他的两个哥哥还改了名字。章太炎说恩师俞樾责难的语气"辞气凌厉",其实太炎辩解的语气非但不礼貌婉转,而且非常生硬,更加凌厉,如责问俞樾"何恩于虏,而悬悬蔽遮其恶"。章太炎公开发表《谢本师》一文,被世人看做是背叛师门,是与恩师俞樾关系的公开决裂。章太炎与恩师俞樾关系的这种决裂和诂经精舍所遵循的学术传统无关,冲突点完全在于政治道德观的差异。

《谢本师》一文并不是当年发表的,而是五年后的1906年11月刊载于《民报》第9号。而这五年时间里,章太炎一直行走在革命的道路上,1903年因"苏报案"被捕入狱3年,1906年6月出狱。出狱后的章太炎在日本东京加入同盟会,被委任为《民报》主编,不久即在《民报》发表《谢本师》一文。章太炎在这个时候发表《谢本师》一文,值得深思,借《谢本师》一文公开宣言和恩师决裂,更有可能是为了保护恩师免受牵连。章太炎、俞樾的师生情其实一直未曾断绝。② 1907年,就在《谢本师》公开发表后不到一年,

---

① 章太炎:《谢本师》,《民报》第9号,1906年11月15日。

② 参见张宜雷《章太炎"谢本师"原因又一说》,《中华文化论坛》2006年第1期。

俞樾去世。章太炎在日本写了《俞先生传》,对恩师一生作了客观恰当的评价。孙诒让去世后,章太炎作《瑞安孙先生伤辞》,以“远不负德清师,近不负先生”①自勉。德清师就是俞樾。后来有人记述了曾国藩对俞樾的评价,曰:“荫甫(俞樾)可谓近代闻人,犹未得与乎作者也。”章太炎起而驳斥曰:“先生虽广涉群书,先务自有所在,与夫泛滥记诵、无所归宿者固殊矣。当云‘近代经师’,不当云‘近代闻人’也。”②章太炎认为恩师俞樾能够担当起“近代经师”的盛名。章太炎晚年到杭州,亲自到俞樾故居祭拜恩师,虽物是人非,园已易主,仍然在“春在堂”前点起香烛,行三跪九叩之礼。即使《谢本师》一文是章太炎更爱真理的宣言,我们还是有理由相信,政治道德旨趣的不同并不能切断在诂经精舍八年建立起来的师生真情。

章太炎离开诂经精舍并不是学术上的背离,与恩师俞樾的公开决裂也只是政治道德观念上的对立和差异,从原因和目的上来说,这和梁启超因学术旨趣的不同背离学海堂完全不同。

三、对书院学术宗旨的坚持和回归

梁启超、章太炎相继离开书院,投身到救国图强的事业中。在日益高涨的变法维新呼声中,清政府开始对教育制度进行改革,有两大举措,一是书院改制,另一是科举的废止。光绪二十七年八月初二日(1901 年 9 月 14 日),清政府正式下达书院改制上谕:“着各省所有书院,于省城均改设大学堂,

---

① 章太炎:《瑞安孙先生伤辞》,《太炎文录初编》卷 2,见《章太炎全集》(四),上海人民出版社 1985 年版,第 225 页。

② 章太炎:《蓟汉闲话》,《太炎文录续编》卷 1,见《章太炎全集》(五),上海人民出版社 1985 年版,第 110 页。

各府及直隶州均改设中学堂，各州县均改设小学堂，并多设蒙养学堂。”①这个诏书本意是书院“改制”，但最终是大部分书院被废止。诂经精舍、学海堂两书院在时代大潮涌流下，最终落幕。诂经精舍于光绪三十年(1904)废止停办，部分旧址改建为浙江省国立艺术专门学校。学海堂于光绪二十九年(1903)停办，改为阮太傅祠，后来毁于战火，片瓦无存，在其旧址上建起的是广州市立一中。经过20世纪初的书院改制，代表传统主流意识形态的书院退出了历史舞台，新式学校、学堂粉墨登场。书院一千多年来所积淀的人文精神和学术情怀，足供后人永远品味和追忆。在历史纷纭中一路走来，章太炎、梁启超两人对于两书院的学术传统在眷念回顾中坚持和回归。

阮元创建诂经精舍、学海堂以经训考据学为教学旨归，崇尚古文经学，是乾嘉考据学研究成果的回响。但阮元本人在经学立场上并不独崇古文经，他不但折衷汉宋，而且还兼取今古文经学，不存门户之见。阮元和今文经学家孔广森、刘逢禄、凌廷堪等私交甚笃。阮元在编纂《皇清经解》时就接受了刘逢禄的建议收录了一些今文经学的研究成果。学海堂教学中就有宋学的成分。学海堂学长陈澧等也是汉宋兼采。诂经精舍山长俞樾虽然学宗古文经学，但他对今文经学还颇有好感，这让章太炎很不以为然，他说：“余治经专尚古文，非独不主齐、鲁，虽景伯、康成亦不能阿好也。先师俞君，曩日谈论之暇，颇右《公羊》。余以为经即古文，孔子即史家宗主。”②章太炎在少年时就崇尚古文经学，“余少年

---

① 见陈谷嘉、邓洪波《中国书院史资料》，浙江教育出版社1998年版，第2489页。

② 章太炎：《自述学术次第》，见张昭军编《章太炎讲国学》，东方出版社2007年版，第358页。

独治经、史、《通典》诸书，旁及当代政书而已，不好宋学，尤无意于释氏”①。以后的一生章太炎都谨守古文经学的门径，对宋学、今文经学的微言大义、牵强附会尤为鄙视。在诂经精舍读书的时候，章太炎作《春秋左传读》批驳清代今文经学。刚离开诂经精舍加入《时务报》的章太炎还是倾向于维新变法，但对康有为变法思想的经学依据《新学伪经考》和《孔子改制考》很是不屑，对其中以今附古、牵强附会、极端荒谬的考证大加批驳。章太炎是一个严格区分“学术”与“政术”的学者和革命家，他的学术不为政治服务，这点最为难得。章太炎提出治经的目的在于存古求真，不是为了适今尚用。他说“经术致用，不如法吏”，“学者将以实事求是，有用与否，固不暇计求”。② 所以说，在学术上，章太炎是诂经精舍所崇尚的乾嘉考据学治学精神最忠实的继承者，并通过章门弟子不断发扬光大。较之诂经精舍创建者阮元，掌教 31 年的恩师俞樾，在乾嘉考据学的治学门径上，章太炎更为谨守。正如梁启超所说：“炳麟谨守家法之结习甚深，故门户之见，时不能免，如治小学排斥钟鼎文龟甲文，治经学排斥‘今文派’，其言常不免过当。而对于思想解放之勇决，炳麟或不逮今文学也。”③其实从章太炎勇往直前、无所畏惧的革命道路来看，他的“思想解放之勇决”远远超过改良保皇的康梁今文经学派。胡适在为上海《申报》五十周年纪念专刊所撰长文《五十年来中国之文学》中，称章太炎是“清代学术史的压阵大将，但他又是

---

① 章太炎：《自述学术次第》，见张昭军编《章太炎讲国学》，东方出版社 2007 年版。第 357 页。

② 章太炎：《与王鹤鸣书》，原载《国粹学报》第 63 期，1910 年 3 月 1 日。转引自《章太炎年谱长编》（上），中华书局 1979 年版，第 237 页。

③ 梁启超：《清代学术概论》（二十八），东方出版社 1996 年版，第 87 页。

一个文学家”①,名副其实,名至实归!

章太炎是诂经精舍学术传统的坚持者、继承者和发扬光大者,无愧为乾嘉考据学殿军人物的称号。

在康有为的感召下,毅然决然背离学海堂的梁启超在经历了时代潮流的曲折波澜后,对学海堂所尊崇的古文经学趋向重新认同和回归。其实,梁启超对康有为今文经学的批判早已有之。康有为以大海潮音般的狮子吼功夫,给梁启超等强力洗脑,效果明显,梁启超离开学海堂,放弃古文经学,尊崇今文经学。但今文经学的疏漏显而易见,跟随康有为追求真理的梁启超当然不会视而不见。康有为著《新学伪经考》,梁启超和陈千秋“二人者多所参与,亦时时病其师之武断”②,康有为“好引纬书,以神秘性说孔子,启超亦不谓然”③。在《清代学术概论》中他说道:“启超自三十以后,已绝口不谈‘伪经’,亦不甚谈‘改制’。”④他称乾嘉考据学为“清学正统派”,对之赞誉有加,肯定它的正统地位,对今文经学不但颇有微词,也有自身的反省。梁启超称自己:“与正统派因缘较深,时时不慊于其师之武断,故末流多有异同。”⑤梁启超与正统派的渊源当然就是在学海堂数年的学习研究。正统学派书院——学海堂,将考据学谨严求真的治学方法内化为一种批判性思维方式,所以能够使他不盲从于其师康有为治学的武断。他批判了今文经学“借经术以文饰其政论,颇失‘为经学而治经学’之本意”⑥。梁启超《清代学术概论》中有专节评论章太炎

① 胡适:《五十年来中国之文学》,见《胡适文集3·胡适文存二集》卷2,欧阳哲生编,北京大学出版社1998年版,第228页。

② 梁启超:《清代学术概论》(二十三),第70页。

③ 梁启超:《清代学术概论》(二十五),第75~76页。

④ 梁启超:《清代学术概论》(二十六),第78页。

⑤⑥ 梁启超:《清代学术概论》(二),第6页。

的学术成就和地位:“在此清学蜕分与衰落期中,有一人焉能为正统派大张其军者,曰余杭章炳麟。炳麟少受学于俞樾,治小学极谨严。……其治小学,以音韵为骨干,谓文字先有声然后有形,字之创造及其孳乳,皆以音衍。所著《文始》及《国故论衡》中论文字音韵诸篇,其精义多乾嘉诸老所未发明。应用正统派之研究法,而括大其内容,延辟其新径,实炳麟一大成功也。”①梁启超高度评价了章太炎的学术成就和地位,其实是对两书院办学宗旨的崇尚和肯定。

梁启超所著《中国近三百年学术史》开卷即声明写作目的:“这部讲义,是要说明清朝一代学术变迁之大势及其在文化上所贡献的分量和价值。”他详细总结了清学正统派在经学、史学、校勘学、音韵学、训诂学、方志学等各种学术门类方面所取得的成就。但很奇怪,他没有把清末今文经学列入清代三百年的学术成就之中,这表明了他回归古文经学的学术立场。在《清代学术概论》中,他把自己早年的《国文语原解》列入清学正统派小学成就之中②,这是他想极力证明自己“与正统派因缘较深”,想厕身其中的心愿表达吧。

梁启超逐渐走出政论式今文经学,向正统派学术古文经学回归,他的学术总结性著作如《清代学术概论》、《中国近三百年学术史》等重点论述了清代正统学派古文经学的成就和发展脉络,彪炳史册,是难得的学术史佳作。这表明了他回归正统派学术的诚意、资格和实力,这也是他回归学海堂学术宗旨的表现。

对自己在学海堂肄业的这段经历,梁启超也时常提起。《清

---

① 梁启超:《清代学术概论》(二十八),第86页。

② 梁启超:《清代学术概论》(十四),第47页。

代学术概论》中曰:"自吾之生,而乾嘉学者已零落略尽,然十三岁(应该是十五岁)肄业于广州之学海堂,堂则前总督阮元所创,以朴学教于吾乡者也,其规模矩矱,一循百年之旧。"①对学海堂创建者阮元对岭南学风的改造影响,梁启超也表达了自己的崇敬之情:"同是一岭南,假使无阮文达为之师,则道咸之后,与其前或不相远,未可知也。"②"阮芸台先生督两广,设学海堂课士,道咸以降,粤学乃骤盛。"③百年书院的命运让人叹息。梁启超1915年回到广州,在学海堂旧址处寻找阮元画像。梁启超《阮芸台先生画像》一文中记载了这次寻访,如下:

> 阮文达公像在粤秀山学海堂之阮太傅祠,每岁公生日,吾粤学子集祠中瞻礼,因之以讲诵,百数十岁勿忒。辛亥军兴以后,学海堂鞠为茂草。乙卯(1915)春余归粤省觐,求祠故址不可复得,像更何有?乃以其私哀吁军吏,请为吾粤名宦,稍留剪记。嗣乃搜剔得兹像于旧红棉山馆之旁,既以作断桥荐马足矣,余乞就祠故址建一亭供养焉,此其拓本,则其趺已断矣。粤患方未艾,斯像他日之厄,又岂余所计也,丁巳(1917)腊半。④

学海堂在战火中早已夷为平地茂草,梁启超只能在原址处追忆曾经的朗朗弦歌。阮亨《瀛舟笔谈》是一部专记阮元事迹的著作。梁启超在为阮亨《瀛舟笔谈》所作题记中说:"此书实一种别

---

① 梁启超:《清代学术概论》(十七),第56页。

② 梁启超:《近代学风之地理的分布》,《饮冰室合集》第5册《文集》之四十一,第51页。

③ 梁启超:《近代学风之地理的分布》,《饮冰室合集》第5册《文集》之四十一,第78页。

④ 梁启超:《阮芸台先生画像》,《饮冰室合集》第5册《文集》之四十四上,第40页。

体之年谱。以子弟记其父兄,故纤悉周备,惜所记有年限,文达在粤之遗闻逸事,吾侪所最欲知者,不可得见也。"①对阮元在粤的遗闻逸事缺失,梁启超深表遗憾。梁启超对阮元的这种情感,显然来自于其对学海堂肄业多年的精神依恋。

梁启超 1918 年 12 月 28 日出发游历欧洲,1920 年 3 月回国,这一年多的时间,梁启超对待西方文明,一开始是震撼、崇拜、自卑,而后来是客观认知,重新审视和发掘中国传统文化和数千年文明的价值。英国学者蒲陀罗的话对梁启超启发很大,他说:"一个国民,最要紧的是把本国文化发挥光大,好像子孙袭了祖父遗产,就要保住它,而且叫它发生功用,就算很浅薄的文明,发挥出来都是好的,因为它总有它的特质,把它的特质和别人的特质化合,自然会产出第三种更好的特质来。"这话促使梁启超重新评价传统文化的价值。他说:"先秦诸哲,隋唐诸师,岂不都是我们仁慈圣善的祖宗积得好几大宗遗产给我们吗?我们不肖,不曾享用,如今倒要闹学问饥荒了。"②对中国传统文化价值的重新审视、定位和评价,促使梁启超向着学海堂所代表的传统学术文化精神回归。

章太炎之于诂经精舍,梁启超之于学海堂,可归结为坚持和回归两大象征符号,是时代文化潮流的折射映像。

第二节　章、梁二人文学历程与两书院文学教育之关联

诂经精舍、学海堂两书院的主要教学内容是训诂词章之学。

① 《饮冰室合集》第 5 册《文集》之四十四下,第 16 ~ 17 页。

② 《欧游心影录》节录,《饮冰室合集》第 7 册《专集》之二十三,第 36 ~ 37 页。

词章之学，就是文学，两书院的文学体裁主要着重于诗文赋的教学和创作。考察章、梁二人的文学观形成与文学活动影响，与两书院也有着相交离合的联系。

一、章、梁二人文学趋向与两书院文学教学宗旨之关联

两书院的词章教学崇尚古体，具有复古主义倾向。两广总督卢坤札谕学海堂应行事宜中说："期为有用之文。赋，或拟古赋，或出新题，俱用汉魏六朝唐人诸体。诗题不用试帖，以场屋之文，士子无不肄业也。均应遵照旧章，以劝古学。"①诂经精舍亦然。俞樾说："说经之文多宗古义，即诗赋亦古体居多，非欲求异时流，盖不敢失许、郑两先师之家法，而鳌文达建立精舍之本心也。"②"诂经精舍则专课经义，即旁及词章，亦多收古体，不涉时趋。余频年执此以定月旦之评，选刻课艺亦存此意，非敢爱古而薄今，盖精舍体例然也。"③俞樾选刻课艺文集时，也是倾向古体。他说："余所选经解诗赋，皆求合乎古，而不求合乎今。"④

阮元创建两书院是为古文经学张目，抗衡宋学，倡导文、笔之论，以骈文为"文"之正宗，抗衡古文，力图在文学领域为考据学占据正统地位。阮元将他的"文笔论"思想渗透到两书院的教学过程中，扩展骈文的影响，加强考据学的学术地位和影响。以古文经学为立足点，骈散之争为文学趋向，两书院的文学教学旨趣概

---

① 林伯桐修，陈澧续补：《学海堂志》，第4页。

② 俞樾：《诂经精舍四集序》，见其编订《诂经精舍四集》卷首，光绪五年(1879)刻本。

③ 俞樾：《诂经精舍五集序》，见其编订《诂经精舍五集》卷首，光绪八年(1882)刻本。

④ 俞樾：《诂经精舍六集序》，见其编订《诂经精舍六集》卷首，光绪十一年(1885)刻本。

而言之就是:尚古;崇尚骈文;反对桐城派古文。崇古、尚古的文学倾向,在章太炎、梁启超两人身上表现一致;对待骈文,他们各有自己的客观认识;对待桐城派古文,都持反对的态度。章、梁两人的文学倾向与两书院文学教学宗旨大致相合。

章太炎的文学趣味经历了由唐宋文向魏晋文转变的过程。他在《自述学术次第》一文中回顾了这样的转变:少年时曾学韩愈文章,"慕退之造词之则,为文奥衍不驯",但"三十四岁以后,欲以清和流美自化,读三国、两晋文辞,以为至美,由是体裁初变",并认为"吴魏之文,仪容穆若,气自卷舒,未有辞不逮意,窘于步伐之内者也"。① 章太炎极为推崇魏晋文,他在《国故论衡·论式》中说道:"魏、晋之文,大体皆埤于汉,独持论仿佛晚周。气体虽异,要其守己有度,伐人有序,和理在中,孚尹旁达,可以为百世师矣。"②他认为魏晋文"可以为百世师",而汉文、唐宋文皆有非常明显的缺点与不足。他又说道:"夫雅而不核,近于诵数,汉人之短也。廉而不节,近于强钳,肆而不制,近于流荡,清而不根,近于草野,唐、宋之过也。有其利无其病者,莫若魏、晋。"③他认为晚唐、两宋文也不足取,他说:"晚唐变以谲诡,两宋济以浮夸,斯皆不足劭也。"④

章太炎的文学观虽然尚古,但和阮元的文学观有了差别,他崇尚魏晋文,但反对《文选》,和骈文派以《文选》为立论基础不同。他在《国故论衡·论式》中道:"余以为持诵《文选》,不如取《三国志》、《晋书》、《宋书》、《弘明集》、《通典》观之,纵不能上窥九流,

---

① 章太炎:《自述学术次第》,见张昭军编《章太炎讲国学》,东方出版社 2007 年版,第 362 页。

②③ 章太炎:《国故论衡》,上海古籍出版社 2006 年版,第 69 页。

④⑤ 章太炎:《国故论衡》,上海古籍出版社 2006 年版,第 68 页。

犹胜于滑泽者。”⑤章太炎的骈文观值得玩味。坚持古文经学传统的章太炎并没有像维护诂经精舍学术灵魂那样维护阮元的“文笔论”,他对阮元的“文笔论”很是不满。《文学总略》一文主要对此而发,对阮元的文笔理论提出了较为尖锐的批判:

> 近世阮元以为孔子赞《易》,始著《文言》,故文以耦俪为主,又牵引文笔之说以成之。夫有韵为文,无韵为笔,是则骈散诸体,一切是笔非文,借此证成,适足自陷。①

章太炎认为如果将天下文章简单分为文、笔两种的话,自然是难以自圆其说,过于武断,而且自相矛盾。章太炎不满阮元的“文笔论”,但他肯定骈文的存在价值,他说道:

> 自来骈体、散体之争,各执一理,百世而不能决。韩柳主散文,宋儒因之,攻骈体甚烈。至清阮元,又力倡骈体,而诋散文,以谓《易经》之文言及系辞,都是骈文,其实皆可不必。文章之妙,不过应用得宜,骈文可也,散文亦可也。如叙复杂之事,必须列举纲目,此即骈体。叙事简质,则须用散体。②

他认为骈文、散文都各有其适应的表现内容和艺术特色,都有存在的必要,不可强求偏废。

章太炎在诂经精舍虽然不问文辞诗赋,但他是长于骈文写作的。钱基博《现代中国文学史》中所列清末民初的骈文家,以章太炎匹王闿运(王闿运为清末卓有成就的骈文家),并将章太炎的骈文归为魏晋文。章太炎崇尚魏晋文,他的骈文自然也就有了魏晋

---

① 章太炎:《文学总略》,见《国故论衡》,上海古籍出版社 2006 年版,第 40 页。

② 章太炎:《第三日讲学记》,《章太炎国学演讲录》,张冥飞笔述,上海梁溪图书馆 1926 年版,第 70 页。

风度。章太炎尤为鄙薄桐城派古文，韩愈以下的八大家皆被他痛加批驳，他说：

夫李翱、韩愈，局促儒言之间，未能自遂。权德舆、吕温及宋司马光辈，略能推论成败而已。欧阳修、曾巩，好为大言，汗漫无以应敌，斯持论最短者也。若乃苏轼父子，则佞人之戋戋者。凡立论欲其本名家，不欲其本纵横。儒言不胜，而取给于气矜，游豮怒特，蹂稼践蔬，卒之数篇之中，自为错忤，古之人无有也。法晋、宋者，知其病征，宜思有以相过，而专务温借，词无芒刺。甲者讥乙，则曰"郑声"；乙者讥甲，又云"常语"。持论既莫之胜，何怪人之多言乎。①

章太炎批判与桐城派渊源极深的严复、林纾等人的措辞更为犀利：

并世所见，王闿运能尽雅。其次吴汝纶以下，有桐城马其昶为能尽俗。下流所仰，乃在严复、林纾之徒。复辞虽饬，气体比于科举，若将所谓曳行作姿者也。纾视复又弥下，辞无涓选，精采杂污，而更浸润唐人小说之风。夫欲物其体势，视若蔽尘，笑若龋齿，行若曲肩，自以为妍，而只益其丑也。于蒲松龄相次，自饰其辞，而只蔽之曰：此真司马迁、班固之言。（纾自云："日以《左》、《国》、《史》、《汉》、《庄》、《骚》教人。"）②

对文有八股气的严复尤为鄙视：

就实论之，严氏固略知小学，而于周、秦、两汉、唐、宋儒先之文史，能得其句读矣。然相其文质，于声音节奏之间，犹

---

① 章太炎：《国故论衡·论式》，上海古籍出版社2006年版，第69页。

② 章太炎：《与人论文书》，见马勇编《章太炎书信集》，河北人民出版社2003年版，第287页。

未离于帖括。申夭之态，回复之词，载飞载鸣，情状可见，盖俯仰于桐城之道左，而未趋其庭庑者也。①

如果说章太炎上述批判桐城派的古文过于偏激，带着明显的个人情绪和意气的话，那他后来对桐城派古文的批判倒是心平气和，颇为中肯。他说道："桐城派的文章，并非没有法度，但我们细读一过，总觉得无味，这便因他们的文，虽止乎义，却非发乎情。他们所作游记论文，也不过试试自己的笔墨罢了。"②

梁启超早年总的文学倾向和章太炎较为一致，与学海堂的文学旨向也大致契合。跟随康有为前的梁启超非常酷爱词章。梁启超《三十自述》中记述幼时的读书情形，日治帖括，虽然不喜欢，"然不知于帖括外，更有所谓学矣"，"颇喜词章，王父、父母时授以唐人诗，嗜之过于八股。家贫无书可读，惟有《史记》一、《纲鉴易知录》一，王父、父日以课之，故至今《史记》之文，能成诵八九。父执有爱其慧者，赠以《汉书》一，姚氏《古文辞类纂》一，则大喜，读之卒业焉"。③ 幼年时候的梁启超就接受了科举教育，喜欢词章之学，喜欢唐诗，能够背诵《史记》，不但读完了《汉书》，而且连桐城派鼻祖姚鼐编纂的《古文辞类纂》也读完了。但梁启超后来在《清代学术概论》中却说："启超夙不喜桐城古文，幼年为文，学晚汉魏晋，颇尚矜练。"④梁启超和章太炎一样宗魏晋文，不喜欢桐城古文。但梁启超对桐城古文的批判却比较温和。他为严复的译著

---

① 章太炎：《〈社会通诠〉商兑》，《章太炎全集》（四），上海人民出版社1985年版，第323页。

② 章太炎讲演，汤志钧导读：《国学概论》，上海古籍出版社1997年版，第69页。

③ 梁启超：《三十自述》，《饮冰室合集》第2册《文集》之十一，第16页。

④ 梁启超：《清代学术概论》，第77页。

《原富》写了一篇书评，高度评价了这篇文章，同时也指出了此书的不足："但吾辈所犹有憾者，其文笔太务渊雅，刻意摹仿先秦文体，非多读古书之人，一翻殆难索解。"①他认为严复文笔过于"渊雅"，不适合普通民众阅读。这是梁启超用报刊文体的要求来衡量严复的译文。

梁启超在学海堂肄业期间，"不知天地间于训诂词章之外，更有所谓学也"(《三十自述》)，不但专注古文经学，也痴迷于词章之学。跟随康有为后，他不但摒弃了学海堂的古文经学传统，连词章之学也一道不屑了。但最终在他回归学海堂的学术传统之后，对学海堂所崇尚的骈体文也肯定它的文学审美价值。他说：

> 骈俪对偶之文，近来颇为青年文学家所排斥，我也表相当的同意；但以我国文字的构造，结果当然要产生这种文学，而这种文学，固自有其特殊之美，不可磨灭。我以为爱美的人，殊不必先横一成见，一定是丹非素，徒削减自己娱乐的领土。楹联起自宋后，在骈俪文中，原不过附庸之附庸，然其佳者，也能令人起无限美感。②

他肯定了骈文特殊的审美价值，同时他还肯定骈文之支流余裔——楹联的审美价值，"能令人起无限美感"。梁启超夫人李蕙仙去世后，他悲伤成疾，病中做成了《苦痛中的小玩意儿》，将《宋六十家词》、《四印斋词》和《彊村丛书》三书中的好句子集句配成二三百副楹联，非常熨帖，自有一番审美意绪。诂经精舍和学海堂课作中就常出现这样的集句诗。梁启超所著《中国之美文及其

---

① 《新民丛报》创刊第1号，1902年。见《壬寅新民丛报汇编》，中华书局2008年版，第851页。

② 梁启超：《饮冰室诗话》附《苦痛中的小玩意儿》，时代文艺出版社1998年版，第445页。

历史》中的“美文”所指，是韵文，多意之为诗歌和词，和阮元“文”的概念非常接近。

章、梁二人的文学倾向和两书院的文学宗旨有着较为一致的契合。

二、章、梁二人以两书院为基点的文学观流变和发展

章太炎、梁启超二人分别在诂经精舍和学海堂接受传统经学和文学教育，走出书院后，两人的文学观以两书院为基点，朝着不同的方向发展。章太炎朝着复古的方向发展，倡言小学是文学的基本立足点；梁启超向着近代化的方向发展，宣扬文学革新。两人的文学观也是学术观的直接反映：章太炎是诂经精舍所崇尚的古文经学的拥护和坚持者，他的文学观表现为一种朴学形态，以小学为基础，是他学术观的深化、泛化和极端化。梁启超的文学观和他的学术观一样，经历了背离和回归学海堂这样的时代历程。

有人将章太炎的文学观概括为三个特点，一是复古主义，二是立足语言学，三是泛文学观。这三个特点，笔者认为都是章太炎所秉承和坚持的诂经精舍学术精神的外化表现，尊崇朴学，立足小学。他的“文”的观念较之阮元的文、笔之分更为极端，是他以学术为基础、以小学为根本的语言文字学的泛文学观。

章太炎 1902 年所著《文学说例》中就开始强调“小学”对于“文辞”创作的不可或缺性，其中最为振聋发聩的说法是：“世有精练小学拙于文辞者矣，未有不知小学而可言文者也。”①他认为具备语言文字、音韵、训诂的小学修养是从事文学创作的必备条件，

---

① 章太炎：《文学说例》，引自舒芜等编《近代文论选》，人民文学出版社 1999 年版，第 403 页。

强调小学对文学的重要作用。他的这个以小学为先导的文学观后来得到进一步加强,并更加明晰和极端。1906 年章太炎著《文学总略》,开首即道:

> 文学者,以有文字著于竹帛,故谓之文。论其法式,谓之文学。凡文理、文字、文辞,皆言文。言其采色发扬谓之彣;以作乐有阙,施之笔札谓之章。①

章太炎"文"的概念非常宽泛,"以有文字著于竹帛"的,都可以称作"文",包括了所有的书面文字形式,可以说是复古到先秦时期文史哲不分家的那个状态。论"文"之法式,即论"文"的法规和格式,就叫文学。章太炎"文学"的概念几乎等同于"文字"。按照章太炎的观点,他在诂经精舍所做的那些考据学课作也都属于文学作品。他在《文学总略》中把文章分为两类,他说:"凡云文者,包络一切著于竹帛者而为言。故有成句读文,有不成句读文。兼此二事,通谓之文。"其中不成句读的文指表谱、簿录之类。章太炎的文学观完全模糊了文学和非文学的界限,是极端的泛文学观。

后来章太炎通过一系列的讲学活动,坚持自己关于"文"的界说。五四运动以后,新文化运动、"新文学"观念应时而起,但章太炎并没有随着时代的潮流改变自己"文"的概念。1922 年章太炎弟子曹聚仁整理的《国学概论》记载了章太炎当时的讲学记录,其中的"文学"部分开头就道:

> 什么是文学?据我看来,有文字著于竹帛叫做"文",论彼的法式叫做"文学"。文学可分为有韵无韵二种:有韵的今人称为"诗",无韵的称为"文"。……有韵在古谓之"文",无韵在古谓之"笔"了。不过做无韵的固是用笔,做有韵的也何尝不用笔,这种分别,觉得很勉强,还不如后人分为"诗""文"

---

① 章太炎:《国故论衡》,上海古籍出版社 2006 年版,第 38 页。

二项的好。①

章太炎对“有文字著于竹帛叫做文”的界说，坚持不变。对古人文、笔之分也有自己的解说。

章太炎《国故论衡·辨诗》中论及赋时，说道：

> 自屈、宋以至鲍、谢，赋道既极，至于江淹、沈约，稍近凡俗。庾信之作，去古愈远，世多慕《小园》、《哀江南》辈，若以上拟《登楼》、《闲居》、《秋兴》、《芜城》之侪，其靡已甚。赋之亡盖先于诗。继隋而后，李白赋《明堂》，杜甫赋《三大礼》，诚欲为扬雄台隶，犹几弗及，世无作者，二家亦足以殿。自是赋遂泯绝。近世徒有张惠言，区区修补，《黄山》诸赋，虽未至，庶几李、杜之伦。……其道与故训相俪，故小学亡而赋不作。②

章太炎认为赋这种文体的创作从先秦时期的屈原、宋玉直到南朝刘宋时期的鲍照、谢灵运已达到顶峰，此后呈现衰落趋势。章太炎对李白、杜甫以后的赋作几乎都采取否定的态度，认为“赋遂泯绝”。他提出“小学亡而赋不作”的论点，认为赋学不振是因小学不兴。章太炎认为小学是赋体文学创作必备的素养。从诂经精舍肄业生的赋作中还真的能够很明显看出这一点，诂经精舍课艺文集中所收的赋作皆具有浓厚的考据学色彩，没有小学修养难以完成这种较高水平的写作。这一点在本书前面的章节中已有论述。

小学在章太炎的学养体系和思想意识中占据了首要的地位，他认为不但在文学领域必备，而且也是国学研究的必备素养，他

---

① 章太炎讲演，汤志钧导读：《国学概论》，上海古籍出版社 1997 年版，第 49 页。

② 章太炎：《国故论衡》，上海古籍出版社 2006 年版，第 75 页。

在《国学概论》中说道:“所以研究国学,无论读古书或治文学哲学,通小学都是一件紧要的事。”①章太炎形成立足小学的复古的泛文学观,是由他精深的朴学修养所决定的。追根求源,这得自于其在诂经精舍八年的勤学苦读,朴学修养变成了和他的精神气质、灵魂呼吸息息相通、难分难解的内在因素,成了根深蒂固的素养了。

章太炎这种以小学为根本的复古主义泛文学观,看起来有些极端偏颇,其实这是章太炎在西方文明入侵下努力保存“国粹”的爱国主义思想的理论依据,所蕴含的是他努力保存和弘扬民族文化精神的历史责任感和深层忧患。

章太炎的泛文学观似乎是把所有的文字形式都纳入了文学的范畴,但他对小说这种现代意义上标准的文学体裁却非常排斥,这和两书院的文学观非常一致。诂经精舍、学海堂两书院的词章体式,主要是诗、赋、文的雅文学样式,而小说、戏剧等俗文学被排除在外。《学海堂专课章程》中规定:“诸生等有喜为浮艳诲淫之词者,无庸举列。”②古代所称“浮艳诲淫之词”一般用来蔑称小说、戏剧等俗文学。小说、戏剧等俗文学虽然有广大的受众,士大夫阶层也大量创作,但长期被视为“小道”,不登大雅之堂。章太炎鄙薄林纾之文尤甚,因为其文“浸润唐人小说之风”,认为“于蒲松龄相次”③。可见章太炎并不承认小说这种文体的文学价值,对蒲松龄的笔记小说也是颇为不屑。章太炎对恩师俞樾之文也颇有微词,原因是俞樾著述比较庞杂,小说、戏剧创作亦有成就,如笔记小说《右台仙馆笔记》,改订小说《三侠五义》,有杂剧《老

---

① 章太炎讲演,汤志钧导读:《国学概论》,上海古籍出版社1997年版,第11页。

② 林伯桐修,陈澧续补:《学海堂志》,第3页。

③ 章太炎:《与人论文书》,见马勇编《章太炎书信集》,河北人民出版社2003年版,第287页。

圆》，传奇《骊山传》和《梓橦传》等。章太炎认为俞樾之文“窳滥，不称其学”①。在《俞先生传》中也说道：“既博览典籍，下至稗官歌谣，以笔札泛爱人。其文辞瑕适并见，杂流亦时时至门下，此其所短也。”②章太炎对小说、戏曲文体的排斥，正是章太炎以诗文为中心的正统文学观的反映，而这样的文学观亦是诂经精舍教学宗旨中所崇尚的。章太炎对诂经精舍文学教学宗旨的谨守也超过了恩师俞樾。

在学术上章太炎是古文经学的压阵大将，在古文学上，他也被认为承担了这样的历史使命。胡适在《五十年来中国之文学》中说：

> 这五十年是中国古文学的结束时期。做这个大结束的人物，很不容易得。恰好有一个章炳麟，真可算是古文学很光荣的结局了。
>
> 章炳麟是清代学术史的压阵大将，但他又是一个文学家。他的《国故论衡》，《检论》，都是古文学的上等作品。这五十年中著书的人没有一个像他那样精心结构的；不但这五十年，其实我们可以说这两千年中只有七八部精心结构，可以称做“著作”的书——如《文心雕龙》，《史通》，《文史通义》等——其余的只是结集，只是语录，只是稿本，但不是著作。章炳麟的《国故论衡》要算是这七八部之中的一部了。他的古文学工夫很深，他又是很富于思想和组织力的，故他的著作在内容和形式两方面都能“成一家言”。③

---

① 章太炎：《校文士》，引自舒芜等编《近代文论选》，人民文学出版社1999年版，第445页。

② 章太炎：《俞先生传》，《太炎文录初编》卷2，见《章太炎全集》（四），上海人民出版社1985年版，第211页。

③ 胡适：《五十年来中国之文学》，见《胡适文集3·胡适文存二集》卷2，欧阳哲生编，北京大学出版社1998年版，第228～229页。

而有学者认为章太炎并不是古文学的结束人物,相反是新文学的开启人物。① 学者汪晖把章太炎定位为"反现代性"的现代性思想家②。笔者认为很恰当。

梁启超的文学观和他的学术观一样,经历了背离和回归学海堂正统文学观的时代历程。背离了学海堂后,梁启超的文学观向着近代化的方向发展,在改良主义道路上打出了诗界、文界、小说界"三界革命"的旗号,提倡言文合一,企图借此实现文学语言的通俗化,通过文学的改良推动政治的改革。梁启超宣扬文学革命,和章太炎的文学复古主义路径正好相反。梁启超《三十自述》中说他在学海堂肄业期间,"不知天地间于训诂词章之外,更有所谓学也",对古文经学和词章之学都极为用心。跟随康有为到万木草堂学习后,梁启超不但摒弃了学海堂的古文经学,连词章之学也一道不屑了。他在《万木草堂小学学记》中这样评价词章之学:"词章不能谓之学也。虽然,言之无文,行之而不远。说理论事,务求透达,亦当厝意。若夫骈俪之章,歌曲之作,以娱魂性,偶一为之,毋令溺志。"③他认为具备一定的文学素养是必需的,但文学不能成为专门之学,诗词文赋之词章之学只可用来愉悦性情,但不能沉溺其中。梁启超后期却充分肯定了文学的价值,如他在《〈晚清两大家诗钞〉题辞》中说道:"文学是人生最高尚的嗜好,无论何时,总要积极提倡的。"④他在《治国学杂话》中充分肯定了文学书籍的地位,他认为国人应当熟读成诵的书籍有两个种类:

---

① 吴文祺:《近百年来的中国文艺思潮》,《学林》1940 年第 3 辑。

② 汪晖:《个人观念的起源和中国的现代认同》,载《汪晖自选集》,广西师范大学出版社 1997 年版,第 43 ~ 117 页。

③ 梁启超:《万木草堂小学学记》,《饮冰室合集》第 1 册《文集》之二,第 35 页。

④ 梁启超:《饮冰室书话》,时代文艺出版社 1998 年版,第 445 页。

“一种类是最有价值的文学作品,一种类是有益身心的格言。”而第二种类“有益身心的格言”,来自于第一种类“最有价值的文学作品”的涵养和积淀。他说:“好文学是涵养情趣的工具,做一个民族的分子,总须对本民族的好文学十分领略,能熟读成诵,才在我们的‘下意识’里头,得着根柢,不知不觉会‘发酵’有益身心的圣哲格言。”①就对文学的价值观认识而言,正如他的学术观一样,梁启超也经历了肯定—否定—再肯定的回归路径。

梁启超对学海堂正统文学观的背离和回归在诗、文、小说领域皆有明显的表现。

1899 年梁启超著《夏威夷游记》一文,首次提出“诗界革命”,以全面批判的态度否定了中国一千多年来的诗歌创造成就,他说:“诗之境界,被千余年来鹦鹉名士(余尝戏名词章家为鹦鹉名士,自觉过于尖刻)占尽矣。虽有佳章佳句,一读之,似在某集中曾相见者,是最可恨也。”②一千多年来的众多诗人在梁启超眼中竟然是只会学舌的“鹦鹉名士”。梁启超诗界革命的实践途径就是要吸收西学,用西方的文化精神改造中国的旧文学,就是要创新,正如他所说:“故今日不作诗则已,若作诗,必为诗界之哥仑布、玛赛郎然后可。”③他还说:“吾虽不能诗,惟将竭力输入欧洲之精神思想,以供来者之诗料可乎?”④

梁启超虽然前期很反对、鄙视我国一千多年来的诗歌创作成就,称那些诗人为“鹦鹉名士”,他后期对中国传统诗歌及著名诗人的研究成果却很丰富,20 世纪 20 年代梁启超著有《中国韵文里

---

① 梁启超:《饮冰室合集》第 9 册《专集》之七十一附录二,第 26 页。

②③ 梁启超:《夏威夷游记》,《饮冰室合集》第 7 册《专集》之二十二附录二,第 189 页。

④ 梁启超:《夏威夷游记》,《饮冰室合集》第 7 册《专集》之二十二附录二,第 190 页。

头所表现的情感》、《情圣杜甫》、《屈原研究》、《中国之美文及其历史》(此书"美文"主要指诗歌)等。《中国韵文里头所表现的情感》一文中,梁启超将"韵文"界定为:"'韵文'是有音节的文字,那范围,从《三百篇》、《楚辞》起,连《乐府》歌谣、古近体诗、填词曲本乃至骈体文都包在内。"①但该文通篇所讲解、引用的对象都是古代诗歌。从这些著作可见,梁启超不但对中国古代诗歌青睐有加,而且还深有造诣,如数家珍,津津乐道,一腔热爱之情溢于文中。梁启超1923年为《清华周刊》撰写了《国学入门书要目及其读法》,其中列有"韵文书类",他说道:

本门所列书,专资学者课余讽诵,陶写情趣之用。既非为文学专说家法,尤非为治文学史者说法,故不曰文学类,而曰韵文类。文学范围,最少应包含古文(骈散文)及小说。吾以为苟非欲作文学专家,则无专读小说之必要。至于古文,本不必别学。吾辈总须读周秦诸子、《左传》、《国策》、《四史》、《通鉴》,及其关于思想、关于记载之著作。苟能多读,自能属文,何必格外标举一种,名曰古文耶。②

梁启超以"韵文"代表"文学",可见他在文学书籍中首重韵文。从"苟非欲作文学专家,则无专读小说之必要"一语可知,他也并不真正看重小说这种文体。对于古文,也并不特别青睐。他在"韵文书类"中推荐的书目有:《诗经》、《楚辞》、《文选》、郭茂倩《乐府诗集》、魏晋六朝诗歌、唐宋人诗文集、宋人词集、元明清曲本。这些书目无疑涵盖了我国古代文学史中的大部分文体,特别是诗歌成就。梁启超将这个书目称之为"韵文类",具有明显的以

---

① 《饮冰室合集》第4册《文集》之三十七,第72页。

② 梁启超:《国学入门书要目及其读法》,《饮冰室合集》第9册《专集》之七十一,第15页。

“韵文”代表“文学”的意向。梁启超用“韵文”来指称中国古代文学类书籍，很明显是受到阮元“文笔论”中“文”的概念的影响——“用韵”与否是“文”“笔”区分的最易辨别的基本形式特征。追踪梁启超的这种文学意识表现，笔者认为溯源于学海堂。

梁启超的文界革命，表现为形成了具有自身特色的“新文体”（也称“新民体”）报章文风。梁启超于《清代学术概论》中说道：

> 幼年为文，学晚汉魏晋，颇尚矜练，至是自解放，务为平易畅达，时杂以俚语韵语及外国语法，纵笔所至不检束，学者竞效之，号“新文体”。老辈则痛恨，诋为野狐。然其文条理明晰，笔锋常带情感，对于读者别有一番魔力焉。①

梁启超“平易畅达”、感情充沛的“新民体”的报刊文风，与学海堂文学教育中“尚古”的骈文文风大相径庭，与传统古文风格也格格不同。梁启超“新民体”文风影响很大，是“五四”以前最受欢迎、模仿者最多的文体。

梁启超《湖南时务学堂学约》中“学文”条曰：

> 《传》曰：“言之无文，行而不远。”学者以觉天下为任，则文未能舍弃也。传世之文，或务渊懿古茂，或务沉博绝丽，或务瑰奇奥诡，无之不可；觉世之文，则辞达而已矣，当以条理细备、词笔锐达为上，不必求工也。温公曰：“一自命为文人，无足观矣。”苟学无心得，而欲以文传，亦足羞也。学文之功课，每月应课卷一次。②

梁启超所说“传世之文”，是指有学养、有文采、有奇气的著述文体，要有“渊懿古茂”、“沉博绝丽”、“瑰奇奥诡”这三个特点之

---

① 梁启超：《清代学术概论》（二十五），第77页。

② 梁启超：《湖南时务学堂学约》，《饮冰室合集》第1册《文集》之二，第27页。

一。其中"沉博绝丽"是阮元"文笔论"中韵文的一个重要标准。而"觉世之文"是文辞通畅、条理清晰的新时代的报刊应有文体,具有感染民众、引导民众的实际功能。梁启超是偏向"传世之文"还是"觉世之文",应该是不同的人生阶段各有偏颇,但是可以推定,学海堂的词章之学应当是以"传世之文"为教育目的的。后期的梁启超非常希望自己的著述能够"传世"。而梁启超的"觉世之文"具有传世价值,这个应该得到肯定。

梁启超对待小说的态度也有一个较为复杂的转变过程。梁启超背离学海堂以后,在文学观念上表现出对正统文学的偏离,"三界革命"中的"小说界革命"尤与传统文学观念格格不入。梁启超重新认识和评价小说的价值,竭力抬高小说的文学地位,赋予小说救世的政治功能,提倡以政治小说改良群治,大力倡导并亲自著译政治小说,盛赞"小说为国民之魂"①。他在《论小说与群治之关系》一文中,认为小说(含戏剧)具有"觉世"的功能,"小说为文学之最上乘也",认为"欲新一国之民,不可不先新一国之小说",欲"新"道德、宗教、政治、风俗、学艺、人心,都必须先"新"小说。② 走在改良主义道路上的梁启超在文学体裁的尊卑观念上突破了正统文学的偏见,但仔细探究,可发现他对小说的追捧其实是对儒家"文以载道"正统思想的实践而已。当梁启超后来退出政治舞台,重新审视中国传统文化的价值,褪去政治色彩的小说在他眼中自然也就不再如倡导"小说界革命"时期那样光亮炫目。梁启超后来作《国学入门书要目及其读法》,在这个书目中,

---

① 梁启超:《译印政治小说序》,《饮冰室合集》第1册《文集》之三,第35页。

② 梁启超:《论小说与群治之关系》,《饮冰室合集》第2册《文集》之十,第6~7页。

梁启超把“最有价值的文学”明确界定为诗歌,而不是小说,而他对于小说,只有寥寥的数语:“吾以为苟非欲作文学专家,则无专读小说之必要。”①小说和诗歌文学地位的调换,反映了新时代语境下的梁启超的文学观最终还是回归到传统的意识形态之中,回归到学海堂文学教育思想的基本框架之中。

后期的梁启超将文学和政治功能分开后,对中国古代文学满怀热爱之情。他在《情圣杜甫》一文中对广大的青年提出了自己的希望:“希望现代研究文学的青年,对于本国二千年来的名家作品,着实费一番工夫去赏会他。”②梁启超重新认识和确定了古代文学的历史价值,其实这也是对学海堂词章之学的回归和肯定,正如他回归和肯定学海堂所崇尚的学术精神一样。

章太炎、梁启超二人的文学观,不管是文学复古,还是文学革命,追根溯源,都和两书院有着牵连不断的关系。

三、章、梁二人文风之交接及与两书院文学教育之联系

章太炎、梁启超二人虽然在性质相同、最有渊源的诂经精舍和学海堂两书院接受教育,但是二人的文风却截然不同,这是多种原因所致的,比如自身性格、家庭环境、教育经历、地域因素以及人生轨迹等的不同,其中诂经精舍、学海堂的教育教学,特别是文学教育特点的差异对二人的影响也有着可供追寻的联系。

章、梁二人早期文风差别最为明显。离开诂经精舍的章太炎至上海与梁启超共办《时务报》时,就有人注意到二人文风的

---

① 梁启超:《国学入门书要目及其读法》,《饮冰室合集》第9册《专集》之七十一,第15页。

② 梁启超:《情圣杜甫》,《饮冰室合集》第5册《文集》之三十八,第37页。

差别。作为读者的谭嗣同给汪康年、梁启超的信中说道："贵馆添聘章枚叔先生，读其文，真巨子也。大致卓公如贾谊，章似司马相如。"①谭嗣同将梁启超文风比拟汉初贾谊，章太炎比拟司马相如。贾谊之文，感情充沛，气贯长虹，正如梁启超。司马相如乃汉赋代表性作家，作品词藻富丽，结构宏大。章太炎文章瑰丽闳雅，用典甚多，古奥难懂，恰如司马相如之大赋。章、梁二人的文风当然是梁启超的更适宜于报刊文体，因报刊的读者三教九流身份复杂，知识水平和修养层次参差不齐，章太炎的文章一般读者不易接受。黄遵宪给汪康年的信中评价太炎之文说："论甚雄丽，然稍嫌古雅。此文集之文，非报馆文。作文能使九品人读之而悉通，则善之善者矣。""章氏之文，颇惊警，一二月中，亦可录一二篇。"②言下之意，章太炎的文章只适合知识水平比较高的读者，是"文集之文"，而"报馆之文"应该是雅俗共赏，适合于不同知识层次的。也有读者反映太炎之文太过艰涩，要求发表前要好好润色的。"文必法古"是章太炎文学创作中的显著特色，也是章太炎终生颇为自矜的一个特点，但用于报刊文体，在信息传播和接受上难免会阻隔不畅。戊戌变法失败后，章太炎避祸台湾，任《台湾日日新报》记者。他在该报上所发的文章依然是艰涩古奥，报社主笔问章太炎："先生，您所撰论说，是要自解而自读的，还是要给一般人共读而俱解的呢?"章太炎在纸上写下这样一段话作为回答："世人之知不知，解不解，我可管不着，吾只患吾文之不善。苟文善，会尚有人知之者。"③章太炎并不迎合报刊的文章风格和他学

---

① 谭嗣同:《致汪康年梁启超书》，转引自汤志钧编《章太炎年谱长编》(上)，中华书局 1979 年版，第 44 页。

② 黄遵宪:《致汪康年书》，转引自汤志钧编《章太炎年谱长编》(上)，中华书局 1979 年版，第 44 ~ 45 页。

③ 文澜:《章太炎寓台轶事》，台北《"中央"日报》1952 年 7 月 29 日，第 6 版。

不致用、“依自不依他”①的学术观倒是如出一辙，也是清代考据学后期发展中与早期的经世致用思想脱节的表现。

章太炎古雅艰涩的文风，和他在诂经精舍前后八年所锤炼的学养大有关系。章太炎在诂经精舍只向俞樾请教“稽古之学，未尝问文辞诗赋”②，他的学养体系以学术为中心和重镇，他的文风也是学术型的。基于他的复古主义的泛文学观，他的学术之文与文学之文混沌泛化，消弭了其中的界限。他的文章引经据典，常用生僻典故，生字僻字，一般人难以通读，类同于诂经精舍的考据文章。这样的文风形成于他精深的古学修养，同时也是他的复古主义泛文学观的生动表现。诂经精舍文学考课作品中表现出非常鲜明的学术化倾向和考据学特色，这在俞樾掌教时期表现得尤为显著突出。关于这一点笔者在前面章节中已经有较详细的论述。章太炎的文风其实就是诂经精舍学术化、颇具考据学色彩的文学教育浸染之表现。

俞樾时期诂经精舍的文学教育表现出精深奇僻的特点，不同于学海堂的博杂通融、轻松明快，这和诂经精舍、学海堂的师资配备大有关系。诂经精舍的师资队伍和学海堂完全不同，学海堂是八学长管理制，前后所聘任的学长有文献资料可考的不少于55人，而诂经精舍自俞樾掌教后，31年里只有俞樾一人力主书院讲席，俞樾1898年辞去山长职位后三年，1901年清政府下达了书院改制的诏令，不到三年诂经精舍关闭，后面的几位山长在那个动荡的年代难以发挥重大影响作用。俞樾学养深厚，声名远播，是晚清最有影响力的经学大师和书院名师，其在诂经精舍形成了具有自身色彩的教学风格，取得了令世人瞩目的教育效果。诂经精

---

① 章太炎：《答铁铮》，《章太炎全集》（四），第374页。

② 章太炎：《谢本师》，《民报》第9号，1906年11月15日。

舍肄业生学术大家辈出，其他如黄以周、陈汉章、崔适等。俞樾精深厚博的学养和浙江乃人文渊薮的地位相得益彰，形成了诂经精舍浓厚的学术氛围和有明显学术倾向的文学教育特色，最终孕育了章太炎这样的旷世奇才和艰深古奥的独特文风。

章太炎并不欲以诗词文赋名世，其文学成就却非同一般。徐珂《清稗类钞》中评价他的诗道："章太炎诗不多作，每出一篇，韵古格高，欲轶湘绮（王闿运）。其弟子黄侃，五言颇窥庾、鲍，皆属此宗。"①章太炎诗文之所以能够在文学史上占据一席之位，笔者认为主因在于他的"发情止义"文学创作观符合文学创作的本质要求。他把"发情止义"解释为：

> "情"是"心所欲言，不得不言"的意思，"义"就是"作文的法度"。②

章太炎认为桐城派古文有"义"无"情"，所以寡味。章太炎之诗文，皆是有感而发，可谓有"情"，而他在诂经精舍期间跟随谭献"问文辞法度"，可谓早已掌握作文"义"之法度。他的文学作品能够做到"发情止义"，所以能够在文学史上立足。

梁启超的文风和章太炎正好相反，他的"新民体"文风是在办报实践过程中创造出的报章文体，又被称为"时务文体"，是一种新体散文，很受读者欢迎，在当时那个时代产生了强大的冲击波，正如梁启超自己所说："二十年来学子之思想，颇蒙其影响。"③"新民体"文风之特点是"平易畅达，时杂以俚语韵语及外国语法，纵笔所至不检束"，"条理明晰，笔锋常带情感，对于读者，别有一

---

① 徐珂：《清稗类钞》第 8 册《文学类》"姚鹓雏评近来诗派"条，中华书局 1986 年版，第 3972 页。

② 章太炎讲演，汤志钧导读：《国学概论》，上海古籍出版社 1997 年版，第 69 页。

③ 梁启超：《清代学术概论》（二十五），第 77 页。

番魔力焉”。[①] 这样的文风不同于古文的“清真雅正”、骈文的“沉博绝丽”，也不同于八股文的种种束缚，但是这种文体不是凭空创造，而是古文、骈文、时文、俚语以及外来文化等多种文学样式的博杂综合，是梁启超学养的综合结晶体，是多种文化交叉影响的结果。正如夏晓红所说：“一种新的文体的诞生，总与时代条件及实践者个人的文化思想修养有关。”[②]梁启超兴趣广泛，他的知识体系是新不厌旧、博杂多门、兼容并蓄，最终能够在一定程度上与时俱进。梁启超对自己的评价是“太无成见”[③]，“吾学病爱博”，“尤病在无恒”。[④] 有人评价梁启超说：“任公之无常，系原于对于新者兴会之佳，非对于旧者之厌倦。”[⑤]康有为评价他为“流质易变”。笔者认为“圆通博雅”可能更适合对梁启超的评价。梁启超之文风的形成与其他涉猎广博、贯穿经史的文化品格有着密切的关联。

笔者认为，梁启超之文风的形成和学海堂的教学特点也有着可追寻的关联。虽然阮元创建学海堂是希望诂经精舍在异地他乡涅槃重生，但重生不可能是照搬的复制，即使阮元有强烈的复制愿望，也难遂心愿。广东的学术氛围、人文素养和浙江不可同日而语，根本不在一个层次上。尽管明清以来广东经济发达，但其学术文化则大大落后于江浙一带。当北方学术已经进入汉学

---

① 梁启超：《清代学术概论》（二十五），第 77 页。

② 夏晓红：《觉世与传世——梁启超的文学道路》，中华书局 2006 年版，第 106 ~ 107 页。

③ 梁启超：《清代学术概论》（二十六），第 81 页。

④ 梁启超：《题艺蘅馆日记第一编》，《饮冰室合集》第 5 册《文集》之四十五下，第 51 页。

⑤ 丁文江、赵丰田编：《梁启超年谱长编》，上海人民出版社 1983 年版，第 926 页。

时代,而广东学者仍然纠缠于宋明理学的“天理”、“心性”之中。学海堂肄业生崔弼在《新建粤秀山学海堂记》中称:“本朝广南人士,不如江浙,盖以边省少所师承,其藏书至万卷者,更屈指可数。故州郡书院,止以制艺试帖与诸生,衡得失而士子习经,亦但取其有涉制艺者,简练以为揣摩,积习相沿,几于牢不可破。”①学海堂的另一位学长樊封对粤地学风也有如是描述:“粤人濡染阳明绪余,祖法乎良知之说,与康成、晦庵相违,视六经为支离,薄训诂研索为末务。士子稍解握管,辄高谈妙论,凡目所未见之书,辄指为伪册,父诫其子,师训其徒,牢不可破,空疏无据,流弊三百年。”②阮元为了在广东顺利推广汉学,不得不折中妥协,他创建学海堂不但兼取今文经学,而且汉宋兼采,在学术旨趣上有了质的改变,后来的学长如陈澧等,则进一步调和汉宋。所以,学海堂的办学宗旨和教学较之诂经精舍,不再固守门户之见,而是兼容并蓄。

另外,阮元在学海堂设立八学长教学管理制度,这更加强了学海堂的博杂包容性。八学长各有所长,学养文风各有不同,学生可以择师请业。学海堂教师对学生个体的影响是八对一的关系,不同于诂经精舍俞樾之于学生个体的一对多关系。这样的人文环境对梁启超兴趣广泛、兼容并蓄、圆通博雅文化品格的塑造,无疑有明显促进作用。梁启超在学海堂肄业期间“不知天地间于训诂词章之外,更有所谓学也”(《三十自述》),对训诂、词章,学海堂教学中涉及的东西都很感兴趣,和章太炎只向俞樾请教“稽古之学”的偏执性选择不同。

在文风上,学海堂课作中的文风倾向和俞樾诂经精舍掌教期间的艰涩精深的浓厚考据学色彩不同。由翁心存所藏《学海堂丁

---

① 崔弼:《新建粤秀山学海堂记》,《学海堂集》卷16,第18页。

② 樊封:《粤秀山新建学海堂铭》(并序),《学海堂集》卷16,第12页。

亥课士录》(见本书附录三)中的课卷评语可知,“畅”这个词出现频率很高,既用来评价经解课作,又用来评价诗赋课作,如“记散体颇畅”,“考亦畅”、“考畅”、“七古两首俱畅”、“律赋畅”等评语,另外还有“清畅”、“平畅”、“稳畅”、“畅快”等评语,频繁出现,再有“雅洁”、“简洁”、“明净”、“明朗”、“明快”、“清晰”、“平妥”等评词出现频率亦很高。可见,学海堂考课中崇尚的经解诗赋之文笔风格,与梁启超的“平易畅达”、“条理明晰”之文风非常接近。

由上述可见,章太炎文风形成之与诂经精舍,梁启超文风形成之与学海堂,皆具有密切的关联。两书院教育经历对二人学风、文风的形成和发展有明显影响痕迹。

章太炎、梁启超二人的文学选择,他们的文学价值观,注定他们不会成为纯粹的文学家,以文名显达于世显然不是二人的终极人生目标。在那个变革的年代,二人以文为矛,以文载道,颠沛流离,出生入死,宣扬着自己的政治理想,最终还是成就了文学大家的地位。二人的文风较量也具有奇异的可比性。生活中的章太炎个人卫生很差,不拘小节,但他是个有精神和灵魂洁癖的人,为了理想和民族存亡舍生取义,勇往直前,置个人生死于度外。他的学术观和文学观是纯粹的复古主义,但是他思想先进,代表和顺应了时代发展的方向。梁启超“新民体”文风适合时代的发展潮流,迈入了近代化的行列,拥戴者众多,他的思想却是落后的保皇派思想,背逆了时代的发展潮流。1906 年章太炎出狱后东渡日本,与维新运动失败逃亡的梁启超再次交锋。革命派章太炎以《民报》为阵地,改良保皇派梁启超以《新民丛报》为阵营,双方发文论战,宣扬各自的政见理想。梁启超原以为他那有魔力、有感情、极具煽动性、大众普适口味的“新民体”笔锋无人能挡,但是章太炎的文风也有所改变,很多文章也明白晓畅,而且笔锋泼辣犀利,引经据典,条理缜密,很有学问,让人信服,战斗力极强。双方经过一年多的论战，原来赞成保皇派的人纷纷倒戈，最终，《民报》取得了胜利，《新民丛报》败下阵来，销路顿减，最终于 1907 年 7 月关门停刊，宣告失败。梁启超“新民体”文风没能拯救《新民丛报》和保皇派。

章、梁二人的文学观、政治观不管是复古还是革新，革命还是改良，他们的本意都是为了救亡图存，积极探求民族生存、国家发展的道路。他们都值得我们尊敬和仰望。诂经精舍、学海堂两书院教学宗旨是培养学术和文学人才，在经世致用这个功能上和乾嘉考据学一样，屡遭质疑，章太炎、梁启超二人用彪炳时代的实际行动证明了两书院教育教学的时代典型价值和特殊历史意义。

章太炎在《国学概论》第二章《国学的派别(一)》中慨叹晚清孙诒让这样卓有成就的学术大家没有受到应有的关注，也没有产生足够的影响，原因是没有足以和他抗衡的对手。章太炎说道：

> 自孙诒让以后，经典大衰。像他这样大有成就的古文学家，因为没有卓异的今文学家和他对抗，竟因此经典一落千丈，这是可叹的。我们更可知学术的进步，是靠着争辩，双方发对愈激烈，收效方愈增大。我在日本主《民报》笔政，梁启超主《新民丛报》笔政，双方为国体问题辩论得很激烈，很有色彩，后来《新民丛报》停版，我们也就搁笔，这是事同一例的。①

章太炎认识到梁启超作为对手存在的必要性、难得性和可贵性。梁启超病逝，章太炎作《与梁世兄书》，在挽联前序中称梁启超为自己的“平生知友”，“相知之素”，曰“平生知友零落殆尽，恻怆何极”。② 章太炎最终将二人的关系盖棺论定为“平生知友”，

---

① 章太炎讲演，汤志钧导读：《国学概论》，上海古籍出版社 1997 年版，第 29 页。

② 丁文江、赵丰田：《梁任公先生年谱长编》(初稿)，第 648 页。

让人感慨和感动，这让笔者由然将二人之关系比附于诂经精舍与学海堂：二人学养同根同源，具有同样高尚的政治理想，能够在那个时代最终冰释前嫌，一泯恩仇，回归于两书院的学术与文学传统之中，这是两书院密切相依的渊源所致吧。章、梁二人晚年在学术上有一次合作。1928 年 3 月由慈慧殿章宅出版发行署名“梁任公、章太炎著”《中国学术论著辑要》一书，全书选辑先秦至民国有关中国学术及学术史的专门论文、人物传记 93 篇，又附 2 篇，前有章炳麟《自序》。① 章、梁二人的学术合作，正是将诂经精舍、学海堂两书院办学宗旨在新时代的绾合实践。章、梁二人文风之交接与两书院文学教育具有可追寻的联系。

第三节　章、梁二人对两书院学术精神和文学旨向的传承与影响

章太炎、梁启超二人在积极从事政治活动、学术活动的同时，在教育方面也颇有建树。在早期从事政治活动期间，讲学和演讲成为宣扬政治理想、从事学术活动的工具，晚年退出政界的章太炎、梁启超都专力于著述和教学。二人在讲学、著述、教育教学的实践中对诂经精舍、学海堂两书院的学术精神和文学旨向皆有明显的继承和发展，对当时文化版图的构建产生了重要影响。

章太炎的一生丰富多彩，跌宕起伏，堪称传奇。早年弟子鲁迅称他为“有学问的革命家”，晚年弟子汤炳正称他为“有革命业绩的学问家”。章太炎一生活动主要可概括为革命、学术和讲学，

① 参见周春健、龚元秀《章太炎、梁启超与晚清学术界》，《淄博师专学报》2007 年第 1 期，第 62 页。

而讲学是他宣扬革命思想和学术思想的重要手段。章太炎投身革命以来,长期颠沛流离,但在任何厄境之下他都能坚持讲学,为20世纪中国培养了一大批有影响力的国学人才和文学人才。章太炎多次开堂讲学,成立"国学讲习会",传承国学,其中影响最大的有四次,即日本东京讲学、民国初年北大讲学、1922年上海讲学、晚年苏州讲学。他的弟子被称为"章门弟子",具有近代文化符号学的重要象征意义。在日本时,"弟子至数百人"①,所以说"章门弟子"是一个足够庞大的群体。"章门弟子"中名贤辈出,如钱玄同、黄侃、鲁迅、许寿裳、朱希祖、汪东、沈兼士、马裕藻、周作人、吴承仕等,是近代中国思想文化舞台上的重要角色。诂经精舍的学术精神和文学旨向也通过"章门弟子"薪火相传,发扬光大。

章太炎讲演国学,捍卫国粹,是另辟文化战场,捍卫民族地位。所谓国学,即中国固有之学术,当时的时代背景下捍卫国学体现的是异族陵轹下中国学人的文化自觉。对为什么提倡国粹,国粹包括了哪些内容,从章太炎《东京留学生欢迎会演说辞》中可大体窥见:

> 为甚提倡国粹?不是要人尊信孔教,只是要人爱惜我们汉族的历史。这个历史,是就广义说的,其中可以分为三项:一是语言文字,二是典章制度,三是人物事迹。近来有一种欧化主义的人,总说中国人比西洋人所差甚远,所以自甘暴弃,说中国必定灭亡,黄种必定剿绝。因为他不晓得中国的长处,见得别无可爱,就把爱国爱种的心,一日衰薄一日。若他晓得,我想就是全无心肝的人,那爱国爱种的心,必定风发

① 黄季刚:《太炎先生行事记》,见陈平原等编《追忆章太炎》,中国广播电视出版社1996年版,第21页。

泉涌,不可遏抑的。①

章太炎所阐释的国学具体内容,包括语言文字、典章制度、人物事迹三项,这与诂经精舍教学内容中的学术主旨一致。章太炎讲学中所欲振兴的其实就是诂经精舍的学术传统,希望据此增强民族自信心。另外章太炎讲学中对中国文学史也有很好的梳理。弟子任鸿隽回忆章太炎在日本的讲学:"先生还作了一次系统的中国文学史讲解","一口气两三个钟头,亹亹而谈。这样大约讲了四个上午,把一部文学史讲完了。"②章太炎用白话文讲的文学史"活泼风趣",而整理成文言文书写的《国故论衡》和他的主体文风一样,比较晦涩艰深。与诂经精舍文学教育中侧重诗词文赋创作的文学教育活动不同,章太炎讲学中侧重于对中国古代文学史的总结回顾和宏观把握。

章门弟子继承和发扬了诂经精舍的文学教学思想和主旨,突出表现为依据学术上的重镇地位与桐城派决一死战,最终大获全胜。桐城派古文在清代绵延时间最长、影响最大,阮元不满桐城派古文长期独霸文坛的局面,倡导"文笔论",在诂经精舍、学海堂文学教育中贯彻"文笔论"思想,目的就是为了与桐城派古文分庭抗争。桐城派创始人姚鼐在书院教学时间更加漫长,前后达40年之久,门生遍天下,促进了桐城派的发扬光大,后得势于曾国藩、薛福成、吴汝纶等人的中兴之力,桐城派"天下翕然号为正宗"③,到了清末民初,仍具有相当的影响力。民国建立后,与桐城

① 章太炎:《东京留学生欢迎会演说辞》,《章太炎政论选集》上册,中华书局1977年版,第276页。

② 任鸿隽:《记章太炎先生》,见陈平原等编《追忆章太炎》,中国广播电视出版社1996年版,第268页。

③ 王先谦:《续古文辞类纂序》,《续古文辞类纂》卷首,《续修四库全书》第1610册,第73页。

派渊源极深的严复出任北大首任校长，姚永概、姚永朴、汪凤藻、马其昶、林纾等桐城派中坚分子在北大风光无限，桐城派有独霸北大文科之盛况。

随着章门弟子陆续进驻北大，局面开始发生变化。章门弟子起而反对桐城古文，刘师培、黄侃、朱希祖等重新挑起了骈散之争。刘师培、黄侃等人极力表彰以《文选》为代表的六朝骈文，与桐城派发生了直接冲突。当时舆论界曾介绍说：

> 刘、黄之学，以研究音韵、说文、训诂为一切学问之根，以综博考据讲究古代接迹汉代经史之轨，文章则重视八代而轻唐宋，目介甫、子瞻为浅陋寡学。其于清代所谓桐城派之古文家，则深致不满，谓彼辈学无所根，而徒近近于声调。更借文以载道之说，假义理为文章之面具，殊不值通人一笑。①

以学术为重镇，朴学考据为武器的章门弟子，击中了桐城派"以空文号天下"②的空疏软肋，最终取代了桐城派在北大的统治地位，取得了彻底的胜利——桐城派人士全部退出北大。钱基博后来在《现代中国文学史》一书中评述道："在前清光、宣之际，北京大学之文科，以桐城家马其昶、姚永概诸人为重镇。民国新造，浙江派代之而兴，章炳麟之徒乃有多人登文科讲席；至是桐城派乃有式微之叹。"③最终章门弟子取代桐城派，立定北大讲席。

这次的骈散之争一般人认为当然是章门弟子深受恩师学术和文学旨趣影响所致，但仔细追究，并不尽然。章太炎本人并不

---

① 《请看北京学界思潮变迁之近状》，《公言报》1919年3月18日。
② 钱基博：《现代中国文学史》，岳麓书社1986年版，第194页。
③ 钱基博：《现代中国文学史》，岳麓书社1986年版，第491页。

赞成“骈散之争”,他曾说:“往者季刚辈与桐城诸子争辩骈散,仆甚谓不宜。”①晚年他仍认为,“骈散二者本难偏废”,“各有所宜。不知当时何以各执一偏,如此其固也”。“骈散之争,实属无谓”。② 他认为骈文、古文都有存在的价值。章太炎虽不喜欢桐城古文,但也并不拥戴六朝骈文,对阮元“文笔论”也颇为不满。而章门弟子“骈散之争”中的激进态度、偏颇观点,以及替代对方文衡地位的目的性,倒是更接近于诂经精舍、学海堂创建者阮元推行倡导“文笔论”思想时的行为风格。章门弟子的骈散之争可以说是绕过了章太炎,直接捡起了阮元攻击桐城派古文的理论大旗,发起了最后的总攻,并取得了最终绝对性的胜利。阮元本人九泉之下对于这样的结果肯定是感到无比欣慰吧。可见,章门弟子民国早期深受诂经精舍学术精神和文学旨向的传承影响。但章门弟子并没有停留在这样浅薄的历史状态中,在五四新文化运动中,他们登上了近代中国思想文化的大舞台。五四新文化运动的革命号角,首先是从文学领域吹响的,“文学,充当了思想革命的第一线的冲锋队”③。章太炎对桐城古文派和选学骈文派同样坚定的批判态度,最终影响了钱玄同,他振臂高呼出“桐城谬种,选学妖孽”的口号,骈文和古文一样,也成了旧文学的代表,成了章门弟子新文学革命的对象。

章太炎教书育人的履历可以追溯得更早,诂经精舍文学教育对他的影响也可从中窥见一斑。章太炎离开诂经精舍后,1901 年

---

① 章太炎:《与吴承仕》,见马勇编《章太炎书信集》,河北人民出版社 2003 年版,第 309 页。

② 章太炎:《国学讲演录》,华东师范大学出版社 1995 年版,第 243 ~ 244 页。

③ 茅盾:《“五四”运动的检讨》,《文学导报》第 1 卷第 2 期,1931 年 8 月 5 日。

辗转到苏州东吴大学任教，在教学过程中公开宣扬民族大义，出了《李自成胡林翼论》一题课试学生，将明末起义军领袖李自成和晚清中兴名臣胡林翼相提并论，进行比较，而且命题思想是肯定李自成，否定胡林翼，在当时社会这自然是耸人听闻，于是舆论大哗，轰动了整个学校，消息也传到了江苏巡抚衙门，江苏巡抚恩寿派人到学校找美国传教士交涉，要求逮捕煽动学生作乱的章太炎。章太炎于是又被迫走上了逃亡的道路。这个课题思想内容上涉嫌犯上作乱，当然不合诂经精舍的规矩，但是文体形式倒是诂经精舍考课中的常见类型。将两个历史人物进行比较的论题，诂经精舍考课中很常见。如《诂经精舍四集》卷 16 收有冯一梅《王陵陈平论》，将王陵和陈平二人进行比较，冯一梅课作开首即明确了论文观点："王陵，真宰相才也。陈平，特妇子小人之伎俩耳。"①旗帜鲜明地肯定前者，贬低后者。学生要做章太炎的这个题目，首先也该亮出这样明确的观点才可以，肯定李自成，贬薄胡林翼。另外，同治七年（1868）十月朔课有《董仲舒、诸葛亮、王通、韩愈合论》一题，同治八年（1869）七月朔课有"论"题如下：《张冯汲郑论》（指张释之、冯唐、汲黯、郑当时四人），《隽孙于薛论》，《两龚论》，《两夏侯论》，《王常李通论》，《窦融马援论》，《冯衍论》，《邴原论》，《山涛王戎论》，《王猛苻融论》，《尹健论》，《桑维翰论》。这些"论"题，其中大多数是将二人或二人以上的历史人物进行比较论述。笔者认为章太炎的这个题目和诂经精舍的考课题目大有渊源。

书院的废弃留给后人的不仅仅是追忆，还有据之与现代学校的比较、考量和反思。1910 年，章太炎在一次名为《留学的目的和方法》的演讲中，肯定了传统书院以掌教山长为中心的办学制度，

---

① 《诂经精舍四集》卷 16，第 1 页。

批评了当时的高等学校受制于行政，导致学校里“智识高的人，反做智识短浅的人的属员”，而传统书院掌教“一来不归礼部管辖，二来不是学政和地方官的属员，体统略高一点”。① 肯定了传统书院尊师重教的去行政化管理模式。正如俞樾《诂经精舍歌》中所云：“主持风化老元臣，尊礼宾师诸大吏。”②传统书院“主持风化”的是有学识的山长掌教，“尊礼宾师”的是官员。1932 年，章太炎在一次讲演中阐述了传统书院与现代学校的关系，认为二者之间可以互相补充。他说：“以前的学校，叫做书院，其实相当于现在的图书馆。书院中预备了许多书籍，使得学生可以自由阅览。再聘请一位掌院或山长，常驻院中，遇有疑难，可以请问。这种情形，学生有自得之乐，教师无讲演之劳，在事实上很是合理。假如这一项学问，书虽少而理却深，非经教师讲解，不能明了，这便须采用现在学校的讲授制，师生聚集在一处地方，按照次序讲授去了。所以，我以为学校和图书馆，两者不可偏废。讲求学问的方法，大约不出于两种。”③对于书院的历史价值和现实价值，章太炎给予了肯定，作为诂经精舍弟子，对书院的感情可谓深厚。章太炎和他的弟子们为保护国粹、传承国学可谓呕心沥血，他创办的章氏国学讲习会，发扬光大了诂经精舍的学术传统，在新时代的语境下注重发挥文学的功能，这和诂经精舍将学术和文学并重的理念还是一脉相承的。

在近代中国，能和“章门弟子”名号相匹敌的是康有为的“康门弟子”，“康门弟子”随着康有为思想的落伍沉寂，多默然无闻，

---

① 马勇编：《章太炎讲演集》，河北人民出版社 2004 年版，第 23 页。

② 俞樾：《春在堂诗编》卷 23，《春在堂全书》，凤凰出版社 2010 年版，第 5 册，第 347 页。

③ 马勇编：《章太炎讲演集》，河北人民出版社 2004 年版，第 114 ~ 115 页。

而梁启超是其中最杰出的佼佼者，与时俱进，顺应时代的发展潮流，最终树起了一面具有时代号召力的大旗，却并不是从康有为手中接过的那一面。在政治路向上，梁启超由保皇派最终倾向革命；在学术旨向上，梁启超最终回归学海堂的学术传统，努力跻身正统派之列。梁启超在教育文化事业中的卓越成就似乎并不逊色于章太炎，同样桃李满门，弟子遍天下。梁启超和他的弟子们在中国近现代历史上发挥了重大影响，著名者如蔡锷、唐才常、谢国桢、张君劢、姚名达、梁漱溟、潘光旦等。例如梁启超和他的高足蔡锷发动的反袁护国战争，彪炳史册，推进了中国历史的发展。毛泽东非常推崇梁启超，他在思想形成、政治观点和文章风格等诸多方面都受到梁启超的影响。1915 年 6 月 25 日，毛泽东《致湘生信》中说道："梁固早慧，观其自述，亦是先业词章，后治各科。盖文学为百学之原。吾前言诗赋无用，实失言也。"①毛泽东由梁启超自述，推断出"文学为百学之原"的命题。可见，梁启超对文学的尊崇态度影响了当时很大一批人。这也可以看出梁启超对学海堂办学宗旨中文学与学术并重的肯定和认同。

梁启超在对学海堂传统学术的回归思路中，寄寓了对国学、传统学术方法的肯定和继承，这在他所从事的教育事业中有明显表现。两广总督卢坤对于学海堂有学习日程规定，有"句读、评校、抄录、著述四项功夫"②，这种学习方式其实就是日积月累、每天坚持的"札记"功夫，即笔记的死功夫。这在诂经精舍、学海堂被称作"日课"，是一种最基本的自主学习方式，每天都要做，书院管理者要定期检查，并依之作为发放膏火的标准之一。梁启超在讲学中多次推荐这种学习方式。他在《治国学杂话》中说："若问

---

① 《毛泽东早期文稿》，湖南出版社 1990 年版，第 8 页。

② 林伯桐修，陈澧补：《学海堂志》，第 5 页。

读书方法，我想向诸君上一个条陈，这方法是极陈旧的极笨极麻烦的，然而实在是极必要的。什么方法呢？是抄录或笔记。”①梁启超说学海堂肄业生、后来的学长陈澧的《东塾读书记》，其成书过程最能看出抄录或笔记这种读书方法的痕迹。② 章太炎在诂经精舍著有《膏兰室札记》，就是这种笔记方法的直接成果。梁启超在《学要十五则》中也强调了札记功夫在读书中的重要作用。他说：“读书莫要于笔记，朱子谓当如老吏断狱，一字不放过。学者凡读书，必每句深求其故，以自出议论为主，久之触发自多，见地自进，始能贯串群书，自成条理。经学子学尤要，无笔记则必不经心，不经心则虽读犹不读而已。”③1897 年，梁启超在湖南时务学堂任中文总教习，为学堂制定了学约和章程。除了采用分班授课这种新式的学堂基本教学方式外，梁启超还令学生们写读书札记，定期检查。“除上堂讲授外，最主要者为令诸生作札记，师长则批答而指导之，发还札记时，师生相与坐论。”④“每月以数日为同学会讲之期，诸生各出其札记册，在堂互观，或有所问，而互相批答，上下议论，各出心得，其益无穷。”⑤梁启超拟定的《时务学堂功课详细章程》中有数条关于札记的规定，如第七条：“凡学生，每人设札记册一分，每日将专精某书某篇共几页、涉猎某书某篇共几页详细注明。其所读之书，有所心得，皆记于册上。”第八条：“凡札记册，五日一缴，由院长批答发还。学生人设两册，缴此册

---

① 梁启超：《饮冰室合集》第 9 册《专集》之七十一附录二，第 24 页。

② 梁启超：《饮冰室合集》第 9 册《专集》之七十一附录二，第 25 页。

③ 梁启超：《饮冰室合集》第 9 册《专集》之六十九，第 4 页。

④ 梁启超：《时务学堂札记残卷序》，《饮冰室合集》第 4 册《文集》之三十七，第 69 页。

⑤ 梁启超：《湖南时务学堂学约》，《饮冰室合集》第 1 册《文集》之二，第 27 页。

时，即领回彼册。”第九条：“堂上设一待问匭，学子读书所有疑义，用待问格纸书而纳之匭中，由院长当堂批答榜示。”①师生可以针对札记中的问题面对面讨论释疑。第十四条规定：学生札记、问格、课卷中优秀者，可以选择钞存刊刻。每季度刊刻一次，向社会上公开发布。② 这显然也是对学海堂注重学生课卷刊刻传统的有意识继承。另外，梁启超对学海堂札记功夫的重视和大力宣传，对他的弟子有很明显影响，他的弟子蔡尚思在南京国家图书馆住读期间，每天伏案十七八个小时，抄写资料数百万字，养成了良好的治学习惯，最终成为新时代卓有成就的历史学家。③

梁启超曾为莘莘学子开列《最低限度之必读书目》，皆是我国古代的经史子集典籍，其中大部分是学海堂的必读书。如下：

《四书》、《易经》、《书经》、《诗经》、《礼记》、《左传》、《老子》、《墨子》、《庄子》、《荀子》、《韩非子》、《战国策》、《史记》、《汉书》、《后汉书》、《三国志》、《资治通鉴》（或《通鉴纪事本末》）、《宋元明史纪事本末》、《楚辞》、《文选》、《李太白集》、《杜工部集》、《韩昌黎集》、《柳河东集》、《白香山集》，其他词曲集，随所好选读数种。

以上各书，无论学矿学、工程学……皆须一读。若并此未读，真不能认为中国学人矣。④

---

① 梁启超著，夏晓虹辑：《时务学堂功课详细章程》，《〈饮冰室合集〉集外文》，北京大学出版社 2005 年版，第 22～23 页。

② 梁启超著，夏晓虹辑：《时务学堂功课详细章程》，《〈饮冰室合集〉集外文》，北京大学出版社 2005 年版，第 23 页。

③ 参见黄跃红、王琦《春风桃李百世师——梁启超和他的弟子》，广东教育出版社 2009 年版，第 157 页。

④ 梁启超：《国学入门书要目及其读法》，《饮冰室合集》第 9 册《专集》之七十一附录一，第 21 页。

梁启超认为上述的传统典籍是中国学人所必读的书目，很重要的一点，他认为不管是文科还是理科、工科，只要是中国学人，都该读这些书，可见国学在他心目中的重要地位。

梁启超之弟子对学海堂学术精神和文学旨向的传承和影响可另用一例来说明，他的高足张君劢20世纪30年代在广州创办了一所“学海书院”，虽然教学内容和学海堂完全不同，但是办学形式有诸多相似之处，且以“学海”命名，可见学海堂在梁启超心目中的重要地位以及这种重要地位对其弟子的深刻影响。

为什么章太炎、梁启超在清末民初的历史舞台上能够发挥如此重要的时代引领作用，而且两人在诸多方面既有对称性和对立性，又有诸多的相似性和一致性？笔者认为，二人的趋同性和两书院相同的教育背景有着密切的联系，而背离性和二人各自的个性特色以及两书院教学实践的差异性有一定关联。趋同和背离，是章、梁二人不断调整选择的人生主旋律，三十余年的相交离合，正如武侠小说中功夫相当的两个高手，在不断冲突较量中，功夫突进，互相折服，最终成为难得的知己和挚友。人生有可以奉陪的对手也是一件快意事，不然东方不败何以如此的凄凉孤独？

第八章
清代各类型书院文学教育的地位与影响

书院的发展除直接受到统治者政策的制约外，一代学术思想和学风又给予书院以重要的影响。如宋代书院的发达同理学的发展有着密切的关系，南宋末以至元代都以程朱理学为宗，书院以程朱理学为主要教学内容。明中叶以后，陆王心学盛行，书院的教学内容又以陆王心学为主。考据学是盛行于清代，特别是乾嘉时期的显学，是清代学术文化的主流，它的学术思想和学风对清代书院的发展有着重大影响，并推动阮元进行书院改革，创建诂经精舍和学海堂两所书院，以研习考据学为教学宗旨。两书院成为后来书院改革的楷模，在其带动下，研习经史考据学的书院数量日增，成为能代表有清一代学风和学术思想特色的书院类型。

第一节　清代书院类型简述

清代近三百年间，书院受学术思想和学风的影响，发生过几次大的变化，形成相应的四种类型：科举考课类书院、义理类书院、博习经史词章类书院和晚清西学书院。① 以下简述之。

一、科举考课类书院

科举考课类书院,顾名思义,就是以科举教育为主导的书院类型。科举考课类书院在清代最为普遍,数量最多,于清代各个时期都相当兴盛。此类书院明代已经产生,不过清代更为发达,这是清代书院教育官学化和科举化高度发达的结果。此类书院的教学形式主要是考课,很少讲学,考课内容主要是八股文和试帖诗,教学完全是为了迎合科举,有很明确的功利性目的,反映了科举制度对教育的深远影响。在清代的各个时期都有一些有学问的山长不愿意以科举时文作为书院教学的主要内容,但因积习难改,不得不为之。经学家卢文弨(1717～1796)乾隆间主讲南京钟山书院时,除了讲授经史外,数百人的课卷,"必卷卷而评校之"②。章学诚(1738～1801)主讲河北清漳等书院的时候,在和学生们切磋研究经史诸子百家时,也不得不教他们揣摩举业文字。同治间俞樾掌教苏州紫阳书院时,每每因从事时文教学而感到苦闷。光绪年间从海外归来的郭嵩焘(1818～1891)重建湘水

---

① 关于清代书院的分类,陈元晖、尹德新、王炳照编著《中国古代的书院制度》(上海教育出版社 1981 年版,第 101～108 页)中将之分为四种类型:一、以讲求理学为主的书院;二、以博习经史词章为主的书院;三、以考课为主的书院;四、晚清西学书院。白新良著《中国古代书院发展史》(天津大学出版社 1995 年版,第 202～209 页)中将嘉道咸时期的书院分为三种类型:讲授汉学、博习经史词章为主的书院,讲授程朱理学的书院和提倡"通经致用"的经今文学派兴办的书院。"通经致用"的经今文学派兴办的书院以博习经史为主,笔者认为其本质上隶属于博习经史词章类书院。本文的书院分类以前一著作所分为框架,后一著作所分作补充。

② 卢文弨:《寄孙楚池书》,《抱经堂文集》卷 18,《续修四库全书》,第 1432 册,第 700 页。

校经堂，他认为当时长沙岳麓、城南等书院专习时文，积弊已极，于是就想别立书院，讲求实用之学，使其“总须异乎今世之为书院学馆”①。他查考了严复所开示的英法两国学馆课程，谁知舆论哗然，他竟然收到了匿名刊刻的《伪校经堂奇闻》，说他“不讲时文试帖，而讲天文算学，其计狡毒”②。清代科举考课类书院在数量、分布的广度和影响上一直占据首要地位。

二、义理类书院

清代义理类书院的教学内容以理学的讲授为主，其兴衰起落与清代理学的发展轨迹相一致，是宋学在书院中的代表。此类书院在清顺治、康熙两朝最盛，乃承宋明理学讲学风气之余绪而来，大师们在书院中讲授理学，其中最著名的有孙奇逢（1585～1676）、李颙（1627～1705）和黄宗羲（1601～1695）三位大师。孙奇逢曾主讲河南辉县白泉书院；李颙曾至无锡、江阴、靖江、武进、宜兴各处讲学，以主讲陕西西安关中书院最有名；黄宗羲先后应邀主讲浙江会稽证人书院、阳和书院、六贤书院、鄞县证人书院、余姚姚江书院。此时以讲求理学为主的书院在讲学形式上继承了旧有的讲会制度，自由讲学之风颇为盛行，较著名的除了上述的白泉书院、关中书院和证人书院外，还有王门嫡传沈国模、史孝咸主讲的姚江书院，颜元主讲的直隶肥乡漳南书院，施闰章主讲的江西南昌龙岗书院等。另外，江苏无锡东林书院、安徽歙县紫阳书院、安徽歙县还古书院等都属于这一类型。

随着考据学派的兴起，理学衰微，书院的理学教育也受到影响，呈现衰势。乾嘉及以后时期，能和汉学相抗衡的唯有桐城

① 《郭嵩焘日记》第3卷，湖南人民出版社1982年版，第907页。

② 《郭嵩焘日记》第3卷，湖南人民出版社1982年版，第935页。

派。桐城派尊崇程朱理学，在文学领域推崇古文。随着汉学从辉煌趋于回落，理学于书院教学中也趋于兴盛，最有名的如姚鼐（1731～1815）主持的江苏江宁（今江苏南京）钟山书院。嘉庆、道光、咸丰、同治时期，理学在一些书院呈现复兴气势，阮元在创建学海堂时，就已增加了理学的教学内容，表现出汉宋学术在书院教育中一定程度上的折衷。咸丰、同治以后，书院教育一般多是汉宋兼采，如学海堂学长陈澧治学折衷汉宋，学海堂的教学也受到了影响。

三、博习经史词章类书院

此类书院是以考据学、文学为主要教学内容的书院。倡导于清初，兴盛于清中叶，遗风一直延续至清末。此类书院是受乾嘉考据学影响的书院类型，是能够代表有清一代主流学术文化的书院典型。柳诒徵在《江苏书院志初稿》中说："第综有清一代而论，书院风气，与朱明迥殊，其课帖括者，无论矣。乾嘉以来，崇尚朴学，转于古学法有合。"①此类书院都有一批有影响力的考据学大师主持，早期的如考据学大师杨绳武、夏之蓉、钱大昕、卢文弨、朱琦、程恩泽、胡培翚、任泰等主讲时期的江苏江宁钟山书院，钱大昕、王鸣盛、王昶（1725～1807）等主讲时期的苏州紫阳书院，章学诚主讲时期的漳南书院，等等。钱大昕的《廿二史考异》就是在主讲钟山书院时期完成的。此类书院以汉学的教学研究为特色，但并不以汉学研究为主，同时还要考课举业，并习八股文、试帖诗。书院的汉学教育完全受到当时汉学风气和主讲大师们个人学术修养的影响，虽然这些书院经史词章、时文并习，但时文占据了更

---

① 柳诒徵：《江苏书院志初稿》，《江苏国学图书馆年刊》1931年第4期。见赵所生、薛正兴主编《中国历代书院志》，第1册，第40页。

重要的地位。这些考据学大师为阮元进行书院改革奏响了序曲。

此类书院的真正创立，起于阮元创建的诂经精舍和学海堂。此后受两书院影响而建的书院层出不穷，如上海龙门书院、诂经精舍，黄岩九峰书院、敷文书院、崇文书院，江苏江阴南菁书院（王先谦于此编刻《皇清经解续编》），四川成都尊经书院，广州菊坡精舍、广雅书院，扬州安定、梅花书院，武昌经心书院，长沙湘水校经堂，等等。受两书院影响，博习经史词章类书院由东南、华南一带延伸及内地。

四、晚清西学书院

此类书院注重西方近代科技知识的教学和研究，学习内容以西学中的自然科学为主。这类书院是在晚清国势日趋衰落、西学东渐的社会大形势下产生的。晚清西学书院较著名的有上海格致书院和中西书院。上海格致书院于同治十三年（1874）建成，由无锡徐寿和英国人傅兰雅等捐资创办，延聘西方人士教授格致之学（即自然科学），王韬曾任监院。书院设有藏书楼，还附设一所博物院，陈列工业、交通、天文、地理、枪炮等模型和样品，是晚清最具特色的书院，也是晚清传播西学特别是近代科学技术的重要基地。它是一所中西、官民合办的书院，成为晚清学风的导引者。在格致书院执教授业的有西学大师傅兰雅、新学领袖徐寿和王韬等人。又由于有自强运动领袖李鸿章等人的鼎力支持和积极参与，格致书院成为当时有识之士展示才华与学识、表达“治国平天下”宏图大略的论坛。① 书院课试内容主要以自然科学为主，涉及化学、物理、天文、历算、地理、医学等各种自然科学课程。中西书

---

① 参阅尚智丛《1886～1894 年间近代科学在晚清知识分子中的影响》，《清史研究》2001 年第 3 期，第 72～82 页。

院，位于上海租界昆山路上，清光绪七年（1881），美国监理会传教士林乐知（Young John Allen）创建，其自任院长，专课中西两学，“意在中西并重”①。后来从事西学教育的书院有杭州求是书院、武昌两湖书院、陕西泾阳味经书院等。

当然，上述书院的四种分类并不完全绝对，很多书院的发展有历史性的变化，如江苏江宁钟山书院等。

第二节　清代各类型书院的文学教育地位

一、科举考课类书院的文学教育地位

此类书院的教学形式主要是考课，很少讲学，考课内容主要是八股文和试帖诗，一般每课为一八股文、一试帖诗。教学完全是为了迎合科举，有很明确的功利性目的，反映了清代科举制度对教育深重而广泛的影响。八股文和试帖诗是清代官方教育、民间教育和书院教育中的主要内容，在本文所论及的其他三种类型书院教育教学中，也不能完全摆脱它们的影响。本书第六章论述了诂经精舍、学海堂两书院文学教育中的科举色彩，就是典型的例证。

八股文和试帖诗，是清代士子们博取功名成功前几乎人人都要勤学苦练的文体，因其写作时种种严格的规定和束缚，被称作是“带着脚镣跳舞”。八股文是明清两代科举考试的专用文体，除了用于科举考试以外几乎没有其他用处，被称作是攀登仕途的“敲门砖”，一旦科考成功，很少有人再花费精力来从事这种文体的写作。八股文作品在清代产生的数量非常巨大，但后代学者在

---

① 林乐知：《中西书院规条》，《万国公报》1891 年 2 月第 25 期。转引自邓洪波编著《中国书院章程》，湖南大学出版社 2000 年版，第 53 页。

重绘文学史殿堂的各个位置时，几乎都漠视了它们的身影。

八股文又叫“四书文”、“八比文”、时文、制义、制艺、时艺等。八股文的形式有严格的规定，通常由破题、承题、起讲、入题、起股、出题、中股、后股、束股、收结等部分组成，其中起股、中股、后股、束股要用排比、对偶而相对成文的两股文字组成，全篇文章中有起二股、中二股、后二股、束二股，共八股，所以称作八股文。八股文对形式有严格的规定，对内容的要求则更加苛刻。作者写作时，不能随意发表自己的见解，必须要“代圣贤立言”，要用儒家的观点解说“四书”中的“义理”，对“四书”的理解要以朱熹的《四书集注》为准则；行文要“入口气”，就是要模仿古人的口吻说话。八股文除了形式、内容有严格的规定外，字数多少也有严格的限制。八股文种种的规定，考官和应试者必须严格遵守，称为“功令”。在种种规定的束缚下，八股文的文学创作失去了鲜活的动力，虽偶有佳作，终难跻身文学殿堂的上等座席。

清代科举考试文体首重八股文，之外还有试帖诗等。乾隆二十二年(1757)开始在乡试、会试中增试五言八韵的试帖诗，试帖诗从此进入清代科举考试文体之列，逐渐成为仅次于八股文的重要考试文体，也成为清代书院，特别是科举考课类书院中仅次于八股文的重要考试内容和文体。清代科举考试的试贴诗可以说是一种有着明显八股化倾向的诗歌文体，它的形式即是“五言排律诗”。唐代的律诗本来为八句四韵，后来变为十二句六韵、十六句八韵。清代试帖诗又称作“五言八韵诗”，即十六句八韵，创作有着诸多的规定，如：规定字数必须是五言十六句，必须是律调句，规定韵脚和对偶句，诗的前四句要把题目大意包括进去，诗的末尾要“颂圣”，等等。①

---

① 参见启功等：《说八股》，中华书局1994年版，第67～68页。

考察清代考课类书院教育教学中文学教育到底占据了多少比重,处于什么样的地位,就需要了解一下清代科举教育中的八股文和试帖诗这两种考试文体的文学因素到底有多少,人们对其总体评价到底如何。

八股文是经学与文学结合的产物,从明代产生到晚清终结,历时几百年,对其评价落差很大。从历史发展的总体趋势来看,对其质疑、贬毁之声势还是远甚于褒誉之辞,以至于现在对八股文并没有任何学术研究的国民大众,一提到八股文,印象中都是最负面的看法,如认为它是公害文体,有人认为它亡了国家,扼杀了思想,戕害了文学。当然也不乏赞誉之声,如周作人有《论八股文》一文,周作人认为"八股文是中国文学史上承先启后的一大关键","八股不但是集合古今骈散的菁华,凡是从汉字的特别性质演变出的一切微妙的游艺也都包括在内,所以我们说它是中国文学的结晶"。① 张中行在《闲话八股文》中称:"在周秦以来的所有文体中,八股的内涵最丰富,要求最严格,也就最难作。还最难评定鉴赏。"②他还在《〈说八股〉补微》中称:"由技巧的讲究方面看,至少我认为,在我们国产的文体中,高踞第一位的应该是八股文,其次才是诗的七律之类。"③八股文竟然被认为是"中国文学的结晶",是中国古代最完备的文体形式。这些观点足以让人侧目。从现当代社会对八股文的评价系统来说,负面的评价一般是大众的声音,足够强大,而且历史悠久;正面的高度评价多来自于对八股文有比较深入了解和研究的学者,这个群体力量正逐渐壮大,最具发言权和代表性。

---

① 周作人:《中国新文学的源流》附录一,岳麓书社 1989 年版,第 62 页。

② 张中行:《闲话八股文》,辽宁教育出版社 1998 年版,第 3 页。

③ 启功等:《说八股》,中华书局 1994 年版,第 81 页。

用中国传统的杂文学观念来衡量，八股文具有特定的文学因素，具有虚构色彩，讲究声韵对偶和文法技巧。八股文章法理论是历代"为文之法"的提炼、集中和定型。① 八股文作为一种特定的考试文体，其写作讲求条理和逻辑，讲求对偶和音韵等，对学生用字、修辞、语法、逻辑的训练非常有益。在大规模的选拔性科举考试中，在规范竞争、检测知识、检测智力、防范舞弊、方便阅卷、文有定评等方面，八股文已经很好地履行了其考试功能。

试帖诗在清代作为一种考试诗体，虽然它的文学价值和地位受到质疑，但它首先是作为一种文学体式而存在，是文学体裁不容置疑。而且试帖诗的写作要求具备扎实的文学功底和素养，启功在《说八股》中这样评价试帖诗的写作："至于试帖的做法，当然仍是翻来覆去地嚼那题目中的字。在词章修养高的人，可以用各种换字法去变换字面。从文体类别看，试帖诗基本上属于咏物诗，但所咏的不限定某一物，而是咏'题'，题目中所有的几项内容，都要从它们的上下、左右、前后、正反、内外各个方面挖空心思去拉拉扯扯。看起来也不失巧妙有趣。"②可见，试帖诗是一种接近于咏物诗的考试文体，"词章修养高"即文学修养高的人更有能力做好试帖诗，虽然写作试帖诗必须紧扣题意并发挥展开，不能够自由地表达自己的思想观点，但仍"不失巧妙有趣"，也就是说具有一定的文学思维价值。

对科考类书院文学教育地位进行评价，必然依赖于对于八股文和试帖诗这两种文体文学性的认识和理解，如果承认这两种文体的文学因素和文学形式，那么此类书院文学教育课程无疑占据

---

① 参见黄强《八股文的文学因素》，《南京工业大学学报》（社会科学版）2003 年第 4 期，第 49 ~ 53 页。

② 启功等：《说八股》，中华书局 1994 年版，第 70 页。

的是最为重要的主导地位。不过,应试文体的文学因素和文学成就,一直遭到怀疑和批判,在文学史上八股文和试帖诗一直没有享有和它们的影响相对等的礼遇和认同,这是事实。但可以肯定的是,此类书院是以经学为内容载体、以文学教育为实现手段的应试性教育类型。此类书院主要通过应试文学教育为主导途径和手段,实现以儒家伦理纲常为主要教育内容的经学教育的最终目标。八股文本身就承载着重要的政治道德教化功能,而试帖诗也如此。正如陈伯海《清人选唐试帖诗概说》一文所说:"试帖诗作为科考的规定样式,直接传递着科考的信息,它在政治驱动和文学创作之间起着重要的中介作用。"①可以说,清代考课类书院以文学教育为主导途径,以实现政治和道德教化为终极目标的经学应试教育是其主要的教育特色。

二、义理类书院的文学教育地位

清代义理类书院的教学内容以理学的讲授为主,其兴衰起落与清代理学的发展轨迹相一致,是宋学在书院中的代表。其文学教育也浸染着理学和宋学的显著色彩。清代义理类书院的文学教学,受主讲大师个人学术修养和文学风格的影响较大。清初义理类书院主要采取讲会的形式,更能体现主讲者的个人风格,有利于师生间的学术交流,主讲者除了以学术感染学生外,文学观点和创作风格也会对学生产生很大的影响。清初书院著名讲学大师孙奇逢、李颙和黄宗羲三人被誉为"清初三大儒",他们的诗文理论和创作通过书院教学得以弘扬。乾嘉以后义理类书院文学教育中影响最大者有桐城派姚鼐及其弟子。

---

① 陈伯海:《清人选唐试帖诗概说》,上海中国科举博物馆、上海嘉定博物馆编《科举学论丛》,线装书局 2008 年版,第 4 页。

清初义理类书院的文学课程教学并不占主要的地位,多体现为课后业余教学活动,可以说是理学教育的附带产品,是主讲大师个人文学修养和建树在书院教育中的影响和体现。下面我们仅以黄宗羲的书院教育为例,来考察清初义理类书院的文学教育地位。

清初黄宗羲主讲于浙江各大书院,名弟子无数,被认为是"浙学派"的初祖,其诗宗宋,其文宗唐宋元明古文。自康熙二年至十八年(1663~1679),黄宗羲先后应邀主讲浙江会稽证人书院、阳和书院、六贤书院、甬上证人书院、余姚姚江书院。其中尤以在甬上(今浙江宁波)证人书院讲学时规模最大,培养的人才最多。据方祖猷统计,先后参加甬上证人书院听讲的有40人左右,被黄宗羲推许的,有万斯选、万斯大、万斯同、万言、董允瑫、陈夔献、陈锡嘏、李邺嗣、郑梁等18人。① 关于黄宗羲在书院的教学活动,李邺嗣《与万贞一书》曰:"自贞一(万言)与其诸父及里中十余君子同事姚江梨洲黄先生……先生(黄宗羲)因授诸生以所传蕺山慎独之学,发古今说经诸书为世所未传者,点定西汉唐宋及先辈大家文钞,不烦探索而坐辩千载,是非较(皎)然明白。"②这里,我们可以看到黄宗羲书院讲学的内容包括了理学("蕺山慎独之学")、经学("发古今说经诸书")和文学("点定西汉唐宋及先辈大家文钞")。张敏杰在《论黄宗羲的文学问题》一文中说:"自讲学内容来看,除刘宗周之学、经史之学外,旁及天文、地理、算术,以至西方测量推步之学。……文学列在其讲授的内容之中并不突兀。"③

---

① 方祖猷:《黄宗羲与甬上证人书院》,《浙江学刊》1985年第1期,第90~91页。

② 李邺嗣:《杲堂文续钞》卷3,见《杲堂诗文集》,浙江古籍出版社1988年版,第653页。

③ 张敏杰:《论黄宗羲的文学问题——以甬上讲学活动为中心》,《文艺理论研究》2006年第2期,第107~108页。

文学是古代知识分子基本的素养和普遍感兴趣的学习交流内容，黄宗羲在书院讲学中将它置为教学内容之一，理所当然。但在正式的教学活动中黄宗羲应该还是更侧重于理学和经学内容的讲授，文学更多的时候只是业余教学内容，对文学的探讨和研究更多的时候是讲席之余从事的交流活动。黄宗羲高足万言就说道："吾师梨洲先生（黄宗羲）之倡道于甬东也，甬之士从而游者数十人。讲席之暇，先生取宋元明以来未经表暴之文百余家，手为批画以授之吾党。"①范光阳《郑禹梅制义序》："（郑）禹梅师事姚江黄先生，获闻蕺山刘子之学，暇时则作为古文词，能尽洗摹仿字句之陋。"②可见文学教育内容是"讲席之暇"、"暇时"共同探讨交流的学习内容，讲席之上，也就是正式的教学时间主要研讨的还是理学和经学内容。

黄宗羲于甬上证人书院所从事的理学教育"暇时"所开展的文学教育活动，主要内容是诗文。在弟子李邺嗣看来，"今日浙东古文，自当推梨洲第一"③。黄宗羲的古文成就得到弟子们的推崇。他非常注重对弟子们的诗文指导。黄宗羲在《董巽子墓志铭》中说："巽子尝问余作文之法，余曰：'诗文同一机轴，以子之刳心于诗者，求之于文可也。'"④他认为诗、文同于一源，共于一理。在《高元发三稿类存序》中说："吾尝与万晦庵（万泰）极论作者之

---

① 万言：《郑禹梅制义序》，《管村文钞》内编卷1，《四明丛书》本，第43页。

② 范光阳：《郑禹梅制艺序》，《双云堂文稿》卷3。见《四库全书存目丛书》，齐鲁书社1997年，第256册，第635页。

③ 李邺嗣：《答溧阳周二安书》，《杲堂文续钞》卷3，见《杲堂诗文集》，浙江古籍出版社1988年版，第658页。

④ 黄宗羲：《董巽子墓志铭》，《黄梨洲文集》，中华书局2009年第2版，第252页。

指,是时不以为非者有高子元发,即取有明十数家手选而钞之,大意多本于余,遇余有所论著,亦必手钞之。”①在《钱屺轩先生七十寿序》中,他说:“(钱)汉臣每见,必问作文之法,余所批选,汉臣手抄,殆将数尺。”②可见,黄宗羲对弟子们进行诗文指导非常用心,最终甬上弟子在诗文方面取得了很大的成就。黄宗羲说:“今日古文一道,几于坠地。所幸浙河以东二三君子,得其正路而由之。”③他在《寄陈介眉兼怀万贞一》诗中吟咏道:

> 浙东古文词,近日方权舆。杲堂(李邺嗣)开之艳,禹梅(郑梁)胜以癯。国雯(范光阳)去陈言,季野(万斯同)真书橱。文三(王之坪)不轻作,意欲探隋珠。破坏训诂陋,夔献(陈赤衷)充宗(万斯大)欤。贞一(万言)之秀颖,介眉(陈锡嘏)之奥枢。应酬岂文章,彼此皆述朱。数子拔其一,便可启荒途。④

甬上弟子们的古文成就,让黄宗羲非常欣慰,他在甬上证人书院的古文教学是成功的。同时,甬上证人书院在诗歌创作上也取得了瞩目的成就。黄宗羲被认为是清代“浙派诗”的始祖。张仲谋说:“浙派,自清初黄宗羲创始,历经康、雍、乾三朝,前后百有余年,涉及诗人数以百计,大小名家数十人,下开清中叶之桐城诗派、晚清之同光体或宋诗派,影响至为深远。无论在清代诗坛上还是在中国诗史上,它都可以说是最大的诗歌流派之一。”⑤“浙派诗”的基本诗学倾向是宗宋,和黄宗羲之书院教学以宋明理学

---

① 黄宗羲:《高元发三稿类存序》,《黄梨洲文集》,第 333 页。

② 黄宗羲:《钱屺轩先生七十寿序》,《黄梨洲文集》,第 490 页。

③ 黄宗羲:《与李杲堂陈介眉书》,《黄梨洲文集》,第 462 页。

④ 黄宗羲:《寄陈介眉兼怀万贞一》,《黄梨洲诗集》之《南雷诗历》卷 2,中华书局 1959 年版,第 64 页。

⑤ 张仲谋:《清代文化与浙派诗》,东方出版社 1997 年版,第 2 页。

为宗相一致。黄宗羲曾和密友吕留良、吴之振共同选编《宋诗钞》。“浙派诗”在创始时期,与黄宗羲的众多弟子“呼朋引伴,相与激发是分不开的”①。浙派诗的初期诗人,大多是黄宗羲的书院弟子。黄宗羲在甬上证人书院的两年间,就有郑禹梅、万斯同、万斯大等弟子 31 人;康熙十五年(1676)赴海昌讲学时,就有查慎行等弟子 13 人,他们是清初浙诗派的主要力量。

黄宗羲在浙江甬上证人等书院教学以经史为主,是浙东学派的源泉;文学上主诗文,宗唐宋元明的古文。黄宗羲的书院文学教育活动一般不安排在正式的教学内容之列,主要体现为业余时间的切磋讨论、指导交流,这也是清初其他义理类书院文学教育的普遍现象。可见,文学教育在清初义理类书院正常的教学体系中还是处于比较次要的地位。但是清初义理类书院的文学教育在文学史上却具有非一般的意义,可以说产生了重要影响。黄宗羲在书院讲学期间文学理论的建构和文学批评的实践活动在文学史上具有重要的地位。黄宗羲通过书院的讲学活动,扩大了其宗宋诗和唐宋古文的影响,通过弟子们薪火相传,影响着清代后来的诗文发展。

乾嘉以后,理学教育产生巨大影响的是姚鼐及其弟子等执教的书院。姚鼐 44 岁时辞官回乡,即致力于教育和学术研究,自乾隆四十二年(1777)起先后主讲于扬州、安庆、歙县、南京等地的书院,其弟子遍及南方各省,名扬天下。姚鼐曾为江苏扬州梅花书院首任山长(1776～1778),在江苏南京钟山书院执教时间最长,前后达十余年(1786～1801,1806～1815)之久,并终老钟山书院。钟山书院主讲者个人风格体现得最为明显。历史上的钟山书院以科举时文的教学为主,后来渐渐发生了变化。乾隆二年

---

① 张仲谋:《清代文化与浙派诗》,东方出版社 1997 年版,第 4 页。

(1737),山长杨绳武定《钟山书院规约》十条,关于学习内容的规条如下:一穷经学,一通史学,一论古文源流,一论诗赋派别,一论制义得失。可见杨绳武之课程中增加了经学、史学内容,首重经史,倾向于汉学;文学教学上古文、诗赋和时文并业。从规约上看,要求兼容并蓄。其中,"论古文源流"中,认为古文的源不是唐宋八大家,而是《尚书》,《尚书》不仅仅是经,而且是文章的鼻祖。在"论诗赋派别"中,推崇庾信、杜甫,认为他们的作品有诗史的特点。在"论制义得失"中,要求学生"多读书以为根柢",并不单纯束缚于朱熹所注"四书"。① 注重为文的学问性。虽然钟山书院在教学史上,研习科举时文一直是教学中的重要内容,但是在乾嘉时期,执教书院的有很多闻名的考据学家,对书院的教学产生了很大的影响,使钟山书院在中国学术史和文学史上能够占据一席地位。如杨绳武、夏之蓉、钱大昕、卢文弨、姚鼐、朱珔、程恩泽、胡培翚、任泰等人,特别是钱大昕,"最淹博,居钟山,凡四年。其教士,以通经读史为先,所著《廿二史考异》实成于钟山"②。钟山书院渐染汉学风气。

至姚鼐主讲钟山书院时,提倡理学教育和唐宋古文,力图和乾嘉考据学相抗衡。姚鼐不满乾嘉汉学孜孜于名物典章制度的琐碎考订,但是他本人熟谙经史,有一定的考证根柢,为学"以研经为主,而并及于史子集。一字之不谐于心者,必思之深,辨之审,以求其词之何以洽,义之何以完,圣贤之旨何以不至湮暗而不彰"③。他虽主张由字义通义理,不过对字义的寻求并不是通过考

① 以上见杨绳武《钟山书院规约》,《昭代丛书》辛集卷16。见邓洪波编著《中国书院学规》,湖南大学出版社2000年版,第24~29页。

② 柳诒徵:《江苏书院志初稿》,第45页。

③ 唐鉴:《学案小识》卷5"桐城姚先生"条,上海商务印书馆1935年版,第157页。

据学的考订训诂，而是主要通过“思”、“辨”的治学途径。乾嘉时期，考据学兴盛，程朱理学久为士人所厌弃，他不得不承认“考证、义理、词章”同为学问之一端，也不得不承认程朱理学有“不达古人之意”①的地方，对汉学表现出了一定的妥协倾向。在学术上，他对程朱理学却极为倾心，认为“程朱之所以可贵者，谓其言之精且大，而得圣人之意多也，非吾徇之也”②，对“数十年来，士不说学，衣冠之徒诵习圣人之文辞，衷乃泛然不求其义”的现象极为不满。④对清代考据学大加攻击，认为汉学家“专求古人名物制度，训诂书数，以博为量，以窥隙攻难为功，其甚者，欲尽舍程朱而宗汉之士，枝之猎而去其根，细之搜而遗其钜”⑤。在文学上他继承发展了刘大櫆、方苞等人的桐城派古文理论，确立了桐城派古文在文坛的稳固地位。

在书院文学教学中，姚鼐“以古文义法教门弟子。门弟子管同、梅曾亮等传其文笔”⑥，蔚然为一代文宗。姚鼐宗唐宋古文，选编《古文辞类纂》作为教学古文的教科书，流传很广。弟子管同、梅曾亮、方东树、姚莹，号称“姚门四杰”，古文成就较高。其中方东树(1772～1851)对书院的影响较大。阮元任两广总督时，方东树入阮元幕府，期间曾批阅学海堂课卷，但他在学术观点上排斥汉学，和阮元相左，在阮元幕府期间著《汉学商兑》，大肆攻击汉学。离开阮元幕府后，方东树历主庐州、亳州、宿松、廉州、韶州等地书院，以程朱理学相教导，并进一步扩大了桐城派古文的影响。

---

① 姚鼐:《惜抱轩文集》卷6《复曹云路书》,《惜抱轩诗文集》,上海商务印书馆1936年版,第76页。

②④ 姚鼐:《惜抱轩文集》卷6《复曹云路书》,《惜抱轩诗文集》,第76页。

⑤ 姚鼐:《惜抱轩文集》卷7《赠钱献之序》,《惜抱轩诗文集》,第96页。

⑥ 柳诒徵:《江苏书院志初稿》,第46页。

在书院教学中讲授理学著名者除姚鼐、方东树外，还有曾国藩的老师唐鉴等。唐鉴(1778～1861)曾任地方行政官吏多年，所至以兴学为务，致仕后，主讲钟山书院，在书院教学中尊崇程朱理学。其弟子最有名者乃曾国藩。曾国藩利用自己的地位和威望，将程朱理学的影响进一步扩大，并在“姚门四杰”之后，进一步弘扬桐城派古文。桐城派文风一直影响到严复、林纾等西学翻译家。

姚鼐、唐鉴等在书院中讲授理学，文学教学侧重于古文。乾隆二年杨绳武定《钟山书院规约》十条中，教学内容就包括了古文，根据桐城派古文的发展声势来看，钟山书院对古文的讲授和探讨是正式的教学内容，还有专门编纂的教材《古文辞类纂》，在理学为宗的教学体系中占据了比较重要的地位。

清代义理类书院的文学教育对清代诗文的发展产生了很大的影响，如上述的浙学派和桐城派的传播和影响，都与书院的文学教育关系密切。主讲大师凭借个人的文学地位和影响，通过书院的各种教学实践活动，薪火相传，在我国文学史上留下了深深的印迹，产生了深远的影响。此类书院师生的文学活动和文学观深受理学的影响，是代表宋学的书院教育类型。

清代义理类书院的文学教学地位随着时代的发展有所变化，文学教育在清初义理类书院正常的教学体系中还是处于比较次要的地位，文学课程教育主要体现为业余教学。乾嘉以后姚鼐师徒等以书院为基地，讲授理学，推崇古文，抗衡乾嘉考据学，文学教育在理学为宗的教学体系中占据了比较重要的地位，成为正式的文学教育内容。

三、博习经史词章类书院的文学教育地位

博习经史词章类书院，代表了清代学术文化的主流。此类书

院倡导于清初,兴盛于清中叶,延续至清末,产生发展历贯整个清代。此类书院萌芽于考课类书院和义理类书院,确立于诂经精舍和学海堂,兴盛于两书院及受两书院影响而建立的其他书院。此类书院的主讲教师大多是考据学家兼文学家,文学教学受学术的影响,注重学问,体裁一般以诗赋骈文为主。

清初以来考据学随着在书院任教的考据学家逐渐渗透到考课类书院和义理类书院之中,教师的个人学术修养对书院产生了变革性影响。章学诚主讲河北肥乡清漳书院时,所教虽以科举时文为主,但他传授了读书、作文、治学的基本方法。教材虽以《四书》为主,每次课试和一般科考类书院一样只做一八股文一试帖诗,但章学诚规定要另作《四书》大义,即对义,“策问《四书》对义,本欲诸生贯串经书,融会传注,自以意义发挥,更取他书印证,盖学问之一端也”①。四书大义,就是按经义、注疏内容回答大义、无需解说。章学诚认为“大义乃通经之源,古论乃读史之本”②。章学诚规定:“如但有诗文、不作对义者,诗文虽佳,生员不取超等,童生不取上卷,勿谓阅卷之苛刻也。”③可见科举考课类书院的时文教学往往会因教师的个人学术素养和要求而有所革新。

苏州紫阳书院,康熙五十二年(1713)张伯行创建,“崇祀朱子其中,颜曰紫阳”④。紫阳书院历史上以义理之学和考课制艺为主,乾隆十六年至二十六年(1751～1761)10年间,沈德潜(1673～1769)主持紫阳书院教务,此后,教学宗旨发生了变化。沈德潜

---

① 章学诚:《清漳书院条约》(二),《章学诚遗书》卷28,北京文物出版社1985年版,第313页。

② 章学诚:《清漳书院条约》(二),《章学诚遗书》卷28,第314页。

③ 章学诚:《清漳书院条约》(二),《章学诚遗书》卷28,第313页。

④ 参见季啸风主编《中国书院辞典》,浙江教育出版社1996年版,第45页。

并不精通考据学,以诗文享誉于世,但他主持紫阳书院10年间,紫阳书院却培养出了三位18世纪最有影响的汉学家,即钱大昕、王鸣盛和王昶。沈德潜虽以诗名,但他论诗倡导复古、尊经和重学问,和考据学相契合。他所倡“格调”说,思想核心是“尊唐黜宋”,认为后世诗歌“不能竟越三唐之格”①。在诗歌创作上,古诗摹汉魏,近体诗法盛唐。他认为诗学渊源于经学,认为“学者不能穷经耳;能穷经,诗学深矣”②;他还认为诗学应以学问统格调,认为“古人无不学之诗”,“故诗虽超诣之难,而尤不根柢于学之足患”,他赞赏以学问典籍为根柢的诗歌创作,“诗固陶冶性灵之一也,然其为诗,必搜据六籍,讨论子史,即下而说部类书,亦广为征引,以供驱遣之用”③。沈德潜文学观中复古、尊经和重学问的特点,使他在主讲紫阳书院期间,在制艺考课的同时,重视考据学的教学和研究,曾聘请吴派汉学家惠栋主讲紫阳书院。④ 紫阳书院培养出的三位考据学大师后来也历主各大书院,钱大昕后来成为紫阳、钟山、太仓娄东等书院的山长,王鸣盛主讲吴江笠泽书院,王昶应阮元之聘主讲杭州敷文书院和诂经精舍。他们进一步通过书院教学扩大着考据学的影响。

钟山书院科举考课、义理教学以及朴学教育在一段时期里同时或交叉进行,钟山书院在山长杨绳武掌教期间就已染上汉学风

---

① 沈德潜:《说诗晬语》卷上,见《原诗·说诗晬语》,凤凰出版社2010年版,第81页。

② 沈德潜:《李修子诗序》,《归愚文钞余集》卷1,见《沈归愚诗文全集》,乾隆间刻本。

③ 沈德潜:《许双渠抱山吟序》,《归愚文集续集》卷8,见《沈归愚诗文全集》,乾隆间刻本。

④ 见黄文相《清王西庄先生鸣盛年谱》,载王云五主编《新编中国名人年谱集成》12辑,商务印书馆1980年版,第9~10页。

气,姚鼐掌教前有汉学家卢文弨、钱大昕等主讲。上述章学诚主讲的清漳书院、沈德潜主持的紫阳书院以及钟山书院等,是阮元创立诂经精舍、学海堂专门从事经史词章教学的先导。

诂经精舍、学海堂的创建,是博习经史词章类书院正式形成的标志。两书院的文学教学前面章节已有较多的论述,此处不再赘言。此后,受两书院影响专习经史词章或在课业中增加经史词章内容的书院逐渐增多。1815 年姚鼐故去后,孙星衍于 1816 ~ 1817 年间主讲钟山书院,仿诂经精舍例,以古学、诗赋课士,"命题课士,兼策问诗赋,以敦劝古学",而"诸生执经问字者,日盈于庭"。① 其后的朱琦、胡培翚、梁鼎芬、缪荃孙等在钟山书院教学中都增加经史诗赋的教学内容。

受诂经精舍、学海堂影响而建的书院有:上海龙门书院、江苏江宁惜阴书院、江西南昌经训书院、广州菊坡精舍、江苏江阴南菁书院、苏州学古堂、四川尊经书院、广州广雅书院,等等。上海龙门书院,历任院长有顾广誉、刘熙载、吴大澂等人,课程以经史、性理为主,以文辞为辅,不重举业。道光十八年(1838),两江总督陶澍建江苏江宁(南京)惜阴书院,聘俞正燮为院长,"课士经史诗赋,不及制艺"②。同治六年(1867),广州成立菊坡精舍,聘请陈澧担任院长。陈澧说:"澧既应聘,请如学海堂法,课以经史文笔。……吾不自立法也。"③将阮元在学海堂提倡的文、笔思想进一步发扬光大。江苏江阴南菁书院由江苏学政黄体芳于光绪十年(1884)创建,仿诂经

---

① 张绍南编,王德福续编:《孙渊如先生年谱》,见《北京图书馆藏珍本年谱丛刊》,北京图书馆出版社 2000 年版,第 119 册,第 509 页。

② 蒋启勋等修:《续纂江宁府志》卷 5《学校》,见《中国方志丛书 · 华中地方》第 1 号,成文出版社 1970 年版,第 51 页。

③ 陈澧:《东塾集》卷 2《菊坡精舍记》,《续修四库全书》第 1537 册,第 267 页。

精舍，专讲经学、古学。经学附以性理，古学附以天文、算学、舆地、史论。张文虎、黄以周、缪荃孙等先后任主讲。苏州学古堂由黄彭年于光绪十四年(1888)创建，课程以经为主，旁及小学、四史、文选、算学等。四川尊经书院，光绪元年(1875)张之洞为四川学政时建于四川成都，教学内容首重经术，另外，"舆地、推步、算术、经济、诗古文辞，皆学也"①。尊经书院山长中影响最大的是晚清骈文大家王闿运(1833～1916，在尊经书院主讲时间为1878～1885)，所著《哀江南赋》被认为是清末骈文的压卷之作。他刚到尊经书院，便将全院学生所学八股试帖之类的书籍统统付之于火，教导学生不要学那些无用之物。他在教学中首重经史，其次是小学和词章之学。尊经书院课艺文集所收，文学体裁占了较大的比重，和诂经精舍、学海堂的课艺文集类似。② 广州广雅书院，建于光绪十五年(1889)，课程以经训、性理、史事、词章为主。尊经书院和广雅书院注重研习经书，但不专讲考据之学。可见这类书院到了清代后期发生了一些变化，在以经史为主的基础上，也兼及性理之学，反映了汉宋之争折衷融合的趋势。

有些书院往往是课时文，兼及经解、诗赋、策论。如扬州安定、梅花书院"官课、山长课皆四书文一首，试律一首；梅花、安定山长别试诗赋、经解、策论，名曰小课"③。嘉庆初年，洪亮吉先后主讲江苏扬州梅花书院、安徽旌德毓文书院。洪亮吉(1746～1809)为乾嘉时期著名的朴学大家和骈文家，所作骈文，以轻倩清

---

① 张之洞:《四川省城尊经书院记》。见《中国历代书院志》，第16册，第733～742页。

② 参见《尊经书院课艺》。见赵所生、薛正兴主编《中国历代书院志》，第16册。

③ 刘寿增纂，谢延庚等修:《江都县续志》卷16《学校》，见《中国方志丛书·华中地方》第26号，成文出版社1970年版，第896页。

新取胜,和孙星衍齐名,二人皆为常州人,世称“常州体”。杭世骏、汪中曾主讲扬州安定书院,和袁枚并称“江左三大家”的赵翼和蒋士铨曾在安定书院讲学。杭世骏(1695～1772)长于史学和小学,著有《诸史然疑》、《三国志补注》、《道古堂文集》、《道古堂诗集》等。他晚年主讲扬州安定书院,“以实学课士子”①。汪中(1745～1794)曾就读于安定书院,应试时曾以《射雁赋》名列第一,杭世骏见到他的试卷,非常赏识,结为至交。在书院期间,杭世骏“所作诗文必属君视草”②。汪中骈文成就很高,代表作有《哀盐船文》。赵翼(1727～1814),长于史学和文学,晚年主讲安定书院,在书院,“以著述自娱”,“日与朋游故旧,赋诗为乐”,所作有《瓯北诗话》、《瓯北诗钞》等。蒋士铨在诗作和戏剧上成就较高,在安定书院主讲期间,写成《青衫泪》、《雪中人》、《香祖楼》、《临川梦》四种戏剧传奇。教师的文学创作活动,对书院教学必然产生影响。

主张“通经致用”的今文经学派,在清代晚期也开始渗入书院教学,这类书院的主要教学内容也是博习经史词章。其中对书院较有影响的今文经学家是李兆洛(1769～1841)和龚自珍(1792～1841)。李兆洛,字申耆,晚号养一老人,江苏阳湖人,嘉庆十年(1805)进士,官凤台知县,罢官后即从事书院教育工作。李兆洛早年肄业于江苏常州龙门书院,曾从卢文弨问业。李兆洛先后主讲安徽怀远真儒书院、安徽安庆敬敷书院。从道光三年(1823)起至道光二十年(1840)近20年的时间里,主讲江苏江阴暨阳书院。在学术观点上,他极力推崇公羊学,猛烈抨

---

① 王钟翰点校:《清史列传》卷71《文苑传二》,中华书局1987年版,第5865页。

② 江藩:《国朝汉学师承记》卷7,中华书局1983年版,第4页。

击古文经学,他本人则精通考据学。在文学上,他工诗赋,被人誉为“瑰辞朴学”①,在文学理论上力主“骈散合一”。为了使初习骈体文者知源流、识路径,李兆洛选编了战国至隋代的骈文集《骈体文钞》31 卷,分上、中、下三编,罗列文体达三十类之多。在暨阳书院时,他力矫历任院长挂职不到院的不良习气,在院期间,“非省墓及时祭不归。十二月上旬旋里,以正月中旬赴院,岁以为常”②。针对当时“江阴人相习为举业”的现象,他着手进行改革,“痛绳之,先正理法,其务彩夸声有时名辈者,率置下等。由是士气一振,稍稍知所趋向。复择其才者,教作诗赋、经解及策论,月一为之,曰小课”③。暨阳书院的文学教学和诂经精舍、学海堂一样,也是以诗赋为主。龚自珍是嘉道间提倡“通经致用”的经今文学派的重要代表人物,先后执教于浙江杭州紫阳书院和江苏丹阳云阳书院。在他的影响下,今文经学开始成为显学。龚自珍的诗文成就极高,但在书院中教学时间很短,没能产生显著的教学效果。

由上可见,博习经史词章类书院,虽是自诂经精舍、学海堂两书院的创建才算真正确立,但它们的产生,却是孕育于考课类书院和义理类书院,它们的发展影响着这两类书院,同时也对这两类书院文学教育内容设置产生明显影响。博习经史词章类书院有着共同的特点,就是聘请学术大师主持,主讲者往往是学术大家兼文学家,一般都工于诗赋、骈文,如洪亮吉、王闿运、汪中等是清代著名的骈文家,李兆洛主张骈散兼济;课程以经史为主,兼及

---

① 陆继辂:《上孙抚部书》,《崇百药斋续集》卷 3,《续修四库全书》第 1497 册,第 88 页。

② 蒋彤:《李申耆年谱》,见沈云龙主编《近代中国史料丛刊》40 辑,文海出版社 1966 年版,第 392 册,第 96 页。

③ 蒋彤:《李申耆年谱》,第 95 页。

词章,词章之学注重学问性,代表了文学史中复古的倾向。博习经史词章类书院的大量出现,是清代考据学在书院中的影响所致,是清代学术在书院中的典型代表。

以诂经精舍、学海堂为代表的博习经史词章类书院,其文学教育具有共同的特点,就是重视词章之学,明确将词章诗赋纳入教学内容之中,将文学教学内容明确置于和学术研究同样重要的位置,所以说就清代书院文学教育地位来说,博习经史词章类书院最为突出。

四、晚清西学书院的文学教育地位

西学书院是在晚清国势日趋衰落、西学东渐的社会大形势下产生的,历时较短,办学目的是为了救亡图存,教学目的是为了学习西方的自然科学,也就是西学,是对当时书院教育的革新。此类书院的教学特点是以西学的学习和研究为主,但中学仍是根本;关注时事和实务,文学课程受到了漠视,但是在教学过程中文学体式却是常用的形式,比如书院考课中有关时事和实务的策论文的写作,对学生的文学基本功有着基本的要求,也是阅卷时衡量优劣评判的重要标准。

晚清西学书院较著名的有上海格致书院和中西书院。后来从事西学教育的书院有杭州求是书院、武昌两湖书院、陕西泾阳味经书院等。

上海格致书院(1874 年建)是晚清传播西学,特别是近代科学技术的重要基地。书院课试内容主要以自然科学为主,涉及化学、物理、天文、历算、地理、医学等各科自然科学知识。议论文在课艺中占了很大比例,注重提出解决问题的观点和策略。论题主要是关于中西文化比较和治国平天下的方法议论,有的课题是对我国古代自然科学成就的研究探讨。如下列课题:

1. 陈汤、甘延寿论(1886 年春,关于人才选择)

2. 中国创设海军议(1886 年夏,时务)

3. 中国近日讲求富强之术当以何者为先论(1886 年秋,时务)

4. 中国创行铁路利弊论(1886 年冬,时务)

5. 格致之学中西异同论(1887 年春,中西文化比较)

6. 轮船电报二事应如何剔弊方能持久论(1887 年夏,时务)

7. 中国近年丝茶贸易问题(1887 年秋,经济)

8. 水旱灾荒平时如何预备、临事如何补救论(1887 年冬,经济)

9. 收回被洋人所夺工商利权问题(1888 年夏,经济)

10. 海军、军舰与铁甲船坞问题(1888 年秋,时务)①

上述课题的主要特点是关注时事,以经世致用为目的。

中西书院(1881 年建),专课中西两学。清光绪七年(1881)林乐知《中西书院课程规条》对中学课程的规定为:"中学课程因诸生年岁大小不同,难以预拟,因材施教,各分班次。"西学乃通识课程,而中学课程因学生年龄学养、层次的不同,内容不同。西学课程中有"翻译作文",但并没有突出文学修养。② 清光绪十七年(1891)林乐知订《中西书院规条》第十二条曰:"本书院每逢礼拜三课期,或作诗文,或作论,或作尺牍,各尽所长。"第二十条曰:"习西学以达时务,尤宜兼习中学以博科名,科名既成,西学因之

---

① 摘自熊月之著《西学东渐与晚清社会》之《格致书院课艺一览表》,上海人民出版社 1994 年版,第 373 ~ 375 页。

② 林乐知:《中西书院课程规条》,《万国公报》1881 年 11 月 26 日。转引自邓洪波编著《中国书院章程》,湖南大学出版社 2000 年版,第 52 页。

出色。而诸生务各恪守。"①中西书院并不排斥对时文的学习研究,反而鼓励学生参加科举考试,认为科举成功,有益于西学的学习。中西书院是西学、中学、科举兼容并蓄,反映了社会变革时期书院教育内容的多样性和复杂性。

味经书院在陕西泾阳,清同治十二年(1873)学政许振祎奏建,教学宗旨在于"穷经致用",不课时文,不重视文学课程的学习。光绪二十一年(1895),刘光蕡《味经创设时务斋章程》中认为"词章之习,锢蔽已深,专攻制艺者无论矣"②,"记诵词章士子,自可研求于家塾党庠,仆仆道路远赴书院,所习仍不外记诵词章,又何为者?故书院教人,贵提醒人心,其有益于今日士习为甚巨也"③,故其课程教学中排斥词章之学。书院后来加进了西学课程,教学以天文、舆地、经史、掌故、理学、算学课士,开一代书院新风。味经书院和晚清其他西学书院一样,虽然不重视文学的教学研究,对时事却极为关注,注重经世致用。味经书院参照诂经精舍、学海堂日课方式,学生每天学习要做读书札记,要求学生"自书课册。每日何时起,何时寝,讲阅何经何史,自某句起某句止,心得若干条,疑义若干条;阅西学何书,自某句起某句止,已解若干条,未解若干条;阅报几纸,其是非得失若何;其利害有关于中国否;见某人讲论何事,其言可取与否。均一一抄为一

---

① 林乐知:《中西书院规条》,《万国公报》1891年2月第25期。转引自邓洪波编著《中国书院章程》,湖南大学出版社2000年版,第55~56页。

② 刘光蕡:《味经创设时务斋章程》,《烟霞草堂文集》卷7,清光绪三十三年(1907)刻本。转引自邓洪波编著《中国书院章程》,湖南大学出版社2000年版,第263页。

③ 刘光蕡:《味经创设时务斋章程》,《烟霞草堂文集》卷7,清光绪三十三年(1907)刻本。转引自邓洪波编著《中国书院章程》,湖南大学出版社2000年版,第266页。

册。五日自行呈堂评阅，月终汇齐，由监院解学宪评阅，张榜赏罚进退。”①以此教育学生在学习过程中关注时事，寻求经国济世的途径和方法。

光绪十六年（1890）张之洞在武昌创办两湖书院，初时的教学课程有经学、史学、理学、算学、经济学5门，分由5人执教。后来在“中学为体，西学为用”思想影响下，课程设置改为经学、史学、地理、数学、博物、化学及兵操等科目。任教者多为当时名流，如地理学家杨守敬、数学家兼翻译家华蘅芳、音韵学家沈曾植。光绪三十二年（1906），张之洞将书院改为两湖总师范学堂，考核方式主要是就听课内容作答，学生“不准自发以论”，没有文学课程，也不要求学生就时事论述。②

浙江求是书院学生选择标准有“文理通畅”一条，要求学生有一定的文学功底。学习课程以自然科学和英文为主，英文有翻译课，常翻译书籍报章。也要求学生学习汉文，但不占主要地位。课程规定：“学生汉文宜加温习，时务尤当留心，每日晚间及休沐之日，不定功课，应自浏览经史古文，并中外各种报纸，各随性情所近，志趣所向，讲求一切有用之书，将心得之处，撰为日记，至少以一百余字为率。”考课要求：“以讲求实际为主，每月朔日课西学，是为月课，由教习分别等第；每月望日考汉文，或经义，或史论，或时务策，不定篇数，是为加课，由总办分别等第。每年冬间，由抚宪督同总办、监院、教习通校各艺，分别等第，是

① 刘光蕡：《味经创设时务斋章程》，《烟霞草堂文集》卷7，清光绪三十三年（1907）刻本。转引自邓洪波编著《中国书院章程》，湖南大学出版社2000年版，第266页。

② 张之洞：《新定两湖书院学规课程》，《湘学新报》第7册，光绪二十三年（1897）五月二十一日刊印本。参见邓洪波编著《中国书院章程》，第182～185页。

为会课。”①中学课程主要是自学，鼓励学生阅读“中外各种报纸”，关注时事；中学考试仍没有离开传统的经史内容，不过关注的仍是时务。

由上述西学书院的教学状况可知，中学教学注重务实和经世致用，文学课程仍受到重视，但和传统的文学教学已大不相同，所作的策论文和议论文，已没有对文采的特别要求，趋向务实，而此时书院中也没有出现对外国文学作品学习、翻译的特别要求。西学书院的中学教育，文学色彩已经很淡薄。

综上所述，可知清代考课类书院的文学教育主要体现为八股文和试帖诗这两种应试文体的写作，这两种文体的文学价值评价落差比较大，此类书院以文学教育为主导途径，实现经学教育、思想政治教育的终极目标，是应试文学教育的书院类型。西学书院的文学教育处于被漠视的次要地位。具有影响意义的书院文学教育是义理类书院和博习经史词章类书院，这两类书院是受清代学术和文学发展影响较显著的书院类型，是宋学和汉学在书院中的表现。清代义理类书院的文学教学地位随着时代的发展有所变化，文学教育在清初义理类书院正常的教学体系中还是处于比较次要的地位，文学课程教育主要体现为业余教学。乾嘉以后姚鼐师徒等以书院为基地，讲授理学，推崇古文，文学教育在理学为宗的教学体系中占据了重要的地位。以诂经精舍、学海堂两书院为代表的博习经史词章类书院，文学教育被明确置于和学术研究同样重要的地位，所以说就清代书院文学教育来说，意义重大。

---

① 《求是书院章程》，《经世报》第 2 册。转引自邓洪波编著《中国书院章程》，湖南大学出版社 2000 年版，第 72 ~ 73 页。

第三节　两书院的文学教育在清代书院教育中的地位和影响

由本章上述所论，可知在清代众多书院中，义理类书院和博习经史词章类书院的文学教学在清代书院文学教学中占据了重要地位，这两类书院是受清代学术和文学发展影响较显著的书院类型。义理类书院在清代受到考据学的冲击，呈现出衰落之势。事实上，义理类书院在乾嘉以后并不兴盛，著名的书院为数极少，姚鼐主持下的钟山书院的古文教学取得了一时的成就，是比较突出的例子；相反，原有的义理类书院往往受到考据学的影响，在教学中渗透进经史辞赋的教学内容。而以诂经精舍、学海堂为代表的博习经史词章类书院，伴随着清代考据学的发展，倡于清初，盛于清中叶，遗风延续至清末，历时久长，影响深远。诂经精舍和学海堂是博习经史词章类书院的典型代表，两书院的创建，是博习经史词章类书院正式形成的标志，是乾嘉考据学正式占领书院领域的开端，是阮元进行书院改革的成功范例。两书院的建立在清代教育史上具有划时代的意义。两书院的文学教育在清代书院教育史中具有重要的地位和影响，其重要意义可概括为下列几点：

第一，两书院第一次明确提出以经史词章为书院的主要教学内容，将文学教学置于和学术研究同样重要的地位。两书院的文学教育对后来此类书院的文学教育起到了示范作用，也对其他书院的文学教育有影响改造作用。

第二，两书院在办学之初就明确标明远离科举，专注学术和文学研究，文学教学中能够摒弃八股文的写作，是清代书院文学教育改革的成功之举。清代书院中能做到这一点的非常少，受两书院影响而建的其他书院，完全不习八股文、试帖诗的也不多。其实两书院自身也未能完全摒弃科举，在两书院文学教育中有明显的科举色彩。

第三，两书院在教学过程中重视骈文的创作，重视阮元文、笔骈文理论的宣传研究，在阮元为骈文争取文坛正统地位的过程中，通过自身的文学教育教学活动，加大了骈文派的势力和影响范围，为清代骈文复兴起到了推波助澜的作用。

第四，两书院文学教育受到考据学的影响，有重学问的倾向，是能够代表清代学术特点的书院文学教育类型。

第五，两书院文学教育内容反映了广泛的社会现实，具有重要的现实表现力，对国家时事、边局、国计民生、外来文化等社会现实内容有多方面的关注。

第六，两书院文学教育效果明显，培养了大量的人才，肄业生徒往往是学问家兼文学家，有些还对 20 世纪的文坛产生了重要影响，如章太炎、梁启超等。人谓“数十百年间，考据、辞章之士多出其中”①。

诂经精舍、学海堂两书院的创立，在清代书院教育史上具有划时代的意义，两书院在清代教育史中占据了重要的地位，两书院的文学教育也具有引领时代的重要作用。

① 陈宝箴：《致用精舍学规》，见《陈宝箴集》（下），中华书局 2005 年版，第 1873 页。

附　录

一、诂经精舍同治七年、八年、九年官、师课题[①]

（一）同治七年（1868）官（朔）、师（望）课题

二月	朔课（甄别）	经训类	上丁释菜解。
		文学类	丙吉问牛赋（以“少阳用事未可太热”为韵）；纸鸢（得天字）；十字碑（五律）；五明扇（五律）。
	望课	经训类	《乡射礼》乏参侯道居侯党之一西五步解；《冕服十二章》两汉经师说与郑义异同考；东房四室说。
		文学类	春秋天子之事论；晴湖不如雨湖赋（以“淡妆浓抹总相宜”为韵）；赋得如春登台（得如字五言八韵）；校书六咏：脱简，错简，坏字，误字，重文，衍文；购补文澜阁遗书议；孤山新建林公祠碑。
三月	朔课	经训类	亥有二首六身解。
		文学类	良玉比君子赋（以“比德于玉纯粹以精”为韵）；赋得百花香里看春耕（得耕字五言八韵）；踏青（不拘体韵）。
	望课	经训类	《论语》仍旧贯鲁读仍为仁解；郑康成以九一什一说周人彻法解；窗牖考；襟裾考。
		文学类	司马温公隶书家人卦赋（以“涑水崖碑半绿苔”为韵）；赋得几时能具钓鱼船（得时字五言八韵）；雉尾莼（七律）；猫头笋（七律）；拟闻子将西湖打船启；募栽西湖桃柳引。

① 录自俞樾编订《诂经精舍三集》中同治七、八、九年（1868、1869、1870）课艺文集卷首目录。

（续表）

四月	朔课	经训类	王瓜生解。
		文学类	泥金帖赋（以“一日看遍长安花”为韵）；蚕豆（得蚕字七言十二韵）；放鹤亭（五律）；冷泉亭（五律）；西湖饯春词（调寄湘月）。
	望课	经训类	如其仁如其仁解；诗有六情五际说；伏生书有无大誓考；董仲舒以《论语》说《春秋》考。
		文学类	河内女子坏老屋得大誓三篇赋（以“在汉宣带本始元年”为韵）；赋得风吹柳花满店香（得花字五言八韵）；湖上两附图歌（雷峰如老衲，宝石如美人）；汉大司农高密郑公像赞；重建诂经精舍记。
闰四月	朔课	经训类	孔子生日考；五服五章解。
		文学类	安定先生为湖州教授赋（以“严条约以身先之”为韵）；拟张茂先《励志诗》。
	望课	经训类	纳于大麓解；堑防门而守之广里解；《毛传》训龙为和解；说蕧。
		文学类	桐叶知闰赋（以“桐叶可以知闰月”为韵）；赋得钱塘山水接苏台（得台字五言八韵）；石首鱼（不限体韵）；汉赋（七律）；唐诗（七律）；宋词（七律）；元曲（七律）。
五月	朔课	经训类	十三经注疏优劣考；两汉经师家法考。
		文学类	五经无双赋（以“五经无双许叔重”为韵）；汉寿亭侯玉印歌；表忠观访碑（七律）；叉鱼词；湖堤补柳记；收购遗书启。
	望课	经训类	舜典考；五岳考；主司城贞子为陈侯周臣解；释新旧；释难易。
		文学类	孑孓为蚊赋（以“亦名蛣蟨老化为蚊”为韵）；赋得但能心静自生凉（得心字五言八韵）；珠兰（不拘体韵）；湖居三议（建湖楼；造湖船；制山轿）。
七月	朔课	经训类	《易》往来消息旁通本义；《书》序旁证；《诗》六义次第述；诸侯大夫冠礼考；《春秋传》称《周礼》类述；左氏疆域论；《四书》言仁总论；《通志堂经解》表；《经解续编》序目；群经逸文述；古经解文征；汉儒经术异同论；伏生日授辨；董胶西春秋阴阳辨；杜氏族谱补遗；倪宽论；《说文》问（六书次第，引诸儒说，会意疑，阙文述，汉儒名理录，《玉篇·广韵》引《说文》足当六朝善本否，唐本《说文》真伪若何）。

（续表）

<table>
<tr><td rowspan="3">七月</td><td>朔课</td><td>文学类</td><td>明堂赋；关山月赋；拟汉铙歌（朱鹭，艾如张，上之回，拥离，巫山高，上陵，芳树，雉子斑，圣人出，远如期）；拟曹子建《七启》；拟平捻露布；拟江文通《清思诗》。</td></tr>
<tr><td rowspan="2">望课</td><td>经训类</td><td>《周易》“履霜”郑读“履”为“礼”解；《尚书》王目又目解；郑注《月令》引今《月令》考；《子见南子》章释疑。</td></tr>
<tr><td>文学类</td><td>食鹅知黑白赋（以“张华辨鲊师旷别薪”为韵）；赋得人来野鸭望船鸣（得鸣字五言八韵）；孟皮配享崇圣祠记；删诗（七律）；改诗（七律）；补诗（七律）；钞诗（七律）。</td></tr>
<tr><td rowspan="4">八月</td><td rowspan="2">朔课</td><td>经训类</td><td>信及豚鱼解；禹伐三苗解；定之方中作于楚宫解；《尔雅》肆三解；楚有二广解。</td></tr>
<tr><td>文学类</td><td>叔孙通定朝仪赋（以“恭敬撙节退让明礼”为韵）；赋得恭俭福之舆（得舆字五言八韵）；湖心亭望月（七古）；钱塘江观潮（七古）。</td></tr>
<tr><td rowspan="2">望课</td><td>经训类</td><td>诗亡然后春秋作论；《诗・常武篇》匪绍匪游解；郭注《尔雅》引《孟子》行或尼之说；囊橐考。</td></tr>
<tr><td>文学类</td><td>朝经暮史昼子夜集赋（以“康节先生之言可法”为韵）；赋得道远知骥（得知字五言八韵）；拟范蠡《招文种游五湖书》；拟留侯《招淮阴侯从赤松子书》；拟韩昌黎《董生行》。</td></tr>
<tr><td rowspan="4">九月</td><td rowspan="2">朔课</td><td>经训类</td><td>随山刊木解；常武解。</td></tr>
<tr><td>文学类</td><td>拟路长君《尚德缓刑书》；张魏公论；闲与仙人扫落花赋（以题为韵）；钱舜举伏生授经图歌；咏《史记》小乐府（咏史滈池璧，博浪椎，鸿门宴，垓下歌，潍水沙，井陉帜，云梦游，钟室叹）；红蓼（五排）。</td></tr>
<tr><td rowspan="2">望课</td><td>经训类</td><td>何以舟之解；夷逸朱张解；岁十一月徒杠成十二月舆梁成考。</td></tr>
<tr><td>文学类</td><td>易论；诗论；霜赋（以“青女乃出以降霜雪”为韵）；赋得粥美尝新米（得新字五言八韵）；赋得袍温换故绵（得温字五言八韵）；续刻《皇清经解》议；拟诂经精舍三集序。</td></tr>
<tr><td rowspan="2">十月</td><td rowspan="2">朔课</td><td>经训类</td><td>三江既入考；复子明辟解；董仲舒、诸葛亮、王通、韩愈合论；广陵曲江辨。</td></tr>
<tr><td>文学类</td><td>贺季真乞鉴湖赋（以题为韵）；咏史四首（张良借箸，马援聚米，陶侃运甓，刘宠选钱）。</td></tr>
</table>

（续表）

十月	望课	经训类	副笄六珈解；辰在子卯谓之疾日说；陈澔《礼记集说》纠谬；五兵考。
		文学类	书论；礼论；小言赋；赋得汀树青红初著霜（得初字五言八韵）；子午泉（不限体）；陈仲子自於陵归述怀（七律）；冯妇车中解嘲（七律）；齐王之臣将之楚游留别其友（七律）；齐人之东郭墦间书所见（七律）。
十一月	朔课	经训类	七日来复解。
		文学类	朱陈村赋（以“朱陈一村世为婚姻”为韵）；赋得修竹冬青（得青字五言八韵）；重植孤山梅花记；寒鸦（七律）；寒鸡；寒蝶；寒蝇；孤山吊林县尉（不拘体）。
	望课	经训类	成王若日解；下武维周解；丰豊二字说；言古音诸家分别部类异同考；以冬至为长至辨误。
		文学类	九九销寒图赋（以“冬至日画素梅一枝”为韵）；蹲鸱（五排）；拟龙西堂五九枝谭；销寒四咏（七律）：围炉，负暄，拥裘，衔杯。

（二）同治八年（1869）官、师课题

二月	甄别	经训类	书居东解；汉魏石经辨。
		文学类	郎官上应列宿赋（以题为韵）；赋得杏花村店酒旗风（得花字七言十二韵）；魏征论；黄金台歌（七古）；书声；机声；琴声；棋声；柝声；橹声；墨铭；笔铭；砚铭；图章铭；天竺进香词。
	朔课	经训类	仪征诸公考；《尔雅注》引《尚书》文与今本异同考；象刑说；季孙曰异哉子叔疑解。
		文学类	吹笛止雨赋（以“穆王吹笛其雨遂止”为韵）；元大德年杭州路儒学所铸文庙编钟歌；香市歌；拟重建平湖秋月上梁文。
三月	朔课	经训类	在治忽解。
		文学类	建官惟百论；搜岩采干赋（以“陶冶庶类匠成林秀”为韵）；赋得山经宿雨修容出（得山字五言八韵）；火轮船（不拘体韵）。
	望课	经训类	齐斧解；北山有莱解；卿大夫二朝解；汉人引孔门诸子言皆称孔子说。

（续表）

三月	望课	文学类	屈平适乐国赋（以"皆反中和以美风俗"为韵）；赋得晚山浓似佛头青（得头字五言八韵）；秦皇系缆石歌（东门菜，西门水，南门柴，北门米）。
四月	朔课	经训类	乾为敬解；《洪范》五福与桓谭《新论》五福不同论；《毛诗》有还无营、《诗传》《诗说》有营无还辨；笔则笔说；释个。
		文学类	拟鲍明远《尺蠖赋》。
	望课	经训类	天子夹振解；居不容解；旅獒释；春秋二百四十年岁星两次超辰考。
		文学类	新绿赋；赋得荷新钿扇圆（得荷字五言八韵）；拟江南浙江湖北合刻二十四史章程；用西洋法制造活字版议；鲥鱼（不限体韵）。
五月	朔课	经训类	无。
		文学类	知人安民赋（以"择贤而仕为政以安"为韵）；赋得日斜江上孤帆影（得帆字五言八韵）。
	望课	经训类	坤艮兑三卦皆有虎象说；未知焉得仁解；姑之子为甥，舅之子为甥，妻之昆弟为甥，姊妹之夫为甥解。
		文学类	夏五赋（以"吾获及史之阙文也"为韵）；赋得散花滩上作楼居（得滩字五言八韵）；西湖采莼词；会稽禹寺开成五年往生碑歌。
七月	朔课	经训类	王肃《易》文述；马融《书传》疏证；郑笺难三家述；于刘沈徐《周礼音》存；崔灵恩《三礼义宗》述；补《士相见礼》记；《周礼新义》刊谬；啖赵《春秋传》述；何休《墨守》述；庾信《縠梁注》述；《尔雅・释易》；《孝经》经传说；《说文》假借述；《说文》引申说；《郙书》正伪述；《郙书》脱简商；《文选注》引《说文》异训述；《诗》正义引《说文》异训述；《玉篇・广韵》与《郙书》异义述；《经典释文》误引《说文》述；郙合《尔雅》《毛诗》为说述；或文盖篆之正体述。
		文学类	读宋文帝《与江夏王义恭书》；读齐高帝《答刘善明敕》；读梁武帝《详立条格令》；读北魏孝文帝《征王肃诏》；张冯汲郑论；嶲孙于薛论；两龚论；两夏侯论（指夏侯淳、夏侯渊）；王常李通论；窦融马援论；冯衍论；邴原论；山涛王戎论；王猛苻融论；尹健论；桑维翰论；书《管子》后；书《扬子》后；书《文中子》后；书《韩子》后；拟梁简文《请贺琛奉述毛诗义表》；拟邵陵王纶《与湘东王绎书》；拟徐建

（续表）

七月	朔课	文学类	昌《奉使郢都上梁元帝表》；拟庾义城《贺平郢都表》；拟王祎《汉七略序》；拟王祎《唐五礼序》；拟刘节《广文选》序；拟唐龙《循吏私录序》；拟边贡《忠义录后序》；拟欧阳镗《便民图纂序》；临安怀古赋；七夕赋；拟崔亭伯《四巡颂》；拟张河间《南阳文学儒林书赞》；拟李兰台九铭（安永宫，得阳殿，阙，云台，高安馆，平乐馆，东观，中东门，广阳门）；拟蔡中郎《中鼎铭》；效江文通《杂拟诗》；咏《晋书·载记》；咏南史；拟朱右《广琴操》；逭暑词。
	望课	经训类	周秦诸子书引《周易》考；孔子删诗说；春秋是月解；惟曰其助上帝宠之解；《说文解字》补逸。
		文学类	净君凉友赋（以“净君扫尘，凉友招风”为韵）；赋得绿阴相间两三家（得家字五言八韵）；拟朱子《十二辰诗》；书陶集后；书杜集后；书白集后；书苏集后（以上四题各七律一首）；余姚汉三老碑跋。
八月	朔课	经训类	一马从二马解；下舌半上舌解；夫椒考；檇李考。
		文学类	嫁橘赋（以“人固有之物亦宜然”为韵）；赋得秋谷悬黄（得悬字五言八韵）；建复平湖秋月三潭印月落成纪事（不拘体不限韵）。
	望课	经训类	哉生魄解；昭七年暨齐平考；《孝经》闺门章说；诂经相反如《毛传》岵屺之类详考。
		文学类	绿衣女童诵秋水篇赋（以“绿衣翠鬟名曰秋水”为韵）；赋得爽气收回骑月雨（得晴字五言八韵）；咏显微镜（不限体韵）；中秋玩月原起考。
九月	朔课	经训类	王称风、鲁称雅、豳兼风雅颂解；实田、均田、限田辨。
		文学类	题糕赋（以“刘梦得作九日诗”为韵）；登高作赋（五古）；访菊；移菊；盆菊；堆菊；屏菊；赏菊；餐菊；枕菊（七律不拘韵）。
	望课	经训类	狼跋公孙解；齐论遗说考；曾论遗说考；孟荀董杨四子言性优劣论。
		文学类	绛树两歌黄华二牍赋（以“绛树两歌黄华二牍”为韵）；赋得俗人犹爱未为诗（得为字五言八韵）；无肠公子传；书唐建中二年景教流行中国碑后。

（续表）

十月	朔课	经训类	无
		文学类	越五日甲寅位成（经艺一首）；郭汾阳七夕遇织女赋（以“大富贵亦寿考”为韵）；赋得警枕（得钱字七言十二韵）；题平湖秋月壁（五古或五律俱可）；孤山饯秋词（调限暗香）；六桥补柳词（调限疏影）。
	望课	经训类	《尚书》六宗说；昏礼问名说；不有祝鮀之佞而有宋朝之美解；牲杀器皿解；《苍颉》作书始于甲子说。
		文学类	冰湖先生赋（以“食无定味适口者珍”为韵）；赋得欲酬琴价约僧评（得僧字五言八韵）；宋五嫂鱼美；李七儿羊肉（二题不限体韵，诗词均可）；开浚西湖议。
十一月	朔课	经训类	君子以裒多益寡解；祥刑解。
		文学类	汉诸儒会白虎观议五经同异赋（以“宜如宣帝石渠故事”为韵）；酿雪赋（以“天巧能开顷刻化”为韵）；赋得清极不知寒（得知字五言八韵）；黄钟为万事根本论。
	望课	经训类	《尚书》祖甲考；《周易》帝乙考；齐仲孙来解；季姬及鄫子遇于防、使鄫子来朝解；三年学不至于谷解；八腊考。
		文学类	合水必于南风赋（以题为韵）；赋得狸奴坛暖占夜相亲（得奴字五言八韵）；拟白香山赠友五首；咏风菱（不限体韵）。

（三）同治九年（1870）官、师课题

二月	朔课	经训类	《易》有太极解；导河积石解。
		文学类	一年四熟赋（以“境内有蚕一年四熟”为韵）；赋得一片承平雅颂声（得声字五言八韵）；祈田租词。
三月	朔课	经训类	樽酒簋贰用缶解；《洪范》五事配五行说。
		文学类	一琴一鹤赋（以“匹马之官琴鹤自随”为韵）；赋得藏春坞里莺花闹（得藏字五言八韵）；伍员论；龙井采茶歌。
	望课（二、三月合课）	经训类	郑易合彖象于经辨；齐人来归卫宝解；兴云祁祁说；《大学》命也过也解；垁古雉字说。
		文学类	萱草忘忧赋（以“合欢触忿萱草忘忧”为韵）；赋得春深富贵家（得家字五言八韵）；拟白乐天《何处春深好》（不拘几首）；拟王元长《策秀才文》；拟李善《上文选注表》。

（续表）

四月	朔课	经训类	明堂考；燕乃睇解。
		文学类	读《北山移文》赋；赋得种蕉；竹帘词；凉棚词。
	望课	经训类	《周官》乡老乡大夫解；月令太尉解；庶姓别于上解；孟子弟子考；释坫。
		文学类	季路为执金吾赋（以"掌执金革以御非常"为韵）；赋得石横水分流（得分字五言八韵）；天竺山访周伯琦题名；法相寺瞻礼长耳和尚真身；樱、笋词各一阕（樱限红情，笋限绿意）。
五月	朔课	经训类	经文题：先甲三日；为大赤为良马；宵中星虚以殷仲秋；曰驿曰克；亦有高廪万亿及秭；敷时绎思我，组维求定；取洙田自漷水（襄公十有九年）；新作雉门及两观（定公二年）。古者百里当今百二十一里六十步四尺二寸二分；薛鼓取半以上为投壹礼。 试策题：问《一切经音义》所引经说异同；问《一切经音义》所引《汉书音义》证之《汉书》果精当否；问《一切经音义》所引诸子与原书有殊异否；问《一切经音义》所引古文与郭忠恕汉简古文果悉同否；问《一切经音义》所引《仓颉篇》三苍诸书有左证否；问《一切经音义》所引《说文》异同；问《一切经音义》所引《小尔雅》其说与诸经相契合否；问《一切经音义》所引《广苍》、《埤苍》见于它书者可条举否；问《一切经音义》所引《字林》为兴化任氏大椿所裒采者凡几事；问《一切经音义》所引《山海经》能类述否。
		文学类	排律诗题：丁将军作易说三万言（得军字五言八韵）；夏侯胜用尚书授太后（得书字五言八韵）；毛公治诗为河间献王博士（得公字五言八韵）；后仓说礼号曲台记（得台字五言八韵）；胡母生治公羊春秋与董仲舒同业（得羊字五言八韵）；刘向以故谏大夫通达待诏受穀梁（得梁字五言八韵）；贾谊为左氏传训故（得修字五言八韵）；桓君山习五经皆诂训大义（得山字五言八韵）；桓君大小太常章句（得常字五言八韵）；刘骑推三家尚书（得家字五言八韵）；马季良著三传异同说（得同字五言八韵）；蔡邕奏求正定六经文字自书丹于碑刻立太学门外（得碑字五言八韵）；司马迁采左氏国语、删世本战国策、据楚汉列国时事作本纪世家列传书表（得勤字五言八韵）；班彪采前史遗事旁贯异闻作后传（得闻字五言八韵）；班固采撰前记缀

（续表）

五月	朔课	文学类	集所闻为春秋考纪表志传（得篇字五言八韵）；临邑侯与班固贾逵共述汉史（得章字五言八韵）；马平留仁寿闼定建武注记（得留字五言八韵）；平望侯奏令史官著长乐宫注（得官字五言八韵）；应仲远论当时行事著中汉辑序（得时字五言八韵）；荀悦依左氏传体为汉纪（得依字五言八韵）。
	望课	经训类	荀九家八卦逸象说；《吕刑》惟来解；《谷风篇》嵬萎怨为韵说；《广雅·释诂》（緊，至也；[illegible]，远也；充，行也；旅，养也；震，爱也；肆，信也；属，解也；揥，语也；潜，上也）疏证。
		文学类	宜膏物赋（以“先后郑之说不同”为韵）；赋得朱黄闲勘夜窗书（得窗字五言八韵）；映波、锁澜、望山、压堤、东浦、跨虹六桥赞；阮公墩栽种花木议。
七月	朔课	经训类	无。
		文学类	登瀛赋（以“春风得意其宴琼林”为韵）；赋得露湿荷裳已报秋（得秋字五言八韵）。
	望课	经训类	《周易》帝乙考；士冠礼母拜说；《论语》废中权解；伍员字子胥说。
		文学类	子午泉赋（以“每月子午二时可汲”为韵）；赋得鹤形自瘦非关老（得形字五言八韵）；鞠香墓志；读老子；读管子；读墨子；读荀子。
八、九月合课	朔课	经训类	夏屋渠渠解；辛壬癸甲解；司马温公脚踏实地论。
		文学类	介之推不言禄赋（以题为韵）；赋得咬得菜根（得根字七言八韵）；拟韩昌黎荐士诗。
	望课	经训类	田祖解；宰予昼寝解；皋陶庭坚考；康成他注与笺诗异同考。
		文学类	司马相如焦尾琴赋（以“相如焦尾伯喈绿绮”为韵）；赋得文章排闷不求名（得排字五言八韵）；宋画苑故址歌；横河打鱼行。
十月	朔课	经训类	无
		文学类	夫子之道忠恕而已矣（文题）；海防论；赋得天气晚来秋（得秋字五言八韵）。

（续表）

<table>
<tr><td rowspan="2">十月</td><td rowspan="2">望课</td><td>经训类</td><td>纪子伯莒子盟于密解；言我也解；释娣姒；家字说。</td></tr>
<tr><td>文学类</td><td>驾霄亭赋（以“作亭悬之四古松间”为韵）；赋得鸜鹆笼寒晨自诉（得寒字五言八韵）；东园怀古（不拘体韵）；残菊（不限体韵）。</td></tr>
<tr><td rowspan="4">闰十月</td><td rowspan="2">朔课</td><td>经训类</td><td>王居门中解；百利不得则百事治辨。</td></tr>
<tr><td>文学类</td><td>众人行于霜论。</td></tr>
<tr><td rowspan="2">望课</td><td>经训类</td><td>《禹贡》锡贡解；《论语》萧墙解；谓勤也解；释闰。</td></tr>
<tr><td>文学类</td><td>诏赐百官出城观稼赋（以“唐太和二年岁大有”为韵）；赋得地炉枯叶夜煨芋（得煨字五言八韵）；云水行亭；烟波钓筏；闰小春词。</td></tr>
<tr><td rowspan="4">十一月</td><td rowspan="2">朔课</td><td>经训类</td><td>追蠡考；赎刑考；以杞包瓜解；淮有三洲考；古不修墓解；甲午治兵解。</td></tr>
<tr><td>文学类</td><td>三冬文史足用赋（以题为韵）；赋得雪后园林才半树（得林字五言八韵）；重铸七星缸记；仓圣祠落成记事。</td></tr>
<tr><td rowspan="2">望课</td><td>经训类</td><td>祭法七庙解；月令大割祀解；柳下惠不以三公易其介解；观多也解。</td></tr>
<tr><td>文学类</td><td>盆池赋（以“汲水埋盆作小池”为韵）；赋得春松心在任风霜（得心字五言八韵）；拟韩昌黎《苦寒诗》（用原韵）；冰箸（不限体韵）。</td></tr>
</table>

由上表统计得出诂经精舍同治七年、八年、九年三年课艺题目体裁构成：

<table>
<tr><td rowspan="2">体　裁
年　份</td><td rowspan="2">题目总数</td><td colspan="2">经训考据类</td><td colspan="2">文学类</td></tr>
<tr><td>篇　数</td><td>百分比</td><td>篇　数</td><td>百分比</td></tr>
<tr><td>同治七年（1868）官师课题</td><td>187</td><td>76</td><td>40%</td><td>111</td><td>60%</td></tr>
<tr><td>同治八年（1869）官师课题</td><td>208</td><td>76</td><td>37%</td><td>132</td><td>63%</td></tr>
<tr><td>同治九年（1870）官师课题</td><td>149</td><td>67</td><td>45%</td><td>82</td><td>55%</td></tr>
</table>

二、两书院课艺文集所收韵文作品数量构成表

（按：诗、词以首记，其他以篇记）

<table>
<tr><th rowspan="3" colspan="2">文　集</th><th rowspan="3">总卷数/总篇数</th><th colspan="7">韵　文</th></tr>
<tr><th rowspan="2">韵文总篇数</th><th rowspan="2">诗</th><th rowspan="2">词</th><th colspan="4">骈　文</th></tr>
<tr><th>文</th><th>赋</th><th>颂赞铭</th><th>骈文总编数</th></tr>
<tr><td colspan="2">诂经精舍文集（初集）</td><td>14/336</td><td>151</td><td>135</td><td>0</td><td>11</td><td>1</td><td>4</td><td>16</td></tr>
<tr><td colspan="2">诂经精舍文续集</td><td>8/168</td><td>116</td><td>64</td><td>0</td><td>7</td><td>45</td><td>0</td><td>52</td></tr>
<tr><td rowspan="4">诂经精舍三集</td><td>同治五年（1866）、同治六年（1867）</td><td>经解 2/37
辞赋 3/326</td><td>317</td><td>212</td><td>0</td><td>27</td><td>78</td><td>0</td><td>105</td></tr>
<tr><td>同治七年（1868）</td><td>2/178</td><td>131</td><td>72</td><td>0</td><td>26</td><td>32</td><td>1</td><td>59</td></tr>
<tr><td>同治八年（1869）</td><td>2/181</td><td>139</td><td>60</td><td>5</td><td>41</td><td>33</td><td>0</td><td>74</td></tr>
<tr><td>同治九年（1870）</td><td>2/127</td><td>78</td><td>34</td><td>2</td><td>4</td><td>31</td><td>7</td><td>42</td></tr>
<tr><td colspan="2">诂经精舍四集</td><td>16 + 1/351</td><td>238</td><td>112</td><td>2</td><td>20</td><td>102</td><td>2</td><td>124</td></tr>
<tr><td colspan="2">诂经精舍五集</td><td>8/146</td><td>59</td><td>25</td><td>0</td><td>4</td><td>30</td><td>0</td><td>34</td></tr>
<tr><td colspan="2">诂经精舍六集</td><td>12/165</td><td>63</td><td>43</td><td>0</td><td>0</td><td>20</td><td>0</td><td>20</td></tr>
<tr><td colspan="2">诂经精舍七集</td><td>12/265</td><td>99</td><td>79</td><td>0</td><td>4</td><td>16</td><td>0</td><td>20</td></tr>
<tr><td colspan="2">诂经精舍八集</td><td>12/154</td><td>21</td><td>5</td><td>0</td><td>2</td><td>14</td><td>0</td><td>16</td></tr>
<tr><td colspan="2">学海堂集</td><td>16/499</td><td>464</td><td>412</td><td>0</td><td>16</td><td>9</td><td>3</td><td>28</td></tr>
<tr><td colspan="2">学海堂二集</td><td>22/551</td><td>503</td><td>453</td><td>16</td><td>10</td><td>16</td><td>8</td><td>34</td></tr>
<tr><td colspan="2">学海堂三集</td><td>24/754</td><td>605</td><td>559</td><td>0</td><td>14</td><td>24</td><td>8</td><td>46</td></tr>
<tr><td colspan="2">学海堂四集</td><td>28/701</td><td>585</td><td>484</td><td>0</td><td>67</td><td>34</td><td>0</td><td>101</td></tr>
</table>

三、翁心存《学海堂丁亥课士录》

（不分卷，稿本一册，藏于国家图书馆善本部）

翁心存（1791～1862），字二铭，号邃庵，江苏常熟人，清朝大臣。“翁氏藏书”始祖，著名帝师翁同和的父亲。道光二年（1822）进士，改庶吉士，授编修，官至体仁阁大学士。道光年间任广东学政。有《知止斋诗集》。《清史稿》卷385、《清史列传》卷172有传。

此本《学海堂丁亥课士录》是翁心存任广东学政期间所辑录，为道光丁亥年（道光七年，1827）的春冬两课学海堂肄业生获得膏火课试名录，部分学生课卷有评语。如下：

学海堂丁亥春课：

经解史笔上取卷四本：

肄业生姓名	籍贯科名	课艺评语
吴　傳	鹤山生员	考精核，记仿汉魏，甚古懋，通材也。
杨懋建	嘉应生员	作者专治说文，故考二卷极为赅洽。
侯　康	番禺廪生	作者长于治经，故考极有根据。
黄　钰	南海增生	记骈体，学吴榖人。

次取八本：

肄业生姓名	籍贯科名	课艺评语
樊　封	旗籍监生	考记俱有见地，旗籍中出色人也。
吴应麟	鹤山廪生	记散体颇畅。
叶　铨	嘉应廪生	考一卷，颇详明。
吴士伟	东莞廪生	记散体当明净。

（续表）

肄业生姓名	籍贯科名	课艺评语
周以清	顺德生员	考采摭颇广，然试作俱未能称是。
谭　莹	南海生员	记骈体略具规格，非其得意笔也。
黄乔松	番禺职贡	作者颇好学，然考记俱平平。
黄应麟	番禺举人	考一卷，今多而已，少创制。

又次取廿六本：

肄业生姓名	籍贯科名	课艺评语
黄子高	番禺廪生	记散体少发挥。
苏同书	顺德廪生	记骈体，行未醇。
胡调德	南海生员	记散体，考据太多。
劳忠彧	开平廪生	记散体平平。
夏时彦	番禺廪生	考颇有见解。
刘泽长	番禺监生	考亦详晰。
任本瑄	鹤山生员	考有创制。
吴鸿寿	嘉应童生	考亦畅。
谢　昉	南海监生	考亦核，是侯康作。
黄志超	南海举人	考详明。
何广生	番禺监生	记散体，太作意。
阎昌言	南海生员	记后幅荡，论庞杂，散体。
庞　达	南海廪生	（误填廿二）记散体颇畅，后幅荡。论却好。
邓　泰	顺德生员	记散体，考“未”字作“骨”。
韩棣华	四会廪生	考畅。
何元颎	顺德附生	考平平。
何荣祖	端溪肄业	考。
梁炳然	德庆副贡	考。
何九鲸	高要廪生	考。
伍如璋	顺德生员	考。

（续表）

肄业生姓名	籍贯科名	课艺评语
欧阳文杰	新会廪生	记散体。
梁观光	南海生员	记骈体。
刘　澧	番禺附生	记散体。
吴奎光	南海监生	考记俱无可观。
欧阳递能	新会监生	考多抄当,无后案语。
陈　思	东莞生员	考少见地。

原拟备取十二本,今不取。

原拟不取一百廿六本,八月八日先交出。

诗赋上取卷六本:

肄业生姓名	籍贯科名	课艺评语
叶　轮	嘉应举人	止作《药洲》一赋而神似齐梁,洵足压卷。
梁　梅	广府廪生	记骈体,《药洲赋》俱雅洁,《石诗》畅。《铁梅》《蒲葵》两诗尤佳。
谭　莹	南海生员	《药洲赋》取材宏雅,而格韵未超,七古两首雄健,七律俱警策。
吴鸿寿	嘉应童生	两赋明净,七古雅健,《石诗》一首,七律稳妥而已。
杨懋建	嘉应生员	《药洲赋》有韵致,《观日歌》有规稳,《水杤诗》擅场。
叶　滨	端溪童生	止作《石诗》一首,而气魄沉雄,笔力苍劲,居然名笔。

次取十本:

肄业生姓名	籍贯科名	课艺评语
吴　傳	鹤山生员	律赋才情颇富,而格律未清,《石诗》佳,《观日歌》称。
叶　轮	嘉应廪生	律赋一法清机深,合唐宋人规格。《药洲赋》平平。
刘廷镛	南海童生	律赋熨帖工稳,极为合作,《石诗》平平。

（续表）

肄业生姓名	籍贯科名	课艺评语
黄子高	番禺廪生	七古两首俱健。
邓　泰	顺德生员	律赋不合法，七律八首绝佳。
吴应麟	鹤山廪生	七古两首俱畅，七律平平。
郑　棻	番禺生员	两赋平平，《观日歌》及七律极有诗笔。
张嘉洪	嘉应附生	律赋清晰，七古劣，七律平平。
夏时彦	番禺廪生	律赋畅，七古两首，七律四首俱妥，蒲葵诗有佳句。
崔　弼	举人	《石诗》当兀傲，余无可取。此君向刻珍帚，编诗有可观，今年逾八十，笔墨颓唐矣。

又次取一百零六本：

肄业生姓名	籍贯科名	课艺评语
蔡锦泉	顺德拔贡	《药洲赋》有好联可取，余平平。
杨锡龄	嘉应童生	两赋四律俱妥，字亦端楷。
吴蕙修	嘉应生员	《水朽诗》有佳句，余妥。
萧毓芬	嘉应廪生	骈体及《药洲赋》具体而已。
张先甲	番禺附生	全卷平妥。
刘步蟾	三水增生	七古笔力颇□极。
翁长清	顺德生员	止《药洲》一赋当有韵致。
张其翻	嘉应童生	两赋当有规格，余平平。
李　涛	高要生员	止《药洲》一赋当完善。
张建勋	嘉应童生	两赋、七古俱平妥，楷法特佳。
桂文燿	南海生员	《观日歌》极雄丽，余瑕瑜不掩。
邱　翀	嘉应生员	止《药州》一赋颇清畅。
何鼎勋	南海生员	《观日歌》颇有气魄，《蒲葵诗》佳，余平平。
陈　澧	番禺生员	全卷平畅。
黄乔松	番禺职贡	赋诗极用意，却不佳。
招镜蓉	南海生员	律赋有一联可取。
李有祺	新会廪生	《药州赋》能逾典，律赋劣。

（续表）

肄业生姓名	籍贯科名	课艺评语
黎兰因	嘉应生员	首篇清畅。
李恒春	嘉应附生	律赋当稳。
李虎文	嘉应童生	两赋俱清澈，字亦秀。当有不取一卷，卷面注生负，未之孰是。
李赞勋	嘉应生员	首篇当畅。
黄汝魁	高要生员	律赋妥。
湛雨田	增城增生	仅畅。
区光涤	广府廪生	两赋稳畅。
杨锡朋	嘉应生员	律赋大致稳贴。
沈若琼	高要生员	律赋仅清。
郭泰舟	南海生员	两赋畅。
邓云松	琼府生员	《药洲赋》明净。
梁国琛	番禺附生	当畅。
萧健举	嘉应增生	《观日歌》当好，赋劣。
李佩文	南海增生	《药洲赋》当雅饬。
黎炽远	顺德生员	《药洲赋》当畅，余劣。水朽援竹有一二语可采。
石元辉	南海文童	贪多而已。
李而乔	高明生员	律赋当清楚。
曾绍圣	高要生员	赋诗当不备。
石　炳	南海童生	亦是贪多。
庞　达	南海廪生	七古当好。
梁国瑚	番禺附生	《观日歌》明朗。
石启元	广府生员	诗但平妥。
徐良琛	南海生员	《石诗》颇有健句。
崔树良	南海举人	
谭心翼	广府生员	
曾大楠	番禺监生	以上三卷俱止作七律，皆谭莹笔也。

（续表）

肄业生姓名	籍贯科名	课艺评语
叶廷瑛	广府增生	
李缉能	嘉应生员	
张　翔	大埔廪生	四律但作扬体，颇奇崛。
梁见龙	归善贡生	
何春蒲	番禺生员	
钱时新	东莞生员	
刘宗典	端溪生员	
梁绍训	南海附生	
黄　鸿	番禺文童	
廖廷桢	嘉应童生	
岑　澂	南海监生	
崔建堃	番禺童生	
曾开桂	肇府廪生	
萧文鸾	嘉应生员	
白　瑶	端溪童生	
刘士泰	广府生员	
张大经	嘉应生员	
蔡良谟	吉水举人	七律平平，仅当一二语可采。
何汝龙	南海举人	
谭　瑀	南海举人	
饶如逵	大埔副贡	
李鸣韶	南海童生	
侯仲卿	嘉应童生	
蔡镜泉	顺德附生	
徐　清	南海生员	
陈华泽	南海生员	
余廷槐	新宁附生	

（续表）

肄业生姓名	籍贯科名	课艺评语
冯天衢	广府附生	
倪鸿法	番禺附生	
钱崇章	饶平生员	
宋作卿	高要生员	
萧轩羽	嘉应生员	
李卿云	嘉应增生	
张　乐	南海举人	
何元颎	顺德附生	
黎天叙	新兴生员	
易业翘	鹤山生员	《观日歌》集古前有小序。
刘湘简	嘉应廪生	当有不取一卷，赝作也。
陈　涀	顺德童生	当有不取一卷，无赋而诗互有异同，楷字却出一手。
黄锡书	番禺佾生	
李儒林	新会附生	
周　辂	端溪生员	
蓝　钊	新兴生员	
湛芬芳	增城廪生	
王家义	顺德贡生	
李有灿	新会贡生	
黎　昱	嘉应生员	
姚亨元	端溪生员	
廖　灼	南海生员	
李　湘	高要生员	
李瀛宾	嘉应附生	
李承铨	嘉应佾生	

（续表）

肄业生姓名	籍贯科名	课艺评语
韩棣华	四会廪生	
叶选青	花县附生	
程鸿渐	南海廪生	
朱　绂	山阴附贡	《石诗》一首集古。
罗三俊	南海优生	
唐廷旦	端溪生员	赋诗当有可取，而记则误认题，为制军取出。
李龙文	嘉应生员	
吴弥光	南海生员	
张其翧	嘉应生员	
张毓蘅	嘉应童生	
冯　晅	番禺童生	

原拟备取卷五十本（今不取）

原拟再备取卷一百本（不取，九月翔先交出）

原拟不取卷四百本（八月廿八日先交出）

学海堂丁亥冬课：

经解史笔上取卷八本（原拟七本，今添入梁梅一本）

肄业生姓名	籍贯科名	课艺评语
侯　康	番禺廪生	经解极好，余妥。
杨懋建	嘉应生员	经解亦好。
夏时彦	番禺廪生	经解古文俱可。
黄　钰	南海增生	颂好。
谭　莹	南海廪生	颂好。
樊　封	旗籍监生	经解详明。
梁　梅	广府廪生	颂亦好。
吴应麟	鹤山廪生	经解古文均可。

次取八本：

肄业生姓名	籍贯科名	课艺评语
吴　儁	鹤山生员	经解可，古文好。
徐良琛	南海生员	颂好，笔极秀。
张燕兆	新会廪生	古文两篇好。
吴奎光	南海监生	经解、史笔及颂可
胡调德	南海生员	经解畅。
黄乔松	番禺职贡	各体尚妥。
冯体仁	鹤山举人	古文及颂俱简洁。
崔　弼	珠江戆叟	史颂，老孝廉也。耄年好学，故取之。

又次取四十五本（原拟四十三本，谭锡朋与第十二本谭锡朋以一人分为两卷，今并之）：

肄业生姓名	籍贯科名	课艺评语
李义厓	新会廪生	
伊良卿	英德举人	
邓际嘉	归善生员	补秋课《平四疆露布》。
李樵香	东莞生员	补秋课露布。纯作四言不合体裁。
李有祺	新会廪生	
吴文任	鹤山生员	
胡凯平	顺德举人	
李子骐	新会廪生	
冯佩兰	顺德举人	
吴文起	鹤山生员	
曾　鉴	南海贡生	
谭锡朋	新会廪生	
陈台桓	高要举人	
李文澡	广府廪生	
李承椝	嘉应拔贡	
范菊湖	广府优生	

（续表）

肄业生姓名	籍贯科名	课艺评语
吴琼光	广府生员	
谭非石	南海举人	
吴　岍	南海岁贡	
邝清宵	清远副贡	
蒙景文	番禺文童	古文议论畅快。
张学源	南海贡生	
甘景增	顺德生员	
徐　余	南海监生	
牟古英	仪征副贡	
管世鉴	武进岁贡	
潘国霖	番禺贡生	
梁南枝	广府廪生	
周以清	顺德生员	
李作栋	香山生员	
蒙　泉	高要举人	
陈广超	东安生员	
韩棠华	四会增生	
韩棣华	四会廪生	
黄应麒	番禺举人	
黄梓材	番禺监生	
邱　翀	嘉应生员	
张云帆	新会生贡	
苏同书	顺德廪生	
吴时雨	增城增生	
吴　琛	番禺生员	
周　全	顺德副贡	
李士倌	顺德举人	
梁献廷	南海生员	
伍如璋	顺德生员	

诗赋上取卷六本：

肄业生姓名	籍贯科名	课艺评语
侯　康	番禺廪生	《朝汉台赋》神似子山魄力，尤极雄厚，可称佳作。
王　甡	新会生员	《朝汉台赋》中二段佳，前后不称。是谭莹笔。
吴　俜	鹤山生员	《岭南风俗赋》选言极富当，少特律，诸作皆然。
谭　莹	南海廪生	《风俗赋》极力铺排，过于冗长。
梁　梅	广府廪生	《朝汉台赋》工雅。
易友兰	鹤山生员	七古、五律均好。

次取十本：

肄业生姓名	籍贯科名	课艺评语
吴应麟	鹤山廪生	七古、五律均好。
翁念枝	惠来副贡	七古、五律佳。
周　斌	肇府廪生	五古佳。
徐良琛	南海生员	五律好。
李璇玑	番禺增监	《朝汉台赋》妥。
崔　弼	自称珠江戆叟	《蜡石诗》佳。
刘廷镛	南海童生	《朝汉台赋》稳，岁科两试惜失此人。
李琳芳	嘉应生员	《朝汉台赋》当有规格。
邓　泰	顺德生员	五律浑成，五古亦有精到语。
谢培元	嘉应监生	《风俗赋》极敝俗，极明快，而措词欠工，末段归重上高化导，极得。

又次取七十五本(原拟七十七)：

肄业生姓名	籍贯科名	课艺评语
余小霞	浙江秀水生员	
朱阳湖	扬阳举人	
黄绳宪	南海生员	
朱缉文	广府生员	
陈秋涛	高要举人	

（续表）

肄业生姓名	籍贯科名	课艺评语
石元辉	南海监生	
陈　澧	番禺生员	
姚亨元	端溪肄业生员	
李广荫	新会生员	
何端元	番禺生员	
陈应涛	番禺举人	
谢文瑞	番禺附生	
刘　崇	钱塘举人	
杨　瑜	花县生员	
蔡芳洲	顺德举人	
严　颢	丙子举人	
周大经	顺德岁贡	
黄乔松	番禺职贡	
陈谦甫	南海贡生	
欧阳文清	新会生员	
邓约之	顺德生员	
区玉珩	顺德廪生	
熊蕙绥	嘉应生员	
潘照麟	壬午举人	
潘廷儒	广府附生	
黄大年	肇府廪生	
陈锦涵	高要童生	
许汉章	番禺生员	
李蓉镜	新会生员	
程贵时	已卯举人	
吴赋侯	端溪生员	
梁钦祖	嘉应生员	

（续表）

肄业生姓名	籍贯科名	课艺评语
谭锡朋	新会廪生	
何端义	番禺生员	
林文苑	新会生员	
陈　鼎	浙江钱塘童生	
石　炳	南海监生	
张先甲	番禺生员	卷面有广粮通判印。
夏时彦	番禺廪生	
莫腾光	新会廪生	
梁知政	三水生员	
张鹏飞	四会廪生	
邓心莲	顺德生员	
李广蒲	广府廪生	
黄　鸿	番禺童生	
黄梓原	番禺生员	
张丽泽	广府生员	
郭泰舟	南海生员	
刘鲲池	香山拔贡	
钱　溎	饶平生员	
萧健举	嘉应增生	
李专石	新会廪生	
伦五常	新会生员	
李如灿	香山生员	
蔡康庸	顺德增生	
刘玉芸	三水廪生	
吴鸿寿	嘉应文童	
丁　熙	广府生员	
李玉堂	南海副贡	

（续表）

肄业生姓名	籍贯科名	课艺评语
黄景南	顺德廪生	
谭心翼	广府生员	
老其材	南海举人	
李恒春	嘉应生员	
李有祺	新会廪生	
林联桐	吴川举人	
胡积辉	南海生员	
陈祖铨	南海生员	
吴奎光	南海监生	
曾大楠	番禺监生	
张岳荛	定安廪生	
萧茂达	旗籍生员	
龚砚川	花县廪生	
李月峰	新会举人	
周　铬	高要生员	
谢凤轩	嘉应生员	

原拟备取卷（经史诗赋俱在内，不取卷同）五十二（含添簿五十四）本，俱不取。不取卷二百二十本。

拟取学海堂冬课书目呈览：

经史上取七名：首名给膏火四个月，余给膏火三个月。次取八名，各给膏火两个月，又次取四十六名，各给膏火一个月。

诗赋上取六名：首名给膏火四个月，余给膏火三个月。次取十名，各给膏火两个月，又次取七十七名，各给膏火一个月。

以上共给膏火银二百两。

四、诂经精舍主讲者小传

1. 阮元(1764～1849),字伯元,号芸台、雷塘庵主,晚号怡性老人,谥号“文达”,江苏仪征人。诂经精舍、学海堂两书院的创建者。乾隆五十一年(1786)举人,乾隆五十四年(1789)进士,选庶吉士,散馆第一,授编修。历任户、兵、工部侍郎,山东、浙江学政,浙江、河南、江西诸省巡抚,湖广、两广、云贵总督。晚年入京,为体仁阁大学士。主持编纂《经籍纂诂》,校刻《十三经注疏》,汇刻《皇清经解》,《淮海英灵集》、《两浙輶轩录》。个人著述颇丰,有《畴人传》、《揅经室集》、《积古斋钟鼎彝器款识》、《诗书古训》等。阮元的成就是多方面的,被誉为乾嘉学派的最后重镇,在学术、教育、政治、军事等领域皆有非常高的成就。

2. 陈寿祺(1771～1834),字恭甫,一字苇仁,号左海,福建闽侯人。嘉庆四年(1799)进士,改庶吉士,散馆,授编修。嘉庆六年(1801)至八年(1803)受阮元之邀,主讲杭州敷文书院,兼课诂经精舍,并协助阮元编纂浙江海宁《海塘志》及《经郛》。后来主泉州清源书院、福州鳌峰书院。其诗文沉博绝丽,有六朝、汉唐风格。著有《左海文集》10 卷,《左海骈体文》3 卷,《绛跌堂诗集》6 卷,《东粤儒林文苑后传》2 卷,《东观存稿》1 卷,及解经之书多种,如《五经疑义疏证》、《礼记郑读考》、《左海经辨》等。

3. 王昶(1725～1806),字德甫,号述庵,一字兰泉,又字琴德,江苏青浦人。乾隆十九年(1754)进士,官至刑部右侍郎。嘉庆五年(1800)阮元延之为诂经精舍主讲,还主讲杭州敷文书院、清溪书院等。好金石之学,编有《金石萃编》160 卷。曾参与编纂《大清一统志》、“续三通”等书。著有《春融堂集》。

4. 孙星衍(1753～1818),字渊如、伯渊,号季逑、薇隐,江苏阳湖人。乾隆五十二年(1787)进士。博极群书,勤于著述。又好聚书,闻人家藏有善本,借钞无虚日。金石文字,靡不考其源委。精通经、史、小学,兼及诸子之学。嘉庆五年(1800),被阮元延为诂经精舍主讲,课诸生以经史疑义及小学、天部、地理、算学、词章之学。著有《尚书今古文注疏》、《周易集解》、《夏小正传校正》、《明堂考》、《考注春秋别典》、《尔雅广雅诂训韵编》、《孔子集语》、《寰宇访碑录》、《金石萃编》、《续古文苑》等。

5. 秦恩复(1760~1843),字近光,一字伯敦,号敦夫,晚号狷翁,江苏江都人。乾隆五十二年(1787)进士,改翰林院庶吉士,散馆,授编修。读书好古,所居五笥仙馆,蓄书万卷,丹铅不去手。尤精校勘,延顾千里于家,共相商榷。嘉庆十一年(1806)入都供职,未几南归,被阮元聘为诂经精舍主讲,直至嘉庆十四年(1809)阮元被革职,诂经精舍关闭。然后主讲仪征乐仪书院。(同治《续纂扬州府志》卷9)尝校刊《列子》、《鬼谷子》、《扬子法言》、《三唐人集》及《隶韵》等书,著有《享帚词》、《石研斋集》等。

6. 杨芳灿(1753~1815),字才叔,号蓉裳,江苏金匮人。乾隆四十二年(1777)拔贡生。嘉庆十三年(1808)三月,应阮元之邀,主讲于诂经精舍。同年还主讲衢州正谊书院。次年,主关中书院讲席。曾任《清会典》纂修官,总纂修,嘉庆《四川通志》纂修官。著有《翼率斋稿》12 卷,《芙蓉山馆诗词稿》14 卷,及骈体文 8 卷等。

7. 颜宗仪(1822~1881),字挹甫,号雪庐,浙江海盐人。咸丰三年(1853)进士,改庶吉士,授编修,翰林院侍读学士,广东候补道。同治五年(1866)任诂经精舍掌教。少负文名,尤工诗赋,有《梦笠山房诗存》、《琅华仙馆诗集》、《还辕集》、《子伟集》、《余不远复斋赋稿》、《琅华仙馆试帖诗》、《人海藏身斋随笔》等。

8. 沈丙莹(1812~1870),字菁士,浙江归安(今湖州)人。

道光二十五年(1845)进士。授刑部主事,贵州安顺府知府。同治六年(1867)任诂经精舍掌教。著有《春星草堂集》、《读吴诗随笔》等。

9. 俞樾(1821～1907),字荫甫,号曲园居士,浙江德清人。道光三十年(1850)进士。官翰林院编修、国史馆协修、河南学政。简放河南学政时,被御史曹登庸劾奏"试题割裂经义",因而罢官,于是潜心学术。治学以经学为主,旁及诸子学、史学、训诂学,乃至戏曲、诗词、小说、书法等,可谓博大精深。海内及日本、朝鲜等国向他求学者甚众。治学宗法王念孙、王引之父子。俞樾先后主讲于苏州紫阳书院,然后又移席杭州诂经精舍、菱湖龙湖书院、上海诂经精舍、上海求志书院、德清清溪书院、长兴箬溪书院。其中主杭州诂经精舍(1868－1898)时间最长,达31年之久。著述有《群经平议》、《诸子平议》、《古书疑义举例》等。著述总集《春在堂全书》500余卷。

10. 黄体芳(1832～1899),字漱兰,号莼隐,浙江瑞安人。同治二年(1863)进士。初授翰林,后授编修,累迁侍读学士。光绪七年(1881)迁内阁学士。提督江苏学政,仿诂经精舍、学海堂例创办江阴南菁书院。晚岁迭主河南大梁、信陵、敬敷书院讲席。1895年主讲江宁(南京)文正书院。俞樾1898年辞去诂经精舍掌教后,黄体芳继任,不到半年去世。俞樾有载:"余辞诂经,继之者为黄漱兰侍郎,不半年而殁。"(《曲园自述诗》)著有《漱兰诗葺》、《黄漱兰先生骈文》、《黄漱兰先生奏稿》、《江南征书文牍》、《司铎箴言》、《醉乡琐志》、《钱虏爰书》等。

11. 谭献(1832～1901),初名廷献,字仲修,号复堂,浙江仁和(今杭州)人。以词闻名。少孤。同治六年(1867)举人。屡赴会试不第。曾入福建学使徐树藩幕府。后署秀水县教谕。又历任安徽歙县、全椒、合肥、宿松等县知县。曾任诂经精舍监院。

晚年受张之洞邀请，主讲湖北经心书院，不久辞归。1899 年黄体芳殁后，谭献继任诂经精舍掌教，但不到两年就去世了。著有《复堂类集》、《复堂词》、《复堂诗续》、《复堂文续》、《复堂日记补录》等。

12. 汪鸣銮（1839 ~ 1907），字柳门，号自邑亭，浙江钱塘人。同治四年（1865）进士，选庶吉士，授编修。覃研经学。历督陕甘、江西、山东、广东学政，典河南、江西、山东乡试，专重实学，号得士。谭献 1901 年殁后，汪鸣銮继任诂经精舍山长，直到诂经精舍关闭。同时还主讲杭州敷文书院。著有《寒松阁谈艺录》、《清画家诗史》等。

五、学海堂师生小传①

一、学海堂创建者小传

1. 阮元，学海堂创建者。见前文《诂经精舍主讲者小传》。

2. 钱仪吉（1783 ~ 1850），初名逵吉，字衎石，号心壶，又号新梧，浙江嘉兴人。嘉庆十三年（1808）进士，改翰林院庶吉士。散馆，授户部主事，升刑科给事中，累至工科给事中。遇事敢言，后因事降职，遂绝意仕进，于道光年间游广东，两广总督卢坤属修

---

① 学海堂学长名录及传记主要来自容肇祖《学海堂考》（《岭南学报》3 卷 3 ~ 4 期抽印本，1934 年），及刘伯骥《广东书院制度》（“国立”编译馆 1978 年版）第 196 ~ 260 页之《清代书院山长表》。学海堂学长中不少为学海堂肄业生。容肇祖《学海堂考》中关于学海堂师生传记最为详备，其中学长 55 名，专课肄业生 260 名，另有课艺文集中收录的肄业生（不含前面的学长、专课肄业生）共 327 人。容肇祖《学海堂考》共为 642 名师生作了小传。

《盐法志》,并延请校阅学海堂课业。《衎石斋记事稿续稿》载有《粤海堂诸子课业评》(粤为学之误),对学海堂首届专课肄业生吴文起、吴傅、李能定、许玉彬、金锡龄、潘继李、侯度、张其翻等课作进行了评点,所论尤为精当。有学者认为钱仪吉不但是学海堂专课肄业生制度的实际倡导、制定者,而且亲自参与了专课肄业生的指导培养。钱仪吉晚年客居河南开封,主讲河南大梁书院凡数十年,培养人才甚众。博通群籍,工文章,著述甚富,编著《碑传集》(160 卷,首末各 2 卷)、《经苑》,又著有《三国晋南北朝会要》、《补晋书兵志》、《衎石斋记事稿》、《衎石斋晚年诗稿》、《飏山楼初集》、《飏山楼骈文稿》、《衎石先生刻稿》等。

3. 何南钰(1756 ~ ?),字相文,广东博罗人。阮元门生。乾隆五十四年(1789)举人,嘉庆四年(1799)进士,改翰林院庶吉士,散馆,改兵部主事。后为广州粤秀书院主讲。道光四年(1824)学海堂堂址新成,阮元以之为题,收有诗文一百余篇,阮元命南钰编阅,选为 1 卷,列为《学海堂集》卷 16。所著书有《燕滇雪迹集》6 卷。

二、学海堂学长小传

1. 赵均(生卒年不详),字国章,又字平垣,广东顺德人。嘉庆十三年(1808)副贡,仕历学正。均有干才,明数算,以开方法测量皆准。阮元建造学海堂,均司土木工程事。道光六年(1826)选为学海堂首批八学长之一。《学海堂集》收有赵均《新建粤秀山学海堂记》及诗 9 首。著有《自鸣轩吟草》。

2. 吴应逵(生卒年不详),字鸿来,又字雁山,广东鹤山人。乾隆六十年(1795)举人,道光六年(1826)学海堂首批八学长之一。以古文名。《学海堂集》收有其文 2 篇,诗 13 首。著有《雁山诗文集》、《谱荔轩笔记》、《岭南荔支谱》、《鹤山县志》等。

3. 林伯桐(1775～1845),字桐君,号月亭,广东番禺人。嘉庆六年(1801)举人,仕历学正。道光六年(1826)学海堂首批八学长之一。好为考据之学,宗主汉儒,而践履则服膺朱子。《学海堂集》、《二集》选有其文12篇,诗33首。著述有《修本堂丛书》等。

4. 吴兰修(1789～1839),字石华,广东嘉应人。嘉庆十三年(1808)举人,仕历训导。阮元建学海堂,兰修与赵均共司其役。道光六年(1826)选为学海堂首批八学长之一。兼粤秀书院监院。工诗文,尤精考据,兼擅算数之学。《学海堂集》、《二集》选其文8篇,诗8首。为《学海堂二集》作序,并校刻《学海堂集》、《二集》。著述有《南汉纪》5卷,《南汉地理志》1卷,《南汉金石志》2卷,《宋史地理志补正》、《石华文集》等。

5. 曾钊(1793～1854),字敏修,又字勉士,广东南海人。道光五年(1825)拔贡,仕历学正。道光六年(1826)学海堂首批八学长之一。曾任南海西湖书院山长。精于考据,被认为是广东最先治汉学者。《学海堂集》、《二集》选有其文21篇。著述有《周礼注疏小笺》5卷,《虞书命羲和章解》1卷,《毛诗经文定本小序考异音读》5卷,《诗说》2卷,《周易虞氏义笺》7卷,《论语述解》1卷,《校增字林》1卷,《二十一部古韵》2卷,《面城楼集》10卷,《读书杂记》5卷,《异物志》1卷,《交州记》2卷,《始兴记》1卷等。(《清史列传》卷69有传)

6. 马福安(1789～1846),字圣敬,又字止斋、贞冬,广东顺德人。嘉庆二十四年(1819)举人。道光六年(1826)学海堂首批八学长之一。道光九年(1829)进士,改翰林院庶吉士,散馆授四川犍为知县。学有根柢。《学海堂集》选其诗3首。著述有《止斋文钞》、《贞冬诗存》、《鉴古录》、《明代名臣传赞》等。

7. 熊景星(生卒年不详),字伯晴,号笛江,广东南海人。以诗为阮元所赏识。嘉庆二十一年(1816)举人,仕历训导。道光六年

(1826)学海堂首批八学长之一。《学海堂集》收有其文1篇，诗17首。著有《吉羊溪馆诗钞》3卷。

8.徐荣(1792~1855)，原名鉴，字铁孙，广州驻防汉军正黄旗人。嘉庆二十一年(1816)举人，仕历训导，道光六年(1826)学海堂首批八学长之一。道光十六年(1836)进士，以知县分发浙江，历官遂昌、嘉兴、临安诸县，后升绍兴知府，调知杭州，署杭嘉湖道。与太平军战，阵亡。以清廉著称。《学海堂集》、《二集》选其诗28首。著有《大戴礼补注》、《梅统》12卷、《日新要录》、《怀古田舍诗节钞》等。

9.张杓(生卒年不详)，字庆璿，又字磬泉，浙江山阴人。因父游幕广州，入番禺县学为生员。嘉庆十三年(1808)举人，仕历教谕。道光七年(1827)选补学海堂学长，治经学，工金石之书。又曾任香山榄山书院、南雄道南书院山长。《学海堂集》选其文6篇。著述有《仪礼古今文考》1卷，《经史笔记》2卷，《增校尸子》、《增校四民月令》等。

10.张维屏(1780~1859)，字子树，号南山，又号松心子，又号珠海老渔、花村老圃等，广东番禺人。与谭敬昭、黄培芳三人合称“粤东三子”。嘉庆九年(1804)乡试中举，道光二年(1822)进士，先后任湖北黄梅、松滋、广济、江西泰和县令，继署湖北襄阳同知，江西袁州同知，吉安通判，南康知府等职。丁父忧回籍。道光九年(1829)补学海堂学长。后分发江西知县等。告病归后，于道光十八年(1838)复补学海堂学长。《学海堂集》、《三集》选有其文2篇，诗13首。著有《松心诗录》、《读经求义》、《经字异同》、《史镜》、《国朝诗人征略》、《松心文钞》、《艺谈录》、《松心十集》、《松心杂诗》、《听松庐骈体文》、《诗话》、《松心目录》、《松轩随笔》、《老渔闲话》、《庐秀录》、《花甲闲谈》、《桂游日记》、《春游唱和诗》、《听松庐诗话》等。

11. 黄子高(1794～1839),字叔立,号石溪,广东番禺人。嘉庆十九年(1814)补县生员,精小篆,善画,考证金石,留心掌故,务为朴学。道光十年(1830)督学翁心存以《南海对》试诸生,子高立就千余言,督学翁心存惊异,以优行第一贡太学。是年三月补学海堂学长。《学海堂集》、《二集》、《三集》共选有其文 5 篇,诗 9 首。著有《石溪文集》2 卷,《知稼轩诗钞》9 卷,《(学篆必携)续三十五举》1 卷,《粤诗搜逸》4 卷等。

12. 谢念功(生卒年不详),字尧山,广东南海人。道光元年(1821)与吴兰修、曾钊、吴应逵、林伯桐、张维屏、黄培芳、张杓、邓淳、马福安、熊景星、徐荣、温训、黄子高、胡调德结希古堂课,治古文辞。道光二年(1822)举人,道光十二年(1832)补学海堂学长。《学海堂集》选其文 1 篇,诗 2 首。著有《梦草草堂诗草》、《北游诗》。

13. 仪克中(1796～1838),字协一,又字墨农,广东番禺人。道光十二年(1832)举人,道光十四年(1834)补学海堂学长,工诗词,善书画。《学海堂集》选有其文 2 篇,诗 38 首。著有《剑光楼诗文词集》11 卷,《剑光楼笔记》等。

14. 侯康(1798～1837),原名廷楷,字君模,原名廷楷。广东番禺人。祖籍江苏无锡。道光十五年(1835)举人,道光十七年(1837)二月补学海堂学长,是年十一月卒,年四十。幼孤好学,喜读史,爱南北朝诸史所载文章,为文辄效其体。阮元开学海堂课,赏其文,由是知名。精研注疏,尽通诸经,而史学尤深,正史之外,旁搜群籍。《学海堂集》、《二集》选其文 29 篇,诗 20 首。著有《春秋古经说》2 卷、《穀梁礼证》2 卷、《补〈后汉书艺文志〉》4 卷、《补三国艺文志》4 卷、《后汉书补注续》1 卷等。

15. 黄培芳(1779～1859),字子实,又字香石,广东香山人。嘉庆九年(1804)副榜,二十四年(1819)肄业太学,考取武英殿校录官。仕历教谕、训导、知县。道光十八年(1838)七月补学海堂学长。著述丰富,尤邃于《易》,诗文书画俱工。著述有:《易宗》9卷,《尚书汉学》10 卷,《书训纂》12 卷,《诗义参》20 卷,《春秋左传翼》30 卷,《礼记郑注翼》12 卷,《十三经或问》13 卷,《四书考释》19 卷,《国风诗法隅举》1 卷,《史传事略》1 卷,《重修香山县志》8卷,《重修肇庆府志》22 卷,《端州金石略》2 卷,《岭海楼课本》3卷,《岭海楼诗钞》12 卷,《香石诗话》4 卷,《粤岳草堂诗话》2 卷,等等。

16. 谭莹(1800～1871),字兆仁,别字玉生,广东南海人。幼颖悟,长于词赋,12 岁作《鸡冠花赋》和《看桃花诗》,受到宿儒惊赏。学海堂建立之初,阮元于诸生课作中见到谭莹所作《蒲涧修禊序》及《岭南荔支词》百首,尤为激赏。道光十一年(1831)优贡,仕历教授、教谕、训导,道光十八年(1838)三月补学海堂学长,道光二十四年(1844)中举。生平博考粤中文献,凡粤人著述,网罗而尽读之。和伍崇曜汇刻了《岭南遗书》59 种,343 卷,《粤十三家集》182 卷,《粤雅堂丛书》180 种,共千余卷,等等。为学长 30年,英彦多出其门。《学海堂集》、《二集》、《三集》、《四集》共选其文 27 篇,诗 168 首。著有《乐志堂诗集》12 卷,《续集》1 卷,《文集》18 卷,《文续集》2 卷。编刻《岭南遗书》62 种,《粤雅堂丛书》180 种,《粤东十三家集》,《楚庭耆旧遗诗》前后集及续集 74 卷,《续国朝骈体正宗》1 卷等。

17. 陈澧(1810～1882),字兰甫,一字兰浦,广东番禺人。祖籍江南上元。道光十二年(1832)举人,六应会试不第。仕历训导。道光十四年(1834)被选为学海堂专课肄业生,问诗于张维屏,问经学于侯康。道光二十年(1840)补选学海堂学长,任期达27 年之久,培养了大批经学人才,也奠定了"东塾学派"的根基。生平读书心有所得,即手录之,积数百册,汉宋兼采,能会其通。

又曾任东莞龙溪书院、广州菊坡精舍山长。《学海堂二集》、《三集》选其文16篇，诗8首。著述有《汉儒通义》7卷，《声律通考》10卷，《切韵考》6卷，又外编3卷，《汉书地理志水道图说》7卷，《东塾集》6卷，《陈东塾先生遗稿》，《东塾集外文》4卷，等等。

18. 梁廷枏(1796～1861)，字章冉，号藤花亭主人，广东顺德人。道光十四年(1834)中副榜贡生，以后历任澄海县训导，广东越华书院、粤秀书院监院。道光十五年(1835)应两广总督卢坤之聘，入海防书局，任《广东海防汇览》总纂。旋被聘为粤海关志局总纂，经过三年努力，编成《粤海关志》30卷。道光二十年(1840)正月补学海堂学长。鸦片战争期间，他支持林则徐的禁烟运动，是思想先进的爱国学者，参加和领导了19世纪40年代的反侵略、反投降斗争。于咸丰元年(1851)获授内阁中书衔，后又加侍读衔。梁廷枏一生著述丰富，精研史学，兼擅诗文戏曲，著述据不完全统计有三十余种。其中，他以“筹海防夷”为目的的数种著述影响最为深远，于晚清国防建设有诸多贡献。如《广东海防汇览》42卷，《粤海关志》30卷，《海国四说》14卷，《夷氛闻记》5卷。其他著述如:《南越丛录》2卷，《南汉书》18卷，《南汉文字》4卷，《南汉丛录》2卷，《论语古解》10卷，《粤道贡国说》6卷，《耶稣教入中国说》1卷，《合省图说》3卷，《东坡事类》22卷，《金石称例》4卷，又续1卷，文诗集等共31卷，《东行日记》1卷，《澄海训士录》4卷，《曲话》5卷，《江南春词补传》1卷，《粤秀书院志》1卷，《越华纪略》2卷，《杂剧》4卷，等等。

19. 杨荣绪(1809～1874)，原名荣，字黼香，广东番禺人。道光十五年(1835)举人，仕历河南道御史、礼科给事中、湖州知府等。道光二十五年(1845)正月补选学海堂学长，任期10年。咸丰三年(1853)进士，改翰林院庶吉士，授编修，擢御史。通经学，精究《说文》，尤工骈丽，后为官尤以兴文教为急务。杨荣绪时与番禺陈澧、顺德卢同伯、南海桂文耀有“四俊”之称。《学海堂二集》、《三集》共选其文10篇，诗16首。著有《读律提纲》1卷，《读左漫笔》1卷。

20. 金锡龄（1811～1892），字伯年，号芑堂，广东番禺人。祖籍浙江山阴。道光十四年（1834）选为学海堂专课肄业生，道光十五年（1835）中举，咸丰三年（1853）十一月，补学海堂学长。研究经义多法汉儒，践履躬行，仍归宋学，于制度文章、名物解诂、天文地理、六书九数无不究心。《学海堂三集》、《四集》选有其文7篇。著有《周易雅训》、《毛诗释例》、《礼记陈氏集说刊正》、《左传补疏》、《穀梁释义》、《理学庸言》、《劬书室集》等。

21. 邹伯奇（1819～1869），字一鄂，又字特夫，广东南海人。诂经精舍肄业生。戴熙督学广东，问以音韵源流，伯奇所对尤为详赡，被选入县学。咸丰七年（1857）正月补选为学海堂学长。伯奇精通西学，在天文学、历算学、物理学、光学和地理学等科学领域皆深有造诣，被认为是中国近代科学的先驱。诸可宝《畴人传三编》卷五有传，曰：“聪敏绝世，于诸经义疏无不研究，覃思于声音文字度数之源，而尤精于天文历算地舆之学，能荟萃中西之说而贯通之。”《学海堂三集》、《四集》选有其文7篇。著述有《学计一得》1卷，《摄影之器记》1卷，《格术补》1卷，《乘方捷术》3卷，《舆地全图》1册，《恒星图》2幅，《广韵玉篇类音》4卷，《甲寅恒星表》1卷，《赤道黄道星图》2卷，《测量备要》4卷，《春秋经传日月考》1卷等。文集有《邹征君存稿》、《邹征君遗书》。

22. 李能定（生卒年不详），字碧玲，广东番禺人。道光十四年（1834）被选为学海堂专课肄业生，道光十七年（1837）举人。咸丰八年（1858）十一月补选为学海堂学长。生平笃志力学，工诗文，善画。著有《学海堂三集》、《四集》选有其文3篇。著有《花南轩诗文稿》4卷，《花南轩笔记》2卷，《易连珠》1卷。

23. 沈世良(1823～1860),字伯眉,广州番禺人。祖籍浙江山阴。附贡生。咸丰八年(1858)十一月,补选学海堂学长。九年为教官。《学海堂三集》、《四集》选有其文1篇,诗15首。著有《倪高士年谱》1卷,《小只陀盦诗钞》4卷,《楞华室词钞》2卷。

24. 陈良玉(1814～1881),字朗山,一字铁禅,号梅窝,广州驻防汉军镶白旗人。道光十七年(1837)举人,仕历学正,咸丰九年(1859)十一月补选学海堂学长。仕历知县、学正、知州。丁母忧归。同治十年(1871)十月复补学海堂学长。《学海堂二集》、《三集》、《四集》选有其诗30首。著有《梅窝诗词钞》4卷,《梅窝遗稿》1卷。

25. 朱次琦(1807～1882),字稚圭,一字子襄,世称九江先生,广东南海人。道光十四年(1834)选为学海堂专课肄业生,因为学术旨趣的不同,辞不就。道光十九年(1839)中举,道光二十七年(1847)进士。仕历知县。咸丰三年(1853)二月去任,咸丰九年(1859)十一月,补选学海堂学长,辞不就。学海堂仍虚位待之。居九江乡讲学二十余年,名弟子有康有为、简朝亮等。著有《国朝名臣言行录》、《国朝逸民传》、《性学源流》、《宋辽金元明五史征实录》、《朱九江先生集》等。

26. 陈璞(1820～1887),字子瑜,号古樵,自号尺冈归樵,又号息翁,广东番禺人。道光十四年(1834)选为学海堂专课肄业生。咸年元年(1851)举人,仕历知县。咸丰十一年(1861)二月补选学海堂学长。所为骈散文皆雅洁,一轨于古,工诗书画。《学海堂三集》、《四集》选有其诗25首。著有《尺冈草堂遗诗》8卷,《尺冈草堂遗文》4卷,《缪篆分韵补正》1卷。

27. 李光廷(1812～1880),字著道,一字恢垣,广东番禺人。咸丰元年(1851)中举,次年中进士,任吏部稽勋司主事,后值太平天国之乱,告假归。同治二年(1863)二月补学海堂学长,后执掌端溪书院。工诗及骈散文，尤精研史学地理。晚年以抄书自娱，凡63种，各系以跋，成《守约丛书》160卷。《学海堂四集》选有其文1篇。另著有《汉西域图考》、《广元遗山年谱》、《北程考实》、《宛湄书屋文钞》等。

28. 周寅清（1793？～1875？），原名以清，号秩卿，广东顺德人。为县学生员时，应学海堂课，屡列前茅。道光十五年（1835）举人，二十四年（1844）进士，仕历知县，知州。丁母忧去官，主讲顺德凤山书院。同治二年（1863）二月选补为学海堂学长。《学海堂集》、《二集》、《三集》、《四集》选有其文6篇。著有《典三剩稿》2卷，《典三杂著》1卷。

29. 李征霨（生卒年不详），原名鸣韶，字孟夔，号阮庵，广东南海人。道光十二年（1832）举人，仕历训导，学正。同治九年（1870）正月补选学海堂学长。《学海堂二集》、《三集》、《四集》选有其文3篇，诗27首。著有《李氏遗稿》4卷。

30. 樊封（1789～1876），字昆吾，广州驻防汉军正白旗人。同治九年（1859）副榜贡生。光绪元年（1875）三月补选学海堂学长。讲学宗汉儒家法。《学海堂集》选有其文2篇，诗1首。著有《驻粤八旗志》24卷，《南海百咏续篇》4卷，另有《论语注商》、《大学集解》、《读孟稽疑》、《海语阁日记》、《朴庵笔记》、《朴学山房文集》、《辙北帆南舻尾诗集》等。

31. 何如铨（生卒年不详），字嗣农，广东南海人。光绪元年（1875）举人。光绪二年（1876）六月补学海堂学长。博洽能文，尤工骈俪，颇留心江防。《学海堂四集》选其文3篇，诗1首。著有《重辑桑园围志》17卷。

32. 许其光（1827～？），字懋昭，又字耀斗，号叔文、涑文，广东番禺人。祖籍浙江仁和。道光二十六年（1846）举人，道光三十年（1850）进士，殿试一甲第二名（即榜眼），授翰林院编修。仕历湖北乡试副考官，监察御史，工科给事中，顺天乡试同考官等。因病乞假回籍。光绪三年(1877)十月补学海堂学长。工诗及骈体文。《学海堂三集》选其文1篇，诗23首。其他著述未见。

33. 陶福祥(1834～1896)，字春海，号爱庐，广东番禺人。祖籍浙江会稽。同治十一年(1872)选学海堂专课肄业生。光绪二年(1876)举人，光绪五年(1879)七月补选学海堂学长。仕历内阁中书，后任番禺禺山书院山长。张之洞创设广雅书局，聘为总校，刊行书籍百数十种，正伪订谬，咸称善本。从陈澧受经学，笃守师承。《学海堂四集》选有其文2篇。著有《爱庐经说丛钞》30卷，《北堂书钞校字记》5卷，《梦溪笔谈校字记》1卷，《东汉刊误》8卷，《爱庐文集》24卷等。

34. 谭宗浚(1846～1888)，原名懋安，字叔裕，学海堂学长谭莹次子，广东南海人。工诗文，熟于掌故。咸丰十一年(1861)举人，同治十三年(1874)进士，殿试一甲第二名(榜眼)，授翰林院编修，国史馆协修、撰修，方略馆协修等。光绪二年(1876)督学四川。光绪六年(1880)十月补学海堂学长。光绪八年(1882)充江南乡试副考官，嗣出任云南粮储道、按察使等。《学海堂四集》选有其文16篇，诗9首。著有《希古堂文集》(甲、乙集)、《辽史纪事本末》、《荔村草堂诗钞》、《于滇集》等。

35. 廖廷相(1842～1897)，字子亮，又字泽群，广东南海人。同治七年(1868)选为学海堂专课肄业生，治《礼记》。同治九年(1870)中举。光绪二年(1876)进士，改庶吉士，授编修，充国史馆协修。假归后不复出。光绪七年(1881)十月补选学海堂学长，又任潮州金山书院、广州羊城书院、广州应元书院、广州广雅书院山长及广州菊坡精舍学长。受学于陈澧，笃守师法，尤长三礼。《学海堂四集》选有其文13篇，《菊坡精舍集》选有其文8篇。著有《礼表》10卷，《群经今古文家法考》1卷，《粤东水道分合表》2卷，

《顺天人物志》6 卷,《读史劄记》,《安攘录》,《廖氏文集》1 卷,《北郭草堂集》,《广雅书院藏书目录》7 卷,《广东舆地图说条例》,《金石考略》等。

36. 陈瀚(生卒年不详),字梅坪,广东南海人。同治九年(1870)举人,十一年(1872)选为学海堂专课肄业生。光绪七年(1881)补选为学海堂学长,又为南海佛山书院山长。为文古藻渊懿,锐精覃思,日以经史提倡,士皆汲汲于古义,论史尤具卓见。梁启超曾受业门下。《学海堂四集》选有其文 4 篇。著有《崇古堂集》、《桑乾河考》、《河源考》,《毛诗经传文刊误》等。

37. 黎维枞(生卒年不详),字籛廷,广东南海人。同治十一年(1872)选为学海堂专课肄业生。以廪贡生,候选训导,越华书院监院。光绪八年(1882)四月,补选学海堂学长。善骈体文,工青绿山水。《学海堂四集》选有其文 1 篇,诗 14 首。

38. 高学耀(生卒年不详),字星仪,广东番禺人。附贡生。同治四年(1865)选为学海堂专课肄业生,专习《礼记》。光绪八年(1882)四月选补学海堂学长。《学海堂四集》选有其文 6 篇。

39. 张其翻(生卒年不详),字彦高,广东嘉应人。道光十四年(1834)选为学海堂专课肄业生,道光二十年(1840)举人,仕历知县等。光绪十一年(1885)六月补选学海堂学长。十三年(1887)督学汪鸣銮奏举绩学耆儒,赏四品衔。生平读书有专攻,藏书甚富,精校勘,尤精中西算法。《学海堂二集》、《三集》、《四集》选其文 6 篇,诗 4 首。著有《两汉朔闰表》2 卷,《西汉提要劄记》、《两汉日月征信》、《南汉读书杂记》、《算法统宗难题衍术》、《方程正负定式》、《量仓八法》、《星学入门》、《军帐从事》、《辨贞亮室文稿赋钞》、《入陕归田记》、《春秋长历三统校勘表记》。

40. 林国赓(生卒年不详),字扬伯,广东番禺人。同治十一年(1872)选为学海堂专课肄业生。光绪十一年(1885)选优行贡生,任八旗官学教习。光绪十二年(1886)十二月补学海堂学长。光绪十四年(1888)中举,光绪十八年(1892)中进士,选为翰林院庶吉士,仕历吏部主事。丁忧乞归,不复出,光绪二十一年(1895)任肇庆端溪书院山长。《学海堂四集》选其文15 篇,诗43 首。著述有《读陶集劄记》3 卷,《元史地理今释》,《近鉴斋经说》,《读顾氏日知录礼记》2 卷,《校正影宋本北堂书钞》106 卷等。

41. 林国赞(1850 ~ 1889),字明仲,林国赓弟,广东番禺人。光绪元年(1875)选学海堂专课肄业生,治《三国志》。光绪十一年(1885)举人,光绪十四年补选学海堂学长。光绪十五年(1889)进士,仕历刑部主事。陈澧称其博闻强识,考史之学,罕出其右。《学海堂四集》选有其文3 篇,诗13 首。著有《三国志裴注述》2 卷,《三国疆域志补正》30 卷,《读三国志杂志》4 卷,《读史丛考》16 卷,《三国臆说》8 卷,《读汉书日录》8 卷,《读诸史日录》20 卷,《读日知录札记》2 卷。

42. 苏梯云(生卒年不详),字月樵,广东南海人。同治十二年(1873)举人。任广东清远凤城书院山长。后任学海堂学长。从陈澧游,授经史性理之学。著有《培厚堂稿》4 卷,《四书互证录》2 卷,《五经正义》12 卷,《培厚堂杂文》1 卷。

43. 黄钰(生卒年不详),广东南海人。道光三十年(1850)岁贡,同治年间补选学海堂学长。《学海堂集》、《二集》、《三集》选其文1 篇,诗5 首。

44. 伍学藻(生卒年不详),字用蕴,广东顺德人。同治五年(1866)选为学海堂专课肄业生,习《春秋左氏传》。光绪四年(1878)岁贡,光绪五年选为学海堂学长。工书画,尤长人物。著有《十二芙蓉池馆遗稿》。

45. 潘乃成(生卒年不详),字宪臣,号子康,广东南海人。县学生员,同治五年(1866)选为学海堂专课肄业生,习《毛诗》。任历县学，后被聘为学海堂学长。《学海堂四集》选有其文2篇。

46. 刘昌龄（1825～1889），字星南，广东番禺人。原籍浙江山阴。广州府学增贡生。后任学海堂学长，广州菊坡精舍学长。历主讲席40余年。专攻经学。光绪十四年（1888）学使汪鸣銮以绩学耆儒保奏，奖翰林院待诏衔。《学海堂三集》、《四集》选有其文7篇。著有《五经味根录》，辑有《策府统宗》65卷等。

47. 黄绍昌（1836～1895），字懿传，号芑香，又号屺乡，广东香山人。光绪四年（1878）选为学海堂专课肄业生。光绪十一年（1885）中举。光绪十二年（1886）补选为学海堂学长。光绪十六年（1890）任广州广雅书院文学分校，后又任香山丰山书院山长。锐意经史，好购图书，工诗及骈体文。著有《三国志音义》、《秋琴馆诗文集》、《带花倚剑堂词》。

48. 周汝钧（1858～1906），名常俭，字约存，别字节生，号省斋，广东番禺人。光绪四年（1878）选为学海堂专课肄业生，光绪八年（1882）举人，光绪十八年（1892）进士，仕历刑部主事。时值国家多故，锐意讲求西法，在北京参与创建维新派康有为发起的政治团体组织强学会。丁母忧回籍。光绪二十四年（1898）补选为学海堂学长，同时主讲广东香山榄山书院。光绪二十七年（1901）至二十八年（1902）出使美国。回国后，任广东东莞师范学堂监督。

49. 范公诒（生卒年不详），字伯言，广东番禺人，祖籍浙江上虞。光绪七年（1881）选为学海堂专课肄业生，光绪十七年（1891）选优贡生，仕历训导。后选为学海堂学长。博储西政西艺诸籍，折衷中学，倡导以适世用。著有《水经注书目碑目存佚考》1卷，《粤东金石略补证》2卷，《宋元刻汉书考》1卷，《洁盦文集》2卷。

50. 漆葆熙（1848～?），字荫宗，一字少台，广东番禺人。光绪元年（1875）选学海堂专课肄业生。光绪十五年（1889）为广雅书院学生，屡列高等，补选为斋长。光绪十七年（1891）举人，不久补选学海堂学长，广雅书院分校。精《说文》地舆之学。著有《笃志堂集》。

51. 杨裕芬（1857～1914），字家珍，号惇甫，广东南海人。光绪七年（1881）选为学海堂专课肄业生。光绪十四年（1888）中举，为解元。十八年（1892）张之洞聘任为武汉两湖书院经学分校。光绪二十年（1894）进士，仕历户部主事。归后任肇庆端溪书院山长、顺德凤山书院山长，后选为学海堂学长、菊坡精舍学长。光绪三十三年（1907）入都供职，任度支部丞参厅秘书，后经张之洞奏调学部审定图书。宣统二年（1910），任学部主事。

52. 韩贞元（生卒年不详），字黼庭，广州驻防旗人。光绪十年（1884）选为学海堂专课肄业生，通数学。后被选为学海堂学长。

53. 姚筠（生卒年不详），字嶰雪，号俊卿，广东番禺人。同治六年（1867）优贡生，九年（1870）副榜贡生，同治十二年（1873）举人，仕历训导。后任学海堂学长，又任菊坡精舍学长。工诗善画。

54. 丁仁长（1861～1926），字伯厚，晚号潜客，广东番禺人，祖籍安徽怀宁。光绪八年（1882）举人，光绪九年（1883）进士，改翰林院庶吉士。十二年（1886），散馆，授编修。仕历侍读。丁父忧，不复出。光绪二十三年（1897）选为学海堂学长及广州越华书院山长。任《番禺县续志》总纂。著有《丁潜客先生遗诗》1 卷，《毛诗传笺义例考证》。

55. 吴道镕（1852～1936），原名国镇，字玉臣，号淡庵，广东番禺人。光绪元年（1875）举人，光绪六年（1880）进士，改翰林院编修。后辞官回籍，先后主讲潮州韩山、金山书院、惠州丰湖书院、广州应元书院等，后补为学海堂学长。主持广东大学堂、广东高等学堂监督八年。著有《明史乐府》7 卷，《淡庵文存》、《淡庵诗存》，并主持编修《番禺县志》，选辑《广东文征》等。

参考文献

凡例：

1. 本参考文献包括历史文献、研究著作、学位论文和研究论文四个部分。

2. 本参考文献所列版本为本书所用，余不备举。

一、历史文献

史传类：

1. 王钟翰点校：《清史列传》，中华书局 1987 年版。

2. 江藩：《国朝汉学师承记》，中华书局 1983 年版。

3. 钱仪吉等：《清代碑传全集》，上海古籍出版社 1987 年版。

4. 阮元：《畴人传》，中华书局 1991 年版。

5. 唐鉴：《学案小识》，上海商务印书馆 1935 年版。

6. 赵尔巽等：《清史稿》，中华书局 1977 年版。

7. 支伟成：《清代朴学大师列传》，岳麓书社 1986 年版。

8. 徐珂：《清稗类钞》，中华书局 1986 年版。

谱录、日记类：

9. 丁文江、赵丰田编：《梁启超年谱长编》，上海人民出版社 1983 年版。

10. 丁文江、赵丰田编:《梁任公先生年谱长编》(初稿),中华书局 2010 年版。

11. 胡珵:《书农府君年谱》,见《北京图书馆藏珍本年谱丛刊》,北京图书馆出版社 1999 年版。

12. 蒋彤:《李申耆年谱》,见沈云龙主编《近代中国史料丛刊》40 辑第 392 册,文海出版社 1966 年版。

13.《章太炎先生自定年谱》,上海书店出版社 1986 年版。

14. 汤志钧编:《章太炎年谱长编》,中华书局 1979 年版。

15. 张鉴等撰,黄爱平点校:《阮元年谱》,中华书局 1995 年版。

16. 王章涛:《阮元年谱》,黄山书社 2003 年版。

17. 张之洞撰,范希曾补正:《书目答问补正》,上海古籍出版社 2001 年版。

18. 俞樾:《俞曲园先生日记残稿》,江苏省立苏州图书馆 1940 年校印本。

19.《郭嵩焘日记》第 3、4 卷,湖南人民出版社 1982 ~ 1983 年版。

20. 谭献著,范旭仑整理:《复堂日记》,河北教育出版社 2001 年版。

地方志类:

21. 陈善等修:《杭州府志》,见《中国方志丛书》第 524 号,成文出版社 1983 年版。

22. 戴肇辰等修,史澄等纂:《广州府志》,光绪五年(1879)刊本。

23. 蒋启勋等修:《续纂江宁府志》卷 5《学校》,光绪六年(1880)刻本。

24. 谢延庚等修,刘寿增纂:《江都县续志》卷 16《学校》,光绪九年(1883)刊本。

25. 郑梦玉等修,梁绍献等纂:(同治)《续修南海县志》,见《中国方志丛书》第50号,成文出版社1967年版。

26. 郑凤喈等修,桂坫等纂:(宣统)《南海县志》,1910年刊本。

书院史料类:

27. 阮元编:《诂经精舍文集》,嘉庆六年(1801)刻本。

28. 罗文俊编:《诂经精舍文续集》,道光二十二年(1842)刻本。

29. 俞樾编:《诂经精舍三集》,同治五、六、七、八、九年(1866、1867、1868、1869、1870)课艺合刻本。

30. 俞樾编:《诂经精舍四集》,光绪五年(1879)刻本。

31. 俞樾编:《诂经精舍五集》,光绪八年(1882)刻本。

32. 俞樾编:《诂经精舍六集》,光绪十一年(1885)刻本。

33. 俞樾编:《诂经精舍七集》,光绪二十一年(1895)刻本。

34. 俞樾编:《诂经精舍八集》,光绪二十三年(1897)刻本。

35. 张崟:《诂经精舍史征》,《东南日报·学苑》民国二十四年(1935)十一月二日十五期。

36. 张崟:《诂经精舍志初稿》,据1936年《文澜学报》第2卷第1期所载一至三章影印。见赵所生、薛正兴主编《中国历代书院志》,江苏教育出版社1995年版,第8册。

37. 阮元编:《学海堂集》,道光五年(1825)启秀山房刻本。

38. 钱仪吉、吴兰修编:《学海堂二集》,道光十六年(1836)刊本。

39. 张维屏编:《学海堂三集》,咸丰九年(1859)刊本。

40. 陈澧、金锡龄编:《学海堂四集》,光绪十二年(1886)刊本。

41. 林伯桐修,陈澧续修:《学海堂志》,道光十八年(1838)首刊本,同治五年(1866)续刊本。见赵所生、薛正兴主编《中国历代书院志》,江苏教育出版社 1995 年版,第 3 册。

42. 容肇祖:《学海堂考》,《岭南学报》3 卷 3 ~ 4 期抽印本,1934 年广州版。

43. 胡敬编:《敬修堂词赋课钞》,同治十一年(1872)重刻本。

44.《惜阴书院东斋课艺》,清光绪五年(1879)刊本。

45.《惜阴书院西斋课艺》,清光绪五年(1879)刊本。

46.《致用书院文集》,光绪十五年(1889)刻本。

47. 黄以周编订:《南菁讲舍文集》,光绪己丑年(1889)刻本。

48.《经古精舍课艺》,光绪二十七年(1901)刻本。

49. 陈谷嘉、邓洪波主编:《中国书院史资料》,浙江教育出版社 1998 年版。

50. 邓洪波编:《中国书院学规》,湖南大学出版社 2000 年版。

51. 邓洪波编:《中国书院章程》,湖南大学出版社 2000 年版。

52. 季啸风主编:《中国书院辞典》,浙江教育出版社 1996 年版。

53. 刘伯骥:《广东书院制度》,“国立”编译馆 1978 年版。

54. 刘伯骥:《广东书院制度沿革》,商务印书馆 1939 年版。

55. 柳诒徵:《江苏书院志初稿》,《江苏国学图书馆年刊》1931 年第 4 期专档。

56. 赵所生、薛正兴主编:《中国历代书院志》,江苏教育出版社 1995 年版。

诗文集类:

57. 方信孺等:《南海百咏 南海杂咏 南海百咏续编》,广东人民出版社 2010 年版。

58.《陈宝箴集》,中华书局 2005 年版。

59.《陈兰甫先生澧遗稿》,《岭南学报》1931 年第 2 卷第 2 期。

60.《陈澧集》,上海古籍出版社 2008 年版。

61.《郭嵩焘诗文集》,岳麓书社 1984 年版。

62.《毛泽东早期文稿》,湖南出版社 1990 年版。

63.《陶澍集》,岳麓书社 1998 年版。

64. 汪叔子编:《文廷式集》,中华书局 1993 年版。

65.《熊希龄集》,湖南人民出版社 1985 年版。

66. 阿英编:《鸦片战争文学集》,古籍出版社 1957 年版。

67.《张维屏诗文选》,华东师范大学出版社 1992 年版。

68. 张冥飞笔述:《章太炎国学演讲录》,上海梁溪图书馆 1926 年版。

69. 汤国梨编:《章太炎家书》,上海古籍出版社 1985 年版。

70. 张昭军编:《章太炎讲国学》,东方出版社 2007 年版。

71.《章太炎全集》,上海人民出版社 1982 ~ 1985 年版。

72. 马勇编:《章太炎书信集》,河北人民出版社 2003 年版。

73. 傅杰编校:《章太炎学术史论集》,中国社会科学出版社 1997 年版。

74.《章太炎政论选集》,中华书局 1977 年版。

75.《章学诚遗书》,文物出版社 1985 年版。

76. 陈平原等编:《追忆章太炎》,中国广播电视出版社 1996 年版。

77. 陈澧:《东塾集》,光绪十八年(1892)菊坡精舍刻本,见《续修四库全书》第 1537 册。

78. 段玉裁:《经韵楼集》,见《续修四库全书》第 1434 ~ 1435 册。

79. 法式善著,张寅彭、强迪艺编校:《梧门诗话合校》,凤凰出版社 2005 年版。

80. 范光阳:《双云堂文稿》,见《四库全书存目丛书》,齐鲁书社 1997 年版,第 256 册。

81. 方东树:《汉学商兑》,道光十一年(1831)刻本。

82. 方东树:《书林扬觯》,中国书店 1925 年版。

83. 方东树:《仪卫轩文集》,同治七年(1868)刻本。

84. 方浚师:《蕉轩随录》,清光绪十七年(1891)刻本。

85. 冯桂芬撰:《显志堂稿》,清光绪二年(1876)冯氏校邠庐刻本。

86. 甘熙:《白下琐言》,南京出版社 2007 年版。

87. 黄宗羲:《黄梨洲诗集》,中华书局 1959 年版。

88. 黄宗羲:《黄梨洲文集》,中华书局 2009 年版。

89. 李邺嗣:《杲堂诗文集》,浙江古籍出版社 1988 年版。

90. 李兆洛:《养一斋文集》,道光二十三年(1843)活字印、二十四年(1844)增修本。

91. 梁启超:《清代学术概论》,东方出版社 1996 年版。

92. 梁启超:《饮冰室合集》,中华书局 1989 年版。

93. 梁启超:《饮冰室诗话》,时代文艺出版社 1998 年版。

94. 梁启超:《饮冰室书话》,时代文艺出版社 1998 年版。

95. 刘光蕡:《烟霞草堂文集》,清光绪三十三年(1907)刻本。

96. 刘开:《刘孟涂集》,道光六年(1826)刻本。

97. 刘师培:《刘师培全集》,中共中央党校出版社 1997 年版。

98. 卢文弨:《抱经堂文集》,见《续修四库全书》第 1432 册。

99. 陆继辂:《崇百药斋续集》,道光四年(1824)合肥学舍刻本。

100. 陆以湉:《冷庐杂识》,中华书局 1984 年版。

101. 彭兆荪:《小谟觞馆文集》,嘉庆十一年(1806)刻、二十二年(1817)增修本。

102. 皮锡瑞:《经学历史》,光绪三十二年(1906)思贤书局刻本。

103. 钱咏:《履园丛话》,同治九年(1883)常熟写经堂藏版刻本。

104. 阮亨:《瀛舟笔谈》,嘉庆二十五年(1820)刻本。

105. 阮元:《定香亭笔谈》,见《续修四库全书》第1138册。

106. 阮元著,邓经元点校:《揅经室集》,中华书局1993年版。

107. 沈德潜:《沈归愚诗文全集》,乾隆间刻本。

108. 沈德潜:《说诗晬语》,凤凰出版社2010年版。

109. 沈德潜:《西湖志纂》,乾隆二十年(1755)刻本。

110. 舒芜等编:《近代文论选》,人民文学出版社1999年版。

111. 谭莹:《乐志堂集》,见《续修四库全书》第1528册。

112. 谭宗浚:《希古堂文集》,见《续修四库全书》第1564册。

113. 万言:《管村文钞》,《四明丛书》本。

114. 汪琭:《随山馆稿》,《随山馆全集》本。

115. 王棻:《柔桥文钞》,1914年上海国光书局铅印本。

116. 王先谦:《虚受堂文集》,见《续修四库全书》第1570册。

117. 姚鼐:《惜抱轩诗文集》,上海商务印书馆1936年版。

118. 俞樾:《春在堂全书》,凤凰出版社2010年版。

119. 俞樾:《春在堂随笔》,江苏人民出版社1984年版。

120. 袁枚:《随园诗话》,人民文学出版社1960年版。

121. 张舜徽:《清人文集别录》,中华书局1963年版。

122. 章太炎:《国故论衡》,上海古籍出版社2006年版。

123. 章太炎讲演,汤志钧导读:《国学概论》,上海古籍出版社1997年版。

124. 章太炎:《国学讲演录》,华东师范大学出版社1995年版。

125. 章太炎:《訄书》,古典文学出版社1958年版。

二、研究著作

1. 艾尔曼（Benjamin A. Elman）著，赵刚译：《从理学到朴学——中华帝国晚期思想与社会变化面面观》，江苏人民出版社1997年版。

2. 白新良：《中国古代书院发展史》，天津大学出版社1995年版。

3. 陈谷嘉、邓洪波：《中国书院制度研究》，浙江教育出版社1997版。

4. 陈学恂主编，周德昌分卷主编：《中国教育史研究》（明清分卷），华东师范大学出版社1995年版。

5. 陈元晖、尹德新、王炳照编：《中国古代的书院制度》，上海教育出版社1981年版。

6. 邓洪波：《中国书院史》，东方出版中心2004年版。

7. 丁钢、刘琪：《书院与中国文化》，上海教育出版社1992年版。

8. 广州越秀区地方志办公室编：《广州越秀古书院概观》，中山大学出版社2002年版。

9. 郭康松：《清代考据学研究》，湖北辞书出版社2001年版。

10. 郭明道：《阮元评传》，社会科学文献出版社2005年版。

11. 侯外庐：《中国思想通史》第5卷，人民出版社1956年版。

12. 胡适：《五十年来中国之文学》，见《胡适文集3·胡适文存二集》卷2，北京大学出版社1998年版。

13. 黄霖：《近代文学批评史》，上海古籍出版社1993年版。

14. 黄强：《八股文与明清文学论稿》，上海古籍出版社2005年版。

15. 黄跃红、王琦：《春风桃李百世师——梁启超和他的弟子》,广东教育出版社 2009 年版。

16. 李兵:《书院与科举关系研究》,华中师范大学出版社 2005 年版。

17. 李国钧主编:《中国书院史》,湖南教育出版社 1994 年版。

18. 李绪柏:《清代广东朴学研究》,广东省地图出版社 2001 年版。

19. 刘麟生:《中国骈文史》,东方出版社 1996 年版。

20. 刘师培:《中国中古文学史》,人民文学出版社 1959 年版。

21. 刘玉才:《清代书院与学术变迁研究》,北京大学出版社 2008 年版。

22. 鲁迅:《汉文学史纲要》,人民文学出版社 2006 年版。

23. 马积高:《赋史》,上海古籍出版社 1987 年版。

24. 启功等:《说八股》,中华书局 1994 年版。

25. 钱基博:《现代中国文学史》,岳麓书社 1986 年版。

26. 钱穆:《中国近三百年学术史》,商务印书馆 1937 年版。

27. 商衍鎏:《清代科举考试述录》,生活·读书·新知三联书店 1958 年版。

28. 商衍鎏:《清代科举考试述录及有关著作》,百花文艺出版社 2004 年版。

29. 王建梁:《清代书院与汉学的互动研究》,武汉出版社 2009 年版。

30. 王凯符:《八股文概说》,中华书局 2002 年版。

31. 夏晓红:《觉世与传世——梁启超的文学道路》,中华书局 2006 年版。

32. 象山县政协文史资料委员会编:《经史学家陈汉章》,黄山书社 1997 年版。

33. 熊月之:《西学东渐与晚清社会》,上海人民出版社 1994

年版。

34. 徐雁平:《清代东南书院与学术及文学》,安徽教育出版社2007年版。

35. 詹杭伦:《清代律赋新论》,北京燕山出版社2008年版。

36. 张欣:《诂经精舍与晚清浙江学术文化研究——以俞樾为中心》,中国文联出版社2009年版。

37. 张欣:《花落春仍在——俞樾和他的弟子》,广东教育出版社2006年版。

38. 张中行:《闲话八股文》,辽宁教育出版社1998年版。

39. 张仲谋:《清代文化与浙派诗》,东方出版社1997年版。

40. 赵义山、李修生主编:《中国分体文学史》,上海古籍出版社2001年版。

41. 钟贤培、汪松涛主编:《广东近代文学史》,广东人民出版社1996年版。

42. 周作人:《中国新文学的源流》,岳麓书社1989年版。

三、学位论文

1. 郑连聪:《阮元与学海堂研究》,硕士论文,华中师范大学,2003年。

2. 任珺:《中国书院审美文化研究:清代广州学海堂案例》,硕士论文,深圳大学,2003年。

3. 於梅舫:《从"诂经精舍"到"学海堂"》,硕士论文,中国人民大学,2006年。

4. 朱琳:《学海堂研究》,硕士论文,厦门大学,2009年。

5. 周琍:《清代广东盐业与地方社会》,博士论文,华中师范大学,2005年。

四、研究论文

1. 陈伯海:《清人选唐试帖诗概说》,收入上海中国科举博物馆、上海嘉定博物馆编《科举学论丛》,线装书局2008年版。

2. 程嫩生、陈海燕:《奖惩措施与清代书院文学教育酵母》,《宁夏社会科学》2008年第6期。

3. 程嫩生、孙彦:《课试禁忌与清代书院文学教育》,《青海社会科学》2009年第2期。

4. 程嫩生:《清代书院科举文教育》,《内蒙古社会科学》(汉文版)2011年第2期。

5. 方祖猷:《黄宗羲与甬上证人书院》,《浙江学刊》1985年第1期。

6. 黄强:《八股文的文学因素》,《南京工业大学学报》(社会科学版)2003年第4期。

7. 李兵:《19世纪中后期汉学书院与科举关系论略》,《湖南大学学报》(社科版)2005年第3期。

8. 刘玉才:《从学海堂策问看文笔之辨》,《清华大学学报》(哲学社会科学版)2008年第2期。

9. 毛泽东:《湖南自修大学创立宣言》,《新时代》1923年4月1卷1期。

10. 翁筱曼:《清代学海堂课卷中的岭南风情画》,《岭南文史》2009年第1期。

11. 翁筱曼:《苏轼与岭南文学——由清代学海堂之文学教学谈起》,《汕头大学学报》(人文社会科学版)2009年第6期。

12. 许结:《论清代书院与辞赋创作》,《湖北大学学报》(哲学社会科学版)2009年第5期。

13. 俞士玲:《论清代科举中辞赋的地位与作用》,《学术月刊》

2000 年第 3 期。

14. 张君劢:《书院制度之精神与学海书院之建立》,《新民月刊》1935 年 12 月第 1 卷 7、8 期。

15. 张立:《杭州诂经精舍的科学教育》,《浙江大学学报》(人文社会科学版)2005 年第 5 期。

16. 张敏杰:《论黄宗羲的文学问题——以甬上讲学活动为中心》,《文艺理论研究》2006 年第 2 期。

后　记

本书是在我博士论文的基础上修改、增补而成。在本书出版之际，回首往日，不由得扼腕叹息，感慨良多。博士毕业，不知不觉竟然快 10 个年头了，反思自己治学的懒惰和拖沓，真是惶恐之极，惭愧万分。人生是怎样的一条道路，光阴是怎样的一个魔物，让人在不知不觉的忙碌中褪却青春的容颜、健康的体魄和万丈的豪情。

面对我的博士论文，真是愧对恩师郭英德先生。学生不才，资质愚笨，却不能笨鸟先飞，治学拖沓散漫，真是愧对恩师的倾心栽培。虽然学生有着诸多的毛病，但恩师却没有半点鄙弃之意，对我一直厚爱有加，关怀照顾无微不至，在生活、工作、治学等各个方面随时给予无私的关爱、帮助和指导。学生还清晰记得刚进入北师大读博的第一个中秋节，还没有适应环境的我佳节倍感孤寂，没想到恩师竟然邀请我和恩师一家共享团圆饭，真是温馨备至。

恩师治学勤勉严谨，功力深厚，学术思维既缜密细致，又深广开阔，学术眼光敏锐独到。在围绕着博士论题的深入研究过程中，学生不由得叹服恩师的高瞻远瞩和明察秋毫，恩师将我带进的，是一个极具开拓性和延续性的研究领域。体悟恩师的学术修养，有“仰之弥高，钻之弥坚”之叹。恩师平日的教诲总是和风细雨，从不说教，也从未见疾言厉色，却在娓娓而谈中直露学术的真谛。恩师宽厚平和，智慧通达，在学人中难得的才情横溢。学人中有学者多，有才者多，有情者亦多，但学、才、情三者兼备者不多，恩师就是这三者兼备者中突出的一位。1999 年学生偶然拜读了恩师的著作，立刻沉迷其中，恰逢不久恩师到湖北大学演讲，精彩绝伦，学生倾慕不已，毅然北上考博。感谢恩师的宽容接纳。对恩师的崇敬和感激之情，非能用言语描述。此刻博士论文终于能够增补出版，学生心中略感宽心。能入恩师门下，是我此生最大的幸运。

非常感谢我求学道路上的其他两位导师。我的硕士导师、湖北大学古籍所郭康松教授，我的博士后合作导师、厦门大学教育研究院刘海峰教授。我对湖北大学古籍研究所有着深厚的感情，年轻的郭老师在我学术起步阶段倾注了诸多的心血，他的朋友式的关爱，历历在目，不敢忘却。刘海峰教授对现在的我和将来的我，学术道路上的影响将会更加深远。刘海峰教授是科举学研究领域的领军人物，本书第六章的撰写就是受到刘老师的影响。在本书校对整理的最后阶段，我深深体会到厦门大学图书馆资源的丰厚充足。非常感谢刘老师接纳我到厦门大学教育研究院博士后流动站学习工作。

本书出版得到漳州师范学院学术专著出版基金的资助。非常感谢漳州师范学院为我提供了良好的治学、生活环境。2008 年我夫妻俩带着蹒跚学步的宝宝和 75 岁高龄的父母从北京南下来到漳州师范学院工作，不知不觉，我们全家已经在闽南这块神奇的土地上生活了 5 年。漳州虽然偏远，但气候温润，景色宜人，物产丰富，生活便利，是个宜居的好地方。能够到漳州师范学院任教，看似偶然的选择，其实是命运和缘分的厚爱。非常感谢漳州师范学院中文系系主任胡金望教授的知遇之恩，当时的人事处处长、现在的研究生处处长祖国颂教授的宽容接纳。胡金望教授一直以来的提携鼓励,今生难忘。我这个后学时常斗胆打扰林继中教授,倾听他讲古论今,受益真多。林教授语言色彩斑斓,思想新颖独到,精辟之语,常常让我振奋良久、思索再三。能够得到林先生的耳提面命,三生有幸。

非常感谢齐鲁书社总编辑昝亮,编辑张文的支持和帮助。我一贯拖沓的作风使本书的出版时间拖延了很久,额外增加了你们不少的负担,在此表示歉意。

感谢师妹陈莉时常为我查阅传送资料,感谢师妹王丽娟曾经的帮助,感谢孙旭、张平仁夫妇的牵挂关心,感谢刚进入北师大读研的丁中一同学不辞辛劳到北大图书馆为我核对原文。感谢王建梁博士的慷慨赠书。感谢中国传媒大学董希平夫妇在我读博、工作期间的慰藉相助。感谢所有关心、爱护我的师长、同学和朋友。

本书即将出版之际,我由然想起我博士毕业后进入的北京任职单位和其中的各位同仁。感谢系主任吴照魁教授一直以来对我的悉心关照,感谢孙琳助理的赞赏和肯定。感谢梁雁、王文娟、梁慧慧、高维新等同事一直的关爱和帮助。我远赴闽南,而他们却在北京一直为我营造着一个温暖如家的环境,随时欢迎着我的回归,随时帮助我做着各种各样我需要做的事情。

最后我要感谢我的家人在我人生道路上的支持和帮助。感谢我的宝宝张祖赫小朋友给予我感情上的慰藉和精神上的支持。养育他的过程艰辛而快乐,是他使我对生命、对人生有了更深刻的理解和感悟,看似弱小的生命,其实蕴含着巨大的力量,重塑着我的心灵,修复了我乐观向上的人生态度,坚定了我前行的方向,激励我不断努力。感谢我的父母,二老现已80高龄还在为我操劳奉献,让我在步入不惑之年时还能享受到这般的慈爱,何其幸运。二位老人在露台上侍弄的青菜、辣椒、葱蒜等各色菜蔬,欣欣向荣,生机勃勃,散发着生命的原始活力,展示着生活的美好温馨。感谢我的先生张承刚为我做了那么多琐碎繁杂的事务性工作,承担了那么多的家庭杂务。结婚 15 年来,我们同甘共苦,相濡以沫,一路上我们磕磕绊绊地走来,有过诸多次的碰撞,也有痛苦的忍耐,不得已的调适和改变,但你对过去的我、现在的我和将来的我都如此的重要。和你在一起,我竟然不用做饭,也不用到菜市场报到,更不用做米面油的搬运工,家里的水管、灯泡等等罢工的时候完全不关我的事;有课的早晨,我依然可以酣然沉睡,因为你一定会适时把我叫醒;因为有你的缘故,我到现在不会订机票、火车票,也不知道出租车的号码。你对我的好,最值得珍惜。未来的岁月,希望平淡幸福的生活能将我们各自的性格打磨得圆润完美有光泽,带给对方更美好的人生感受。

虽然已走过的学术之路,成果有限,但剩下的人生道路还很漫长,我当孜孜矻矻,不断努力。

图书在版编目（CIP）数据

诂经精舍与学海堂两书院的文学教育研究 / 宋巧燕著. —济南：齐鲁书社，2012. 12
ISBN 978 - 7 - 5333 - 2760 - 6

Ⅰ. ①诂…　Ⅱ. ①宋…　Ⅲ. ①书院—研究—中国—清代　Ⅳ. ①G649. 299

中国版本图书馆 CIP 数据核字(2012)第 313411 号

诂经精舍与学海堂两书院的文学教育研究

宋巧燕　著

出版发行	齐鲁书社
社　　址	济南市英雄山路 189 号
邮　　编	250002
网　　址	www. qlss. com. cn
电子邮箱	qilupress@ 126. com
印　　刷	山东新华印务有限责任公司
开　　本	880mm × 1230mm　1/32
印　　张	16
插　　页	3
字　　数	387 千
版　　次	2012 年 12 月第 1 版
印　　次	2012 年 12 月第 1 次印刷
标准书号	ISBN 978 - 7 - 5333 - 2760 - 6
定　　价	**49. 00** 元